国家社科基金一般项目
生态型产业结构评价体系构建与测度：对我国典型区域的实证分析
（13BJY007）结项成果

生态型产业结构研究

吕明元 等 著

人 民 出 版 社

责任编辑:孟令堃
策划编辑:王艾鑫
装帧设计:朱晓东

图书在版编目(CIP)数据

生态型产业结构研究/吕明元 等著.—北京:人民出版社,2019.1
ISBN 978-7-01-020334-8

Ⅰ.①生… Ⅱ.①吕… Ⅲ.①产业结构优化—研究—中国
Ⅳ.①F269.24

中国版本图书馆 CIP 数据核字(2019)第 015807 号

生态型产业结构研究

SHENGTAIXING CHANYE JIEGOU YANJIU

吕明元 等 著

人民出版社 出版发行
(100706 北京市东城区隆福寺街 99 号)

北京中兴印刷有限公司印刷 新华书店经销

2019 年 1 月第 1 版 2019 年 1 月北京第 1 次印刷
开本:710 毫米×1000 毫米 1/16 印张:22.25
字数:338 千字

ISBN 978-7-01-020334-8 定价:82.00 元

邮购地址:100706 北京市东城区隆福寺街 99 号
人民东方图书销售中心 电话:(010)65250042 65289539

序

天津商业大学吕明元教授主持的国家社科基金项目研究成果《生态型产业结构研究》，提出了“生态型产业结构”的概念，并对生态型产业结构的内涵、建设生态文明型产业结构的任务和措施进行了较全面的理论与实证分析，是国内第一部较深入、系统地研究生态型产业结构的专著。研究成果把生态效益纳入经济社会发展评价体系，从节约资源、保护环境的生态文明视角对产业结构进行评价和研究，探索了我国未来产业结构生态化调整的路径。对促进我国产业结构调整升级和社会再生产过程的环境治理具有理论意义实践价值。

第一，该项研究成果阐述和定义了生态型产业结构的内涵，指出生态型产业结构是相对于传统的粗放型产业结构而言，是产业结构绿色发展的一种形态；生态型产业结构是同时符合生态经济发展与产业结构演进规律的产业结构形态，它以企业生态化与产业生态化为基础，以能源节约和环境保护为目标，实现生态建设与经济发展相协调。生态型产业结构既指产业内结构，又包括产业间的结构。

第二，该项研究将相关的生态经济理论和方法进行改造应用于产业结构研究，构建生态型产业结构评价理论框架和指标体系，分析了生态型产业结构与其决定因素及其中介变量之间的相互关系，有利于促进产业经济理论与生态经济研究的整合与互补，拓展交叉学科研究领域，通过定性、定量的系统研究，形成跨学科的学术成果。

第三，通过构建“生态型产业结构评价体系”的理论分析框架，将国内外相关学科的理论与经验研究成果加以有效整合，尝试建立一个逻辑一致、兼容并蓄的理论分析框架，在理论层面拓宽产业结构问题的研究视野。

第四，随着我国工业化和城镇化进程的加快，治理环境污染、加强生态文明建设的任务十分艰巨。该项研究把生态效率理论和方法较为成功的应用在产业经济领域，构建了基于生态效率方法的生态型产业结构评价指标体系，并对我国典型区域的产业结构生态化水平进行了定量性的评价。为探索我国未来产业结构调整优化的路径，转变经济发展方式，实现经济可持续发展提供决策依据。

第五，对我国典型区域的产业结构生态化水平进行了定量性的评价；从不同的视角，对生态型产业结构的演进及其影响因素进行了实证分析；对浙、豫、鲁、津等地区进行了较广泛的调查研究与案例分析，对京津冀、长三角及珠三角等三大经济圈产业结构生态化演进路径进行了区际比较；对中美工业结构的生态化水平进行了国际比较。并在不同层面、不同角度提出了针对性建议。

第六，在研究方法和研究视角方面，将生态经济理论和方法应用于产业结构评价研究，结合环境经济学和区域经济学等理论，尝试通过跨学科研究，为产业结构研究提供一个新的视角。综合应用多种实证方法对生态型产业结构进行了评价研究，对我国典型区域的产业结构生态化水平进行了定量性分析；不仅考虑了三次产业之间的变化，而且注重研究工业结构内部的变化。尝试将可借鉴的国外相关理论、方法与中国国情结合，从生态文明的角度对产业结构优化的内涵进行重新界定，构建了生态型产业结构评价的理论分析框架，探索了生态型产业结构的演进机制与影响因素，在理论层面拓宽产业结构问题的研究视野。创新性地提出“产业结构生态效率”概念，并对我国经济发展、工业化进程和人口增长对产业结构生态效率的影响特征进行了实证分析。

生态型产业结构在国内学术研究领域，还是一个较新的课题，尚未形成学术界广泛认可的理论体系。产业结构是前期社会扩大再生产所形成的资产存量之间的相互关系。构建生态型产业结构既包括对资产存量的调整与改造，也包括新兴产业的发展。在构建生态型产业结构的实际工作中，面临着如何处理增量与存量的关系，新兴产业与传统产业的关系，不同产业部门、不同地区、不同企业以及不同社会群体之间的利益关系。因此，构建生态型产业结构，一是要依靠科技创新，为生态型产业结构的形成和发展提供先进的科学技术支持；二是要改革和完善经济管理体制和经济运行机制，发挥市场机制在资源配置中的决定作用；三是要发挥好政府规制、政府宏观调控以及经济杠杆政策的引导作用。

中国社会科学院工业经济研究所　吕政

2018年5月

目　录

第二篇 实证分析与比较

第三篇　调查研究与案例分析

第四篇 区域分析与比较

导　言

长期以来，中国粗放型的经济增长方式与产业结构在取得快速经济增长的同时，也造成了严重的资源浪费和环境污染问题。能源消费方面，中国的一次能源消费总量在2011年首次超越美国，成为全球第一大能源消费国；能源消费不仅面临着“流量约束”，而且还面临着“存量约束”，并且从“流量约束”向“存量约束”转变的速度逐渐加快。在2014年12月召开的中央经济工作会议中突出强调中国的“环境承载能力已达到或接近上限”。我国经济增长面临着巨大的能源消费约束和碳排放压力。2015年6月30日，中国政府公布2030年温室气体减排目标：中国单位国内生产总值（GDP）二氧化碳排放2030年比2005年下降60％～65％。

中共十七大报告中首次提出“建设生态文明，基本形成节约能源资源和保护生态环境的产业结构、增长方式、消费模式”，并在十八大报告中深化为“形成节约资源和保护生态环境的空间格局、产业结构、生产方式、生活方式”。十九大报告进一步强调，现代化建设要“形成节约资源和保护环境的产业结构”。由此可见，产业结构生态化是产业结构演进与调整的必然趋势。

“十三五”规划建议中，绿色发展成为五大发展理念之一。经济新常态下，以提高经济发展质量和效益为中心，实现经济的绿色循环低碳发展，加快经济发展方式转变和产业结构调整已成为我国经济发展的关键。

我国经济的高速增长付出了沉重的环境代价，资源产出率也远低于先进国家。构建生态型产业结构，从节约资源、保护环境的绿色发展视角，探索我国未来产业结构的生态化调整和经济中高速增长的路径，是当前一个重要的研究课题。

(1) 从现有的成果看，产业结构问题研究日益重视资源与环境约束，从生态文明或生态经济角度研究产业结构逐渐成为一种主流趋势。20 世纪 90 年代以来，国外产业、生态、环境、资源等领域与本课题主题相关的研究逐渐增多。包括经济向生态发展方式的转变（Carcedoa，2005）和绿色经济增长战略（Moon，2010）研究，发展中国家低碳经济发展的能源模式转型研究（Urban，2009），以及产业结构变动与碳排放关系（Shimada，2007）等内容。进入 21 世纪，国内这方面的研究成果也日渐增多。江小涓（2005）和金碚（2005）探讨了资源与环境约束下的中国产业升级模式和工业发展，原毅军等（2008）分析了节能减排约束下的产业结构优化问题，涂正革（2012）通过实证研究探讨了中国碳减排的路径与战略；陈诗一（2009）探讨了能源消耗与碳排放双重约束下的中国工业的可持续发展。

(2) 产业结构评价与测度的研究已有不少成果，但基于生态文明视角的系统深入的研究较少，存在较大的探索空间。国外有关生态经济背景下的产业规制与评价研究成果丰富，包括行业能源使用效率的实证研究（Martinez，2010），具体产业的可持续发展战略研究（Siewsamdangdet，2010；Zaharia，2010；Humpgreys，2002），以及具体产业部门中影响碳排放量因素的实证分析和国际比较（Yeonbae Kim & Ernst Worrell，2003）等内容。

国内学术界对产业结构评价的研究内容可分为几个方面。一是设置指标体系对区域产业结构合理化和高度化的测度研究（干春晖等，2011；付凌晖，2010）；二是产业结构水平、层次或阶段的衡量定位（简新华等，2011；王俊鹏等，2006）；三是对产业结构不合理原因对策的实证性研究。有少数成果从生态文明的角度探讨了产业结构内涵、升级对策等，但缺乏整体架构以及设计方法的研究，现有的成果对于生态型产业结构的研究定性分析多，定量分析少，或只考虑三级产业（农业、工业和服务业）间的变化，没有考虑工业和服务业内部的变化，资源与环境双重约束下的产业结构评价的定量研究更为少见。

(3) 生态效率理论和方法在产业经济领域的应用有待进一步深入展开，如何结合我国国情合理借鉴这些成果来评价产业结构演进，仍具有较大的研究空间。基于资源节约和效率提高思想的生态效率（eco-efficiency）研究，20

世纪90年代以来获得了长足的发展。一是对具体行业生态效率的评价性研究。国外的成果包括第一产业的海洋渔业生态效率（Willison，2009），第二产业的铁棒产业生态效率（Kharel，2008），以及第三产业的旅游业生态效率研究（Kelly，2007）。国内学者的成果主要集中于农业生态效率研究（吴小庆，2009），能源生态效率评价（王飞儿等，2008），中国纺织行业生态效率研究（杜艳春，2011），以及旅游产品生态效率的分析（李鹏，2008）等。二是区域生态效率的评价研究。Mickwitz（2006）提出了社会、经济、自然三个维度的区域生态效率指标体系；Wursthorn（2011）建立了欧洲统一的生态效率核算统计框架。国内学者成果主要有原毅军等（2012）对中国各省的生态效率的研究，杨文举（2011）对中国各地区工业的绿色经济增长研究，王震（2008）构建了区域生态效率的指标体系等。总体来看，生态效率指标体系偏重于资源利用效率，最终的落脚点仍是经济成果，难以消除GDP崇拜导向，用于评价生态型产业结构需结合实际国情，提出创新性的借鉴。

（4）有关生态文明评价的研究成果丰富，具有借鉴意义。但各种指标体系利弊不一，尚未检索到有关产业结构评价的较为完善的指标体系。目前国家还没有出台有关生态文明评价的统一规范的指标体系，与之相关的指标体系主要有两类。一是国家相关部委制定的与生态文明相近的指标体系，例如生态省、小康社会或新农村等指标体系，它们的侧重点各不相同，各有利弊；二是国内学者提出的各种生态文明评价指标体系，例如北京大学杨开忠（2009）用生态效率指标构建了区域生态文明评价体系，高珊和黄贤金（2010）构建了基于绩效评价的区域生态文明指标体系等。这些指标体系涉及自然、经济、社会等方面，用于分析不同的研究对象，缺乏全面性和系统性，难以统一。

由此，将相关的生态经济理论和方法进行改造应用于产业结构研究，构建生态型产业结构评价理论框架和指标体系，分析生态型产业结构与其决定因素及其中介变量之间的相互关系，有利于促进产业经济理论与生态经济研究的整合与互补，拓展交叉学科研究领域，通过定性、定量的系统研究，形成跨学科的学术成果。

通过构建“生态型产业结构评价体系”的理论分析框架，可以将国内外相关学科的理论与经验研究成果加以有效整合，尝试建立一个逻辑一致、兼容并蓄的理论分析框架，在理论层面拓宽产业结构问题的研究视野。

总之，从节约资源、保护环境、经济发展等维度对区域产业结构进行评价和比较，探索我国未来产业结构调整优化的路径，可为我国转变经济发展方式，实现经济可持续发展提供决策依据。

第一篇

理论与机制

第一章 生态型产业结构国内外研究述评：内涵、效应与路径[①]

一、学术界对于生态型产业结构的关注

人类经济活动的持续扩张在迅速扩大经济规模的同时，也在世界范围内消耗了大量的能源资源并对自然环境造成了不可逆转的损害，产业结构演进面临着加速工业化和保护生态环境的两难选择。从现实情况来看，目前，只有欧美少数高收入工业化国家经过环境治理，其环境条件已经实现生态转型。但是，在以自然资源为基础的国家（如澳大利亚），由于经济结构与激励机制的差异，生态转型状况却并不乐观（T. Picton & P. L. Daniels，1999）。在中国，统计数据显示，2014 年全国重点监测的 74 个城市中有 66 个城市的污染物排放浓度超标，空气质量最差的 10 个城市中有 8 个城市集中在京津冀地区，[②] 中国的“环境承载力已经达到或接近上限”。[③] 而中国如果继续保持过去的增长速度而不进行结构调整与提高能源效率，其经济增长将会对全球环境造成严重破坏。

世界环境与发展委员会（WCED）在 1987 年的报告《我们共同的未来》中正式提出可持续发展的概念以来，人们对资源与环境的关注程度迅速提高，

---

① 本章主要内容已发表和引用信息如下，陈维宣、吕明元：《生态文明视角下产业结构演进的效应、路径与展望：一个综述》，《产业经济评论》2016 年第 4 期。

② 空气质量最差的前 10 个城市：保定、邢台、石家庄、唐山、邯郸、衡水、济南、廊坊、郑州和天津。资料来源：中华人民共和国环境保护部网站《环境保护部发布 2014 年重点区域和 74 个城市空气质量状况》，见 http：//www. mep. gov. cn/gkml/hbb/qt/201502/t20150202 _ 295333. htm。

③ 鞠鹏：《中央经济工作会议在北京举行》，《人民日报》2014 年 12 月 12 日。

涌现出大量的相关研究成果与学术著作。近几年来，产业结构生态化逐渐发展成为经济可持续发展理论中的新兴领域。实际上，产业结构生态化的直接思想渊源可以追溯到德内拉·梅多斯等人1972年出版的经典著作《增长的极限》，他们认为面对资源使用和污染排放超过其可持续的信号时，应该着手解决问题背后的结构性根源，寻求改变这种系统结构的办法①。与产业结构生态化直接相关的论述均存在于近期研究文献中。20世纪90年代以来，国内外在产业、生态、环境、资源等领域与该主题相关的研究逐渐增多。将生态问题纳入结构演进的范畴中来，从节约资源、保护环境的生态文明视角探索产业结构演进的效应与路径，成为当前国内外学术界关注的一个重要课题。

二、产业结构演进的生态环境效应争论

（一）产业结构的生态环境效应

目前，在实证方面直接测度产业结构对资源环境影响的研究文献相对较少（余泳泽，刘冉，2014），通过文献梳理后发现，为数不多的直接测度的文献集中于产业结构生态环境效应方面。根据不同产业发展对生态环境影响程度的差异，对不同产业的生态环境影响系数在区间［1，5］上进行赋值，系数越大表明该产业对生态环境的负面影响就越大。然后以不同产业的产值比重作为权数构建产业结构生态环境影响指数，并以此指数为基础构建了产业结构转型的生态环境效应变动幅度衡量公式。其中对三次产业的划分方式为将第一产业分为种植业、林业、畜牧业、渔业，第二产业分为轻工业、重工业、建筑业，第三产业分为运输业、其他产业（彭建等，2005）。赵雪雁（2007）将产业结构生态环境影响指数在区间［1，5］上进行分级，指数越大说明产业结构演进对生态环境的负面效应就越大，从而拓展了上述模型。

这一拓展后的产业结构生态环境效应模型在学术界得到了广泛的运用，

① ［美］德内拉·梅多斯、乔根·兰德斯、丹尼斯·梅多斯：《增长的极限》，李涛、王志勇译，机械工业出版社2013年版，第50—57页。

学者们利用该模型对中国多个区域的产业结构生态环境效应进行研究，结论均表明在研究期间各地区出现两次产业结构转型，产业结构生态环境效应处于中等水平，产业转型的生态环境效应滞后于产业结构变动；除丽江市表现出逐渐好转的趋势外，其他地区均存在较大的生态环境保护的产业结构调整压力（Jian Peng，et al.，2007；张海峰等，2008；赵彤、丁萍，2008；袁杭松、陈来，2010；Zhang JF & Deng W，2010）。

这种方法直接将结构演进与产业的生态环境影响结合起来构建一个复合的衡量指标，便于直接评价结构变动过程中相伴随的生态环境效应，但是同样面临来自对该方法的局限性及其适用性的争论。对第二产业的粗糙划分可能会模糊工业各行业间的生态效率的差异，并且将不同产业的生态环境影响系数设为定值，从而不能反映出各产业的生态环境效应随时间的变化趋势，这也可能是众多研究中得出的结论基本一致的原因。因此，这种方法在各产业的生态环境效应不发生变化或只有微小变化的短期内具有一定的适用性，但不适用于产业的生态环境效应发生较大变化的长期过程。

（二）产业结构演进的环境效率与碳减排效应

1. 产业结构演进与环境效率

这一研究方向中对以第三产业比重衡量的结构演进与环境效率的关系的结论较为统一，多数文献认为第三产业比重与环境效率呈显著正相关，第三产业所占比重的上升将会促进环境效率的提高（王俊能等，2010；Xian-Guo Li，et al.，2013；Li Yang，et al.，2015），主要是因为第三产业以服务业为主而并非能源密集型行业，使得其污染排放水平较低。但是在工业化对环境效率的贡献方面尚未达成一致意见，其中的代表性观点包括了三种可能的方面：其一，认为工业化程度的提高将会导致环境效率及环境全要素生产率增长的下降（王兵，2010）；其二，表明工业结构中重工业比重与工业生态效率呈不显著负相关（汪东、朱坦，2011）；其三，相信工业产值比重与环境效率之间存在正效应，因为工业发展促进经济增长的同时通过技术与政策措施减少了环境污染（胡达沙、李杨，2012）。

关于工业化与环境效率关系的一个较为中和的观点指出，产业结构与环境效率之间存在U形关系，环境效率随着第二产业所占比重的增加呈现出先下降后上升的趋势（Mingquan Li & Qi Wang，2014）。另一种观点则是从区域发展的差异方面进行考虑，虽然就全国范围而言第二产业比重与环境效率之间不存在显著相关关系，但是在东部和中部地区，第二产业比重的上升导致环境效率的大幅下降，而在西部地区则出现轻微的促进环境效率上升现象（Hong Li，et al.，2013）。

2. 产业结构演进与碳减排效应

大量实证研究结果表明，产业结构演进与碳排放强度之间存在密切关系，第二产业比重上升会导致碳排放强度提高，而第三产业比重增加则会降低碳排放强度（虞义华等，2011；谭飞燕、张雯，2011；Liu Chunmei，et al.，2011；Zhang Zhixin & Xue Qiao，2011）。但是该观点同样面临着一定程度的挑战，认为第三产业对碳排放强度的降低效应并不明显，第一产业对碳排放强度的影响最小（李健、周慧，2012），第一产业比重的提高甚至会导致二氧化碳排放量的增加（Liu Chunmei，et al.，2011；牛鸿蕾、江可申，2013）。虽然观点之间存在一定的争议，但是一致的观点认为结构变动与碳减排之间具有密切关系，碳减排必须依赖于结构调整，分歧主要在于结构调整的方向不同。

来自产业结构的区域差异方面的研究可以作为这种分歧的一个折中观点，该观点表明当产业结构从农业、采矿业和轻工制造业向资源依赖型的重工业演进时会导致二氧化碳排放量的快速增长；而且也承认在建筑业和服务业部门的生产结构的变化是区域内二氧化碳排放量增长的重要源泉。但是同时也指出，提高资源依赖型的重型制造业中的投入效率在减少二氧化碳排放方面具有巨大潜力，而且，具有较高级的产业结构的地区通过进口碳密集型产品的同时出口碳密集程度低而附加价值高的机械行业、设备行业和服务部门的产品成功避免了地区的二氧化碳排放，因此，调整产业结构需要鼓励能源密集度低的或高技术效率的产业发展（Philip Kofi Adom，et al.，2012；Xin Tian，et al.，2014）。

产业结构与碳排放之间的这种关系有时候也被总结为二氧化碳库兹涅茨曲线，但是否存在二氧化碳库兹涅茨曲线拐点仍然是一个有争议的问题。虞义华等（2011）指出如果保持产业结构与其他政策措施不变，中国在2020年二氧化碳排放强度下降40％～50％的目标难以实现；郭朝先（2012）则通过对高耗能产业结构变动值的预测表明，到2020年产业结构变动对二氧化碳排放强度的效应为－5亿吨，占期间碳排放增量的－15％；而林伯强与蒋竺筠（2009）则认为在多种因素的影响下中国的二氧化碳库兹涅茨曲线到2040年没有拐点。

三、产业结构演进与能源效率及节能效应

在产业结构演进对节能减排、能源效率和环境效率提高等方面的生态环境效应的研究中，所采用方法主要包括计量经济方法、因素分解方法和投入产出法。计量经济方法通过设置产业结构作为解释变量，观察结构变动的系数大小及其显著性水平做出判断；因素分解法和投入产出法通过将结构效应从效率变动中分离出来，如果结构效应系数为正则表明具有正向作用，反之具有负向作用。

（一）产业结构演进与能源效率

由于不同产业的能源效率之间存在明显差异，如果能源效率较高的产业在产业结构占有较大的比重并且上升较快，经济体的能源效率就会提高。文献表明，第三产业的能源效率（或能源强度）要高于（或低于）第二产业（史丹，2002；魏楚、沈满洪，2008），因此，一个提高能源效率的途径便是"退二进三"模式：降低第二产业比重尤其是能源密集型行业的占比或提高第二产业中技术密集型行业比重与第三产业（服务业）比重将会促进能源效率增长（魏楚，沈满洪，2008；袁晓玲等，2009；Lan-Bing Li & Jin-Li Hu，2012）。但是相反的观点认为结构变动导致的能源强度下降并不大，甚至对能源效率提升具有重要的负向作用（Feng Song & Xinye Zheng，2012；R. Inglesi-Lotz & A. Pouris，2012）。一方面，随着能源密集型产业（如钢铁、

建筑材料、化学产品）的快速发展，结构变动将会导致能源强度的上升（Ying Fan & Yan Xia，2012）；另一方面，学者们指出第三产业比重的上升对能源效率提高的贡献有限或不显著（余泳泽、杜晓芬，2011；Guan Yang & Li Mingguang，2011；Yongping Bai，et al.，2012），甚至还会导致能源强度的上升（He Tianli，et al.，2011）。①

导致上述相反观点的原因可能是由于忽视了产业内部和区域间的结构差异。有文献表明，考虑到产业内部结构差异时，产业与子产业层面上的结构变化导致能源强度上升，但是包含子产业间的产品转换的结构变化则降低了能源强度（Chunbo Ma & David I. Stern，2008）；而区域间结构差异表明，在东部地区和西部地区中，工业部门比重上升将会导致能源效率的显著下降，但是该负效应在中部地区却并不显著（Zhao Xiaoli，et al.，2014）。在产业结构合理或产业结构调整初期的地区，结构变动对区域能源效率提高的贡献明显，而产业结构合理低端的地区，结构变动对能源效率提高的贡献则不明显（Liu Jiajun，et al.，2012）；Ke Li & Boqiang Lin（2014）估计结构对能源强度作用的转折点为40.435%，当第二产业占GDP比重大于临界值时，产业结构升级促进能源强度的提高；反之，则会导致能源强度的下降。因此，可以预测通过对区域产业结构进行合理引导与调整，西部地区将会成为中国未来能源效率增长的新引擎（Zhaohua Wang，et al.，2014）。

（二）产业结构演进与节能效应

包括能源要素在内的拓展后的经济增长模型表明能源投入会促进经济增长，而不同产业具有不同的能源需求弹性，因此，不同产业的交替发展导致的产业结构变迁与能源节约之间存在密切关系。目前学术界较为一致的观点认为：产业结构演进具有显著的节能效应，使得一次能源消费量降低（朱守先、张雷，2007；熊鹰、韩晓梦，2012），以中国的西部地区为例，在其他条件不变的情况下，仅通过产业结构调整便可降低单位GDP能耗2.7%，并保证西部地区GDP总值和劳动者报酬年均增长超过8%（郭广涛等，2008）。

① 能源效率与能源强度的衡量公式互为倒数，能源强度的上升即是能源效率的下降，反之亦然。

结构演进的节能效应具体表现在第二产业的发展与能源消费或节能目标正相关，而提高第三产业的比重则会促进能源节约（Jin-Li Hu，Chih-Hung Kao，2007；Chaoqing Yuan，et al.，2009）。① 这主要是因为中国长期以来对第二产业尤其是重工业具有强烈的依赖性，而第二产业比重与能源投入冗余量呈现显著正相关关系，第二产业中的能源密集型行业，如汽车、机器、钢铁等的大量出口更容易导致能源消费的快速扩张与浪费（Guang-Ming Shi，2010；Shujie Yao，et al.，2012；李兰冰，2012）；与第二产业的作用相反，第三产业中由于以服务业为主，对能源投入的依赖程度较低，能源消费量较少，因此发展第三产业对中国节能减排具有显著促进作用（汪克亮等，2010）。在产业结构演进的过程中，第二产业比重上升或第三产业比重下降导致的产业结构逆向反弹则将促进能源消费量增加（王迪、聂锐，2010；李艳梅、杨涛，2012）。因此，中国未来的能源政策与产业政策在引导产业结构升级时，应当注意保证结构调整的稳定性，避免出现突然的产业结构逆向反弹。

四、基于新结构经济学视角的产业结构演进研究

产业结构演进是产业结构从低级形态向高级形态变化的趋势，产业结构的不断变迁是一个经济体能够不断发展的动力源泉，而这一过程内生决定要素禀赋结构的变迁，只有与要素禀赋结构相适应的产业结构才是最优的产业结构（林毅夫，2012）。

新结构经济学是一门专门为发展中国家的发展提供“药方”的新兴学科，自其诞生以来，很多学者在其理论基础上对中国的产业结构演进及其经济增长进行了研究，但这些研究主要集中在理论层面。在传统的要素禀赋理论中，要素禀赋结构一般被认为包含了自然资源、资本、劳动力等，而新结构经济学将基础设施也作为要素禀赋的一种纳入考虑，林毅夫（2013）总结了中国过去 60 多年经济发展的经验教训，指出发展中国家只要根据本国当前阶段的

---

① 节能目标与节能目标比率是 Jin-Li Hu & Chih-Hung Kao（2007）提出的衡量能源利用无效率水平与能源节约空间的一个指标，该指标的值越大说明能源消费量越大。

比较优势、充分利用结构转型和技术创新方面的后发优势进行发展就能够实现经济的快速增长。林毅夫和李永军（2003）认为发展中国家必须充分发挥自己现有的比较优势，才能够建立起竞争优势，从而最大限度地实现自身的发展。徐朝阳和林毅夫（2010）基于内生产业结构模型构建了一个 Ramsey 问题模型，证明了要素禀赋结构内生决定产业结构，且随着要素禀赋结构的升级产业结构也不断升级的命题。Ju Jiandong et al.（2015）通过发展无限产业的内生增长模型提出了要素禀赋驱动结构变迁的理论。孙军和高彦彦（2012）通过理论分析发现，传统的产业升级和新兴产业之间存在螺旋式上升的趋势，而按照比较优势发展产业是这一趋势存在的关键，遵循比较优势的发展战略，有助于产业结构的优化升级；郑长德（2013）基于新结构经济学的视角，从要素禀赋结构的演变角度对民族地区的产业结构升级问题进行了探讨；何武等（2015）在新结构经济学理论指导下，提出了促进产业结构优化升级的建议。

也有部分学者在试图利用新结构经济学的框架设立计量模型分析地区产业结构的变迁，如高天跃（2015）以新结构经济学为理论基础，对贵州省的产业结构优化路径进行了分析，认为贵州省应该根据其要素禀赋结构及其比较优势甄选出需要大力扶持的主导产业以实现产业结构转型升级；吴垠（2016）在新、旧结构经济学理论对比的基础上，提出将投资变量作为持续改善我国要素禀赋结构的手段的新观点；张慧君（2013）通过对赣南苏区的经济发展状况的研究，提出将新结构经济学的方法运用于促进赣南苏区产业脱贫的实践中，通过推动赣南苏区要素禀赋结构的升级来促进技术创新和产业的转型升级，最终改善该地区人民经济状况；席艳玲等（2013）将新结构经济学和新经济地理学的相关理论相结合，从企业和劳动力的角度推导出要素相对价格倒逼产业结构调整的传导机制，并运用系统广义距估计的方法对我国 30 个省份的面板数据进行实证研究，使理论推导结果得到实证支持；姚明明和陈丹（2013）在前人研究的基础上，利用新结构经济学的理论知识，以 2001—2011 年的全国数据为研究对象，分析了这段时间内中国的传统三次产业结构和就业结构之间的关系及变化趋势，并将各个行业按要素密集程度划分为劳动密集型产业、资本密集型产业和知识技术密集型行业，在此分类基础上，对新定义的产业结构与就业结构之间的关系进行了分析，最后基于新结构经济学的研究框架，提出了优化产业结构和就业结构的相关建议。李跃和蒙永胜（2014）建立了要素禀赋结构水平的指标体系，且分别基于1991年、2001年、2011年的省际数据，以地区人均GDP为被解释变量，以衡量地区要素禀赋结构水平、基础设施和发展战略的指标为解释变量，研究了要素禀赋结构水平、基础设施建设水平以及是否遵循比较优势战略与地区的经济发展的关系；李跃和蒙永胜（2014）基于新结构经济学理论研究了比较优势在新疆地区的制造业升级中的作用，结果证明新疆制造业升级困难的主要原因在于其经济发展主要依赖于资源密集型产业，忽视了对自身比较优势的提升。

五、生态文明视角下产业结构的演进路径

虽然目前学术界仍然存在产业结构演进的生态效应的争议，但是学者们也分别指出在生态文明视角下的产业结构演进有一定的路径可循，如赵西三（2010）从发展路径、资源路径、技术路径、环保路径和政策路径等五个方面总结了中国生态文明建设的产业结构演进路径。众多的实证文献也对生态文明视角下产业结构的演进路径做了有益的探索，目前主要集中于考虑能源资源和环境污染的结构演进路径与政策情景模拟以及产业生态系统的构建与演化两个方面。

（一）结构演进路径与政策模拟

结构演进与政策模拟内含地强调政府在产业结构调整过程中的重要作用，一般通过设计一定的政策模拟情景，计算为了达到设定的目标方案，各产业产值在经济总产值中所占的比重（即产业结构）应该调整到何种程度，也就是在政策目标得到严格执行的情况下，产业结构调整与演进的方向与程度。所使用的方法一般是较为大型的包含多部门的复杂方法，如线性或随机规划模型、系统动力学模型、可计算一般均衡模型（CGE）等，可以将其结论大致总结为：可持续的包容性的经济增长受制于不同的可持续方案，而不同的

产业结构调整方式与演进路径将会产生不同的经济效益与节能减排效应，因此，强（环境）技术进步与可持续结构变迁是经济增长与环境质量相容的必要条件，结构性节能减排与技术性节能减排需要协同并举（R. Dellink，et al.，1999；赵伟等，2014）。

原毅军与董琨（2008）对中国产业结构演进路径的四种情景方案进行了模拟与仿真运算，吕明元等（2014）预测了天津市在碳减排约束目标下的三次产业结构以及工业行业结构。但是由于技术进步与结构演进以及经济增长之间存在一定的适应性，因此，应当在产业技术升级处于外部导入的初级阶段时选择产能导向型的结构调整路径，在技术内生性增长的高级阶段选择以节能减排为导向的调整路径，并在技术水平发展到一定阶段后选择对产业结构的均衡型调整路径（赵伟等，2014）。

但是，即使是可持续性的结构调整也并不是毫无代价的，能源密集型产业与农业将会失去原有的市场份额，一国的环境压力将会通过所谓的“生态贸易平衡”转移到国外（R. Dellink，et al.，1999），虽然在不完全竞争条件下环境规制如征收碳税引起的结构变化比完全竞争时更加明显，但是同时不完全竞争条件下环境规制引致的规模经济损失要明显高于完全竞争的情况（Christoph Böhringer，et al.，2008）。

（二）产业生态系统的构建与演化

模仿自然生态系统构建产业生态系统在产业结构演进的过程中具有重要地位，能够将原有的“资源—产品—废物排放”的单向线性生产方式转变为“资源—产品—再生资源”的闭合循环方式。产业生态系统是指一个区域内的企业及其他组织通过交换与使用副产品和（或）能源的相互作用形成一个群落或网络，这个群落或网络能够比传统的非关联方式产生更多的收益（Nicholas Gertler，1995）。因此，产业生态系统强调按照自然生态的循环模式将经济中的产业部门分为生产者（资源产业和生态农业）、消费者（生态工业和生态服务业）、分解者或还原者（环保产业或静脉产业）三个相互关联的部分（杨学义，徐经贵，2011），李春发等（2010）依据系统论的方法构建了更为完整详细的产业生态系统。

从动态的角度看，产业生态系统与自然生态系统一样都是一个开放性的集合，随着时间的推移处于向可持续或不可持续运作方式的发展与演化过程中。Jouni Korhonen（2001）强调产业生态系统应当遵循自然生态系统的四个原则，即循环传输原则、多样性原则、地域性原则、渐变性原则；并发现循环传输与多样性随着时间的推移而上升，且循环传输受到多样性的影响，而且工业园倾向于将其活动扩大到园区边界外（Jouni Korhonen & Juha-Pekka Snökin，2005）。但是，产业生态系统在演化的同时，也面临内部与外部不确定性的挑战，而这种不确定性将有可能会改变产业或企业间的共生关系，并导致系统不可逆转的改变。

产业共生在产业生态系统演化过程中具有不可替代的关键作用，产业共生既是系统内部产业及企业之间相互作用的结果，也会受到环境政策的制约与影响。[①] 外部力量与内部参与者之间在多个层次上的相互作用将会导致产业共生关系或产业生态系统的永久性改变，而政策选择与企业间合作则可以用于组织资源（Weslynne S. Ashton，2009）。处于不确定条件下的企业，在非合作博弈中各自的策略能够使自身达到经济收益或环境收益最大化，而在合作博弈中的企业则能够为了共同利益相互沟通协作，显然合作策略能够为参与者带来更受欢迎的经济与环境收益（Helen H. Lou，et al.，2004）；并且无论是在一次博弈还是重复博弈中，上下游企业之间采取相互合作的策略都能够满足激励相容（嘉蓉梅，2012），改善产业共生的形态与程度，环境政策选择将会起到重要作用。

六、生态文明视角下产业结构演进的支持机制

生态文明视角下的产业结构演进是一个长期的过程，在这个过程中受到多种因素的相互影响与共同作用，持续的产业结构演进离不开外部力量的支持。如果说上文对路径的分析是产业结构自身内在的机制的话，那么本节对

① 实际上产业生态系统有时候也被称作产业共生（Helen H. Lou，et al.，2004），在此处使用产业共生只是为了强调企业之间的相互作用及外部力量对产业生态系统构建与演化的影响。

生态补偿机制和金融创新支持机制两个方面的分析则是其外部支持机制。

（一）生态补偿机制

生态补偿机制的研究是一项内容十分庞大的课题，对生态补偿机制的相关文献的完整综述需要另外撰文进行分析，本章仅有选择性地论述生态补偿机制理论中与生态文明视角下的产业结构演进密切相关的部分。生态补偿机制的建立与完善内生于经济社会追求可持续性与包容性增长的意愿，有着广泛的市场基础与微观基础，大多数调查研究都发现人们愿意为了改善生态与生活环境而付费，但是这种支付意愿受到受教育程度、收入水平和对污染的认知程度等的影响（高甡等，2010），拥有较高的收入水平、受教育程度高、对生活的满意程度和对环境问题的意识程度较高的群体具有较高的支付意愿（Duan Hong-Xia，et al.，2014；Fernando Lera-López，et al.，2014），并且，年轻人、男性和共产党员也具有相对较高的支付意愿（Duan Hong-Xia，et al.，2014），这意味着生态补偿机制具有广泛的可行性。

但是，由于生态补偿具有明显的公共品属性，在市场经济体制尚未完善的阶段，实施市场主导型的生态补偿机制面临较大的交易成本问题，大量学者主张中国应实行政府主导型的生态补偿机制（王军锋等，2011），因此，对生态补偿机制的顶层设计就变得尤为重要。首先，在生态补偿制度安排方面，需要完善生态产权制度、生态税收制度、生态价格制度与生态管理制度等方面的内容，尤其是要运用灵活多样的财政政策手段推进生态补偿机制的建立与完善，如资金补偿、实物补偿与智力补偿等。其次，建立差异性行业生态补偿政策，通过一定的方法识别高污染高能耗产业，如石材行业（高甡等，2010）和道路运输行业（Fernando Lera-López，et al.，2014）等。在对该产业征收生态补偿费的同时对该行业的产品征收消费税，通过提高消费价格使消费者为购买该商品的行为做出生态补偿，或者转而寻找低能耗低排放的绿色环保产品进行替代；同时对环保产业和环保创新组织与产品等进行生态补偿与支持，对购买指定的绿色环保产品的消费者进行价格补贴等。最后，区域及流域间的生态补偿与合作方面，需要进一步优化产业布局结构，避免区域或流域间的产业结构趋同与资源浪费，并积极建立与推进生态补偿的横向谈判与转移支付体系。

（二）金融创新支持机制

金融创新对产业结构演进的作用体现在通过金融业发展直接影响产业结构演进以及通过刺激消费需求、改善要素配置功能、促进技术进步等方式间接影响产业结构演进（李媛媛等，2015）。金融创新对生态文明视角下产业结构演进的推动支持与杠杆作用是金融创新对产业结构演进的间接路径的效应体现，通过金融创新改变不同类型的产业或企业的融资约束与激励，影响产业或企业的生产决策与经济行为，从而促进低能耗低污染行业及环保产业的发展和传统高能耗高污染行业的生态化转型升级。就现有文献的研究重点来看，生态文明视角下产业结构演进的金融创新支持机制主要集中于绿色金融方面，认为绿色金融是金融业与环境产业的桥梁，是为适应环境保护与环境产业的需求而进行的金融创新（Jose Salazar.，1998）。①

绿色金融产品主要包括绿色信贷、绿色保险、绿色证券、绿色基金、碳金融等。虽然绿色金融等产品的金融创新受到“绿色一定好吗?”的质疑，如 Franciso Climent & Pilar Soriano（2011）认为环境共同基金的绩效相对低于其他类似的社会责任共同基金，但是大量文献相信绿色金融产品获得了市场的广泛认可。基金经理人认为尽管在教育和职业培训中缺乏对环境问题的强调，他们仍然认识到环境信息是有用的，当环境信息能够影响公司未来的财务业绩并会反过来影响利益相关者的决策时，环境信息的披露就非常重要，更重要的是基金经理人相信应该在马来西亚对所有公司进行强制性的信息披露（Ridzwana Mohd Said，et al.，2013），这对于包括中国在内的发展中国家应该也会适用。在美国和欧洲等发达国家绿色基金同样起到重要作用，在这些国家中绿色基金的绩效表现并不比其他社会责任基金差，而且美国市场中的绿色基金经理人在危机期间比在非危机期间获得更好的绩效，而欧洲市场中绿色基金经理人则具有相反的表现（Fernado Muñoz，et al.，2014）。

---

① 绿色金融（Green Finance）也被称为环境金融（Environmental Finance）或可持续金融（Sustainable Finance）。

七、总结与展望

从国内外现有文献来看，对产业结构问题的研究日益重视资源与环境约束，20世纪90年代以来，国内外在产业、生态、环境、资源等领域与该主题相关的研究逐渐增多，从生态文明或生态经济角度研究产业结构逐渐成为一种新的研究趋势，产业结构生态化的研究也逐渐发展为一个新的研究领域。

早期研究是从产业结构形态的角度开展的，如可持续发展的产业结构（Nicholas Gertler，1995；孔爱国，1997；潘文卿，2002）的研究，进入21世纪后生态文明逐渐进入产业结构研究的视角，如生态化的产业结构（戴锦，2004），促进生态文明建设的产业结构（黄勤，邓玲，2008；姚昊，2009；李春发等，2010）。

本章将上述产业结构形态总结为生态型产业结构，借鉴 Alejandro Caparrós & Simon McDonnell（2013）对可持续的经济结构的论述，将生态型产业结构界定为一种能够实现经济的可持续性与包容性发展的结构框架，在该框架下经济体具有较高的结构效率，能够以较少的能源要素投入和污染物排放获得较多的产出，达到经济政策与发展策略相容。

产业结构生态化是指从粗放型产业结构向生态型产业结构演进的动态过程，在该过程中通过不同生态效率水平产业的交替发展、产业间生态关联程度和协调能力的提高，促进生态要素在产业间合理流动，提高生态要素生产率及其增长率。

产业结构生态化是对经典产业结构演进理论的进一步发展与深化。以配第-克拉克定律、库兹涅茨法则、钱纳里-塞尔奎因国际标准结构等为代表的传统产业结构理论主要以研究产值结构、劳动力结构等为主要研究对象，但是随着工业化、城市化和国际化进程的逐步推进，经典产业结构理论却在资源浪费与环境污染方面缺乏一定的解释力，并没有将生态要素纳入产业结构研究的范畴之内，因此，需要从生态文明的角度对经典的产业结构理论做出进一步的发展与补充。

产业结构生态化的研究需要经济学与生态学两大学科的深度合作与融合，

利用经济学分析生态问题，在经济研究时则要重视生态约束。随着社会各界对生态问题的重视，产业结构生态化领域的研究正处于迅速发展的阶段，学术界在一些关键问题上取得了较大的进展，并不断推进研究前沿，但就目前来看仍然缺乏一个系统的研究框架与体系。结合上文对产业结构生态化相关研究的述评，我们认为未来可能的研究需要在以下几个方向上做出努力。

1. 构建产业结构生态化理论研究框架

将国内外有关产业经济、资源环境、生态经济以及与之相关的区域经济、制度经济等相关学科理论加以整合，考察有关这一主题研究的最新成果。从生态经济视角考察产业结构，探讨生态型产业结构形成的动力机制和影响因素，构建产业结构生态化评价的理论框架。从理论层面探讨，在政府诱导性和市场内生性动力的共同作用下，产业结构生态化转型和升级的路径对策。

2. 构建合理的产业结构生态化评价指标体系，对中国的产业结构生态化进程进行区域比较与评价

目前在实证方面直接测度产业结构对资源环境影响的研究文献相对较少，且在适用范围上具有一定的局限性，因此，需要构建合理的产业结构生态化评价指标体系，对中国的产业结构生态化进程进行评价，并实证分析各区域在不同的经济增长阶段中的发展趋势、区域差异、影响因素及其特征，从而因地制宜地制定因势利导的产业结构生态化政策。

3. 产业结构生态化演进的国际比较研究

由于国外不同国家之间的自然环境、资源禀赋以及体制环境等条件各异，这一主题的深入研究需要选择较为典型的发达国家以及部分发展中国家，考察其经济发展中的资源利用、环境保护、经济增长和社会福利水平的变化，对其产业结构生态化、合理化与高级化的特殊性及共性进行分析，探讨其过程、特点及影响因素，进而与我国产业结构演进进行比较，从正反两个方面借鉴其经验和做法。

4. 对产业结构演进的生态效应的深入探索

除了重视产业结构的区域差异与作用临界等因素外，还需要进一步深入产业结构内部，深入考察重工业与轻工业发展、高新技术产业、资本-劳动替代以及资本-能源替代关系对产业结构演进影响以及生态效应的差异，尤其是需要注重行业异质性对产业结构演进的生态效应的影响。

5. 对产业生态系统的论证需要进一步的深入

首先，需要明确在中国经济进入“新常态”阶段后，如何全面统筹协调的规划产业生态系统的建设；其次，各区域应该如何根据自身经济发展、产业结构和生态约束条件的差异而因地制宜地制定产业生态系统构建的促进政策；最后，如何对各地区大量存在的产业园区进行生态化升级改造，使之逐渐发展成为生态产业园，也还有待进一步研究。

6. 产业结构生态化的金融创新支持机制

产业选择或者其企业选择是一个重要问题，金融机构应该根据何种标准选择其需要支持的产业或企业，这也意味着其反向操作中需要对哪些产业或企业进行信贷配给的约束。直观经验认为生态效率低下的产业更需要进行信贷约束，但是这同时也意味着给予这些产业适当的金融支持，其对生态效率的贡献将会有更大的机会空间。

第二章 生态型产业结构的理论解释与演进机制[①]

产业结构变迁是推动经济增长的重要力量，因此，产业结构变迁的方向将显著影响经济增长的速度与质量。产业结构演进的基本方向包括产业结构合理化、产业结构高级化及产业结构生态化。生态型产业结构是一个较新的概念，学术界所见相关研究文献不多；产业结构生态化是随着对生态环境的重视而逐渐发展起来的新兴研究领域，目前政府工作文件与学术研究文献已形成一定规模。但是，就现有文献资料来看，对于上述领域的研究仍处于探索阶段，对生态型产业结构和产业结构生态化的概念仍存在争议，尚未形成系统的理论研究体系，缺乏经济学理论的支撑。

本章将在梳理现有相关文献的基础上，从经济学角度对生态型产业结构和产业结构生态化的基本内涵、演进机制与路径进行分析与解释。

一、生态型产业结构与产业结构生态化

国外较为早期的研究包括 Allenby 和 S. Erkman 等对产业生态化的研究，以及 Nicholas Gertler 在可持续发展的产业结构中对产业生态系统进行的讨论。Nicholas Gertler 主张模仿自然生态系统构建产业生态系统。在该系统中以资源产业和生态农业为生产者，生态工业和生态服务业为消费者，环保产业或静脉产业为还原者。国内学者张昌蓉和薛惠锋也认为，产业结构生态化是参考自然生态系统的有机构成和循环原理，在不同产业之间构建类似自然生态

① 本章主要内容已发表信息如下，吕明元、陈维宣：《产业结构生态化：演进机理与路径》，《人文杂志》2015 年第 4 期；吕明元：《构建生态型产业结构，促进天津经济高质量绿色发展》，《天津日报》（理论版）2018 年 6 月 25 日。

系统的相互依存的产业生态体系，以达到资源充分循环利用，减少废物和污染产生，消除对环境的破坏，逐步将整个产业结构对环境的负外部效益降低到最低限度。这是一种侧重生态学内涵的观点。

近年来的研究开始强调经济学内涵与方法在产业结构生态化研究中的价值。Jun Shao & Junqing Zhou 对资源枯竭型城市中产业转型对城市空间结构的可持续发展的机制进行了研究，Chen Mingsheng & Gu Yulu 也主张产业组织结构调整在促进节能减排过程中具有重要作用。吕明元与陈维宣从经济学的角度提出，产业结构生态化是从粗放型产业结构向生态型产业结构演进的动态过程，在该过程中通过不同生态效率水平产业的交替发展、产业间生态关联程度和协调能力的提高，促进生态要素在产业间合理流动，提高生态要素生产率及其增长率。这些研究表明，产业结构生态化的过程既是产业结构合理化的过程，调整产业部门、转变生产方式，达成产业结构系统与资源环境生态系统相和谐；同时也是产业结构高级化程度提升的过程，促进产业生态化发展与产业生态效率提高，并动态地提高生态效率较高产业所占比重而降低生态效率降低产业的比重。

生态型产业结构，是相对于传统的粗放型产业结构而言，对产业结构绿色发展型态的一种描述；生态型产业结构是同时符合生态经济发展与产业结构演进规律的产业结构形态，是一种能够实现经济可持续性与包容性发展的结构框架；它以企业生态化与产业生态化为基础，以能源节约、环境保护为目标，以较少的资源要素投入和污染物排放获得较多的产出，实现生态建设与经济发展相协调。生态型产业结构既指产业内结构，又包括产业间结构；既是生态文明建设的重要内容，又是经济可持续发展的基本动力。

生态型产业结构，关注的重点在于产业结构的绿色发展。首先，传统产业结构忽视了资源消费与环境污染对经济发展的生态约束，而生态型产业结构则是节约能源资源和保护生态环境的产业结构，是一种“促进生态文明建设的产业结构”。其次，因为经济发展效果依赖于产业结构的型态与运行状况，生态型产业结构重视能源资源的结构性消费与污染物的结构性排放，集中研究一系列的政策情景与可持续发展策略之间的相互作用，并构建一个能够实现经济可持续发展、社会凝聚与环境保护相互支撑的长期发展框架，因此，生态型产业结构也是一种可持续性与包容性发展的产业结构。

产业结构生态化就是从传统产业结构向生态型产业结构演进的过程，通过不同生态绩效水平产业的交替发展、产业间生态关联程度和协调能力的提高，促进生态要素在产业间合理配置与流动，提高生态要素生产率及其增长率，既包括产业间结构的生态化，又包括产业内结构的生态化。生态要素生产率及其增长率的提高是产业结构生态化的核心内容，受到生态要素配置结构、技术进步和产业关联程度等的影响。生态要素配置结构的作用可以从污染物与能源资源两个方面来考察。废弃污染物方面的配置结构变化主要在于以废弃污染物为主的非合意产出能够再次进入生产循环，以及进入再循环的废废污染物所占总量的比重。如果废弃污染物不能再次进入生产循环，将会直接投放进生态环境中，破坏生态环境；而如果能够进入循环且比重不断上升，则将会减少向生态环境的直接排放，并间接减少对能源资源的获取，促进生态要素生产率的提高。能源资源角度的配置结构的变化则主要体现在生产过程中传统的非可再生资源、高碳能源与可再生资源、清洁能源等在能源投入总量中的比重变化，以及不同产业部门的能源消费量在能源消费总量中所占比重的变化。非可再生资源与高碳能源比重的降低和可再生资源与清洁能源比重的提高，以及第三产业能源消费量的增加有利于促进生态要素生产率的增长。技术进步和产业关联程度对生态要素生产率的影响作用在下一节中进行论述。

产业结构生态化与生态型产业结构实际上是一体两面的事物，前者侧重于对动态过程的考察，而后者则是对产业结构形态的相对静态描述，这也意味着生态型产业结构并不是一成不变的，而是随着产业结构生态化的进程而逐渐提高。产业结构生态化并不是为了保护和改善生态环境而放弃经济增长，而是在将经济增长造成的生态压力降低到生态环境可承受范围内，既不妨碍经济产出应有的增长，也不对生态环境造成严重破坏，并逐渐修复和改善被破坏的生态环境。

二、生态型产业结构的演进机制

产业结构生态化致力于通过结构调整实现经济增长与生态发展之间的平衡协调，但是从生产活动的角度而言，这一概念还是过于宽泛了，因为结构的调整必定依赖于不同产业生态水平的提高，以及构成产业的微观企业与产品构成和生态水平的变化。

（一）产业生态化

产业生态化的核心思想是模仿自然生态系统的闭路循环模式构建产业生态系统，其目的在于提高资源利用效率、减少并消除环境破坏、促进产业发展与生态保护相协调，过程则全面分布于生产、分配、流通与消费等各个环节①。产业生态化为决定如何进行产业调整提供基于对生态系统的认知，并向决策者提供了生产与消费过程中的产品与制度结构指导，以及分析经济中的物质与能源流动框架。

产业的生态绩效水平提高会提高整个产业结构的生态绩效，尤其是当该产业作为主导产业时效果更加明显。从产业发展的水平看，由于主导产业在产业结构中所占的比重较大，与所占比重较小的产业相比，在生态效率提高相同程度的情况下，主导产业对整个产业结构的生态绩效水平的影响较大。从产业发展的速度来看，不同产业的生态化速度不同，如果主导产业的能够实现较快的生态化速度，则会显著提高产业结构生态化的水平与速度。因此，主导产业的选择及其生态绩效对产业结构生态化具有重要意义。现实经济中，各产业并不是孤立发展的，而是在产业链或产业网络中具有不同的地位，上游产业或影响力系数较大产业的生态水平提高会通过产业链或产业网络中的扩散效应引起其他产业的生态化水平的提高，从而推动产业结构生态化的调整速度与规模。此外，产业生态培训也会对产业部门的可持续发展产生积极

① F. Duchin 和 S. H. Levine 则认为产业生态化的目的在于通过跟踪和分析产品、消费品与废弃物的利用与流动以提供生产决策的环境影响。这一观点更接近于下文中产品生态化的论述。参见 F. Duchin，S. H. Levine，"Industrial Ecology"，*Encyclopedia of Ecology*，2008，pp. 1968-1975.

的直接效益，因为这种基于问题的培训方法在学者与从业者的自主学习之间提供了一种跨学科协作的机制。玛希隆大学举办的对北部地区工业村（Northern Region Industrial Estate，NRIE）和社区区域的可持续发展管理项目培训研究表明NRIE的工业活动并没有对匡河水质、NRIE周围地区的土壤质量造成影响，并且当地居民对NRIE也持有积极态度。

产业组织结构调整在促进节能减排过程中起到重要作用，从企业竞争角度来看，企业所处的既定市场结构将直接制约企业的生态化选择，市场竞争程度越高，企业的生态化动机越强烈；从企业合作角度来看，企业生态化合作会在彼此之间形成一种互惠互利的协同发展机制。企业规模与产业规模也会影响企业生态化行为，一体化大企业由于具有较大的规模，也更有能力实现技术创新，因此其生态化行为会在更大程度上促进产业结构生态化；但是一体化大企业一般具有一定的垄断势力，在企业仍然以利润最大化为主要目标且市场竞争稳定的情况下，其生态化的动机往往并不那么强烈。

（二）企业生态化

目前，中国大多数企业仍然使用传统的“粗放型”生产方式，遵循“资源—产品—废物排放”的单向线性非循环的组织与技术路线。这种生产方式不仅加剧了生态危机，而且严重妨碍企业的持续发展，因此，企业生态化的概念逐渐被提出与实践。企业生态化是指由传统企业向生态企业转化的过程，李京文等则从更为广义的视角指出企业生态化是指企业将自身生产活动纳入全球生态系统，使自身对资源的索取和对环境的影响与全球生态系统的可持续性相容。

企业生态化促进产业结构生态化的机理包括生产方式生态化与企业结构生态化两个方面。首先，生产方式生态化是指使原有的“资源—产品—废物排放”的线性生产方式转化为“资源—产品—再生资源”闭环生产方式。这是一种具有典型循环经济特点的生产方式，生产末端不再是对生态环境造成破坏的废弃物，而是能够继续投入下一轮生产的再生资源，同时起到节能与减排的双重作用，并要求企业在其产品的生命周期中降低生态影响与资源强度。其次，企业结构生态化是指由企业内部结构性因素所表示出来的企业总体生态化水平，主要包括企业技术结构与要素结构的生态化。技术结构的生态化是指企业的技术构成中生态技术创新、研发、使用及其所占比重的增加。生态技术是一系列对生态环境无害并会改善生态环境的技术的统称，既可以通过对原有的传统技术的改良产生，又可以通过对新技术的研发与创新而获得；企业则是实现生态技术创新的主体，企业技术创新对企业生态化发展具有显著的正向促进作用。生态技术在企业技术构成中所占比重越大，企业对生态要素的利用程度也就越彻底，企业的生态绩效水平也就越高。要素结构的生态化是指企业生的要素构成中不同种类的生态要素所占比重的变化。生态要素既包括传统工业生产过程中的煤炭、石油、电力等能源资源，也包括近期发现并利用的各种新能源和新材料，如太阳能、地热能、潮汐能、核能、生物质能等。生态要素结构生态化强调适当地降低传统的高污染和非可再生能源的比重，而相应地扩大对清洁能源或新能源的利用范围，并提高其在能源利用总量中所占的比重，从而提高企业的生态绩效①。对企业结构生态化的考察还可以从其他侧面进行，如产权结构、部门结构、资本结构、设备结构、人员结构、文化结构、原料结构、产品结构、废物排放与再利用结构等。

（三）产品生态化

产品生态化理念最初的权威解释体现在1992年世界可持续发展工商业委员会（WBCSD）界定的生态效率概念中，认为“生态效率是通过提供能满足人类需要和提高生活质量的竞争性定价商品和服务，同时使整个生命周期的生态影响与资源强度逐渐降低到一个至少与地球的估计承载能力相一致的水平来实现的”。

产业生态化作为产业结构生态化的微观机制首先体现在投入产出模型中。由于上下游产业及旁侧产业之间的相互关联是以产品的投入与产出形式实现的，因此上游产业的产品生态水平将通过产业链与产业网络扩散到对整个产业系统与产业结构生态水平的影响中。在既定的技术条件下，上游产业的产

① 除生态要素结构外，劳动-资本结构变化也会影响企业的生态绩效，企业劳动-资本结构变化会导致技术进步对生态效率贡献的差异。参见陈晓红、陈石：《企业生态效率差异及技术进步贡献：基于要素密集度视角的分位数回归分析》，《清华大学学报》（哲学社会科学版）2013年第3期。

品生态水平提高，将会通过前后向效应与旁侧效应等改善整个产业结构的生态绩效。F. Duchin & S. H. Levine 强调使投入产出模型与物质流分析和生命周期分析相结合能够更好地研究消费替代与生产决策的环境影响。产品生态化作为产业结构生态化机制的作用还体现在与国际贸易相适应的产业结构中。碳关税与绿色贸易壁垒逐渐成为进口国抵制国外商品保护本国产业的重要理由与工具，产品生态化能够改善一国在国际贸易中的贸易条件，使得产品生态水平较高的产业获得更加广阔的市场，提高产业的国际竞争力并促进其发展，从而对本国的产业结构生态化演进产生积极作用。Mark A. J. Huijbregts 等通过对 2630 种产品生态足迹的核算结果表明，绝大多数产品的生态足迹中不可再生资源的消耗占支配地位，并提供了用于改进国际贸易中的产品生态足迹核算的数据。

产品生态创新是实现产品生态化的重要途径。首先，产品生态创新通过生态技术创新降低产品生态足迹中不可再生能源消耗所占比重，降低产品生命周期内的生态影响。其次，产品生态创新通过产品生态设计与再设计降低产品生命周期内的生态影响，Jürgen Sauer 等指出在靠近用户端加强显示控制标签、显示产品信息、设置控制器等有利于提高产品的生态绩效。生态技术创新与产品生态设计贯穿于整个产品生命周期与产品生态化过程中。最后，与消费者的互动也能够影响产品的生态足迹。E. A. M. Limnios 等指出，给消费者提供选择空间能够使得市场信息动态内部化在消费者行为中，允许消费者进行比较并表达他们的生态偏好，直接影响市场需求，从而将个人消费行为与他们的生态影响联系在一起。

三、生态型产业结构演进的动力机制

本章将从微观、区域、宏观三个层面对产业结构生态化转型的动力机制和影响因素进行分析。

（一）微观层面：生态型产业结构演进的驱动力研究

企业作为市场经济的微观基础，也是消耗资源即排放废物最主要的成员。

企业如果能变被动为主动，就是从被动消极地进行末端治理的治理理念转变为积极主动的实施源头控制，才能为清洁生产的生产模式提供永久的动力机制。企业在实施源头控制的清洁生产时，需要考虑到政府、消费者、社会在其中的影响，清洁生产对三个体系的影响可简单地描述为对政府规制、消费者的购买及其认可行为、公众和组织等的影响。国内外学者在对清洁生产给予一定的界定的同时，也对影响企业清洁生产的政府、消费者、社会等因素进行了研究。

清洁生产的概念最早可追溯到欧洲共同体1976年在巴黎举行的“无废工艺和无废生产国际研讨会”。Pigou在其经典著作《福利经济学》中曾这样提到：外部性的存在是导致环境问题的重要经济根源，而这种外部性最好的消除手段便是运用“看得见的手”，即需要政府干预来消除这种影响。过程中产生的负外部效应即社会成本大于私人成本，使得企业生产经营产生的社会福利偏离帕累托最优，为了弥补这种负外部效应，政府应该发挥其“看得见的手”的作用，用收费、征税、强制管制或提供补贴的方式来弥补两者之间的差异，将外部性可能产生的问题内部化。Levy对美国80个跨国企业的实证研究发现，融资企业依赖资本市场，且对环境实践有较强的要求，严厉的政府规制使企业能很好的衡量承担环境责任和遵守规制所带来的成本和收益。Reijnders也在其文章中表明清洁技术在无人监管的环境下无法得到好的扩展，只有在存在赔偿责任和许可证生产的情况下，清洁生产才能很好地运行。Christine Jasch的研究表明，清洁生产和环境保护在政府存在对环境规制的情况下能很好地运行，即政府存在环境标准规制情况下，对推动清洁生产和环境管理起了很大的作用，也就是政府规制能保证清洁生产的正常运行。也不是所有国外学者都同意政府规制对清洁生产的直接影响。Coase的研究认为，外部性会影响企业经营，但是由于市场本身有调节机制，这种外部性可以通过这种机制来“内部化”，政府则不需要干预，在交易费用不大的情况下，“看不见的手”即市场可以解决这种外部性，市场调节和政府规制虽然存在差异，但是其出发点均是为了保证市场的正常运行。不同于上述两种观点，有学者认为：清洁生产决策并非决定于政府规制、企业、企业自身约束单个因素，而是由多个因素共同发挥作用的结果。

国内对于清洁生产的研究大部分还是在经营层面，在20世纪90年代才见诸相关文献。目前国内学者对清洁生产动力机制的研究集中在法律法规对清洁生产的影响，另外一些学者则侧重于刚柔并济，即在刚性规制下应该更多地增加企业的话语权，即柔性经济规制也是影响企业进行清洁生产的重要动力机制和影响因素。

除上述政府规制对企业清洁生产有重要影响外，消费者产生的绿色诉求和关联上下游企业的行为也会对企业清洁生产有一定的推动作用。孙林岩、顾元勋的研究表明：生活质量同消费数量同等重要，随着社会发展，精神上的满足同物质上的满足同等重要，这种趋势下企业会越来越多地关注消费者的诉求。胡伟认为，企业作为一个特殊的行为主体既是消费者也是生产者，企业作为生产者，生产产品供下游企业消费，同时作为消费者，企业又消费上游企业的产出，上下游企业相互关联形成了更大的市场，企业有必要适应产业链的上、下游合作伙伴的需求，积极主动地改变企业的生产工艺，进行清洁生产。王仲成、上官秀玲则认为市场结构对清洁生产也有一定的推动作用，垄断竞争的市场结构更有利于头脑风暴和创新的产生，企业的产品完全区别于其他产品，产品完全不可替代，在这种情况下，企业有动力创新生产流程，实施清洁生产。因此，市场结构在一定程度上对企业清洁生产也有相当程度的促进作用。企业在现代化过程中，政府管制、消费者诉求、同行业和上下游企业的影响，企业的竞争者、供应商以及潜在的进入者均对实现清洁生产构成一定的压力，为了获得在市场上生存的条件，企业迫不得已进行清洁生产。而胡伟的研究也恰当的证明了这一点。张云、尚英姿在文章中指出，随着人们精神文明的提高，环保意识也在增强，公众对美好环境的呼声日益高涨，消费者对绿色产品的诉求一定程度上也影响着企业的清洁生产行为。

除上述几点因素，企业观念、内部员工和工会组织、企业经济效益也影响清洁生产的决策。李曼指出清洁生产可以提高企业的资源利用率，并从成本效益的视角研究了清洁生产对企业经济效应的影响。贺远琼、田志龙、陈钧认为企业的社会绩效和经济绩效之间存在因果关系，并用成本绩效的方法研究了企业清洁生产的动力机制。张云、尚英姿指出内部动力和外部认可是企业实现清洁生产的动力机制。孙林岩、顾元勋在研究中指出，企业的主动性和管理者的水平才是清洁生产的关键制约因素。

综上所述，企业层级的生态型驱动因素，依赖于清洁生产，而政府规制、国内和国外学者研究政府规制、市场结构、消费者绿色诉求、企业组织、技术特性等都是在企业层级重构经济发展和环境生态关系的驱动因素。清洁技术为公认的实现可持续发展的技术手段，并且正逐渐受到学者的关注，但目前研究结果较少。

（二）区域层面：生态工业园区的驱动力研究

本章将中观层面的研究定位于产业层面，即产业内部、产业与产业间的研究。而生态工业园是中观层面最直观的体现。不同于传统的工业园区，生态工业园是建立在一块固定地域上的由制造企业和服务企业构成的企业集群。这些企业在地域上、产品上及其生产过程的中间产品都有或显著或非显得相关性。整个企业社区能获得比单个企业通过个体行为的最优化所能获得的效益之和更大的效益。国内外对于生态工业园的理论研究和实践探索都取得重要进展。

生态工业园的概念来源于生态学和工业活动的交叉学科——工业生态学。国外学者在各方面对生态工业园进行了研究，学者们首先在生态工业园的定义上进行了研究，Ernest lowes 认为过去多年在工业生态学、清洁生产、城市建设的可持续性、企业可持续发展等领域的成果和实践是生态工业园概念诞生的基础。Pellenbarg 则认为，生态工业园概念的形成则是由市场分化和政府政策所致，区位变化导致了区位市场的变化，政策也是政府有目的的将经济与环境相结合所。国外学者也从工业生态学方面进行了大量的研究。Tibbs 认为工业生态系统是由自然生态系统直接类推演变而来。生态系统的活动规律是营养物从一种生物传递给另一种生物，物质和能源循环转变。工业生态学则是按照自然生态系统来重构工业系统，企业 1 的产出成为企业 2 的投入。这样相互作用的企业被认为构成一个工业生态系统。Erkman Suren 认为，工业生态学比控制污染源更有价值。Lowe & Warren 指出生态工业园区最本质的特征在于企业与自然环境相互作用、企业与企业之间的相互作用，并在系统、合作、资源、环境、相互作用方面描述了生态工业园区。综合上述定义，虽然国外学者的视角和侧重点有所不同，但是究其实质，都将环境保护、可持续发展融入工业发展，以实现园区经济效益、社会效益和生态效益的协调。

国内学者也从不同方面对工业园的建设提出实践性的建议。王虹、叶逊认为园区中的企业具有社会归属性，是社会的一员，需要在社会交往中得到认同，园区中的企业必须遵守社会的规则与制度，作为一个经济实体企业的决策行为也受到现实条件的约束，资源的获取难易程度、技术的可行性和经济性是企业决策的约束条件。企业定性之后，作者从理论上总结出如下影响工业园建设的驱动因素：企业责任感、社会规制的制约、经济利益、资源的枯竭与技术的可行。袁飚、陈雪梅从微观、外部压力、推动制衡机制分析其工业园形成动力因素。微观即企业经济动机、竞争压力、社会责任及其工业园中企业的交易成本、企业之前的信任程度等。外部压力即政府国际贸易绿色标准和资源环境约束等外在力量，推动制衡机制即学术团体和研究机构的推动作用及其公众和非政府组织的制衡作用。秦荪涛分析了企业生态园区系统自组织演化机制，作者首先在生物学上讲述共生引发工业生态园系统的自组织，即当某一个企业的产品或副产品排放正好是另一个企业所需要的某种原料，这样最有利于共生关系的建立，当共生关系形成时就会产生共生效益，工业共生带来了工业生态园的雏形，这种共生维系着整个生态工业园系统的存活，随着演化的深入逐步形成了一条条纵横交错的工业生态链。其次，作者讲述信息沟通在生态工业园区系统稳定运行中的作用，信息的沟通使生态工业园区系统的运行日渐稳定，此过程关键是建立一套各家企业共同承认的信任机制。最后，作者讲述能量的传递、转换和资源的循环重复利用是使得生态工业园不断进化的基础，作者在最后提出了生态工业园的政策建议，即政府支持、前期风险投入、示范生态区带动，清洁技术、新工艺的使用是生态工业园区生命动力实现整个工业园区演变、进化的基础。

目前国内外对于生态工业园区的关注重点基本集中在园区的规划和建设等实践环节上，国内外有不少成功的实践。其中比较有代表性的国家是丹麦、美国、加拿大、斐济等，丹麦的伦堡生态工业园有 6 家大型企业和上百家小型企业。我国代表性的生态工业园如贵港生态工业园、鲁北生态工业园等工业园无论在空间分布、园区类型、园区产业数量上都有一定程度的竞争优势。我国目前有三种类型的园区：全新型、改造型、虚拟型。全新型园区资源充分利用，主副产品多层利用，废弃物循环利用，排放无污染，采用全新工艺和科技。改造型园区技术更新与引进新的产业、项目、工艺流程相结合，周期短见效快。虚拟型园区则用信息流连接价值链建立开放式动态联盟。

综上所述，从生态工业园的诞生和成功案例可知园区的建设离不开信息技术、政府规制、企业的行为、企业数量和规模、公众参与。中观层次上生态型产业结构的驱动力研究重点在工业园中企业经济动力和企业与企业之间自组织能力即共生体稳定性及其政府制度和规制对工业园稳定性的研究。

（三）宏观层面：循环经济的驱动力研究

随着人类对生态环境保护和可持续发展的认识的深入，循环经济得到越来越多的重视和快速的发展。循环经济即物质闭环流动型经济，本质上是一种生态经济，遵循减量、再用、循环的原则，其行为不能造成环境破坏，在生产过程中尽可能利用可再生资源代替不可再生资源。循环经济要求人类置身于生产和消费的活动中，作为系统的一个组成部分，将环境作为人类赖以生存的资源，而不是对自然的征服，追求经济、社会与生态的和谐统一，使人类在良好的环境中生产生活，真正全面提高人民生活质量。一些发达国家已把循环经济看作实施可持续发展的重要途径。因此，找到影响循环经济的驱动因素，为可持续发展创造大环境条件成为重中之重。

20世纪60年代美国经济学家波尔丁首次提出“循环经济”。循环经济的提出启发了研究环境与资源的学者，他们开始将研究目光转移至循环经济与生态系统的关系，循环经济的研究开始有经济学意义。20世纪80年代末，杜邦公司开始循环经济理念的实验，提出“3R制造法”，即资源投入减量（Reduce）、资源利用循环（Recycle）和废弃物资源化（Reuse），5年中使生产造成的固体废弃物减少了15%，有毒气体排放量减少了70%。

循环经济理论研究正在摆脱废物回收利用的阶段，开始向生产生活的各个方面扩展。Pearce D. W. 指出产品后期包装产生大量废品，包装税征收可提高包装资源的循环利用。Joln E. Tilon 通过对各类资源回收政策的研究，认为合理的价格政策可以提高资源利用率。莱斯特·布朗认为应该适度消费，尽量避免一次性物品的使用，反对用完即丢的消费方式，提出用可循环资源代替不可再生资源，从源头杜绝废弃物的产生。德国的迈克尔·布劳恩加特和贾斯特斯·恩格尔弗里德指出可参考生产者责任制发展循环经济，将生产者的责任与其产品产生的废品捆绑在一起。苏伦·埃尔克曼（S. Erkman）和Xu K. X. 在《工业生态学》一书中，系统研究了工业生态技术，作者认为技术创新和技术传播对循环经济的发展具有重大的影响。艾瑞克·戴维森在其著作《生态经济大未来》中指出，政府应该发挥积极作用，通过适当的征税政策，来控制生产者、消费者破坏环境的行为，同时通过适当的奖励政策来鼓励生产者和消费者保护环境资源。学者们对循环经济的发展模式从各个角度进行了研究，其中不得不提的是对清洁生产的研究，清洁生产标志着生产过程中运用环境预防战略以增加生态效率。

国内学者也从不同角度对建设循环经济提出了一些实践性的建议。李云燕认为，循环经济的发展离不开其内在动力和外在动力，作者认为内在动力指通过市场竞争的资源分配方式，即市场机制。外在动力则指政府这只“看得见的手”的行政手段，通过政府的强制手段来制约消费者和生产者的行为，因此循环经济作为一种有经济学意义的发展模式，其正常运作必然受制于市场调节，且作为实现低碳可持续战略的重要途径，政府的积极推动又不可或缺。肖华茂、彭剑也认为需要从内在驱动力和外在驱动力来研究循环经济发展的动力。技术成本、规模经济、产业内竞争者、新的机遇、收益等力量驱动着企业的行为，企业为了实现竞争优势和抓住战略机遇，积极地从传统线性的经济发展方式向循环经济的发展方式转移。外部的驱动力可能来自外部因素对企业的施压，这些外部因素包括政府宏观政策、绿色消费理念、稀缺资源约束、上下游企业需求、社会公众要求、同质产品竞争压力等，这些因素驱动着企业从传统线性发展模式向循环经济转变。

张其春、郗永勤试图从利益相关者的角度研究企业循环经济的动力，并在综合考虑循环经济发展阶段和各动力因素的基础上，归纳出经济、技术和制度三大动力源，促使循环经济发展模式成为企业的自觉行为，并指出应尽量实现各动力要素的协同和耦合，畅通各引导通道使企业获取利润和竞争优势的目的得以实现。王朝全认为，发展循环经济动力机制包括企业利益驱动机制、社会需求拉动机制、技术进步推动机制、政府支持的促进机制。耿永志、闫银认为，政府推动机制紊乱、资源环境及废弃物交易市场不健全、补偿制度的缺失、社会动员机制单一、社会参与意识薄弱导致循环经济动力机制缺失。张昌蓉、薛惠锋系统地分析了宏观、中观、微观三个层面的循环经济特征，在此基础上建立了循环经济动力机制体系。耿香玲则从公共选择理论的视角剖析了政府失灵对企业发展循环经济的影响。鲁雁在其文章中探究了产业经济体系与环境的内在联系，指出产业生态化就是要把产业内产生的外部效应，通过特定的技术手段在产业链的某个环节“内部化”。肖华茂从宏观环境分析区域循环经济发展模式的主要外部影响因素，并细化为宏观外部环境和宏观内部环境，从这两方面分析影响循环经济的动力因素。宋涛、韩良、佟连军、李名升指出清洁生产和产业生态在研究和实现过程中存在的问题，认为应该提高清洁生产的层次和扩大清洁生产的实施范围。

综上所述，循环经济运用生态学规律来指导人类社会的经济活动，更多地将人加入生态系统内。

（四）企业、区域、宏观层面产业结构生态化的协调推进

产业结构生态化是持续且系统的工程，需要在不同层面将生产和消费纳入发展框架中。三个层次是相互关联的，企业通过改进设计、使用清洁的能源和原料、采用先进的工艺技术与设备、改善管理、综合利用等措施，从源头削减污染，提高资源利用效率，减少或者避免生产、服务和产品使用过程中污染物的产生和排放，通俗地讲，清洁生产不是把注意力放在末端，而是将节能减排的压力消解在生产全过程。生态工业园是继经济技术开发区、高新技术开发区之后工业园区发展的第三个阶段，以工业生态学和循环经济为理论基础，着力于园区内生态链和生态网的建设，从源头控制污染物排放量，实现区域清洁生产，不同于传统的线性经济发展模式，生态工业园遵循的是“回收—再利用—设计—生产”的循环经济模式，生态工业园基于清洁生产和循环经济理论，实现产业链的生态化。宏观层次的循环经济建设离不开清洁生产，这种物质闭环流动型经济，将清洁生产和废弃物利用融为一体。

企业、政府、组织、个人分工精密且功能协同，共同实现经济活动和社会活动的可持续发展，最终使得工业活动中物质和能量资源的流动与生态系统物质能量的流动可比。因此，循环经济是对传统经济发展模式的反思创新，经济活动从传统的单线直线型发展到末端治理型，再到循环经济型模式，这是人与自然关系的正确解读，这从宏观层面上给产业结构演进做了大方向的把控，即产业结构生态化。由上述可知，微观层面的清洁生产是中观层次和宏观层次的必要条件，在企业层次实施清洁生产就是小循环的循环经济，是实现循环经济和生态工业的有效路径，且生态工业园和循环经济的本质是清洁生产。中观层面的生态工业园建设以循环经济为理论基础，实现了区域内的清洁生产，宏观层面的循环经济将人的活动纳入经济活动系统中，清洁生产和生态工业园最终目的是为了形成循环经济。在规模上，清洁生产是企业内循环，是小循环，中观层面的工业园是中循环，有更多的企业参与，宏观层面的循环经济则是较大规模的循环，企业与企业、工业园与工业园、企业与人、工业园与人都参与到建设中来（见图 2－1），循环经济实现低开采、高利用、低排放。

清洁生产、生态工业园以及循环经济，对实现产业结构现代化有重要的影响，他们为实现可持续发展提供了实践依据，缓解了经济发展与环境的矛盾。清洁生产立足于企业层级，是工业园及其循环经济建设的基础，工业园虽说也属于企业层级，但是他们是有投入产出关系的企业在共同的地域按照物质能量流形成的一个拟闭合的企业生产关系回路，因为在工业园中每个企业在产业链环节相当于一个垄断者，企业与企业之间相互博弈共同来获取更大的环境效益、经济效益和社会效益，降低交易成本，循环经济则是更为系统地、全面地体现了复合生态系统思想。清洁生产、生态工业园、循环经济三个层面动力机制的研究对产业结构生态化具有重要的意义。

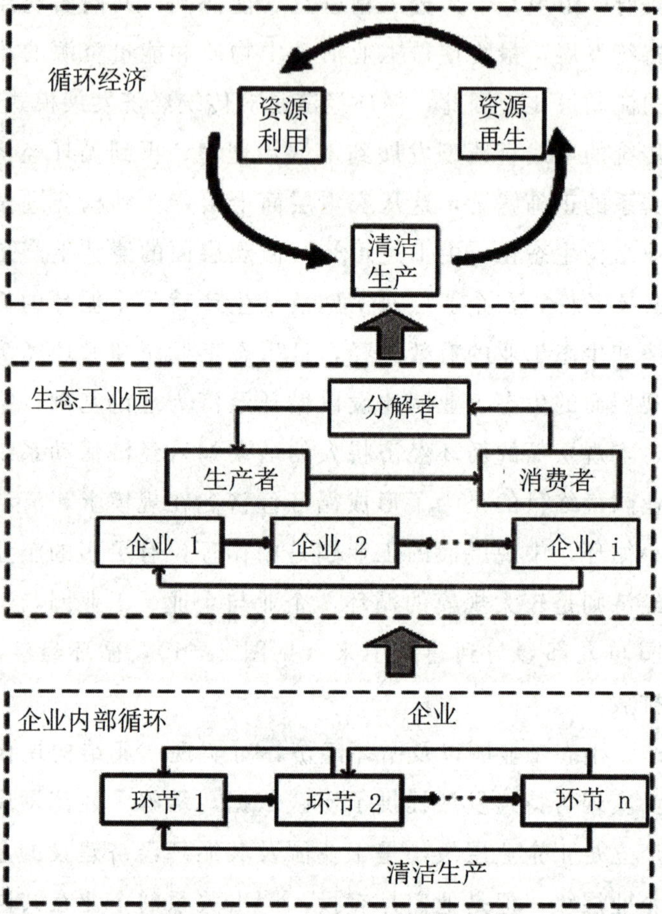

图 2—1 产业结构生态化层次研究

四、生态型产业结构的演进路径

产业结构生态化调整既要满足经济增长与生态发展的目标，又要符合产业结构演进规律，因此，结合中国经济的“新常态”与产业结构演进特征，提出产业结构生态化演进的弱生态化路径与强生态化路径，并对弱生态化路径进行理论解释。

(一)结构生态化与产业结构合理化、高级化的关系

根据上文界定的产业结构生态化的概念可知,产业结构生态化既含有产业结构合理化的内容,又含有产业结构高级化的成分。不同生态绩效水平产业的交替发展、产业间生态关联程度和协调能力的提高,以及促进生态要素在产业间合理配置与流动是产业结构合理化的部分,而提高生态要素生产率及其增长率则是产业结构高级化的部分。但是产业结构生态化又不完全等同于产业结构合理化与高级化。通过上文的理论解释可知,产业结构合理化是一般意义上的产业交替发展、关联程度和协调能力的提高以及要素配置的改善,而产业结构生态化则仅指其中的生态要素和产业在生态效率水平上的发展、关联与协调。同理,产业结构高级化也是指一般意义上的更高层次产业的发展、产业多样化和要素生产率及其增长率的提高,而产业结构生态化则仅指其中生态效率较高的产业所占份额的提高和生态要素生产率及其增长率的改善。可以用图示的方法将三者的关系描述为如图 2—2 所示的形式。图中 ISE 所示的不规则三角形区域即为产业结构生态化部分。

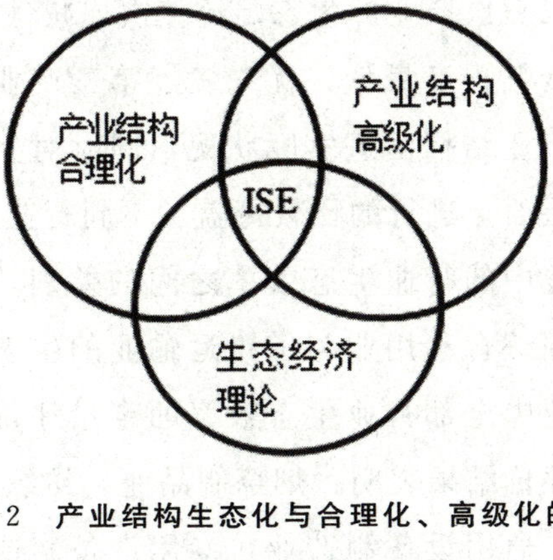

图 2—2 产业结构生态化与合理化、高级化的关系

(二)生态型产业结构演进的强生态化与弱生态化路径

产业结构强生态化路径是指通过构建类似自然生态系统的产业生态系统,

及产业间的技术经济关联程度的充分提高，使产业生态系统能够完全（或在极大程度上）按照闭路循环方式进行生产消费活动，经济增长与生态发展并行不悖。由于产业结构一旦形成就会有惯性和刚性（吕政，2011），既受利益分配格局的影响又受技术水平条件的制约，中国目前并不完全具备强生态化的基础与条件，因此产业结构生态化演进与生态型产业结构构建是一个长期过程。但是在现阶段，中国正同时面临经济增长速度放缓与生态环境保护的双重压力，既不能继续走“粗放型”增长的老路，又不能为了保护生态环境而使经济增长降低到不可接受的程度。

本章提出产业结构弱生态化的演进路径，在至少不降低生态环境质量的基础上促进经济增长与结构调整。产业结构弱生态化路径是指在现有技术条件与成本约束下，通过环境污染治理、调整生态要素投入结构和发展对生态要素依赖程度低的产业以达到经济增长、结构调整与生态保护的目的。弱生态化路径是一种兼顾经济增长与环境保护的折中方式，其与强生态化路径的主要区别在于能否实现关键技术或核心技术的重大创新、突破与扩散。

产业对生态要素依赖程度的高低可以用该产业的生态效率或生态足迹来表示，生态效率越高的产业对生态要素的依赖程度越低。[①] 对中国三次产业生态足迹的核算表明一二三次产业的生态足迹依次递减（刘建兴等，2007），第三产业对生态要素的依赖程度最低，优先发展第三产业既符合产业结构演进规律理论又符合中国产业结构演进实际状况，同时对生态环境的影响程度最小。但是从三次产业层面上进行的比较掩盖了不同行业之间的生态效率差别，尤其是第二、第三产业中的行业生态效率之间的差别，如分别属于第二产业与第三产业的废弃资源综合利用业与道路运输业的生态效率间的差别，现有文献尚缺乏对三次产业中全部行业生态效率的定量评价与比较。对中国工业行业生态效率的定量评价结果表明：烟草制品业，纺织服装、鞋、帽制造业，文教体育用品制造业，通用设备制造业，专用设备制造业，电气机械及器材制造业，通信设备、计算机及其他电子设备制造业，仪器仪表及文化、办公用机械制造业等行业的综合生态效率较高；而煤炭开采和洗选业，黑色金属

① 生态足迹是核算生态效率的方法之一，生态足迹越高则说明生态效率越低。

矿采选业，有色金属矿采选业，非金属矿采选业，其他采矿业，造纸及纸制品业，石油加工、炼焦及核燃料加工业，化学原料及化学制品制造业，非金属矿物制品业，黑色金属冶炼及压延加工业，有色金属冶炼及压延加工业，电力、热力的生产和供应业，燃气生产和供应业等行业的综合生态效率较低（毛建素等，2010）。下文详细论述产业结构弱生态化路径中的环境污染治理和生态要素结构调整的重点内容，即发展环保产业和调整能源结构。

（三）发展环保产业

不考虑环境污染治理的技术层面内容，仅从产业层面进行研究，环保产业占据核心地位。与传统产业不同，环保产业广泛分布于经济活动的各个部门，从基础产业到整个工业部门和服务业密切相关，环保产业的发展不仅可以改善环境质量，而且能够保障一国经济的可持续发展能力（Wackerbauer，2004），并且对产业结构升级具有积极的促进作用（Bezdek et al.，2008；Sinclair-Desgagné，2008）。因此，促进环保产业发展是产业结构生态化调整的必然选择。[①] 但是，中国的环保产业相对于国民经济的总体规模和增长速度而言，自身的规模仍然偏小，且存在技术水平落后、价格机制紊乱、市场结构不合理等严重问题（Hirono，2004；Ma Yunze，2011），还需要从多个方面规范环保产业的发展。

环保产品与服务的公共品性质使得环保产业往往表现出市场的有效供给不足，同时又具有上述存在的问题，因此，环保产业的发展需要政府的推动，加强环保产业的法律制度建设，拓展环保产业融资渠道，促进公平竞争等。在完善环境立法与严格环保执法方面，政府责无旁贷。李树等（2011）的实证研究结果表明，政府的环境立法和环境执法努力均对环保产业的发展具有显著的促进效应。中国的多项法律由于制定时期较早，部分条文及相应规章已经不能完全适应生态环境的变化，如在2000年颁布实施的《大气污染防治法》在应对PM2.5时表现出明显的滞后性。相比之下，欧美等国则有针对空

① 国家环保总局（2006）将环保产业定义为“为环境污染防治、生态保护与恢复、有效利用资源、满足人们的环境需求，为社会经济可持续发展提供产品和服务支持的产业”，在日本环保产业又被称为生态产业，本文将此作同义语使用。

气质量的相关法律并适时修正，如英国的《清洁空气法案》、法国的空气质量法令、美国的《洁净空气法》等。同时，中国的环境执法力度长期处于低水平状态，各级政府在面临环境问题的实际执法过程中经常发生"选择性执法"现象，这也是有待改善的一个方面。

促进环保产业发展的另一个重要途径就是对其增加投资，尤其是对环保产业的R&D（Research and Development）投资。环保产业的投资不足制约了其生产规模的扩大与技术水平的提高，因此，需要政府拓展环保产业的融资渠道，对环保产业增加投资，尤其是在R&D方面。R&D投资能够促进环保企业科研机构与科研工作人员数量的增加，并能够增加环保企业的技术创新经费投入，从而能够有效促进企业的技术创新能力，提高环保企业的技术水平与环保能力。对R&D的投资可以采用联合R&D投资模式，即由政府、企业、环保科研机构以及环保基金组织等基于经济增长与环境保护的共同目的，联合实施R&D技术投资与合作，拓展R&D的资金来源渠道，并实现科研成果由实验室向市场的顺利过渡（Ma Yunze，2011）。

促进环保产业发展就要改变环保产业不合理的市场结构，促进环保企业公平竞争，形成稳定的价格体系。环保产业内部的市场结构不合理主要体现在国有企业与私营企业间不能公平竞争的矛盾，国有企业占有大量资源，享受政府补贴，但私营企业却没有相同的待遇，这伤害了私人领域的投资热情。国有企业与私营企业的产品不能够在同一产品市场内进行公平竞争，导致市场无法根据价格机制奖优罚劣，淘汰效率低下的企业与质量低下的产品。政府应当尽快出台相应的规章制度，规范国有企业与私营企业的竞争行为，改善环保产业的市场结构。

（四）调整能源结构

中国的能源结构调整是一个受到广泛关注的问题，理论表明能源消费结构中传统能源消费比重的降低和新能源或可再生能源比重的上升将会提高能源效率，但是实证检验却并不支持这一结论。[①] 实证研究结果表明，中国能源消费结构变动对提高能源效率的贡献是相当微弱的（Feng Taiwen，et al.，2009；Zeng Lin，et al.，2014）；对产业部门间的能源配置结构的研究也表明，中国能源效率的提高主要是由技术进步推动的，而不是能源配置结构变迁（宋旭光、席玮，2010）。导致这一结论的主要原因在于，中国的能源结构实际上并没有明显的变化，在短期内传统的高碳能源仍将是中国能源消费中的主要组成部分（Liu Yijun，2011），煤炭和天然气的生产-消费之比也长期维持在均衡状态（Li Qiang & Qi xingkang，2011）。但是，从长期来看，能源结构调整是实现经济社会可持续发展的必然趋势，也是产业结构生态化调整的基本路径。

按照不同的分类标准，能源结构调整涉及不同的内容。按照能源种类分为生产结构与消费结构，按照产业部门能源消费量不同分为能源配置结构。能源生产结构与能源消费结构之间具有相互制约的关系，但是这种关系随着能源进出口能力的加强而逐渐减弱。对能源生产结构和消费结构调整的研究结论一致表明，需要降低传统的化石能源（如煤炭和以煤炭为主要投入的火力发电）的比重，提高新能源与可再生能源（如风能、热能、核能、太阳能、地热能、潮汐能等）的比重。优化能源生产结构需要扩大系能源与可再生能源的产量，但是目前中国的技术水平较低，高新技术的研发与利用成本较高，限制了可再生能源的发展，因此需要增加对新能源与可再生能源行业的投资，尤其是 R&D 投资，以此推动新能源行业的技术进步。[②] 能源消费结构的改善也同样受到技术条件的限制，Liu Wei and Li Hong（2011）指出化石能源补贴改革是改善能源消费结构的有效方式，取消煤炭补贴相对于取消石油补贴更具可行性，因此应当首先取消煤炭补贴，然后逐步取消石油补贴。

从能源配置结构的角度看，第二产业的能源消费量最高但能源效率最低，能源在三次产业间的流动对提高能源效率的作用不大。第二产业中的工业部

---

① 能源效率与能源强度互为倒数，能源效率以单位能源投入可获得的经济产出表示，能源强度以单位 GDP 能源消费量表示。

② 中国并不是所有新能源产业都发展不足。实际上，在水力发电和太阳能热水器行业已经形成相对成熟的市场，但是相比其发展潜力而言，仍然是十分微小的（Liu Yijun，2011），并且其发展程度都显著受到技术水平的制约。

门由于生产方式和技术水平的限制，对能源投入具有刚性需求；在生产结构上则转向能源密集型产业（Zeng Lin，et al.，2014），使得第二产业的能源消费量及其比重相对稳定。价格机制不完善是导致能源要素无法在各产业部门间自由流动的另一个主要原因，中国目前尚未形成合理的能源价格机制，能源价格受到政府的管制，使得能源要素不能以价格机制为基础，根据能源生产率及生产率增长率的高低在三次产业间自由流动。优化能源配置结构的措施需要从两方面的问题入手，一方面要改变工业部门的生产方式，提高其技术水平与能源生产率，并鼓励第二产业减少能源消费量；另一方面，需要建立合理的能源价格机制，使能源要素能够按照市场需求在产业间自由流动。

对农村地区能源消费结构的研究逐渐受到重视，Chen S. Q. 等（2009）与 San Vibol 等（2012）分别对中国湖南省新田村、江湾村和柬埔寨磅清扬省萨马基棉吉地区的农村家庭能源消费结构进行了比较研究。研究结论均表明，农村家庭能源消费结构中含有沼气时，对优化能源消费结构具有显著的贡献，减少能源消费总量和有害气体排放，环境成本和经济成本都比较低，有利于保持生态平衡。因此，优化农村能源消费结构应当结合农村的生活习惯、消费水平及生产特点，扩大沼气在农村家庭中的使用规模。

五、“互联网＋”对产业结构生态化转型的影响机制

本节通过深入探讨“互联网＋”对产业结构生态化转型影响的内在机理，以对两者的内在联系有个大致的把握。

以“互联网＋”为主体的新一轮互联网革命向各个产业领域渗透并加速融合，互联网已从单一的技术工具演进到重构产业生态及价值创造阶段，成为推动产业结构生态化转型升级的重要力量。中国依托新兴的互联网技术和互联网思维，充分发挥“互联网＋”对各类产业的改造、融合创新驱动作用，实现产业结构生态化转型。具体影响机理如图 2—3 所示。

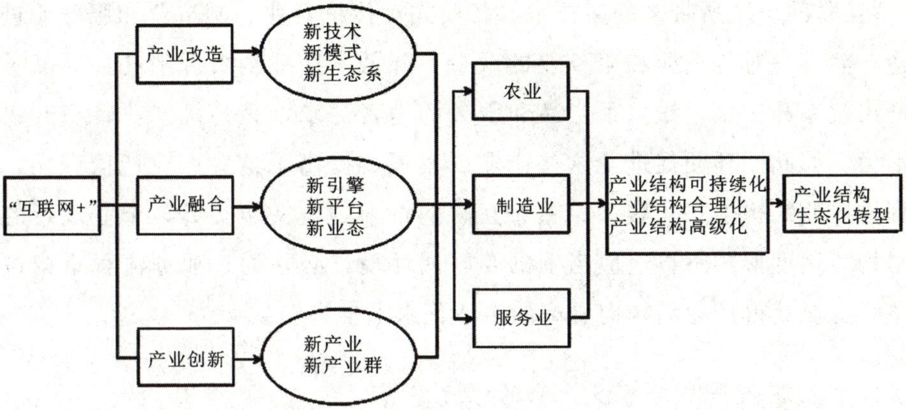

图2—3 "互联网+"对产业结构生态化转型影响机理分析

1. "互联网+"对传统产业的改造

"互联网+"所带来的互联网技术的一个重要的特征就是连接一切。一方面，互联网技术可以降低信息数据在产业之间的传递成本，提高传递效率；另一方面，以云计算和大数据等为主的互联网技术的兴起极大地提高了数据处理能力。正是由于这种特征，使得互联网技术具有很强的强适用性和渗透性，可以广泛的渗透和运用到传统产业部门，并对传统产业进行改造。在互联网技术引入传统产业的初级阶段，互联网技术开始打破产业间原有的平衡关系，加快了产业间信息和资源的交换，提升了产业之间的信息传递效率，产业生产效率有提升的趋势。随着互联网技术的迅速普及和深度应用，新一代互联网技术的创新效应得以极大的释放，企业组织方式和生产流程开始逐步创新，通过技术手段整合制造资源以实现资源优化配置，柔性化生产系统得以搭建以适应大规模定制生产。互联网技术的引入，传统产业的信息化水平不断提升，这使得产业发展的潜能得以释放，新商业模式也并行出现。互联网充分释放技术的引领和融合作用，完善产业生态体系，提高产业创新体系运行效率，推动产业新生态系统的形成。当互联网技术扩散到各个产业领域，产业生产效率得以进一步提升，各个产业发展水平得到提升，产业间将在更高水平上建立一种平衡关系。

“互联网＋”所带来的新技术、新模式对传统农业、制造业和服务业进行改造，尤其是对制造业和服务业的改造，降低了产业内资源消耗，提高了产业产出效率和质量，激发了产品和服务的消费需求，为传统产业转型升级增添活力，如此循环便促进了这些产业的发展，提高了这些产业产值占比，进而促进产业结构生态化转型。随着互联网技术的进一步提升，企业现行的组织结构与制度形式不再适应当下的互联网环境，必须通过业务流程重构进行调整，这便使得产业结构向更高的生态化水平推进。

2.“互联网＋”对传统产业的渗透融合

互联网技术的引入，极大地降低了产销之间的信息不对称，提高了从生产端到市场需求的联系密切程度，用户的需求通过简单的传递到达生产端变为可能，企业为匹配用户需求进行批量生产或个性化产品定制，极大地降低了产能过剩所导致了资源过度浪费，优化了资源在产业间的配置，使得资源更趋合理地流向那些满足社会需求的产业领域。这种个性化产品定制所带来的大量生产，激发了全社会消费潜能，成为推动企业产品生产和经济发展的新引擎；传统的消费模式是消费者与生产者或者生产者之间的线下沟通、线下交易，这无疑提高了交易成本，间接地降低了企业的生产效率，同时也增加了消费者不必要的成本。而借助互联网、现代物流与在线支付等信息经济基础设施，以网络方式进行交易和服务的跨境电子商务平台的搭建，缩短了产消者之间的交易时间和距离，这对于产业的发展，同时扩大国际市场份额，转变外贸发展方式具有重要而深远的影响；传统线下产业带和互联网技术的深度融合后便出现了“在线产业带”这一新业态，它将传统的线下产业带搬到了线上，不仅如此，消费者和生产者之间的界限将变得模糊，消费者可以变为生产者，生产者同时也可以是消费者，协同生产开始出现。

互联网技术的引入，短期内会对传统产业产生一定的冲击，削弱传统产业的竞争力。当这些传统产业将互联网技术运用到企业的生产模式中后，这些产业的产业边界开始模糊，一方面，互联网技术将尽可能地降低信息在产业间传输的成本，使得产业之间的联系更加紧密，优化了资源在各个产业间的流动，减少了资源浪费；另一方面，互联网技术提升了传统产业的竞争力，有助于传统产业转型升级，这将共同促使产业结构向生态化方向转型。

3. “互联网+”带来产业创新

“互联网+”所带来的产业创新不仅包括云计算、大数据、移动互联网和物联网等新一代信息技术，也包括这些技术与产业的融合发展催生出的新兴高端产业，以及在此基础上形成的各类产业集群。如利用我国市场应用和产业政策优势，重点发展和突破互联网在电力、交通、水务、商业、安防、环保、家居等领域的示范作用，培育和发展了具有自主知识产权的物联网产业集群；利用我国高校较强的研发能力及金属、化工等现有的产业能力，建立了3D打印技术产业联盟和孵化器，加强产学研一体化，加快形成了一批3D打印技术产业链；出台鼓励社会各类群体购买云计算的政策、突破大数据的核心关键技术、扶持公共云、工业云、政务云等运用服务、推动智能通信设备和消费电子终端的研发生产，进而形成新的商业模式和产业链。“互联网+”推动了众多新兴高端产业发展，同时这些产业中所运用的新技术新理念也激发了上下游产业的技术创新，对与之相关的产业也起到了一定的推动作用。

互联网技术的发展与互联网基础设施的发展相辅相成，互联网技术的发展有助于移动互联网、物联网、云计算、大数据等新一代信息技术产业的产生，尤其是“互联网+”与传统产业融合产生的新兴产业和产业集群，而这些新兴产业不仅扩大了全社会的就业方向、提高了第二乃至第三产业产值占比，而且相对于传统产业在资源消耗和污染排放方面更具有优势，无疑有助于推动产业结构的生态化转型。

第三章 企业生态化的技术创新动力机制研究

一、企业生态化及其动力

社会心理学家库尔特·勒温（Kurt Lewin）用公式揭示了社会行为的一般规律，即B=f（P，E），其中，B为行为，P为主体，E为外界因素。这个公式表明任何行为的产生都是行为主体因素与外界因素相互影响、相互作用的结果。企业的生态化建设也不例外，受到多种内外部因素的共同影响。本节阐述了企业生态化的内涵及企业选择进行生态化转型的动力因素。

（一）企业生态化

究竟什么是企业生态化？学术界对这个概念的表述不一，但多数集中在两个层面：从结果论的层面，企业生态化是基于生态经济学的理论，借用生态、经济发展规律和系统理论的方法来运营和管理传统企业，以实现其社会、生态和经济效益最大化的目标；从过程论的层面，企业生态化不仅重视生产环节的生态化，而且也重视生产前和生产后环节的生态化，使生态化过程向前、后延伸，从而达到全过程的生态化。以上对于企业生态化内涵的定义虽然在论述上有些许差异，但核心思想却大致统一。即企业生态化是未来企业生存和发展壮大的主要战略思想，它要求企业管理者首先要有把企业转化为生态企业的意识和策略，不仅要使企业体现出它的自然属性，即追逐企业内部的经济性，而且要使企业体现出它的社会属性，追逐企业外部的经济性，从而最终实现企业自身、社会整体以及眼前利益、长远利益的协调。

在总结上述定义的基础上，本章对企业生态化的界定：企业依据生态经济学的理论，以减量化、再利用、再循环为原则，以能源利用效率最大化和废弃物排放最小化为目标，以综合利用先进科学技术改造企业内部运营过程和与外部环境的协作为手段，以实现经济、环境可持续发展的企业向生态化企业转化的过程。具体的，就是从经济和生态结合的宏观角度出发，追求企业内部和外部的协调发展，树立生态经营理念，形成生态企业文化，实行生态化的企业管理，落实到微观层面就是企业通过生态技术创新，推行绿色采购、清洁生产、开展绿色营销和消费服务生态化一系列活动。

（二）企业生态化的动力

1. 企业生态化的内部动力

企业生态化的内部动力是企业生态化建设行为产生的基础和根源所在，是企业在无任何外力干扰下自动做出某种生态化倾向行为的原因。而企业最本质的特征是以追求利益最大化为目标，因此企业生态化的主要内部动力就是利益驱动力。受近年来国家生态文明建设指导思想及“五位一体”发展布局的影响，越来越多的企业也有了生态化的企业文化，这在一定程度上也推动了企业的生态化进程。

（1）利益驱动力。企业作为营利性组织，其成立的根本和最终目的就是在长期内获得市场上的竞争优势和利润，以确保它的长期存续和发展。企业选择生态化转型，通过引进或者研发新技术、新工艺及进行生态化管理，一方面可以改变传统企业资源-产品-废物的线性生产模式，在企业内部及企业间进行资源能源的循环利用或者产业链的延伸，提高资源能源使用效率和减少废弃物的排放，长期中节约了企业的生产成本和废物处理成本，间接地提高了企业的收益；另一方面进行生态化转型的企业生产健康、绿色、无污染的产品和服务，符合现代人的消费观念和市场需求，企业在产品定价方面可以占据主动权，既可以扩大产品的市场份额，又可以增加单位产品的利润，从而为企业带来长久利益。

（2）文化驱动力。企业文化主要指各企业奉行的自制的经营理念、价值观念和行为规范的总和。企业文化不仅拥有独特的导向性、凝聚性、激发性性能，同时还拥有约束、鞭策、辐射的性能，从而对每个员工的行为及企业整体的发展起到驱动、监测和规范的作用。生态化的企业文化一旦形成，就可以激励本企业内部及外部有关联的企业和人群树立起生态化价值观，实施生态化生产经营。近年来，随着资源能源的大规模开采和使用以及环境污染日趋严重，可持续发展和循环发展的观念被提出，尤其是在2012年建设生态文明被提高到了国家战略层面，越来越多的人开始关注企业的环保行为，企业在环保方面的表现往往成为一个企业的标签。企业领导者出于企业利益、自身形象和社会责任感的考虑，在企业文化中加入生态内容，找到企业生态化建设的突破点，对每位员工开展生态化内容培训，在文化的驱动下，企业沿着生态化的路径发展。

2. 企业生态化的外部动力

与企业生态化内部动力相对应的是外部动力，它来自企业外部，是能够使企业做出某种生态化倾向行为选择的外部力量。企业生态化的外部动力主要包括市场拉动力、政府驱动力、发展环境压力。

（1）市场拉动力。消费者市场需求是促进企业生态化转型发展的重要外部动力之一。随着人们生活水平的提高，人们的价值观念、生活方式、消费理念、社会意识也渐渐发生了变化，消费者不仅要求生产者供给有利于身体健康的绿色产品，而且同时也希望企业在生产过程中最大限度地减少对环境的破坏。这样的市场需求趋势说明生态市场将是未来市场的主旋律，生态消费也将是未来消费的主流。在买方市场的前提下，消费者拥有主动权，消费需求的转化，对于相对被动的生产者而言，就是无声的命令，面对如此的市场环境，生产者只有迎合市场需求的变化，实施企业生态化转型的发展策略，迅速调整生产经营方向，才有可能站在市场的制高点，抢先获得主动权和市场份额，从而追求自身的生存与长期发展。

（2）政府驱动力。政府在经济发展中扮演着重要的角色，它一方面是先进理念的提倡者、公共责任的承担者，另一方面也是行业标准的制定者、市场行为的监管者。企业生态化转型发展理念就是一种新的先进理念，具有一定的正外部性，所以政府为了推动这一理念能尽快地转化为企业的实际行动，保证经济和环境的协调发展，已经逐渐加强了对企业环境行为的监管，具体表现为企业生态化相关政策、法律法规的制定和渐渐完善，如2004年，财政部制定了《中央补助地方清洁生产专项资金使用管理办法》，2009年1月1日《中华人民共和国循环经济促进法》开始实施，《中华人民共和国水污染防治法》自2018年1月1日起施行等。这些政策法规的制定和实施对企业生态化转型发展起到促进和推动作用，其作用机制为强制推动与鼓励拉动。具体而言，政府对企业浪费能源、破坏环境的行为加大监管力度，强制企业减少直至杜绝原来污染环境的行为，而对于率先开始生态化转型的企业予以税收优惠，从而激励更多的企业走企业生态化发展道路。

（3）发展环境压力。企业的长期存续和发展壮大有两个必不可少的外部要件，即社会环境和生态环境。其中社会环境是企业生产发展的载体，生态环境是企业发展不可或缺的要素，这两者缺少其中任何一个，对于企业而言都是致命的。而当下我国的资源环境问题不容乐观，资源环境的限制或将成为我国经济社会可持续发展的重大阻碍，同时也严重影响了企业的发展。另外，社会大众即使不是企业的产品消费者，也会对企业的生产有所关注，原因在于企业的生产过程会对其生活的环境造成影响。如果企业给周围居民的生活环境造成了负面影响，这必然会影响企业的公众形象，从而间接对企业的发展起到阻碍作用。若想要打破资源环境的桎梏，得到社会大众的认可，企业必须走生态化发展之路，在解决资源环境问题的同时，实现经济的发展。

二、企业生态化的动力作用机制

英国著名物理学家牛顿早在17世纪80年代就提出一切物体在没有力的作用下会处于静止状态。企业生态化发展也不例外，这一进程需要至少一种力量的推动或者多种力量的共同作用才能维持。而这些动力因素一旦全部消失，企业生态化的进程必将停滞不前。根据上文对企业生态化动力因素的探讨，可以得出企业生态化的动力机制图，如图3－1所示。

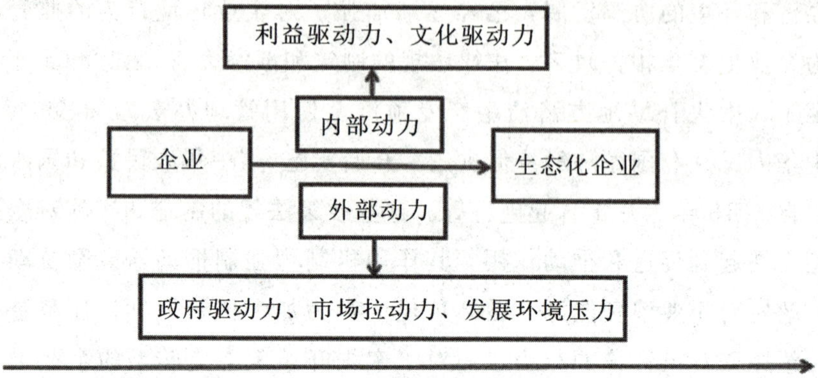

图3－1 企业生态化动力机制

（一）企业生态化内部动力作用机制

在企业生态化的两个重要内部动力因素中，利益驱动力因素是核心动力因素，这主要是由企业是以盈利为目标的商业性质决定的。利益驱动力可以看作企业这部机器的发动机，牵引着企业的发展，正因如此，利益驱动力因素会对企业的文化驱动力因素产生重要的影响。理性的企业一定是追逐利益目标的，而且不论这个利益目标是长期的还是短期的，都必然会影响企业整体的市场行为和企业每个员工的价值观念，从而影响企业文化的形成。

企业文化驱动力可以看作维持企业这部机器正常运转的能源，为企业生态化发展提供不竭的动力。企业的文化一旦形成，也将会反作用于利益驱动力。一个企业的文化不仅体现了管理者的战略意识和价值观念，同时也影响着企业员工的认知形成和制约着员工的日常行为。不可否认的是，企业管理者决定了企业未来发展的方向，也同样决定了企业利益的获取方式和获取渠道，管理者如果具备了生态发展观念，就会带领整个企业进行生态化发展和生态创新。因此，企业文化将有效地引导着企业未来的发展方向。

（二）企业生态化外部动力作用机制

在企业生态化的三个重要的外部动力因素中，市场拉动力因素是最根本的动力因素，这主要是由现阶段激烈的市场竞争环境决定的。当下，企业生产的原则基本上是市场需要什么类型的产品，企业就供给什么样的产品，市场信号类似于企业发展的方向盘，控制着企业的方向，让企业的发展有迹可循，也就是说企业必然要以市场上大多数消费者的喜好为导向。而随着生态市场、生态消费的逐渐兴起，并且在未来将成为主要的趋势，企业就需要不断地调整发展方向进行生态化发展，从而去适应新的市场需求。

市场拉动力因素作为根本性的动力因素对政府驱动力和发展环境压力因素均有重要的影响作用。首先，企业的生态化发展这一先进模式对于众多企业而言是一个全新的领域，存在很多的不确定性，而且前期投入的资金可能也较多，而短期利益却相对较少，企业出于自身利益的考虑，对于这一大胆尝试会持犹疑的态度，或者干脆不愿意投资，所以政府应该通过特殊的财税政策、投资信贷政策等方式进行引导和支持。其次，生态市场的兴起必然会对社会公众、企业等产生影响，刺激绿色消费的意愿，增强社会公众的环保意识，从而加大发展环境的压力。

政府在企业生态化外部动力中起引导与支持的作用。首先，政府作为公共责任的承担者，对于整个社会的长远发展负责，企业生态化这一对于经济社会、生态环境有益的举措，政府必然会鼎力支持，例如制定和出台一些鼓励企业技术创新的政策，出面调动高校、研究所等第三方研究机构大力创新，从而增强市场拉动力。其次，政府作为市场行为的监管者，可通过强制性的政策措施对企业的资源施加压力；与此同时，政府可以依靠其公信力，加大对生态发展的社会宣传，加强对大众的环保教育，鼓励生态发展，营造良好的生态化发展氛围，可增强发展环境压力的作用。

资源环境压力是企业生态化发展的有效动力，它主要包括两个方面，即资源能源问题和社会公众的环保意识。资源能源问题对于企业而言是看得见的力量，因为资源是企业的生产要素，制约其生产过程；而社会公众的环保意识对于企业而言是无形的力量，它所营造的氛围会对企业的发展有看不见的影响。这两个方面的压力直接或间接地通过政府、市场等因素对企业的生产活动产生影响，形成一种有效的压力，从而推动企业生态化发展。

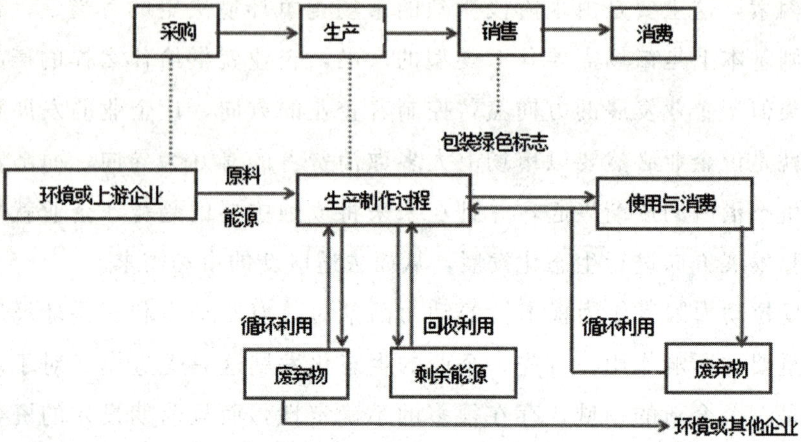

图 3－2　生态化生产过程示意图

三、企业生态化的微观过程

企业生态化的微观过程也就是将生态化具体到某个企业的生产经营过程，从与自然环境、经济社会、其他企业协调发展的生态角度出发，从自然或上游企业中摄取必要的资源与原料，最大限度地使用，然后转化为与环境相适应、与消费者消费观念相符合的产品，具体的可以体现在企业活动的采购、生产、销售和消费四个环节，如图 3－2 所示。

（一）采购环节

企业生态化进程的起始阶段便是实施绿色采购战略，重视对环境的保护和改善。Zsidisin 和 Siferd 认为绿色采购应该包括两个方面的内容，其一是供应商的选择、评估和开发；其二是供应商的运营、内向分发、包装、再循环、再使用、减少资源使用以及企业产品的最后处置等问题。绿色采购是企业为应对所面临的环境状况而制定的一系列措施。绿色采购的实施主要依托于采购企业和原材料供应商之间的合作方式。采购企业和原材料供应商之间的合作具体可以体现在几方面。其一，采购企业发现上游企业能助其改进的地方，例如搭建部门之间合作的桥梁，推动产品和过程的改进。在条件允许的情况下，对尽可能多的供应商的产品和本企业的产品进行全方位的评估，其中最重要的是对生命周期的评估，另外还需要对企业的制造、办公室、维护、库存和企业整体的运营环境进行考察，从而准确地指出还需要完善的领域，并向所有的供应商征询解决方法。其二，由于绿色产品的开发往往是一个漫长的过程，响应的时间也相对较长，因此需要上游企业尽量早些介入。其三，有针对性地优先采取一些措施，具体包括集中人力和物力改善污染相对严重的生产过程和产品，重点关注本企业工作人员所缺乏的专业技术，从而针对这些问题选择已经具备开展一些环境行动能力的上游企业。其四，与合作的上游企业签署相关协议，并将节约的成本是否能够充分补偿每个合作企业的投入作为主要参考内容。

采购企业在采购市场上占据主动权，从而可以通过这一权利影响上游企业，同时也为本企业创造了一个可信赖的绿色产品市场。对于环境影响小的原料予以优先采购，采购企业的这一选择可以刺激甚至是迫使上游企业选用清洁的材料和生产过程。具体做法：第一，制定采购政策和产品规范，可以选择现有的工业标准或者制定本企业的特定要求规范；第二，与上游企业保持密切的联系和沟通，为其提供环境信息，也不要奢望所有的上游企业能够立刻采纳各种标准，部分上游企业也可能因此而选择其他的采购企业，实际情况也许不是上游企业不想减少环境影响，而是它们对于采购企业的信息不清楚而困惑；第三，构建一个评估系统，例如 Daimule-Klaisl 所创立的环境评分系统，根据多种因素对其供应商进行精确分级，从而做出采购决策。

（二）生产环节

生态化过程的最重要环节就是生产环节，清洁生产便是一种生态生产方式。从产业经济学的角度来看，清洁生产是可持续工业即生态工业的最基本形式，同时也是实现可持续发展的最优模式；从微观的层面来看，清洁生产是企业实现生态化转型的具体操作形式，能够使企业真正成为发展生态经济的微观主体。企业可以从几个方面来落实清洁生产：

第一，研发生态技术，更新生产工艺和设备。清洁生产是一个贯穿于企业生产全程的概念，包含两方面内容，一方面是对资源能源利用的清洁要求，另一方面是对生产技术和设备的清洁要求，后者往往是被忽略掉的。现阶段，我国还有相当一部分工业企业生产设备较陈旧、生产工艺较落后，与发达国家还有一定的差距，这就造成了原材料转化率低和产品的产出率也较低的结果，通俗地讲，就是高消耗、高排放、高污染。这也是给企业增加额外成本和给环境带来污染的主要原因。要想实施清洁生产，就必须采用先进的生产工艺和技术，这样不仅可以淘汰落后工艺，带动产品优化升级，提高产品市场竞争力，还可以降低消耗，减少污染，有利于企业的生态化建设。

第二，遵循减量化、再利用、再循环原则，合理利用能源。整个工业行业得以长期顺利发展的一个基本前提条件就是资源的可持续利用，在大多数的工业产品中，原材料费用占据总成本的比例较大，因此，在原材料的使用上应该组织跨部门甚至是跨行业的综合开发，在企业发展的决策上，要有全局观，要从生态系统、经济系统的整体优化升级出发，综合考虑资源的合理去向，从而使资源的使用发挥最大限度的效益。与此同时，要合理组织物料循环，包括企业内部和企业间的循环。

第三，创新产品种类，研发绿色产品。所谓的绿色产品就是在生产时节约了原材料，少用或者不用昂贵或稀缺的能源，同时，在消费者使用产品的过程中，产品中不含有危害人体健康状况的元素，而在产品使用之后，产品易回收、易处理和易降解。另外，赋予产品合理的使用寿命，对于产品的包装也杜绝采用一次就报废的包装材料。

第四，创建清洁工厂。即使企业采用了清洁生产的方式，也不可避免地会产生一部分污染和废弃物，鉴于此，企业应该有一套治污系统，即所谓的清洁工厂。同时，清洁工厂还包括另一个层面的意义，就是进行厂区绿化和美化的整体建设。企业应大力开展清洁工厂活动，并与技术改造相结合，从而助推清洁生产。

（三）销售环节

英国卡迪夫大学肯·皮提（Ken Peattie）教授最早提出了生态营销的内涵，他将生态营销定义为：用不仅可以让企业获得经济利益又能够实现社会可持续发展的方法来识别、预见并达到消费者意愿和社会要求的整个过程。具体来讲，这个过程可以包括企业前期的市场调查、中间过程的产品定价以及后期的促销活动等，企业应该对此有足够清醒的认识，采取有力的措施来实现营销观念、营销目标和营销方式的变化。

首先，企业应选择绿色物流和搭建绿色通道。产品从生产厂商到消费者手中需要经历一系列的过程，中间也会涉及一些分销商，在这个过程中企业应该努力搭建绿色通道，具体包括环保运输工具的选取、绿色仓库的建立，甚至是产品的装卸、管理，要尽可能做到短渠道、宽渠道，最大限度地减少渠道资源的消耗，从而为企业节省渠道费用。

其次，企业要保持与消费者之间的互动。生态营销需要企业和消费者的共同努力，实施生态化的营销策略会导致产品的价格相对偏高，需要让消费者明白这一事实，并且取得其理解与接受；相对应的，只有消费者持续消费企业的生态产品，企业才有理由继续生态营销。根据现阶段的市场情况，企业应该率先从自身做起，在企业产品宣传的过程中说明企业在节约资源和保护环境方面的表现，并且可以通过举办绿色产品展览会等形式来给消费者创造一定的机会，使其能够进一步了解企业的绿色产品。在扩大企业影响力的同时，还可以使消费者在潜移默化中将消费意愿转移到绿色产品上，从而促使生态市场的繁荣和生态消费观念的加深，也能为企业带来长远的利益。

最后，企业可以制定生态营销组合个性化策略。在企业进行市场调研的过程中，依据消费者所表现出的对生态环境关注度的不同，对消费者进行区分，例如，以关注度由高到低的顺序将消费者划分为高生态消费者、中生态消费者和低生态消费者。对于不同程度的消费者要区别对待，制定出有针对性的营销组合策略。

（四）消费环节

消费作为企业生态化过程的最后一环，其作用与之前的环节不分伯仲。发达国家在20世纪中叶就提出了服务生态化的理念，也就是摆脱传统的产品售出后与卖家再无关系的模式，企业在提供产品的同时也提供服务，其中不仅包括产品使用过程中的升级、维修、保养服务，还包括产品使用后的回收、循环再利用、报废处理服务，即所谓的“一站式”服务，也可以称为消费环节的生态化，具体体现在两个方面。

一方面，改善售后服务系统。较好的售后服务是生态企业产品交易的重要组成部分，可以提高企业的信誉，从而使产品在市场上更容易推广和销售，同时也解决了消费者的后顾之忧。而生态化企业的售后服务系统除了传统的送货上门、提供维修服务外，还包括产品的使用指导、咨询服务、投诉、回访等。

另一方面，搭建产品回收管理系统。产品回收管理系统可以包括三个环节，即回收、市场集散交易、综合处理。现阶段的产品回收工作大多数是由社区回收站点和专门的回收公司来做，企业如若想得到可再利用资源就要付出相对较大的代价，可能会得不偿失。而生态化企业可以利用自身的售后服务系统，采用以旧换新、差价补偿的方法，回收本企业可以再次循环使用的报废产品，并且可以利用逆向物流系统，即运输销售产品回程时顺便带回在各个站点回收的旧产品，节约成本。企业也可以安排专门的工作人员负责分析旧产品零部件的可再利用程度，从而策划出再次循环使用的具体方案。

四、企业生态化的技术支撑

企业生态化建设的一个重要支撑力量就是生态技术，生态技术上的可行性决定了企业是否能成功地进行生态化建设，如果没有技术创新和先进科技的投入，生态企业所追求的经济与环境的双边效益目标将很难实现。

（一）生态技术的技术结构

与传统的线性生产技术相比，生态技术就是在企业技术创新过程中融入生态化思想，使得该技术既可满足企业的生产发展需要，又可节约资源和能源、保护环境的一切手段和方法。生态技术有两种作用路径，分别为一种产品的生态技术路径和多种产品的生态技术路径。一种产品的生态技术路径就是对某一个具体的产品生产过程而言，这主要体现在两个方面，其一是在本产品的生产过程中，即在本产品的生产线上做到排放物的回收循环使用；其二是在本产品的消费过程中，即在本产品失去了原有的使用价值之后，对报废产品进行二次回收利用。该路径过程如图 3－3 所示。在图 3－3 中，①②③分别表示生产、销售和消费过程中的废弃物。多种产品的生态技术路径，即 A 产品生产线中的排放物可以成为 B 产品或者更多种产品生产线上的原材料或辅助材料，同样地，A 产品成为废弃物后，也可以回收再循环利用生产为 B 产品或其他产品。简化过程如图 3－4 所示。在该路径中，A、B 产品可以涉及不同行业部门，甚至是不同的产业部门，组织产品生产的企业可以是同一个企业，也可以是不同的企业。

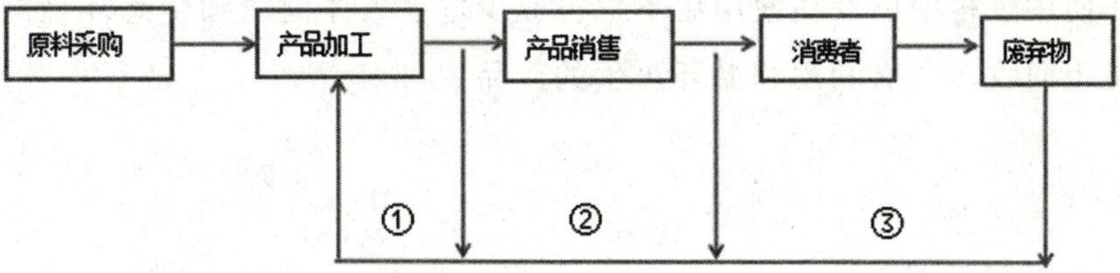

图 3－3　一种产品的生态技术路径

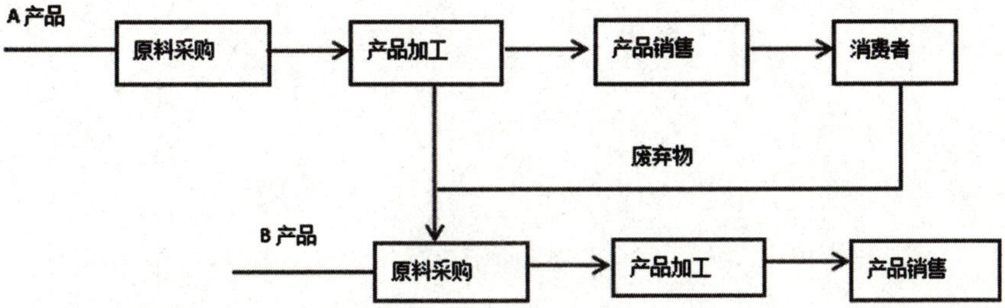

图 3－4　多种产品的生态技术路径

（二）企业生态技术创新内容

作为企业生态化建设的重要支撑，生态技术创新可以从两个方面着手。

第一，可以建立企业间技术创新同盟。在原料开采、加工到消费后的废弃物回收的整个过程中，往往并非单个企业或者产业能够完成的，它需要建立一条完整的生态工业链，企业单独作战竞争力较小，风险也较大。在条件允许的情况下每个企业首先应该依据本企业的资本、人才、科技、产品等特点搭建自己的技术创新平台，其次也可以与其他企业的创新平台联合，共同为实现生态化转型进行技术创新活动。

第二，创新绿色产品新领域。产品不断更新换代的最终目标就是迎合不断发展变化的消费者市场需求，为消费者提供全新的产品享受。企业应该准确把握市场走向，识别生态化建设带来的商业机会，并及时利用机遇，在生物、材料、信息以及与人类全面发展有关的休闲、保健、医疗等当下较为受青睐的领域开发绿色产品，开发能节约材料和能源、少用昂贵和稀缺资源，并且在使用过程中以及在使用后不危害或少危害人体健康和生态环境的产品，开发易于回收、二次利用和循环再生的产品。

第二篇

实证分析与比较

第四章 中国各省份产业结构生态效率的实证分析①

中国长期以来的粗放型经济增长造成了严重的资源浪费、环境污染和生态破坏，而产业结构作为重要的资源转换器，在协调经济增长与生态保护之间起到重要作用，因此，构建生态型产业结构是中国产业结构调整的长期目标。

一、生态型产业结构评价指标构建：产业结构生态效率

（一）产业结构生态效率内涵

生态效率的观点最初由德国学者 Schaltegger & Sturm 提出，并由世界可持续发展工商业委员会（WBCSD）加以商业性质的阐述，后来世界经济合作与发展组织（OECD）将生态效率的概念扩大到包括政府、工业企业与其他组织在内的整个经济体。OECD 认为“生态效率是指生态资源满足人类需要的效率，它可看作一种产出与投入的比值，其中产出是指一个企业、行业或整个经济体提供的产品与服务的价值，投入是指由企业、行业或经济体造成的环境压力”。因此，生态效率的概念也就意味着“用更少的自然界投入创造更大的经济价值与社会福利”，或“用更少的能源和自然资源提供更多的产品和服务”，是经济学中典型的“使成本最小化与收益最大化方法”下经济效率的

① 本章部分内容已发表信息如下，陈维宣：《中国产业结构升级对能源效率的影响研究》，《资源科学》2016 年第 7 期。

体现。生态效率的概念为本章的研究奠定了理论基础。

产业结构生态效率是指一个经济体在一定的产业结构状态下，对环境影响程度与资源能源利用率的综合效益之和，即以较低的污染排放和较少的资源消耗实现高产出，达到生态—经济系统的综合效益最大化。产业结构生态效率越高，则说明该产业结构的生态化水平较高；反之，则说明该产业结构的生态化水平较低。

产业结构生态效率衡量的是产业结构生态化转型的速度与质量。通过对某一地区的产业结构生态效率进行时间序列上的比较，计算产业结构生态效率的增长率，如果增长率较大，则说明该地区在产业结构生态化转型的速度较快、质量较高，如果增长率较低，则意味着该地区没有成功的实现产业结构的生态化转型，存在着相应的制约因素，需要加以进一步的研究，以发现问题并解决问题。产业结构生态效率这一概念可以有效地将产业结构与生态效率结合起来进行考察。尤其是当产业结构中所占比重较大的产业能够实现较高的生态效率时，将对整个产业结构生态效率的改善起到显著的促进作用。

（二）产业结构生态效率的指标构建

根据上述对产业结构生态效率概念的界定与解释，在构建其评价指标体系时，需要综合考虑产业结构与生态效率两个方面。部分学者在研究生态效率时，都将生态效率分解为能源效率与环境效率，本章也借鉴这种分解方法，将产业结构生态效率分解为产业结构能源效率与产业结构环境效率两部分。采用这种分解方法的主要原因有两个方面：首先，按照本章对生态要素的界定，人类生产活动对生态环境造成的影响主要包括能源资源发掘利用与废弃污染物排放等，从生态系统与经济系统的角度看，能源资源与废弃污染物都可以看作生态系统对经济系统的投入①。在生产过程中能源资源表现出逐渐减少，而废弃污染物表现出逐渐增加的趋势，因此，在计算生态效率时，需要按生态要素的不同种类及其流入流出生态系统的不同进行分类。其次，能源

① 生态要素是指与人类密切相关并影响人类生产与生活活动的各种自然物质和能量的总和的要素，生态要素是基于生态环境要素的一个相对狭义的概念，本书中的生态要素指与人类生产与消费活动直接密切相关的各类能量与物质，包括能源资源和废弃污染物等。

资源与废弃污染物具有不同的统计量纲，而量纲的不同则体现出技术条件的差异，简单的合并运算将会导致不同种类生态要素生产率差异的模糊，掩盖了不同种类生态要素生产率对生态系统影响的差异及其相对重要性。因此，这种分解方式是合理的。

按照对生态要素的分类、产业结构生态效率的界定及其分解方式，构建产业结构生态效率评价指标如下：

$$ISEE=\sqrt{ISEE_n \times ISEE_v} \qquad \text{公式（4－1）}$$

式中，$ISEE$ 表示产业结构生态效率（Industrial Structural Ecological Efficiency），$ISEE_n$ 和 $ISEE_v$ 分别表示以产业结构为权重衡量的能源效率与环境效率。具体地，将产业结构能源效率和环境效率分别表示为：

$$ISEE_n=\sum_{i=1}^{n}\omega_i \cdot \frac{Y_i}{E_i} \qquad \text{公式（4－2）}$$

$$ISEE_v=\left[\prod_{j=W,G,S}\left(\sum_{k=1}^{m}\varphi_k \cdot \frac{Y_k}{P_{j,k}}\right)\right]^{(1/3)} \qquad \text{公式（4－3）}$$

式中，$i=1$，2，3 表示按照三次产业标准划分的产业部门，Y_i 和 E_i 分别表示第 i 产业的产值与能源消费量，ω_i 表示第 i 产业的产值在经济总体中所占的比重。P 表示产业部门的污染排放量，其中 $j=W$，G，S 分别表示废水排放量、废气排放量、固体废弃物产生量，$k=1$，2 分别表示按照工业与非工业标准划分的产业部门，$k=1$ 表示工业部门，$k=2$ 则表示非工业部门，Y_k 表示第 k 产业部门的产值，$P_{j,k}$ 表示第 k 部门的第 j 中污染排放量，φ_k 表示第 k 部门的产值在经济总体中所占的比重。

特别地，由于废气排放中同时包括二氧化硫（SO_2）与烟粉尘（Smoke and Dust），因此，在计算产业结构环境效率之前先对废气的环境效率进行处理：

$$E_G=\sqrt{\prod_{G=SO_2,SD}\left(\sum_{k=1}^{m}\varphi_k \cdot \frac{Y_k}{P_{G,k}}\right)} \qquad \text{公式（4－4）}$$

式中，E_G 表示废气的环境效率，SO_2 和 SD 分别表示二氧化硫和烟粉尘排放量，通过对加权平均值的乘积进行开方的方式计算废气的环境效率。而固体废弃物产生量中只有工业部门的统计数据，缺乏其他非工业部门和经济总体的数据，因此，固体废弃物的环境效率实际上只是对工业部门固体废弃物环境效率的加权平均：

$$E_S=\varphi_1 \cdot \frac{Y_1}{P_{1,s}} \qquad \text{公式（4－5）}$$

式中，E_S 表示工业固体废弃物的环境效率，Y_1 表示工业部门的产值，φ_1 为其占经济总产值的比重，$P_{1,s}$ 表示工业部门固体废弃物产生量。因此可以将产业结构环境效率简单表示为：

$$ISEE_v=(\prod_{j=W,G,S} E_j)^{(1/3)} \qquad \text{公式（4－6）}$$

m，n 的取值分别为 $m=2$，$n=3$；实际上，m 和 n 是一个开放的集合，可以根据研究对象种类与范围的不同与产业门类的无限细分，m 和 n 的取值不断增大。

在构建产业结构生态化的评价指标后，就可以通过获取相应的数据，对中国的产业结构生态效率进行评价。由于不同的省份在经济发展、技术水平、产业结构、能源消费与污染物排放之间存在较大的差异，因此，本章将采用面板数据对中国30个省、自治区、直辖市在1985—2012年的产业结构生态效率进行评价①。

（三）数据说明

根据产业结构生态效率评价指标体系，其所需要的数据类型主要包括经济产出、能源消费量、废水排放量、SO_2 排放量、烟粉尘排放量、工业固体废弃物产生量等数据。具体地，经济产出以国内生产总值衡量，并经过以2000年为基期的价格指数平减，以消除价格效应，相关数据均来自各省历年统计年鉴，单位为亿元。能源消费量以万吨标准煤的数据衡量，相关数据来自各省历年统计年鉴以及《中国能源统计年鉴1985—2013》；部分省份在某些年份缺少以万吨标准煤表示的能源消费标准量数据，但是在其能源平衡表中详细列出了三次产业的能源消费实物量，从而可以根据国家统计局公布的

① 限于数据可得性，样本区域的选择包括除了香港、澳门特别行政区，台湾地区和西藏自治区的30个省、自治区、直辖市。

万吨标准煤折算系数进行实物量与标准量之间的折算；废水、SO_2、烟粉尘排放量和工业固体废弃物产生量的数据均来自各省历年统计年鉴、《中国环境年鉴1989—2012》《中国环境统计年鉴2005—2013》，其中废水排放量单位为亿吨，SO_2、烟粉尘和工业固体废弃物的单位为万吨。部分省份某些年份中的缺失数据采用Tramo/Seats方法补齐。

二、中国各省份产业结构生态效率评价

利用获得的数据，根据产业结构生态效率评价指标体系，可以计算出各省份历年的产业结构生态效率评价值，其结果在表4－1中列出[①]。

表4－1 中国30个省（自治区、直辖市）主要年份产业结构生态效率评价值

地区	产业结构生态效率评价值						
	1985	1990	1995	2000	2005	2010	2012
北京	2.0525	2.9800	3.9851	6.5932	9.1557	13.3440	15.4588
天津	2.1299	2.3858	3.1427	5.0806	8.1738	13.7387	16.9019
河北	2.3091	2.5521	3.3043	4.3918	4.7124	5.7728	6.2271
山西	1.4056	1.5010	1.9220	2.4662	3.2479	3.8921	3.9838
内蒙古	1.8435	2.5097	2.5396	3.8725	3.3096	3.8243	4.4889
辽宁	1.2924	1.9511	3.2553	4.4262	5.5116	7.5773	8.5456
吉林	1.0097	1.2702	1.5353	1.8059	1.3963	2.1742	2.2969
黑龙江	1.6818	2.1148	3.2589	5.0719	6.1616	9.0505	8.1978
上海	2.9751	3.4214	4.8660	7.0068	8.7886	12.2912	16.1867
江苏	4.3834	4.3248	7.1496	11.5080	10.8415	14.4823	15.9541
浙江	6.0658	5.8665	7.0567	10.7749	11.8986	14.8233	13.5470
安徽	2.3500	3.1283	3.9782	6.3766	6.4407	8.1174	8.6581
福建	5.5129	5.7294	9.0367	11.8837	10.3534	12.0056	14.1427
江西	2.6091	3.3089	3.8803	6.5447	5.7024	7.6018	8.8659
山东	2.7619	2.4473	4.4298	6.4264	6.6464	9.3324	10.1927

① 限于篇幅，正文中仅列出若干具有代表性年份的数据。

续表

地 区	产业结构生态效率评价值						
	1985	1990	1995	2000	2005	2010	2012
河 南	3.5538	3.8726	4.7405	6.2480	6.7421	7.7835	7.9944
湖 北	2.9741	2.6159	4.2107	6.5025	5.4854	7.0139	8.3523
湖 南	2.9017	4.8788	8.2897	5.9291	6.6641	10.3011	13.7439
广 东	4.5414	5.9778	9.0838	12.9931	14.8442	15.1994	18.1952
广 西	3.1210	4.3278	6.3239	7.5326	7.1821	7.9795	8.6521
海 南	4.3691	4.4088	6.2610	9.9569	13.0221	14.5620	11.0298
重 庆	2.7589	3.6434	5.2133	5.4568	5.6978	7.6041	9.8176
四 川	4.3081	3.0812	4.1212	5.0796	5.7287	7.5769	8.2772
贵 州	1.5589	1.9311	2.0447	1.8281	2.3186	2.6692	3.6217
云 南	3.7298	4.1023	4.3386	6.1540	4.8491	6.2530	5.9338
陕 西	1.9584	2.3987	2.5255	6.0544	4.0544	6.1003	6.6586
甘 肃	1.8987	2.0766	2.5583	3.2046	4.5384	5.2359	5.4961
青 海	2.7982	2.8277	3.0922	3.7178	3.7592	3.9993	4.5132
宁 夏	2.1659	1.4925	2.5266	3.7460	2.9910	2.7818	3.2334
新 疆	2.0806	2.9580	2.7080	3.4564	3.7511	4.4546	4.4942

数据来源：作者根据《中国统计年鉴》(1986—2013),《中国环境年鉴》(1989—2013),《中国环境统计年鉴》(1989—2013),《中国能源统计年鉴》(1985—2013),各省(自治区、直辖市)统计年鉴(1986—2013)整理计算而得。

通过观察产业结构生态效率评价结果，可以发现：

(1) 中国大部分省份的产业结构生态效率呈现稳定上升趋势。从产业结构生态效率评价结果中可以看到，除云南、陕西、宁夏等个别省(自治区)表现为波动上升外，其他省份均表现出稳定上升的趋势。其中，平均上升幅度最大、速度最快的省市是天津和北京，幅度最小的是吉林和宁夏，速度最慢的则是云南和宁夏。由此可以看出，虽然中国各省份之间的产业结构生态效率存在较大差异，但从整体上看，中国的产业结构生态效率得到明显改善，产业结构逐渐得到优化与升级，生态要素在各产业间的配置结构渐趋合理，生态要素的利用效率逐渐得到改善与提高。

(2) 从区域角度看，中国的产业结构生态效率同时呈现出空间集聚和梯度递减的特征。根据中国三大经济地带的划分，可以发现，产业结构生态效率值最高的省份大都集中在东部地区，而评价值最低的省份大多数属于西部地区，表现为明显的空间集聚特征；对三大地区各省份的产业结构生态效率取平均值后可以发现，东部地区最高、中部次之、西部最低，说明了产业结构生态效率表现出从东向西梯度递减的特征①。

（3）各省份之间的产业结构生态效率差距不断扩大。在 1985 年，差距最大的省份为浙江省和吉林省，其评价值之差为 3.5318；到 2012 年时，差距最大的省份为广东省和吉林省，其评价值之差已经达到 15.8983。这意味着不同省份之间的产业结构生产率的增长率存在明显的差异。从三大经济地带的划分情况来看也是如此，三大地区间的产业结构生态效率差距也在不断增大。在 1985 年，平均值最高的东部地区与平均值最低的中部地区之间的差距为 1.2008；到 2012 年时，平均值最高的东部地区与平均值最低的西部地区之间的差距为 7.1366，而中部地区也平均高出西部地区 1.6151。两种比较方式都说明，各省份之间的产业结构生态效率差距不断增大，东部地区各省份的产业结构生态效率的增长率较高，而中部地区与西部地区则较低。

三、中国产业结构生态演进的影响因素实证分析

上述评价结果同时也表明，产业结构生态效率具有自身的演进趋势，因此，有必要探明产业结构生态效率的发展趋势及其主要影响因素。

（一）模型设定和变量选取

在 H. 钱纳里与 M. 塞尔奎因对产业结构演变过程的研究中，“为了用统计方式解决各过程之间的相依性，我们首先只把收入水平和国家人口作为外

---

① 根据《中共中央关于制定国民经济和社会发展第七个五年计划的建议》中对中国三大经济地带的划分，其中东部地带包括北京、天津、河北、辽宁、江苏、浙江、上海、福建、山东、广东、广西和海南等 12 个省、自治区、直辖市，中部地带包括黑龙江、吉林、内蒙古、山西、河南、湖北、湖南、江西和安徽等 9 个省、自治区、直辖市，西部地带则包括四川、重庆、云南、贵州、陕西、甘肃、青海、宁夏、新疆和西藏（西藏不包括在本文样本中）等 10 个省、自治区、直辖市。

生变量，因为它们实质上影响所有过程”。G. M. 格罗斯曼与 A. B. 克鲁格对“环境库兹涅茨”曲线的开创性研究中，则认为经济增长通过规模效应、技术效应与结构效应三种途径对环境质量产生影响。因此，本章在分析产业结构生态效率的演进特征时，将综合考虑经济发展程度与人口规模变化对产业结构生态效率的影响。这是因为，从理论方面而言，经济发展与人口增长是社会发展的重要内容，在经济发展与人口规模的不同阶段，对生态环境有着不同的影响；从实践而言，在中国改革开放 40 年的发展过程中，经济增长方式的“粗放型”特征显著，对生态环境造成了极大的压力，与此同时，则伴随着经济发展程度的快速提高与人口规模的迅速扩大。

本章旨在分析经济发展与人口增长在不同阶段对产业结构生态效率的影响程度及其特征，因此，在模型中加入经济发展与人口增长的二次项两个解释变量，建立中国 30 个省、自治区、直辖市在 1985—2012 年的面板数据模型：

$$\mathrm{Ln}ISEE=\beta_0+\beta_1\mathrm{Ln}y+\beta_2(\mathrm{Ln}y)^2+\beta_3\mathrm{Ln}N+\beta_4(\mathrm{Ln}N)^2+\mu$$

其中，$ISEE$ 表示产业结构生态效率，y 表示人均国内生产总值，N 表示人口总量。β_0 为截距项，β_i（$i=1,2,3,4$）为分别与各解释变量相对应的系数参数，μ 为随机扰动项。面板数据分析扩大了样本容量，增加了模型的自由度，同时，较好地控制了不可观测效应，并有助于缓解模型中的共线性问题，能够得出更为准确的回归结果。

（二）估计方法和数据说明

对面板数据模型进行参数估计时，首先需要根据 Hausman 检验结果来确定模型对固定效应与随机效应两种类型的选择。检验结果表明，伴随概率值为 0.0095，在 5%显著性水平上拒绝选择随机效应的原假设，即认为模型选择固定效应是合理的，因此，本章采用固定效应面板模型。

各省份历年的产业结构生态效率评价值由上文的计算给出；经济发展程度以人均国内生产总值衡量，单位为亿元，并经过以 2000 年为基期的价格指数调整，数据均来自各省份历年的统计年鉴；人口规模以各省份历年的常住人口数量表示，其中部分省份没有提供相应的常住人口数量，则选取该地区的人口总量作为衡量指标，数据均来自各省份历年统计年鉴。

（三）模型检验

面板数据模型与单方程时间序列数据模型一样，也存在由于非平稳序列导致的“伪回归”问题，因此，需要对模型进行平稳性检验。如果检验结果表明所有序列是平稳序列，则不存在“伪回归”问题；若存在非平稳序列，则还需要进一步对模型进行协整检验，只有通过协整检验的模型，其回归结果才是可靠的。

（1）面板数据的单位根检验。不同于成熟的单方程时间序列数据模型的单位根检验方法，面板数据的单位根检验还很不成熟，需要采用多种方法相互验证。常用的面板数据单位根检验方法有 Levin，Lin，Chu 方法（LLC）、Breitung 方法、Im，Pesaaran，Shin 方法（IPS）、Fisher-ADF 方法（ADF）、Fisher-PP 方法（PP）和 Hadri 方法等，本章采用这些方法对面板数据进行单位根检验，从而确定变量的平稳性。具体检验结果如表 4－2 所示。

表 4－2 面板数据的单位根检验结果

方法 / 变量	*LLC*	*Breitung*	*IPS*	*ADF*	*PP*	*Hadri*	结论
Ln*ISEE*	*I*（1）	*I*（1）	*I*（1）	*I*（1）	*I*（1）	*I*（0）	*I*（1）
Ln*Y*	*I*（1）	*I*（1）	*I*（1）	*I*（1）	*I*（1）	*I*（0）	*I*（1）
$(\text{Ln}Y)^2$	*I*（1）	*I*（1）	*I*（1）	*I*（1）	*I*（1）	*I*（0）	*I*（1）
Ln*NI*（0）	*I*（1）	*I*（1）	*I*（1）	*I*（1）	*I*（0）	*I*（1）	
$(\text{Ln}N)^2$	*I*（0）	*I*（1）	*I*（1）	*I*（1）	*I*（1）	*I*（0）	*I*（1）

注：本表结果由 EViews6.0 给出，*I*（0）表示原序列是平稳的，*I*（1）表示原序列经过一阶差分后是平稳的。

检验结果表明，在 Hadri 方法下，所有变量的原序列都是平稳的；在 LLC 方法下 LnN 与 $(\text{LnN})^2$ 的原序列为平稳序列。但是其他大部分方法下的单位根检验结果表明，全部变量都具有一阶单整的性质，因此，可以认为变量序列是一阶单整的，即变量经过一阶差分后变为平稳序列。

（2）面板数据的协整检验。由上述单位根检验结果可知，所有变量均为一阶单整序列，因此需要进一步检验模型中各变量之间是否具有协整关系，只有具有协整关系的模型的回归估计才是有意义的。面板数据的协整检验方法通常有 Pedroni 方法、Kao 方法和 Fisher 方法三种。检验结果表明，Pedroni 方法中的面板 v 统计量和面板 rho 统计量拒绝存在协整关系的原假设；但是该方法下的 PP 统计量和 ADF 统计量则表明变量之间存在协整关系，同时，Kao 方法和 Fisher 方法的检验结果也表明变量之间至少存在一个协整关系。因此，综合三种方法的检验结果，可以认为变量之间具有协整关系，对模型的回归估计是有意义的。

（四）估计结果

应用计量经济软件 EViews6.0 对模型参数进行估计，具体地，在估计过程中选择双向固定效应模型，估计结果如下，表 4－3 和表 4－4 分别列出了在截面和时期两个方向上对截距项的偏离。

$$\mathrm{Ln}ISEE=13.879-2.014\mathrm{Ln}y+0.117(\mathrm{Ln}y)^2-1.008\mathrm{Ln}N+0.066(\mathrm{Ln}N)^2$$

$$t=(5.161^{***})\quad(-11.967^{***})\quad(14.267^{***})\quad(-1.754^{*})\quad(1.709^{*})$$

$$R^2=0.937\qquad F=193.593$$

表 4－3　截面方向上对截距项的偏离

地区	安徽	北京	福建	甘肃	广东	广西	贵州	海南	河北	河南
截距差	0.070	0.135	0.699	－0.268	0.709	0.360	－0.750	0.595	－2.010	0.086
地区	黑龙江	湖北	湖南	吉林	江苏	江西	辽宁	内蒙古	宁夏	青海
截距差	－0.069	0.042	0.344	－1.029	0.497	0.095	－0.198	－0.378	－0.584	－0.311
地区	山东	山西	陕西	上海	四川	天津	新疆	云南	浙江	重庆
截距差	0.010	－0.601	－0.141	0.115	0.037	－0.025	－0.224	0.152	0.632	0.200

注：本表结果由 EViews6.0 得出。

表 4－4 时期方向上对截距项的偏离

地区	1985	1986	1987	1988	1989	1990	1991	1992	1993	1994
截距差	－0.584	－0.560	－0.514	－0.461	－0.464	－0.400	－0.345	－0.267	－0.160	－0.059
地区	1995	1996	1997	1998	1999	2000	2001	2002	2003	2004
截距差	－0.075	－0.007	0.042	0.101	0.156	0.230	0.248	0.278	0.297	0.293
地区	2005	2006	2007	2008	2009	2010	2011	2012		
截距差	0.212	0.231	0.260	0.280	0.297	0.303	0.334	0.33		

注：本表结果由 EViews6.0 得出。

由估计结果可知，模型的决定系数为 0.937，表明模型的拟合效果较好；t 统计量表明，截距项与收入及其平方项在 1％临界水平上显著，人口及其平方项在 10％临界水平上显著。表 4－3 和表 4－4 表示各省域在不同年份上对公共截距项的偏离方向及其大小，表明特定省域在特定年份上的产业结构生态效率对共同趋势的偏离。以安徽省为例，其在 1985 年时对整体趋势的偏离为－0.514（＝0.070－0.584），因此，其当年截距项应修正为 13.365（＝－0.514＋13.879），略低于当年的共同水平。

根据模型回归结果，一次项系数为负，二次项系数为正，说明中国经济发展与人口增长对产业结构生态效率的影响特征表现为 U 形特征。这一特征说明，在产业结构生态效率演进的早期阶段，经济发展与人口增长抑制了产业结构生态效率的提高，对其产生副作用。首先，在早期阶段，中国政府以及市场参与者均以经济增长和利润增加为主要目标，忽视了对生态环境的保护；第二产业部门在经济总体中所占的比重迅速上升，即工业化与重工业化的进程加快，直接导致对能源需求的增加以及污染物排放的增多；人口的迅速增加也扩大了对商品的需求，从而间接导致对生态环境的破坏。但是，在经过一段时间的发展后，中国政府逐渐意识到“粗放型”经济增长方式的弊端，强调走可持续的科学发展道路；其次，技术进步提高了对能源的利用效率以及处理污染物的能力，节能减排的能力不断增强；最后，计划生育政策逐渐降低了中国的人口增长率，同时，教育的普及、生产与消费观念的改变以及劳动生产率的提高，也对生态环境的改善起到了积极的作用。

（五）稳健性检验

通过对产业结构生态效率演进趋势及其主要影响因素的实证分析，可以得出一些重要的结论，但是，为了验证这些结论的可靠性与稳定性，还需要进一步对模型进行稳健性检验，以提高模型估计结果的准确度。

本章对模型稳健性的讨论主要从模型的估计方法上展开。上述对模型的参数估计方法采用的是最小二乘法，虽然该方法能够对模型进行较为细致的分析，但是它要求数据符合一定的假设条件，如不存在异方差性与序列相关性等，而广义矩估计方法（Generalized Method of Moments，GMM）则不要求扰动项的准确分布信息，允许随机误差项存在异方差性与自相关性等。因此，本章采用 GMM 方法对模型进行稳健性检验，在不要求截距项的准确分布条件下，估计结果如下：

$$\mathrm{Ln}ISEE=39.070-3.654\mathrm{Ln}y+0.171(\mathrm{Ln}y)^2-4.571\mathrm{Ln}N+0.275(\mathrm{Ln}N)^2$$

$$t=(5.505^{***})\quad(-9.373^{***})\quad(11.555^{***})\quad(-3.681^{***})\quad(3.620^{***})$$

$$\mathrm{R}^2=0.924\qquad J=0.04E-13$$

在估计过程中，以截距项和非对数形式的自变量序列作为工具变量。从回归结果中可以看出，GMM 方法下模型的拟合优度值与最小二乘法下的结果相近；J 统计量趋近于零，表明模型中不存在过度识别问题。比较两种方法下的估计结果，虽然参数估计值在绝对值和显著性水平上略有差异，但参数估计值之间的符号并没有改变，这就说明经济发展与人口增长对产业结构生态效率影响特征是一致的。因此，可以认为上文对产业结构生态效率影响因素及其影响特征的分析具有较强的稳健性，据此所得出的结论是可靠的。

四、结论与政策建议

本章提出产业结构生态效率概念作为产业结构生态化的衡量指标，构建其评价指标体系，对中国 1985—2012 年 30 个省、自治区、直辖市的产业结构生态效率进行评价，并建立面板数据模型分析产业结构生态效率的主要影响因素及其影响特征。通过对问题的深入分析，可以形成一些主要结论及政策建议，现将其总结如下：

（一）主要结论

（1）中国各省份产业结构生态效率呈现稳定上升趋势，同时经济发展与人口增长对产业结构生态效率的影响表现出先抑制后促进的U形特征。在产业结构生态效率演进过程中存在一个拐点，当经济发展程度与人口规模较低，低于达到拐点需要的水平时，人均国内生产总值与人口数量的增加会对产业结构生态效率的改善与提高起到抑制作用；而当经济发展程度与人口规模较大，越过拐点值时，人均国内生产总值与常住人口数量的增加则会对产业结构生态效率的改善与提高起到促进作用。

（2）中国各省份产业结构生态效率同时呈现出空间集聚与梯度递减的特征。高产业结构生态效率的省份集中在东部地区，低产业结构生态效率较的省份集中在中西部地区；但是也存在产业结构生态效率高（低）的省份被产业结构生态效率低（高）的省份包围的特殊现象，如北京市和天津市被河北省包围，吉林省被黑龙江省和辽宁省包围等。从三大经济地带划分角度，在整体水平上，东部地区的产业结构生态效率高于中部地区，中部地区又高于西部地区，呈现出东高西低的梯度递减分布格局，具有明显的“俱乐部收敛”现象。

（3）中国各省份间的产业结构生态效率差异呈现出逐渐增大的趋势。这一现象说明了各省域的产业结构调整速度与绩效之间存在较大的差异，部分省份产业结构优化与升级的效果明显，如北京市、上海市、天津市和广东省等经济发达地区；而另一部分省份则存在产业结构调整与转型的困难和瓶颈，无法实现迅速有效的产业结构调整，如宁夏回族自治区、新疆维吾尔自治区、云南省和吉林省等。其中差别最为明显的是东北地区的黑龙江省、吉林省和辽宁省。这三个省市在地理空间中相互邻近，均为曾经的东北老工业基地省份，在1985年时，其经济基础与产业结构也十分相似，因此，产业结构生态效率评价值相互接近，同时位列当年全国30个省份中的最后五位。但是到2012年时，三个省份之间产业结构生态效率评价值的差异已经十分明显，吉林省依然处于最后的位置，但黑龙江省与辽宁省则取得了明显的进步，位于

30个省份的中间水平。这说明了在样本期的28年间黑龙江省与辽宁省成功实现了产业结构转型与升级，逐渐走上产业结构生态化的道路，而吉林省则依然面临严峻的产业结构转型困难。

（二）政策建议

根据中国各省份产业结构生态效率的评价结果及其演进趋势，提出如下针对性的提高产业结构生态效率的政策建议。

（1）产业结构调整和产业部门能源消费结构调整的共同推进，强化两者互动，是中国省域产业结构生态效率提高的有效途径之一。Shujie Yao等（2012）认为如果中国经济继续保持过去的增长速度而不进行结构调整并提高能源效率，中国的经济增长将会对全球环境造成严重破坏，因此中国的结构调整已经迫在眉睫。本章认为结构调整应该在产业结构和产业部门能源消费结构两个方面同时进行。

在产业结构调整方面，由于第三产业的发展既能通过结构效应促进经济增长，又能够改善经济体的生态效率与能源效率，而第二产业更容易造成能源浪费，因此需要迅速扩大第三产业的经济规模，提高第三产业所占的比重，并适当降低第二产业所占比重，严格落实《产业结构调整指导目录》，加快运用高新技术改造传统产业。产业结构生态效率较高的东部各省加快发展高新技术制造业、战略性新兴产业与生产性服务业等产业的发展，而产业结构生态效率较低的中西部各省需要全面发展第三产业，有甄别的从东部地区引进承接先进制造业，鼓励发展生态农业等。

在产业部门能源消费结构方面，第二产业的能源消费量最大，在能源消费总量中占有绝对的比重，能源效率却最低。因此，应适当降低第二产业的能源消费在能源消费总量中所占的比重，合理地引导能源要素向第一产业与第三产业转移，提高三次产业的能源效率。能源要素在产业部门间的流动受到价格机制的影响，价格机制不完善是导致能源要素无法自由流动的重要原因，中国目前尚未形成合理的能源价格机制，能源价格受到政府的管制。因此，需要建立合理的能源价格机制，使能源要素能够按照市场需求和能源效率变化在产业部门间自由流动。

（2）中国各省域产业结构生态效率的提高，必须优化能源生产与能源消费结构，但应结合东部、中部、西部地区不同的能源结构具体条件而区别对待。中国各省份的能源消费大多以煤炭等不可再生资源为主，而能源效率则与煤炭比重呈负相关关系。因此，要提高能源效率就必须降低能源消费结构中的煤炭比重，鼓励新能源的开发与利用，扩大清洁能源与可再生能源在能源消费中的比重。Liu Wei and Li Hong（2011）指出化石能源补贴改革是改善能源消费结构的有效方式，取消煤炭补贴相对于取消石油补贴更具可行性，因此应当首先取消煤炭补贴，然后逐步取消石油补贴。能源消费结构的变化受到能源生产结构的制约，结合国家能源局的相关政策措施，应当有区别的对待不同经济地带的能源生产结构调整，在东部地区限制煤炭产业发展，江浙沪等沿海省域利用技术与资本优势开发潮汐能与风能等新能源；中部地区的陕西、山西等省份保持适当的煤炭开发强度，按照“退一建一”模式进行煤矿项目建设；西部地区的新疆与西藏自治区则重点建设现代煤炭化工项目，并利用地理位置优势努力开发风力发电项目与发展太阳能产业等。

（3）劳动力素质与劳动生产率的提高，对省域产业结构生态效率的提高与改善能起到促进作用。实证研究表明，在越过拐点后人口的增加将会对产业结构生态效率的提高与改善起到促进作用，但是这是基于劳动力素质与劳动生产率的提高为前提的。发达国家的经验表明，在工业化后期，在人口增加的同时努力提高劳动力素质与劳动生产率，将会改善地区与国家的生态环境（Clara Inés Pardo Martínez，2013），而在知识经济时代受教育年限是劳动生产率的主要决定因素（李发昇，2011）。因此，在全面实行九年义务教育与普及高中教育的基础上推进高等教育的大众化，扩大接受高等教育的人群范围，提高高等教育入学率等措施都是直接增加人口受教育年限的重要途径；企业向员工提供就业与再就业培训机会，鼓励社会兴办就业与再就业培训机构，产学研相结合以及“干中学”过程也会间接地延长人口受教育年限。通过建立大学分校与多省合作建校等模式加强高等教育在省域之间的扩散，如由珠三角地区向广西及云贵川等地扩散，京津冀地区之间、东北三省间合作建设高等教育基地，以及高等教育在省域间转移等。

（4）节能减排与环境保护方面的区域间合作，对缩小省域间产业结构生态效率差距至关重要。省域间产业结构生态效率差距逐渐扩大的趋势说明加强区域生态合作已经迫在眉睫，通过在省域间建立合理的节能减排与环境保护合作机制以及生态补偿机制，尤其要充分发挥产业结构生态效率较高的省份的技术溢出等作用，带动产业结构生态效率较低省份的发展，缩小省域间的产业结构生态效率差额。同时也应当注意在区域间产业转移的过程中，避免发生将高污染、高能耗、低产出的产业向邻近省份转移的现象。京津冀地区与长三角地区作为中国重要的区域经济增长极，产业结构生态效率在时间序列上的演进趋势却明显不同，江浙沪三地的产业结构生态效率增长趋势基本一致，而京津冀地区中北京市和天津市的产业结构生态效率值远高于河北省，且仍然存在差距不断扩大的趋势。与京津冀地区的低产业结构生态效率省份包围高产业结构生态效率省份的现象不同，东北地区的黑吉辽三省则表现为高产业结构生态效率省份包围低产业结构生态效率省份的现象。因此，应当在京津冀地区和东北地区加快建立区域生态合作与补偿机制，促进京津冀地区与东北地区各省域之间的产业结构生态化协同发展。

第五章 东部、中部和西部典型省份的工业结构生态效率比较[①]

一、区域工业结构生态化问题及其研究进展

中国国内生产总值从 1978 年到 2013 年增加了近 130 倍，三次产业之间的比例发展趋向更为合理。但是，现阶段中国仍然是以消耗资源为动力、以牺牲环境为代价的“粗放型”经济增长方式与产业结构，并且东部、中部、西部之间的区域经济发展不平衡问题依然存在。因此，推动区域工业结构升级，加快区域工业结构生态化是现阶段的重要课题之一。

从国内外的相关研究来看，有关工业结构生态化方面的间接研究文献较多，观点与见解各异，综合起来可以将其分为三类。

第一，工业与产业部门的能源利用效率研究。刘利（2012）运用数据包络分析法对 2005—2009 年我国东、中、西多地区部门数据分析，表明能源利用效率与劳动力、资本的替代率有关，我国现有能源经济效益有所提高。Satoshi Honma 等（2013）利用数据包络分析方法对比分析了 1995—2005 年日本和其他 14 个发达国家产业全要素能源效率，结果表明日本还存在很大的节能减排空间。Andrea Trianni 等（2013）以意大利北部 48 个中小企业作为案例，探讨了阻碍意大利工业能效提高的原因，得出了既有经济发展原因又有科技和信息方面原因的结论。其他学者如 Kambara（1992）、魏庆海（2010）

① 本章主要内容已发表和引用信息如下，吕明元、陈维宣、陈龙：《中国区域工业结构生态化水平的测度与比较——基于福建、江西、宁夏 37 个行业 2006—2012 年数据》，《生态经济》2016 年第 4 期。

等也有相类似的研究。

第二，工业或产业部门对环境与生态影响的研究。孙广生等（2003）运用环境经济投入产出模型从产业结构关联方面分析我国产业产出变化导致环境污染物排放量变化，得出我国工业废水、废气、固体废弃物排放量梯度都在减少的结论；Nielsen（2007）认为中国经济发展并不容乐观，中国环境问题带来的损失占GDP的3%～7.7%；刘鹤等（2012）借鉴区位商的指标设计理念提出产业环境商和区域环境商，并以SO_2排放量为例提出产业结构优化的对策；Mohamed Amine Boutabba（2014）探讨了印度的碳排放量与金融发展、经济增长、能源消费以及贸易开放之间的因果关系以及长期均衡的趋势。其他学者如张友国（2010）、Adrian G. Barnett（2014）也有相似的研究。

第三，产业结构与生态环境关系的研究。李勇等（2010）从产业结构效应和生态环境质量两个方面建立相应指标体系，运用主成分分析法得出山东的产业结构存在的不足并对不同的地市进行分类；黄亮雄等（2012）从经济、能源、污染物排放等角度出发，建立模型，发现我国30个省、自治区、直辖市产业结构调整过程中，有的省份实现了绿色调整，但却对其他省份产生负面影响。Morakinyo O. Adetutu（2014）选用欧佩克国家1972—2010年的数据，建立了包括能源、政策以及温室气体排放量等因素的成本函数，分析表明由于能源结构和政策的变化以及人为压低能源价格产生的“补贴效应”等因素，欧佩克国家中的能源利用效率提升十分缓慢。这方面的相关研究也包括毕岑岑（2011）、Ruben Bibas（2014）等学者的成果。

总体来看，工业结构生态化问题的间接研究成果较为丰富，但直接相关的研究成果却很少。现有的成果存在三个方面的不足。第一，对于工业结构生态化问题的研究，构建量化评价指标体系的成果很少，能够对工业结构生态化进行定量分析的则更为少见；第二，有的成果涉及的行业类别较多，但是研究层面仅限于宏观层面或单一省份，缺少省域比较研究；第三，即使涉及多个省份，但是研究的具体行业却很少。因此，本章将在以下三个方面做出努力：第一，提出工业结构生态化的概念，构建省域工业结构生态化评价指标体系；第二，对东部、中部、西部三区域典型省份的工业结构生态化水平进行测度；第三，实证比较所选择典型省份的工业结构生态化水平，并分析其特征。

本章第二部分界定工业结构生态化的概念，构建省域工业结构生态化评价指标体系；第三部分基于2006—2012年数据，对典型省份的工业结构生态化水平进行测度；第四部分横向比较所选择的典型省份工业结构生态化水平及其特征；第五部分得出结论，并提出相应的政策建议。

二、工业结构生态效率指标体系构建与数据说明

（一）工业结构生态化的概念界定

现有文献大多注重工业结构演进与生态环境问题关系的研究，但却没有明确提出工业结构生态化的概念。生态型工业结构是生态型产业结构的重要组成部分，工业结构生态化就是从传统工业结构向生态型工业结构演进的过程，即通过工业内部的结构调整及具有不同生态效率的工业行业的交替演进，促进整个工业部门的能源利用率与环境保护程度的提高。工业结构生态化的本质是经济增长、能源消耗减少和污染排放减少三者兼备的工业发展模式，省域之间、行业之间的工业结构生态化水平各不相同。

工业结构生态效率是指一个经济体在一定的工业结构状态下，对环境影响程度与资源能源利用率的综合效益之和，即以较低的污染排放和较少的资源消耗实现高产出，达到生态-经济系统的综合效益最大化。

（二）工业结构生态效率指标构建

基于上述概念内涵，本章构建省域工业结构生态化水平测度指标体系——工业结构生态效率，组成因子包括经济增长指标、能源节约指标以及环境保护指标。工业结构生态效率指标设计借鉴了柯布-道格拉斯生产函数的形式（见公式5—1），通过改进原有单一指标形式，对公式中的因子赋予新的意义与内涵，使得函数所得结果具有新的代表性。其中，经济指标以工业行业的产值增加衡量，节能指标衡量工业行业能源消耗的趋势变动，环保指

标衡量工业行业的废弃污染物排放的趋势变动。工业结构生态效率的组成因子、评价方式及各因子权重设置如表 5－1 所示。

表 5－1　工业结构生态效率的因子与权重

一级指标	权重	二级指标	三级指标	评价量	单位
工业结构生态效率	1/2	节能指标	煤炭	原煤消费量	万吨
			汽油	汽油消费量	万吨
			柴油	柴油消费量	万吨
			天然气	天然气消费量	亿立方米
			电	电消费量	亿千瓦时
	1/2	环保指标	废水	二氧化碳排放量	万吨
			固废	二氧化硫排放量	万吨
			产值	烟尘排放量	万吨
				粉尘排放量	万吨
				废水排放量	万吨
				固体废弃物排放量	万吨
	1	经济指标		工业行业产值	亿元

工业结构生态效率指标通过将经济增长、能源消耗、污染排放三者有机结合，综合评价经济增长过程中工业结构演进对生态环境影响，克服了传统的单位 GDP 能耗、单位工业增加值能耗的片面性，计算公式如下：

$$E_i=\frac{GDP_i}{A_i^{\alpha}B_i^{\beta}} \qquad (\alpha+\beta=1) \tag{5-1}$$

其中 E_i 是第 i 产业的工业结构生态效率，其正负与大小共同决定该产业生态化水平的高低；GDP_i 表示第 i 产业的经济指标，以该产业的产值表示；A_i 为第 i 产业的节能指标，代表第 i 产业的能源消费量增减的趋势，负数表示能源消费量趋减；B_i 为第 i 产业的环保指标，代表第 i 产业的废弃物排放量增减的趋势，负数表示废弃物排放量趋减。

作为衡量工业结构生态化转型的定量参考，工业结构生态效率所得结果会有正负之分，主要是由于节能指标贡献率和环保指标贡献率会随时间变化，在一些行业可能呈现递增趋势，而在另一些行业中则可能呈现递减趋势。当节能指标贡献率或环保指标贡献率为正时，表示能源消费量或污染物排放量随着时间的推移总体增加；反之，则表示能源消费量与污染物排放量随着时间的推移总体减少。

由此，可以将分析的行业划分为三类：第一类是生态效率为正，且节能指标与环保指标均为负，则表示该产业生态化程度较高；第二类生态效率为负，其中节能指标或环保指标两者之一为负，则表示该产业生态化程度一般；第三类生态效率为正，且节能指标与环保指标均为正，则表示此产业生态化程度较低。同时，在以上每一类别中，生态效率绝对值越大，则代表该产业在该类别中生态化程度越高。

中国现阶段所使用的能源种类比较多，如煤、石油、天然气、电力、太阳能、风能、地热能、生物能等。但是技术成熟、大量使用且能公开得到相关数据的能源种类却不是很多，因此节能指标 A_i 选取煤、汽油、柴油、天然气、电力等 5 种能源，A_i 公式如下：

$$A_i = a_{i1}A_{i1} + a_{i2}A_{i2} + a_{i3}A_{i3} + a_{i4}A_{i4} + a_{i5}A_{i5} \tag{5-2}$$

其中，a_{ij} 表示节能指标贡献率，A_{i1} 表示第 i 产业消费煤的量，A_{i2} 表示第 i 产业消费汽油的量，A_{i3} 表示第 i 产业消费柴油的量，A_{i4} 表示第 i 产业消费天然气的量，A_{i5} 表示第 i 产业消费电的量。

节能指标贡献率 a_{ij} 的计算公式如下：

$$a_{ij} = \frac{\sum_{i=2007}^{2012} \frac{A_{ij}(t) - A_{ij}(t-1)}{A_{ij(t-1)}}}{6} \tag{5-3}$$

$A_{ij}(t)$ 表示第 i 产业在第 t 年消耗各种能源的量，$j=1, 2, 3, 4, 5$ 分别表示煤、汽油、柴油、天然气、电力。

我国面临的环境问题主要是废水、废气、固体废弃物等污染物的大量排放。环保指标 B_i 将三者考虑在内，采取如下计算：

$$B_i = b_{i1}B_{i1} + b_{i2}B_{i2} + b_{i3}B_{i3} \tag{5-4}$$

其中 b_{ik} 表示环保指标贡献率，B_{i1} 表示第 i 产业产生废水的量，B_{i2} 表示第 i 产业产生废气的量，B_{i3} 表示第 i 产业产生固体废弃物的量。环保指标贡献率 b_{ik} 采取下面运算：

$$b_{ik}=\frac{\sum_{i=2007}^{2012}\frac{B_{ik}(t)-B_{ik}(t-1)}{B_{ik}(t-1)}}{6} \quad (5-5)$$

$B_{ik}(t)$ 表示第 i 产业在第 t 年产生污染物 k 的量，$k=1, 2, 3$ 分别表示废水、废气、固体废弃物。

我国在 2011 年首次将“PM2.5”纳入常规空气质量评价标准，从侧面说明空气质量越来越被重视，所以在设计工业结构生态效率指标时，将反应空气质量的二氧化碳、二氧化硫、烟尘、粉尘四个因素考虑在内。由于我国统计年鉴和相应省份统计年鉴中并没有对二氧化碳进行详细的数据记录和分解，二氧化碳的数据采用杜立民（2010）的换算方法得到。第 i 产业的废气排放量的计算公式如下：

$$B_{i2}=\theta_1 B_{i21}+\theta_2 B_{i22}+\theta_3 B_{i23}+\theta_4 B_{i24} \quad (5-6)$$

其中 B_{i21} 表示第 i 产业排放废气中二氧化硫的量，B_{i22} 表示第 i 产业排放烟尘的量，B_{i23} 表示第 i 产业排放废水中粉尘的量，B_{i24} 表示第 i 产业排放 SO_2 的量，θ_p（$p=1, 2, 3, 4$）分别表示二氧化硫、烟尘、粉尘、二氧化碳四个因子的权重，$\theta_1+\theta_2+\theta_3+\theta_4=1$。

不同产业在经济总量中所占比例不同，某一产业变化趋势的大小应由经济总量变化所决定。本章对 GDP_i 的计算采用如下公式：

$$GDP_i=C_i GDP_{2012} \quad (5-7)$$

其中 GDP_i 的计算以 2006 年为基期，GDP_{2012} 表示 2012 年该行业的相对 GDP 值。C_i 为 GDP 指数贡献率，采用下面的取值公式：

$$Ci=\frac{\sum_{i=2007}^{2012}\frac{C_i(t)-C_i(t-1)}{C_i(t-1)}}{6} \quad (5-8)$$

$C_i(t)$ 表示第 i 产业第 t 年的实际 GDP 值。

（三）数据处理与说明

工业结构生态效率指标主要是为了定量分析工业结构生态化转型的程度与质量，所以在相关因子的选取上充分考虑到数据的可得性、公开性、准确性。本章数据来源主要有2007—2013年的《中国统计年鉴》《中国能源统计年鉴》和2007—2013年的福建、江西、宁夏的相关统计年鉴。在实际的应用中，对数据采取相应处理以使所得结果能够体现不同产业的实际情况。

对有关数据处理的说明：（1）本章选取的数据是面板数据，不同因子的数据单位不同，因此首先对数据采用阈值法进行无量纲化处理；（2）对于有些产业部分年份的数据缺失问题，采用平均值法补齐缺失数据；（3）有些行业不消耗某种能源或者是不排放某种废弃物，在这种情况下本章将其权重取值设为零；（4）在计算工业结构生态效率时将节能指标与环保质保看作同等重要，取 $\alpha=\beta=1/2$。但是有些产业的节能指标或环保指标为负数，这将导致工业结构生态效率指标无法计算，因此在计算过程中对节能指标和环保指标均采用其绝对值形式。最终的工业结构生态效率的符号选取如下：若节能指标与环保指标同时为负值则工业结构生态效率取值为正，若两者有一个为负值则工业结构生态效率为负值。这样处理既可以满足数据处理需要又使其具有实际意义。

三、东部、中部和西部典型省份福建、江西、宁夏工业结构生态效率测度与分析

选取的样本区域为福建、江西和宁夏。选取这三个省区作为样本区域主要出于以下三个方面的考虑：（1）三省区历年的经济总量在各自所处的地区中既不是遥遥领先，也不是非常落后，具有中位数指标的效果；（2）福建、江西、宁夏分别处于我国东部、中部、西部地区，对这三个省区的分析和比较能在一定程度上说明东部、中部、西部三个区域的对比情况；（3）总体上看，福建、江西、宁夏既没有山西省那样特别的能源优势，也没有北京市和上海市那样独特的政治、经济背景，这样在分析时既能保证所选样本具有代表性，又使得分析结果具有实际意义。

以下首先定量测度三个省区各自的工业结构生态化水平，分析各个省区的特征事实；然后，对三个省区进行横向比较，分析各省在工业结构生态化演进方面的异同。

(一) 福建工业结构生态效率测度与分析

对处于东部地区的福建工业结构生态效率测度，本章选取37个工业行业作为研究对象，根据前述公式，计算结果如表5－2所示。

表5－2 福建工业结构生态效率

指标 工业行业	经济指标	节能指标	环保指标	生态效率
1. 黑色金属矿采选业	0.1294	0.0210	0.0518	3.9193
2. 有色金属矿采选业	0.0183	0.0030	0.0027	6.4321
3. 非金属矿采选业	0.0285	0.0049	0.0062	5.1662
4. 农副食品加工业	0.1447	0.0088	0.0134	13.3112
5. 食品制造业	0.0807	0.0072	0.0061	12.1582
6. 饮料制造业	0.0696	0.0075	0.0132	6.9921
7. 烟草制品业	0.0449	0.0018	0.0026	20.8250
8. 纺织服装、鞋、帽制造业	0.1200	0.0068	0.0086	15.7045
9. 皮革、毛皮、羽毛（绒）及其制品业	0.2616	0.0193	0.0238	12.2050
10. 木材加工及木、竹、藤、棕、草制品业	0.0899	0.0056	0.0852	4.1267
11. 家具制造业	0.0234	0.0019	0.0028	10.1404
12. 造纸及纸制品业	0.0586	0.0118	0.0186	3.9629
13. 印刷业和记录媒介的复制	0.0078	0.0004	0.0021	8.4537
14. 石油加工、炼焦及核燃料加工业	0.1652	0.1229	0.1496	1.2183
15. 化学原料及化学制品制造业	0.1039	0.0065	0.0565	5.4208
16. 医药制造业	0.0157	0.0016	0.0031	7.0189
17. 化学纤维制造业	0.0351	0.0068	0.0053	5.8376
18. 塑料制品业	0.1035	0.0137	0.0137	7.5633
19. 非金属矿物制品业	0.2003	0.1072	0.1051	1.8878
20. 黑色金属冶炼及压延加工业	0.1022	0.0451	0.0201	3.3931
21. 有色金属冶炼及压延加工业	0.0753	0.0267	0.0427	2.2264
22. 专用设备制造业	0.0434	0.0074	0.0083	5.5463
23. 交通运输设备制造业	0.1358	0.0149	0.0131	9.7294
24. 通信设备、计算机及其他电子设备制造业	0.1194	0.0181	0.0176	6.6976

续表

工业行业＼指标	经济指标	节能指标	环保指标	生态效率
25. 仪器仪表及文化、办公用机械制造业	0.0167	0.0006	0.0008	24.4066
26. 工艺品及其他制造业	0.0587	−0.0022	−0.0035	20.9125
27. 废弃资源和废旧材料回收加工业	0.0048	0.0069	0.0134	0.4956
28. 电力、热力的生产和供应业	0.0320	0.1233	0.0951	0.2956
29. 水的生产和供应业	0.0015	0.0002	−0.0007	−3.8690
30. 橡胶制品业	0.0280	0.0046	0.0046	6.1511
31. 金属制品业	0.0472	0.0043	0.0040	11.4661
32. 通用设备制造业	0.0941	0.0307	0.0445	2.5431
33. 电气机械及器材制造业	0.1054	0.0390	0.0567	2.2411
34. 文教体育用品制造业	0.0113	0.0004	0.0005	24.9741
35. 燃气生产和供应业	0.0993	0.0047	0.0004	74.4169
36. 煤炭开采和洗选业	0.0632	0.0007	0.0000	641.3897
37. 纺织业	0.1480	0.0179	−0.0005	−48.6128

资料来源：2007—2013 年《福建统计年鉴》《企业统计年鉴》《环境统计年鉴》。

从表 5—2 得知，福建的工艺品及其他制造业的节能指标和环保指标同时为负数，说明该行业的工业结构生态化水平较高，在能源消耗量与污染物排放量均减少的同时实现了经济增长；水的生产和供应业、纺织业的环保指标为负数，说明这两个行业的工业结构生态化水平一般，在污染物排放减少的同时实现经济增长。

利用表 5—2 的数据绘制出福建的工业结构生态效率分布图，如图 5—1 所示，其中由于燃气生产和供应业、煤炭开采和洗选业、纺织业三个行业的工业结构生态效率值较大，为了整体的直观对比，以上三个产业没有绘制在图中，工业结构代码与表 5—2 中的代码从上至下一一对应。

从表 5—2 和图 5—1 中可以看出，除工艺品及其他制造业的节能指标和环保指标同时为负，工业结构生态化程度较高，水的生产和供应业、纺织业的环保指标为负，工业结构生态化程度一般之外，其他工业行业的节能指标

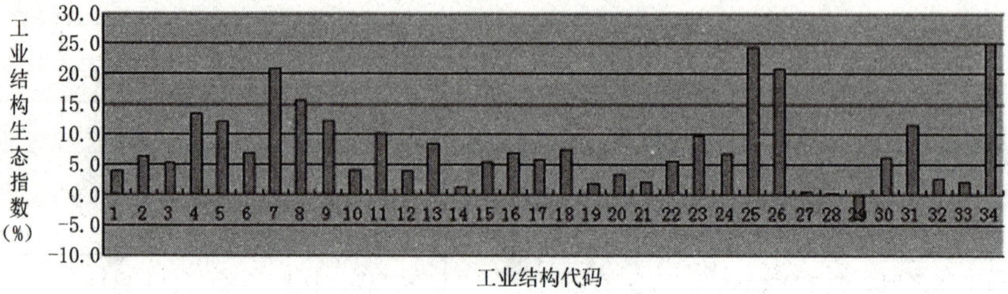

图 5－1 福建工业结构生态效率分布图①

和环保指标都为正数，说明这些行业的工业结构生态化水平较低。但是在工业结构生态化水平较低的行业中，烟草制品业、文教体育用品制造业、仪器仪表及文化、办公用机械制造业、煤炭开采和洗选业、纺织业、燃气生产和供应业等 7 个产业的工业结构生态效率的值较大，说明这 7 个产业是福建工业结构生态化转型潜力较大的行业。

从工业行业中三大门类——采掘业、制造业、电力燃气及水的生产与供应业来看，采掘业中的黑色金属矿采选业的工业结构生态效率值为 641.3897，在 37 个工业行业中最高，说明该产业是福建工业结构生态化转型潜力最大的行业；制造业中除工艺品及其他制造业成功实现生态化转型，纺织业正在进行生态化转型外，其他 28 个行业的生态化程度都还有待进一步提高；电力、燃气及水的生产与供应业中，水的生产和供应业正在进行生态化转型，其他行业仍未实现能源消费量和污染物排放量的减少。

从整体看，福建的工业结构生态化程度不是很高，只有工艺品及其他制造业一个行业相对于其他行业成功实现生态化转型，整体上看工业结构的合理性有待改进。

（二）江西工业结构生态效率测度与分析

对中部地区江西的工业结构生态效率测度，同样选取 37 个工业行业作为研究对象，根据上述公式，数据处理结果见表 5－3。

① 为了使图形简洁明了，本文在绘图时对数据仅保留一位小数。下同。

表 5—3 江西工业结构生态效率

指标 工业行业	经济指标	节能指标	环保指标	生态效率
1. 黑色金属矿采选业	0.0458	0.0096	0.2922	0.8664
2. 非金属矿采选业	0.0141	0.0404	0.1995	0.1574
3. 农副食品加工业	0.0875	0.0109	0.0489	3.7968
4. 食品制造业	0.0419	0.0424	0.2756	0.3874
5. 饮料制造业	0.0288	0.0043	0.1496	1.1428
6. 烟草制品业	0.0194	0.0006	0.0971	2.5852
7. 纺织服装、鞋、帽制造业	0.0313	0.0178	0.2150	0.5067
8. 皮革、毛皮、羽毛（绒）及其制品业	0.0820	0.0187	0.2829	1.1263
9. 木材加工及木、竹、藤、棕、草制品业	0.0334	0.0071	0.0674	1.5252
10. 家具制造业	0.0189	0.0039	0.5939	0.3959
11. 造纸及纸制品业	0.0242	0.0201	0.3282	0.2977
12. 印刷业和记录媒介的复制	0.0133	0.0030	1.7550	0.1840
13. 石油加工、炼焦及核燃料加工业	0.0458	0.0038	0.0783	2.6644
14. 化学原料及化学制品制造业	0.3356	0.0642	0.2414	2.6944
15. 医药制造业	0.0600	0.0073	0.1272	1.9716
16. 化学纤维制造业	0.0032	0.0037	1.0642	0.0506
17. 塑料制品业	0.0527	0.0112	0.6374	0.6236
18. 非金属矿物制品业	0.2260	0.0748	0.1667	2.0235
19. 黑色金属冶炼及压延加工业	0.0767	0.0085	0.0108	7.9846
20. 有色金属冶炼及压延加工业	0.3760	0.0415	0.0727	6.8504
21. 专用设备制造业	0.0418	0.0037	0.1811	1.6182
22. 交通运输设备制造业	0.0841	0.0185	0.0747	2.2642
23. 通信设备、计算机及其他电子设备制造业	0.1407	0.0249	0.3119	1.5969
24. 仪器仪表及文化、办公用机械制造业	0.0090	0.0021	0.3026	0.3599
25. 工艺品及其他制造业	0.0224	0.0092	0.2845	0.4377
26. 废弃资源和废旧材料回收加工业	0.0230	0.0031	612.0855	0.0165
27. 电力、热力的生产和供应业	0.0807	0.0918	20.9247	0.0582
28. 水的生产和供应业	0.0035	0.0005	−0.0700	−0.5771
29. 纺织业	0.0754	0.0231	0.0955	1.6074
30. 橡胶制品业	0.0050	0.0008	0.0915	0.5818
31. 金属制品业	0.0393	0.0138	0.2891	0.6215

续表

工业行业＼指标	经济指标	节能指标	环保指标	生态效率
32. 通用设备制造业	0.0773	0.0157	0.1080	1.8753
33. 电气机械及器材制造业	0.2021	0.0380	0.2619	2.0269
34. 文教体育用品制造业	0.0316	0.0078	2.7949	0.2133
35. 燃气生产和供应业	0.0339	0.2067	5.7880	0.0310
36. 煤炭开采和洗选业	0.0298	0.0080	0.0407	1.6515
37. 有色金属矿采选业	0.0877	−0.0002	0.0826	−22.2765

资料来源：2007—2013 年《江西统计年鉴》《企业统计年鉴》《环境统计年鉴》。

从表 5－3 可以看出，江西省的工业部门中，没有任何一个行业在经济增长的同时实现能源消耗量与环境污染物排放量的同步减少。从节能指标或环保指标方面看，有色金属矿采选业的节能指标为负数，水的生产和供应业的环保指标为负数，说明这两个行业正处于向生态化转型的过程中。

利用表 5－3 的数据绘制出江西的工业结构生态效率分布图，如图 5－2 所示，其中由于有色金属矿采选业的工业结构生态效率值较大，为了整体的直观对比，该行业没有绘制在图中，工业结构代码与表 5－3 中的代码从上至下一一对应。

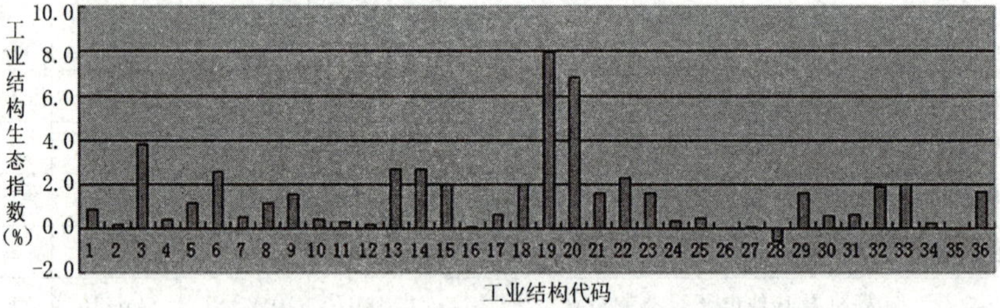

图 5－2　江西省工业结构生态效率分布图

从表 5－3 和图 5－2 中可以看出，除水的生产和供应业、有色金属矿采选业的工业结构生态效率为负数，工业结构生态化程度一般之外，其他工业行业的节能指标和环保指标均为正数，工业结构生态化水平较低。在工业结构生态化水平较低的行业中，农副食品加工业、黑色金属冶炼及压延加工业、有色金属冶炼及压延加工业等 3 个行业的工业结构生态效率的值较大，说明这 3 个产业是江西工业结构生态化转型潜力较大的行业。

从工业行业中三大门类看，采掘业中的有色金属矿采选业生态效率为负值，正在进行生态化转型；制造业的 30 个行业中没有一个行业的工业结构生态效率为负数，说明江西制造业的生态化进程较为缓慢；水的生产和供应业正在进行生态化转型。

从整体看，江西的经济发展路线和工业结构仍然是以消耗资源为动力，以牺牲环境为代价的粗放型增长方式和产业结构。除有色金属矿采选业、水的生产和供应业正在进行生态化转型，黑色金属冶炼及压延加工业、有色金属冶炼及压延加工业的工业结构生态效率值较高外，其余行业的评价值大都分布在区间（－2，4）之中，说明江西工业结构生态效率较低且相对平稳，各个行业在生态化进程方面差距不大。

（三）宁夏回族自治区工业结构生态效率测度与分析

对于西部地区宁夏回族自治区的工业结构生态效率测度，由于部分行业尚未进行相关数据统计，因此，本章选取了 26 个工业行业作为研究对象，根据上述公式，数据处理结果见表 5－4。

表 5－4 宁夏回族自治区工业结构生态效率

指标 工业行业	经济指标	节能指标	环保指标	生态效率
1. 煤炭开采和洗选业	0.4274	0.2246	0.3410	1.5443
2. 石油和天然气开采业	0.0016	－0.0001	－0.0002	0.0105
3. 非金属矿采选业	0.0027	0.2041	0.3145	0.0105
4. 农副食品加工业	0.1650	0.0018	1.4289	3.2402
5. 食品制造业	0.1463	0.0004	2.7757	4.1735
6. 烟草制品业	0.0079	0.0080	0.0001	8.6581
7. 皮革、毛皮、羽毛（绒）及其制品业	0.0150	0.0004	0.0024	15.2982
8. 木材加工及木、竹、藤、棕、草制品业	0.0145	0.0032	1.1230	0.2404
9. 造纸及纸制品业	0.0518	0.0054	20.4464	0.1566
10. 印刷业和记录媒介的复制	0.0047	0.0006	43.9771	0.0296

续表

工业行业＼指标	经济指标	节能指标	环保指标	生态效率
11. 石油加工、炼焦及核燃料加工业	0.4473	0.0630	0.1699	4.3226
12. 化学原料及化学制品制造业	0.4761	0.0550	0.5393	2.7648
13. 医药制造业	0.0261	0.0013	0.0295	4.1954
14. 非金属矿物制品业	0.0136	0.0440	0.4727	0.0943
15. 黑色金属冶炼及压延加工业	1.1056	0.0384	3.5576	2.9911
16. 有色金属冶炼及压延加工业	0.0089	0.0571	0.1665	0.0913
17. 通用设备制造业	0.0432	0.0072	0.0091	5.3451
18. 专用设备制造业	0.0002	0.0020	0.0057	0.0484
19. 交通运输设备制造业	0.0007	0.0003	0.0005	1.8818
20. 仪器仪表及文化、办公用机械制造业	0.0144	0.0044	0.0070	2.6050
21. 电力、热力的生产和供应业	0.7872	0.1594	11.8832	0.5720
22. 饮料制造业	0.0257	−0.0001	0.0060	−36.5764
23. 纺织业	0.1786	0.0000	0.0011	1588.2000
24. 橡胶制品业	0.9081	0.0000	0.0018	3297.7287
25. 金属制品业	0.0936	−0.0003	0.0016	−134.3756
26. 电气机械及器材制造业	0.9163	0.0034	0.0050	222.7457

资料来源：2007—2013年《宁夏统计年鉴》《企业统计年鉴》《环境统计年鉴》。

从表5—4所得的结果看，宁夏的石油和天然气开采业在生态化方面比较突出，因为其工业结构生态效率为正，且节能指标和环保指标同时为负，说明该行业的生态化程度较高；从节能指标或环保指标一个方面看，节能指标为负的产业有饮料制造业、金属制品业。

利用表5—4的数据绘制出宁夏回族自治区的工业结构生态效率分布图，如图5—3所示，其中由于饮料制造业、纺织业、橡胶制品业、金属制品业、电气机械及器材制造业5个产业的工业结构生态效率值较大，为了整体的直观对比，上述5个产业没有绘制在图中，工业结构代码与表5—4中的代码从上至下一一对应。

从表5—4和图5—3可以看出，宁夏的石油和天然气开采业生态化程度较高，在实现经济增长的同时达到能源消费量和污染物排放量同步减少。饮

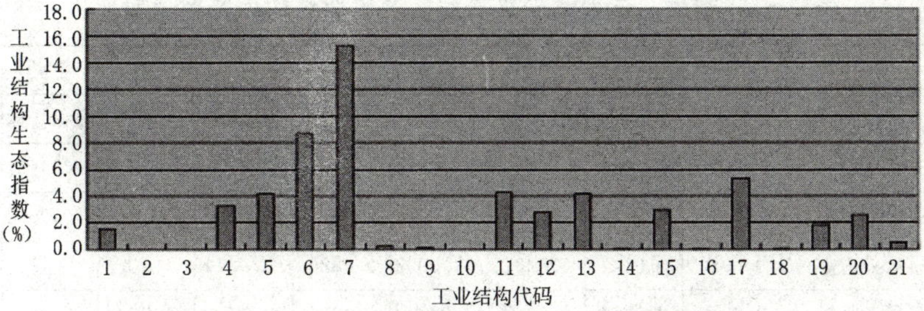

图 5－3　宁夏回族自治区工业结构生态效率分布图

料制造业、金属制品业的节能指标为负，以更少的能源消费实现经济目标，处于正在向生态化转型的过程中。纺织业、橡胶制品业、金属制品业、电气机械及器材制造业、饮料制造业工业结构生态效率数值的绝对值较大，生态化转型潜力非常大。

从工业行业中大的门类看，采掘业中的石油和天然气开采业基本实现生态化转型，制造业中除饮料制造业和金属制品业两个行业正处于生态化转型过程中外，其他 20 个行业部门的生态化程度都比较低；电力、热力的生产与供应业的工业结构生态效率值为正数，与制造业的情况类似，其经济增长仍然依靠能源投入推动和以污染排放为代价。

从整体看，宁夏的工业结构生态化程度与福建的情况类似，只有一个行业成功实现生态化转型，工业结构的合理性也有待改进。

四、福建、江西、宁夏工业结构生态效率的比较

中国的东、中、西部地区由于要素禀赋结构不同，既存在经济发展水平的显著差异，也存在产业结构及工业结构生态化方面的不同，因此，针对福建、江西与宁夏的工业结构生态效率采用横向比较法，分析三个省区在整体上和具体工业行业上的工业结构生态效率方面的异同。结合表 5－2、表 5－3、表 5－4 得到表 5－5。

表 5—5　福建、江西、宁夏三省区的工业结构生态效率对比

省区 / 指标 / 工业行业	福建			江西			宁夏		
	节能指标	环保指标	生态效率	节能指标	环保指标	生态效率	节能指标	环保指标	生态效率
1. 煤炭开采和洗选业	0.0007	0.0000	641.3897	0.0080	0.0407	1.6515	0.2246	0.3410	1.5443
2. 黑色金属矿采选业	0.0210	0.0518	3.9193	0.0096	0.2922	0.8664	−0.0001	−0.0002	0.0105
3. 有色金属矿采选业	0.0030	0.0027	6.4321	−0.0002	0.0826	−22.2765			
4. 非金属矿采选业	0.0049	0.0062	5.1662	0.0404	0.1995	0.1574	0.2041	0.3145	0.0105
5. 农副食品加工业	0.0088	0.0134	13.3112	0.0109	0.0489	3.7968	0.0018	1.4289	3.2402
6. 食品制造业	0.0072	0.0061	12.1582	0.0424	0.2756	0.3874	0.0004	2.7757	4.1735
7. 饮料制造业	0.0075	0.0132	6.9921	0.0043	0.1496	1.1428	−0.0001	0.0060	−36.5764
8. 烟草制品业	0.0018	0.0026	20.8250	0.0006	0.0971	2.5852	0.0080	0.0001	8.6581
9. 纺织业	0.0179	−0.0005	−48.6128	0.0231	0.0955	1.6074	0.0000	0.0011	1588.2000
10. 纺织服装、鞋、帽制造业	0.0068	0.0086	15.7045	0.0178	0.2150	0.5067			
11. 皮革、毛皮、羽毛（绒）及其制品业	0.0193	0.0238	12.2050	0.0187	0.2829	1.1263	0.0004	0.0024	15.2982
12. 木材加工及木、竹、藤、棕、草制品业	0.0056	0.0852	4.1267	0.0071	0.0674	1.5252	0.0032	1.1230	0.2404
13. 家具制造业	0.0019	0.0028	10.1404	0.0039	0.5939	0.3959			
14. 造纸及纸制品业	0.0118	0.0186	3.9629	0.0201	0.3282	0.2977	0.0054	20.4464	0.1566
15. 印刷业和记录媒介的复制	0.0004	0.0021	8.4537	0.0030	1.7550	0.1840	0.0006	43.9771	0.0296
16. 文教体育用品制造业	0.0004	0.0005	24.9741	0.0078	2.7949	0.2133			
17. 石油加工、炼焦及核燃料加工业	0.1229	0.1496	1.2183	0.0038	0.0783	2.6644	0.0630	0.1699	4.3226
18. 化学原料及化学制品制造业	0.0065	0.0565	5.4208	0.0642	0.2414	2.6944	0.0550	0.5393	2.7648
19. 医药制造业	0.0016	0.0031	7.0189	0.0073	0.1272	1.9716	0.0013	0.0295	4.1954
20. 化学纤维制造业	0.0068	0.0053	5.8376	0.0037	1.0642	0.0506			
21. 橡胶制品业	0.0046	0.0046	6.1511	0.0008	0.0915	0.5818	0.0000	0.0018	3297.7287
22. 塑料制品业	0.0137	0.0137	7.5633	0.0112	0.6374	0.6236			
23. 非金属矿物制品业	0.1072	0.1051	1.8878	0.0748	0.1667	2.0235	0.0440	0.4727	0.0943
24. 黑色金属冶炼及压延加工业	0.0451	0.0201	3.3931	0.0085	0.0108	7.9846	0.0384	3.5576	2.9911
25. 有色金属冶炼及压延加工业	0.0267	0.0427	2.2264	0.0415	0.0727	6.8504	0.0571	0.1665	0.0913
26. 金属制品业	0.0043	0.0040	11.4661	0.0138	0.2891	0.6215	−0.0003	0.0016	−134.3756

续表

工业行业＼指标＼省区	福建			江西			宁夏		
	节能指标	环保指标	生态效率	节能指标	环保指标	生态效率	节能指标	环保指标	生态效率
27. 通用设备制造业	0.0307	0.0445	2.5431	0.0157	0.1080	1.8753	0.0072	0.0091	5.3451
28. 专用设备制造业	0.0074	0.0083	5.5463	0.0037	0.1811	1.6182	0.0020	0.0057	0.0484
29. 交通运输设备制造业	0.0149	0.0131	9.7294	0.0185	0.0747	2.2642	0.0003	0.0005	1.8818
30. 电气机械及器材制造业	0.0390	0.0567	2.2411	0.0380	0.2619	2.0269	0.0034	0.0050	222.7457
31. 通信设备、计算机及其他电子设备制造业	0.0181	0.0176	6.6976	0.0249	0.3119	1.5969			
32. 仪器仪表及文化、办公用机械制造业	0.0006	0.0008	24.4066	0.0021	0.3026	0.3599	0.0044	0.0070	2.6050
33. 工艺品及其他制造业	−0.0022	−0.0035	20.9125	0.0092	0.2845	0.4377			
34. 废弃资源和废旧材料回收加工业	0.0069	0.0134	0.4956	0.0031	612.0855	0.0165			
35. 电力、热力的生产和供应业	0.1233	0.0951	0.2956	0.0918	20.9247	0.0582	0.1594	11.8832	0.5720
36. 燃气生产和供应业	0.0047	0.0004	74.4169	0.2067	5.7880	0.0310			
37. 水的生产和供应业	0.0002	−0.0007	−3.8690	0.0005	−0.0700	−0.5771			

资料来源：2007—2013年《福建统计年鉴》《江西统计年鉴》《宁夏统计年鉴》《企业统计年鉴》《环境统计年鉴》。

观察表5—5的数据可以发现，每个省区工业结构生态效率值、节能指标和环保指标均存在正负两种情况。福建的工艺品及其他制造业的生态效率为正，节能指标和环保指标同时为负；水的生产和供应业、纺织业的环保指标为负数。江西只有有色金属矿采选业的节能指数以及水的生产和供应业的环保指标为负，其余行业的生态效率都为正。宁夏的黑色金属矿采选业的生态效率为正而节能指标和环保指标为负，饮料制造业、金属制品业的节能指标为负。

利用表5—5的数据绘制出福建、江西、宁夏三省区的工业结构生态效率分布图，如图5—4所示。由于福建的煤炭开采和洗选业、燃气生产和供应业，以及宁夏的文教体育用品制造业、纺织业、橡胶制品业、金属制品业、电气机械及器材制造业、饮料制造业等行业的工业结构生态效率值比较大，若在同一图中画出则导致其他产业的工业结构生态效率在图中无法清楚对比显示，所以在绘制图形时三个省区的这 8 个产业并没有画出。另外，对于宁夏部分产业的工业结构生态效率没有计算，为了不影响对比分析，作图时采用补零画图。

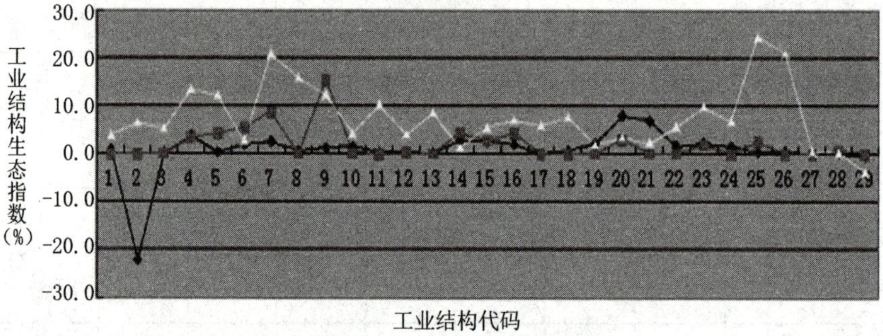

图 5—4 福建、江西、宁夏工业结构生态效率分布图①

图 5—4 中矩形标志线为宁夏，菱形标志线为江西，三角形标志线为福建。从工业结构生态效率的绝对值对比看，生态效率值比较大的行业福建有 3 个行业，江西有 3 个行业，宁夏有 2 个行业，说明这些行业在对应省份内的生态化转型潜力巨大。从生态效率值的正负对比看，福建成功实现生态化转型的行业有 1 个，正在转型的行业有 2 个；江西的工业行业尚未实现成功转型，正在转型的行业有 2 个；宁夏成功转型的行业有 1 个，正在转型的行业有 2 个。这说明相对江西而言，福建和宁夏的工业结构生态化转型情况较好。如表 5—6 所示。

---

① 其中横轴数字 1—29 分别代表如下行业：黑色金属矿采选业，有色金属矿采选业，非金属矿采选业，农副食品加工业，食品制造业，饮料制造业，烟草制品业，纺织、服装、鞋、帽制造业，皮革、毛皮、羽毛（绒）及其制品业，木材加工和木、竹、藤、棕草制品业，家具制造业，造纸及纸制品业，印刷业和记录媒介复制业，石油加工、炼焦及核燃料加工业，化学原料及化学制品制造业，医药制造业，化学纤维制造业，塑料制品业，非金属矿物制品业，黑色金属冶炼及压延加工业，有色金属冶炼及压延加工业，专用设备制造业，交通运输设备制造业，通信设备、计算机及其他电子设备制造业，仪器仪表及文化、办公用机械制造业，工艺品及其他制造业，废弃资源和废旧材料回收加工业，电力、热力的生产和供应业，水的生产和供应业。

表 5－6 福建、江西、宁夏工业结构生态化转型的识别

类型 省区	成功转型行业	正在转型行业	转型潜力较大行业
福建	工艺品及其他制造业	水的生产和供应业，纺织业	烟草制造业，文教体育用品制造业，仪器仪表及文化、办公用机械制造业
江西		水的生产和供应业，有色金属矿采选业	农副食品加工业，黑色金属冶炼及压延加工业，有色金属冶炼及压延加工业
宁夏	石油和天然气开采业	饮料制造业，金属制品业	纺织业，橡胶制品业，电气机械及器材制造业

从工业部门内部各行业来看，江西有 4 个行业生态效率值的绝对值大于其他省份，宁夏有 10 个行业的生态效率值的绝对值大于其他省份，而福建有 23 个行业的生态效率值的绝对值大于其他个省份。从工业内部大的门类看，采掘业中福建有 4 个行业的生态化程度高于其他省份，江西有 1 个，宁夏没有；制造业中福建有 18 个行业的生态化程度高度其他省份，江西有 3 个，宁夏有 9 个；电力、燃气及水的生产与供应业中，福建 2 个行业的生态化程度高于其他省份，宁夏 1 个，江西没有。

结合图 5－4 与表 5－5，利用 SPSS 软件对表 5－5 中的数据进行描述性统计分析，结果如表 5－7。

表 5－7 福建、江西、宁夏工业结构生态效率的描述性统计

描述统计量					
	N	极小值	极大值	均值	标准差
福建	37	－48.61	641.39	25.3175	105.31354
江西	37	－22.28	7.98	0.8092	4.27378
宁夏	26	－134.3756	3297.7287	192.1537	693.5648

注：N 表示所选分析产业的个数。

对福建、江西和宁夏三个省区的工业结构生态效率的统计性描述表明，宁夏的均值最高，可能会导致宁夏的工业结构生态化程度和转型潜力最大的结论，但是仔细分析宁夏的工业结构生态效率值可以发现，该省存在异常值，即纺织业、橡胶制品业的生态效率值特别高，从而提高了均值的水平。剔除两个异常值后重新计算表明，宁夏新的均值为 4.5861，介于福建和江西之间，这意味着福建、宁夏、江西的工业结构生态化程度与转型潜力依次递减。标准差代表样本波动情况，剔除宁夏的两个异常值后重新计算的标准差为 53.5945，区域波动的情况与均值类似，福建最高，宁夏次之，江西最低，说明江西的工业结构生态化程度最低，且波动状况较为稳定。

五、结论与政策性建议

（一）主要结论

1. 福建、宁夏、江西的工业结构生态化程度与转型潜力依次递减

定量分析表明，福建的工业结构生态化程度一般，虽然个别行业的生态效率较高，但是产业的带动作用不强，各个行业的生态效率之间存在一定的差距。宁夏的部分行业在节能与环保方面取得明显进步，但是不同行业之间的生态效率仍存在较大差距。江西尚未有行业实现生态化转型，虽然各个行业的生态效率之间没有较大差距，但是整体的工业结构生态化程度整体较低，生态化转型任重道远。在选取的 37 个工业行业中，福建有 24 个行业的工业结构生态效率比其他两个省份的相同行业大，说明福建的转型潜力最高。

2. 各省区行业之间的生态化转型程度存在显著差异

首先，通过区域内不同行业间的纵向比较发现，不同工业行业在节能与环保两方面差距明显，同时存在成功实现生态化转型、处于生态化转型过程中、尚未进行生态化转型的三类行业。其次，对同一行业在不同区域间的横向比较发现，福建的采掘业、制造业和电力、燃气及水的生产与供应业整体的生态化水平较高，江西的采掘业高于宁夏，而宁夏的制造业和电力、燃气及水的制造业高于江西。

(二) 政策性建议

1. 改善能源消费结构，扩大清洁能源的利用规模

三个省区现行能源消费模式仍然是以煤炭、石油为主，但是我国现有的清洁能源资源十分丰富，如以福建为代表的东部沿海省份拥有大量的潮汐能源，以江西为代表的中部地区可以利用较高的水流落差发展水利发电，以宁夏为代表的西部地区拥有长时间的光照，这些新型能源都可以成为清洁能源的主力军，同时生物能源也可以在有条件的地方实施。以清洁能逐步取代一次性能源，以可再生能源逐步取代非再生资源，既可以缓解我国经济发展遇到的能源瓶颈问题，又可以从源头上减少部分污染物的排放。

2. 将废弃污染物的线性排放模式转换为循环利用模式

废弃物的产生是资源利用不彻底的表现，也是没有充分实现经济发展与生态环境和谐相处的表现。一方面，根据“垃圾是放错位置的资源”的原则，构建产业共生机制与模式，提高产业间的关联程度与协调能力，拓展废弃物的再次利用渠道，实现废弃物的循环再利用；另一方面，通过R&D投资与补贴等方式，促进工业行业的技术进步，提高能源利用率和废弃污染物的处理能力，扩大可利用废弃物的规模并提高利用效率。

3. 制定相应的产业政策，促进生态效率较高的行业的发展

对福建而言，发挥工艺品及其他制造业生态化转型的带动作用，同时纺织业、水的生产和供应业、燃气生产和供应业、煤炭开采和洗选业也是值得大力倡导的行业。对江西而言，促进有色金属矿采选业、水的生产和供应业行业的生态化转型；对宁夏而言，石油和天然气开采业是应当大力支持和鼓励发展的产业，同时饮料制造业、纺织业、橡胶制品业、金属制品业、电气机械及器材制造业五个产业也是应当重点支持的产业。因此，各省份应当根据自身的工业结构生态化转型情况和要素禀赋及技术条件，结合国家的产业政策和导向，合理安排制定本省的产业政策，引导工业结构的生态化调整。

第六章 基于新结构经济学的产业结构生态化演进研究[①]

一、基于新结构经济学的产业结构演进的特点

在新结构经济学的分析框架内，经济发展是要素禀赋结构和产业结构相互作用、不断升级的动态过程。一个地区某一时点的禀赋结构特征是给定的，但随着时间的变化而变化，要素禀赋结构内生决定产业结构。在某一时点，按照给定的要素禀赋结构所决定的比较优势来发展产业，可以形成最优的产业结构，使企业的自生能力得以发挥，减少了政府的财政支出，同时也减少了资源配置的扭曲，可以最大限度地发挥该地区的经济竞争力，提高经济发展水平；进一步地，经济发展水平的提高又会使资本积累增加，从而促进要素禀赋结构的升级，产业结构也会进一步升级，实现"要素禀赋结构优化—产业结构优化—经济发展—要素禀赋结构优化"的良性循环。要素禀赋结构的优化升级，可以从根本上推动产业结构向更高层次演进，使地区的产业结构由以劳动力密集型产业为主不断向以资本密集型为主转变，随着要素禀赋结构的进一步升级，产业结构会向着更高层次的以技术密集型或知识密集型为主转变。在产业结构演进过程中市场应该发挥有效配置资源的基础性作用。随着宏观经济环境的变化，满足生态要求的产品是未来市场的竞争主力，因此，作为理性人，企业自由选择产业时会依照市场的要求进入具有生态比较

① 本章主要内容已发表信息如下，吕明元、孙献贞：《生态化中的产业结构内生于其要素禀赋结构的实证分析》，《软科学》2018年第10期。

优势的产业，或者是将企业现有的产业进行生态化改造。为了实现绿色、生态的目标，政府也要在弥补外部性、提供信息等方面发挥作用，因势利导，促进产业结构生态化演进。同时，产业结构生态化过程可能会由于交易成本过高而受到阻碍，这就需要完善基础设施建设，包括制度、政策方面的完善和硬件基础设施的完善。

基于新结构经济学的产业结构演进理论与传统的产业结构演进理论都是在追求产业结构的优化升级，使其助力一国的经济腾飞，但是二者之间存在着很大的差异。

首先，二者研究对象不同。传统的产业结构演进理论是基于对发达国家，如美国（霍夫曼定理）、日本（雁行形态理论）等的研究总结出来的；而新结构经济学是建立在发展中国家的发展实际和转型经验的基础上的，对发展中国家如何追上甚至超过发达国家的实践更具有指导意义。

其次，二者假设条件不同。传统的产业结构演进理论基本都包含了一个隐含假设，即“经济中所有企业都是有自生能力的”，但在一个开放、竞争的市场经济中，当企业选择进入与该地区要素禀赋结构所决定的比较优势不一致的产业时，即使该企业有良好的经营管理，也不能获得可以接受的利润水平，从而不具备自生能力，必须依赖政府的保护和补贴才能得以继续经营下去。

再次，二者对要素禀赋结构的认识不同。传统的产业结构演进理论认为，工业化是产业结构演进的方向，将产业结构演进看成劳动力、资本等由第一产业向第二、三产业转移的过程，虽然意识到产业结构优化是经济持续增长的重要条件，但是没有认识到不同地区的要素禀赋结构特征存在差异，主流观点主张发展中国家应该发展资本密集型产业以追赶发达国家；新结构经济学则认为由于发展中国家资本稀缺、硬件和软件基础设施落后等导致其不可能通过发展先进的资本密集型产业取得成功，一个经济体最具有竞争力的产业结构应该是与要素禀赋结构相适应的。

最后，二者对于推进产业结构演进的手段的解读不同。虽然传统的产业结构演进理论提出应该扶植有潜力的幼小产业（筱原三代平）、进行国际贸易（赤松要、山泽逸平）等调整国内的产业结构，但并未明确这些做法的根本原因；新结构经济学则将比较优势理论进行扩展并应用于产业结构调整中，明确提出了一国的要素禀赋结构内生决定了该国的比较优势，进而内生决定了该国最优的产业结构，且在产业结构的调整过程中强调发挥政府因势利导的作用，发展具有潜在比较优势的产业。

二、要素禀赋结构水平与产业结构生态化水平分析

本部分建立了要素禀赋结构评价指标体系和产业结构生态化评价指标体系，对各省份要素禀赋结构水平和产业结构生态化水平进行了评价。为了分析要素禀赋结构和产业结构生态化之间的联系，建立了耦合协调度模型对各个省份的要素禀赋结构水平和产业结构生态化水平的耦合协调度进行了分析。

（一）要素禀赋结构水平的演变趋势分析

1. 要素禀赋结构指标体系建立

新结构经济学的基本假定是一个经济体的要素禀赋特征在任何时间是给定的，但是会随着时间的推移而发生变化。自然资源、物质资本、人力资本、技术、基础设施和制度都是要素禀赋结构的组成要素。为了对中国 30 个省份的要素禀赋结构水平进行分析，建立了要素禀赋结构指标体系（见表6－1）。

自然资源禀赋。由于自然资源涵盖的内容太广，且涉及的种类繁多，设置合理的指标对其进行测度比较困难，考虑到指标设置的合理性以及数据的可得性，本章借鉴现有文献对自然资源禀赋的测度指标，选用采掘业部门的从业人数占当地年末从业人员的比重（徐康宁和王剑，2006）来测度某地区的自然资源禀赋。

物质资本禀赋。由于流量指标难以测度，本章选取固定资本存量作为物质资本禀赋的衡量指标。固定资本存量的计算公式（张军等，2004）如下：

$$K_{i,t}=K_{i,t-1}\times(1-\delta_{i,t})+I_{i,t} \tag{6-1}$$

其中，i 代表 i 地区，t 代表第 t 年。设定基期为 2000 年，I 为固定资本

表 6－1 要素禀赋结构指标体系

一级指标	二级指标	三级指标	指标方向
要素禀赋结构水平	自然资源禀赋	采掘业部门的从业人数占年末从业人员的比重	正向
	物质资本禀赋	人均固定资本存量	正向
	人力资本禀赋	年末从业人员总数	正向
		平均受教育年限	正向
	技术禀赋	R & D经费支出	正向
	基础设施	铁路、公路、内河航道里程加总除以各省面积	正向
		人均能源消费总量	正向
	制度禀赋	邮电业务总量	正向
		技术选择指数	逆向

资料来源：李跃、蒙永胜：《要素禀赋、基础设施、发展战略与地区经济增长》，《贵州财经大学学报》2014 年第 2 期。

形成总额，使用固定资产投资价格指数得到不变价格的固定资本形成总额，δ 为折旧率。

人力资本禀赋。劳动力禀赋主要包含劳动力数量和质量两个方面（R. Lucas，2002），采用劳动力投入量和人力资本存量进行测度。劳动力投入量采用当地年末从业人数来测度，人力资本存量采用平均受教育年限来测度，平均受教育年限的计算公式（R. J. Barro，2001）如下：

$$H=(N_1\times0+N_2\times6+N_3\times9+N_4\times12+N_5\times16)/N \quad (6-2)$$

其中，H 代表地区平均受教育年限，N_1、N_2、N_3、N_4、N_5 分别代表该地区文盲人口数、小学人口数、初中人口数、高中人口数、大专及以上人口数，N 代表该地区总人口数。

技术禀赋。现有的文献主要从科研投入、科研产出和全要素生产率三个方面来测度技术禀赋，本章借鉴李富强等（2008）的方法选用人均科研经费支出作为技术禀赋的测度指标。

基础设施。基础设施不仅可以通过拉动内需促进宏观经济的增长，也能通过溢出效应对企业的生产成本和要素投入结构产生影响。随着基础设施在经济发展中地位的提高，越来越多的学者开始对基础设施与经济增长的关系展开研究（孙早等，2015；郑世林等，2015；蒋冠宏和蒋殿春，2012；张浩然和衣保中，2012），基于世界银行（1994）对基础设施的分类，考虑到本章的研究目标，选取交通基础设施、能源基础设施、信息基础设施作为基础设施的度量指标，交通基础设施、能源基础设施、信息基础设施指标分别用地区铁路、公路内河航道里程加总与地区土地面积的比值、人均能源消费总量、邮电业务总量（刘生龙和胡鞍钢，2010）来表示。

制度禀赋。制度不仅可以直接影响一个地区的经济增长，也可以通过影响地区生产要素的配置效率间接的对当地的经济增长产生影响。本章选用技术选择指数来测度制度禀赋。技术选择指数是违背比较优势战略的程度的代理变量，该值越大，说明该地区当前的产业结构越偏离要素禀赋结构，产业发展与比较优势的背离程度越大，当前的制度安排越不合理。技术选择指数的计算公式如下：

$$\mathrm{TCI}_{i,t}=\frac{\mathrm{AVM}_{i,t}/\mathrm{LM}_{i,t}}{\mathrm{GDP}_{i,t}/\mathrm{L}_{i,t}} \tag{6-3}$$

其中 $\mathrm{TCI}_{i,t}$代表 i 国第 t 年的技术选择指数，$\mathrm{AVM}_{i,t}$代表 i 国的制造业在第 t 年的增加值，$\mathrm{LM}_{i,t}$代表 i 国制造业第 t 年的就业人数，$\mathrm{GDP}_{i,t}$代表 i 国第 t 年的国内生产总值，$\mathrm{L}_{i,t}$代表 i 国第 t 年的就业总人数。由于统计口径的变化，2004 年前后制造业相关数据产生了较大变化，用工业增加值、工业就业人数代替制造业增加值、制造业就业人数。

2. 模型构建和数据说明

（1）模型构建。各省份的要素禀赋结构存在差异，以建立的要素禀赋结构指标体系为基础，运用因子分析法对各省份的要素禀赋结构水平进行评价。因子分析的具体内容如下：

假设有 n 个可观测变量，因子模型为：

$$X_i-\mu_i=a_{i1}F_1+a_{i2}F_2+\cdots+a_{im}F_m+\varepsilon_i \tag{6-4}$$

用矩阵表示为：

$$X-\mu=AF+\varepsilon \tag{6-5}$$

其中，X_i 代表要素禀赋结构体系中的各变量，F_1，F_2，…，F_m 称为 X 的公共因子，ε_1，ε_2，…，ε_n 称为 X 的特殊因子，公共因子 F_1，F_2，…，

F_m 一般对 X 的每一个分量都有作用，而 ε_i 只对 X_i 起作用，而且各个特殊因子之间，以及特殊因子与所有公共因子之间都是互不相关的。公共因子可以通过对 n 个变量做回归得到因子得分，回归方程为：

$$F_j = \beta_{j1} X_1 + \beta_{j2} X_2 + \cdots + \beta_{jp} X_p \tag{6-6}$$

其中，j 表示公共因子的个数，$j=1$，2，…，m。利用因子得分方程可以进一步求得因子综合得分（何晓群，2015）。

（2）数据说明。本模型中涉及的数据为 1995—2015 年中国（除港、澳、台及西藏）30 个省份（自治区、直辖市）的数据。原始资料来源于《中国统计年鉴》（1996—2016）、《中国科技统计年鉴》（1996—2016）、《中国能源统计年鉴》（1996—2016）以及各省市的 1996—2016 年统计年鉴，所有涉及价格的指标数据均利用相应的价格指数以 1995 年为基期剔除了价格因素的影响。

3. 基于因子分析法的要素禀赋结构水平

根据表 6－1 要素禀赋结构指标体系设置发现指标体系中存在逆向指标，为了综合判断要素禀赋结构水平的方向，需要将指标进行一致化处理，由于本指标体系的指标大多为正向指标，因此将逆向指标正向化处理，转换公式为：

$$X_{i,j}^{*} = \frac{1}{X_{i,j}} \tag{6-7}$$

其中，i 表示第 i 年，$i=1$，2，3，…，j 表示第 j 个指标，$j=1$，2，…，m。要素禀赋结构指标体系中的逆向指标——技术选择指数，为比值型指标，因此采取倒数化方法对其进行正向化处理可取。

对 2000—2015 年中国 30 个省份（自治区、直辖市）的要素禀赋结构指标体系中的变量数据进行正向化和标准化处理后，利用软件 SPSS12.0 进行因子分析，得到各地区 2000—2015 年的要素禀赋结构因子综合得分，其结果在表 6－2 中列出[①]。通过对要素禀赋结构因子综合得分数据分析发现：

① 受篇幅所限，仅列示具有代表性的年份的数据。

从横向比较，任一年度各省份（自治区、直辖市）的要素禀赋结构水平差异显著。从2000年到2015年的每一个年度，中国30个省份的要素禀赋结构因子综合得分的最大值和最小值差距明显，如2000年因子综合得分最高的是北京，得分为1.3749，得分最低的是贵州，综合因子得分为－0.7899；2015年因子综合得分最高的是广东，得分为1.2083，得分最低的是云南，综合因子得分为－0.6473。

从纵向比较，任一省份在不同年度的综合因子得分以及排名情况都不尽相同。从表中数据可以有所体现，如天津在2000年的综合因子得分为0.7514，排名第四，但在2010年、2012年、2015年的综合因子得分分别为0.5617、0.3547、0.2703，排名第三、第六、第七。随着时间的推移，中国30个省份的要素禀赋结构水平趋于平衡，具体表现为因子综合得分大于零的在减小，小于零的在增大，即要素禀赋结构水平在平均水平以上的在降低，在平均水平以下的在上升。

总体来看，中国各省份（自治区、直辖市）的要素禀赋结构水平较低且地区差异明显。由表中数据可以发现，有20个省份（自治区、直辖市）的综合因子得分为负值，说明中国大多数省份的要素禀赋结构水平都在平均水平以下，且这些要素禀赋结构落后的省份多在中西部经济发展比较落后的地区，而东部地区省份的要素禀赋结构水平相对较高①。

表6－2　要素禀赋结构水平因子综合得分及排名

地区	2000	排名	2005	排名	2010	排名	2012	排名	2015	排名
北　京	1.3749	1	1.0793	3	0.8012	3	0.9540	3	0.9141	3
天　津	0.7514	4	0.6439	4	0.5617	5	0.3547	7	0.2703	8
河　北	0.0721	12	0.1429	10	0.1493	9	0.0613	11	0.0445	10
山　西	0.2205	9	0.2232	9	0.1489	10	0.2815	8	0.3326	7
内蒙古	－0.0771	15	－0.1276	15	－0.0301	14	0.0794	10	－0.1471	18
辽　宁	0.5297	5	0.2884	8	0.2626	8	0.2624	9	0.1996	9
吉　林	0.1244	10	－0.2119	18	－0.2029	18	－0.2810	22	－0.3481	24

① 经济地带的划分采用国家统计局2011年的划分办法。

续表

地区	2000	排名	2005	排名	2010	排名	2012	排名	2015	排名
黑龙江	0.3987	7	−0.0594	13	−0.0640	15	−0.1722	18	−0.1261	15
上 海	1.3167	2	1.2245	2	1.1237	2	1.1184	2	1.1575	2
江 苏	0.4462	6	0.5202	5	0.6153	4	0.6524	4	0.7438	4
浙 江	0.1142	11	0.3286	7	0.4015	7	0.4619	6	0.4895	6
安 徽	−0.2771	19	−0.3036	22	−0.3430	23	−0.2888	23	−0.2776	22
福 建	−0.0703	14	−0.0418	12	−0.0055	13	−0.1270	15	−0.1278	16
江 西	−0.4071	23	−0.4256	24	−0.4160	24	−0.4273	24	−0.4702	25
山 东	0.3107	8	0.3842	6	0.5489	6	0.5045	5	0.5322	5
河 南	−0.1107	16	−0.0324	11	0.0013	12	−0.0396	12	−0.0817	14
湖 北	0.0001	13	−0.1048	14	0.0058	11	−0.0598	13	−0.0802	13
湖 南	−0.2629	18	−0.1546	16	−0.2805	21	−0.2581	21	−0.2936	23
广 东	1.0380	3	1.2713	1	1.2840	1	1.1807	1	1.2083	1
广 西	−0.4824	25	−0.4710	26	−0.4851	25	−0.5162	26	−0.5487	26
海 南	−0.4243	24	−0.4386	25	−0.5897	27	−0.5645	28	−0.6192	29
重 庆	−0.4965	26	−0.2438	19	−0.2820	22	−0.1648	17	−0.2105	19
四 川	−0.3293	21	−0.2831	21	−0.2226	19	−0.2158	20	−0.2559	20
贵 州	−0.7899	30	−0.6965	30	−0.6290	29	−0.5617	27	−0.5546	27
云 南	−0.6737	28	−0.5935	28	−0.6060	28	−0.7230	30	−0.6473	30
陕 西	−0.3635	22	−0.3264	23	−0.1839	17	−0.1992	19	−0.1450	17
甘 肃	−0.6645	27	−0.6146	29	−0.6386	30	−0.6440	29	−0.5899	28
青 海	−0.7149	29	−0.5340	27	−0.5104	26	−0.4475	25	−0.2728	21
宁 夏	−0.3103	20	−0.1893	17	−0.1388	16	−0.0732	14	−0.0263	11
新 疆	−0.2429	17	−0.2541	20	−0.2762	20	−0.1473	16	−0.0700	12

资料来源：本表由作者通过软件 SPSS12.0 得到。

（二）产业结构生态化水平的演变趋势分析

1. 产业结构生态化指标体系建立

由产业结构生态化的概念及其与产业结构高级化和合理化的关系分析可知，产业结构生态化包含了产业结构高级化和合理化，且又增加了产业结构可持续化的内容，将生态要素考虑在内。因此，产业结构生态化指标体系的设置从产业结构高级化、合理化以及可持续化三个方面展开。

(1) 产业结构高级化指标。现有文献大多根据三次产业演进规律采用非农业产值占 GDP 比重作为度量产业结构高级化的指标（陈立泰和刘艺，2013)，但是因为经济发展过程中出现了经济服务化的趋势，有学者开始重视第三产业产值的变化，干春晖等（2011）采用第三产业产值与第二产业产值之比度量产业结构高级化程度。靖学青（2005）将三次产业从高到低排序，按照其分别在经济中的比重构造产业结构层次系数作为产业结构高级化程度的度量；付凌晖（2010）基于这种思路，利用夹角余弦法分别计算三次产业比重向量与对应坐标轴的夹角，以此来衡量产业结构高级化程度；郑少智和陈志辉（2011）则利用夹角余弦法，将三次产业转移的效应与第二产业向第三产业转移的效应综合考虑，分别计算两种效应对应夹角，基于所得夹角构造了衡量产业结构高级化的指标。本章在综合考虑了产业结构高级化的各种度量指标，对产业结构高级化指标的度量方法如下：

首先，基于三次产业的划分，将第一二三产业的增加值比重占 GDP 的比重构成一个三维向量 $X_0=(x_{10},x_{20},x_{30})$，然后分别计算 X_0 与产业由低层次到高层次排列的向量 $X_1=(1,0,0)$，$X_2=(1,0,1)$，$X_3=(0,0,1)$ 之间的夹角 α_1，α_2，α_3，其计算公式为：

$$\alpha_i=\arccos\left(\frac{X_0\cdot X_i}{\sqrt{|X_0|^2}\cdot\sqrt{|X_i|^2}}\right) \tag{6-8}$$

$$\theta_i=\pi-\alpha_2-\alpha_3 \tag{6-9}$$

其中，θ_1 越大，表明转移水平越高。

其次，将第二产业和第三产业增加值占 GDP 的比重构成一个二维向量 $Y_0=(y_{10},y_{20})$，然后分别计算 Y_0 与产业由低层次到高层次排列的向量 $Y_1=(1,0)$，$Y_2=(0,1)$ 之间的夹角 β_1，β_2，β_j $(j=1,2)$ 值的计算与 α_i 类似。

$$\theta_2=\frac{\pi}{2}-\beta_2 \tag{6-10}$$

θ_2 越大，表明转移水平越高。

最后，得到产业结构高级化的度量指标：

$$ISH=\theta_1+\theta_2 \tag{6-11}$$

其中，ISH 表示产业结构高级化指标，ISH 值越大，表明产业结构高级化水平越高，反之，则说明产业结构高级化水平越低（郑少智和陈志辉，2011）。

（2）产业结构合理化指标。现有的文献大多采用结构偏离度指标作为产业结构合理化的度量（张保华，2006；何德旭等，2008；陈曦和穆怀中，2014），但是，结构偏离度并未将各产业在经济发展中所起的作用进行区分，且绝对值的存在给研究带来了困难，为了解决这些问题，干春晖等（2011）、张巍钰（2014）、罗丽英和尹娟娟（2015）等学者在研究中使用泰尔指数度量产业结构合理化水平。本章考虑到产业结构合理化指标是作为产业结构生态化的子指标进行构建的，而泰尔指数为适度指标可能会给研究带来不便，因此参照原毅军等（2008）提出的标准差化的结构失衡度的计算方法，对结构偏离度指标进行改进，将其作为产业结构合理化程度的度量指标，计算公式如下：

$$ISR=\frac{1}{\sum_{i=1}^{n}\sqrt{\left(\frac{y_i}{y}\right)^2\left(\frac{Y_i/L_i}{Y/L}-1\right)^2}}=\frac{1}{\sum_{i=1}^{n}\sqrt{\left(\frac{Y_i}{Y}\right)^2\left(\frac{Y_i/Y}{L/L}-1\right)^2}} \tag{6-12}$$

其中，ISR 表示产业结构合理化指标，其值越大，说明产业结构合理化水平越高，反之，则说明产业结构合理化水平越低。

（3）产业结构可持续化指标。现有文献常用资源环境绩效指数对资源消耗和污染物排放进行绩效评价。资源环境绩效指数是一种相对指标，通过资源利用和污染物排放强度综合反映社会的资源节约和环境友好水平（陈劭锋，2007；智颖飙等，2009），计算方法如下：

$$REPI_j=\sum_{i=1}^{n}\omega_{ij}\frac{x_{ij}/g_j}{X_{i0}/G_0} \tag{6-13}$$

其中，$REPI_j$ 表示第 j 个地区的资源环境绩效指数，$j=1$，2，…，m，代表省份数；ω_{ij} 表示第 j 个地区第 i 类资源消耗或环境污染物排放的权重，权重之和为 1，$i=1$，2，…，n，表示资源消耗或环境污染物种类数；x_{ij} 表

示第 j 个地区第 i 类资源消耗总量或环境污染物的排放总量，g_j 表示第 j 个地区的 GDP 总量，X_{i0} 表示全国第 i 类资源消耗总量或环境污染物的排放总量，G_0 表示全国的 GDP 总量。某地区的资源环境绩效指数越大，说明该地区的资源节约和环境保护水平越高；反之，则说明该地区的资源节约和环境保护水平越低。

1992 年，世界可持续发展工商委员会（WBCSD）首次从企业角度对生态效率进行了定义："生态效率通过提供能满足人类需要和提高生活质量的有竞争力的商品与服务，同时使整个生命周期的生态影响和资源强度逐渐降低到与生态承载力一致的水平。"也就是说，生态效率是指用低资源、环境投入得到高产出。基于生态效率的概念，可以得到改进后的资源环境绩效指数，以其作为产业结构可持续化的衡量指标，计算公式（黄和平等，2010）如下：

$$ISS_j = \sum_{i=1}^{n} \omega_{ij} \frac{g_i / x_{ij}}{G_0 / X_{I0}} \tag{6-14}$$

其中，ISS 表示产业结构可持续化指标。考虑到本章的研究实际，资源消耗指标选取了地区能源消费总量，环境污染物指标则选取了地区废水、废气以及工业固体废物排放总量三个指标。资源消耗或环境污染物的权重采用均权法，假设各资源消耗或环境污染物的权重相同，且和为 1。该指标值越大说明产业结构可持续化水平越高，反之，则说明产业结构可持续化水平越低。

2. 产业结构生态化的演变趋势

（1）产业结构高级化的演变趋势。由产业结构高级化的度量指标可以得到 1995—2015 年中国 30 个省份（自治区、直辖市）的产业结构高级化演变趋势，如表 6—3 所示。

从横向比较，任一年度中国 30 个省份（自治区、直辖市）的产业结构高级化水平有所差异，但除某些省份产业结构高级化水平较高外，其他地区差距不大，如 2015 年除了产业结构高级化水平最高的北京和排名第二的上海之外，第三名的海南与最后一名的吉林的产业结构高级化水平指标值仅相差 0.3892。在经济服务化的大趋势下，各省总体发展目标一致，大大提高了各省份的产业结构高级化水平，但是由于各省份在发展水平、地理位置、资源条件、技术创新等方面存在差异，使得各省份采取的发展战略、政策手段均有所差异，各省重点发展的产业有所不同，造成各省产业结构高级化水平存在差异。

从纵向比较，中国30个省份（自治区、直辖市）的产业结构高级化水平在1995—2015年虽有所反复但基本呈现上升趋势。1995—2015年产业结构高级化水平上升最多的3个省市是贵州、黑龙江、上海，*ISH* 值分别上升了29.04%、27.82%、23.25%，分别属于西部地区、东北地区和东部地区；1995—2015年产业结构高级化水平上升最少的3个省市是陕西、青海、福建，产业结构高级化指标值分别上升了2.52%、2.89%、4.70%，分别属于西部地区、西部地区和东部地区。可以发现，各个省份产业结构高级化水平的纵向变化趋势不存在明显的地区差异。

中国以及四大经济地带的产业结构高级化的演变趋势图如图6—1所示。中国及四大经济地带产业结构高级化的演变趋势基本一致，呈现出“上升—略有下降—上升”的特征，但是东部地区的产业结构高级化水平略高于其他地区，且产业结构高级化的演变速度更快。根据各地区的演进特点，可以将1995—2015年划分为三个阶段：第一阶段是1995—2002年，全国及四大经济地带的产业结构高级化水平均呈现上升趋势，这主要是因为这一阶段中国的社会主义市场经济体制建立，第二、第三产业得到了发展，第一产业向第二、第三产业的转移带来了产业结构向高级化的方向变动；第二阶段分为两组讨论，一组是2003—2004年，全国及东部地区的产业结构高级化水平出现了小幅下降，这是因为在这一阶段中国加入WTO后，出口增加刺激了第二产业的增长，但是东部地区各省份第三产业的发展水平较高因此受影响较小；另一组是2003—2011年，中部地区、西部地区和东北地区的产业结构高级化出现了下降，原因同东部地区类似，不同的是这些地区受出口刺激较大，第二产业的发展迅速，影响了第三产业的发展，因此这些地区的产业结构高级化出现了倒退；第三阶段同样分两组讨论，一组是2004—2015年全国及东部地区的产业结构高级化水平呈现上升趋势，这是因为在这一阶段东部地区的结构调整基本步入正轨，第三产业得到迅速发展，各省份由第一产业向第二、第三产业转移以及由第二产业向第三产业转移带来了产业结构高级化水平的上升，且本阶段产业结构高级化的演进速度要快于第一阶段；另一组是2012—2015年中部地区、西部地区和东北地区的产业结构高级化水平也开始呈现上升趋势，原因与东部地区类似。

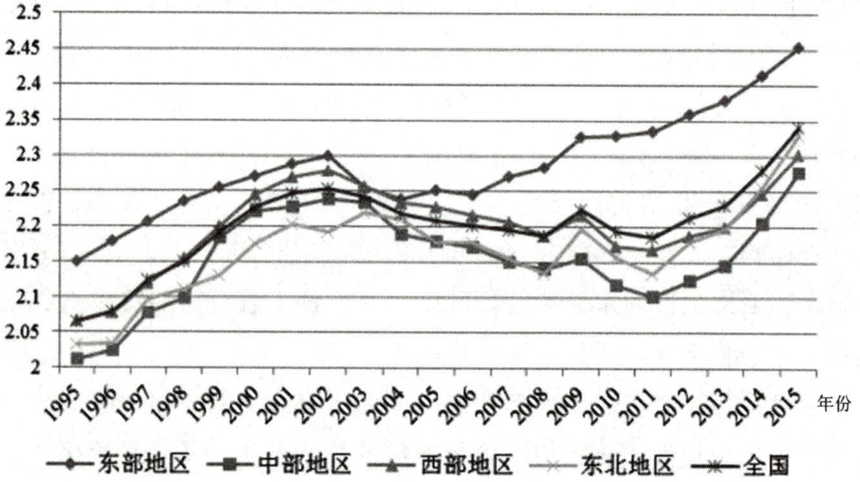

图6—1 产业结构高级化演变趋势

表6—3 产业结构高级化演变趋势

地区	1995	排名	2000	排名	2005	排名	2010	排名	2015	排名
北京	2.4508	1	2.6731	1	2.7456	1	2.8320	1	2.8990	1
天津	2.1627	6	2.2911	8	2.2110	17	2.2895	6	2.4097	8
河北	2.0225	22	2.0862	28	2.0748	28	2.1167	24	2.2319	22
山西	2.1538	8	2.3028	7	2.1614	22	2.1397	17	2.4771	5
内蒙古	2.0368	18	2.2258	17	2.2249	15	2.1328	22	2.2164	24
辽宁	2.1480	9	2.2100	20	2.2280	13	2.1534	16	2.3247	16
吉林	1.9997	25	2.2484	15	2.2125	18	2.1373	18	2.1686	29
黑龙江	1.9526	28	2.0711	29	2.0912	27	2.1776	14	2.4958	4
上海	2.1928	3	2.4150	2	2.3720	2	2.5083	2	2.7026	2
江苏	2.0166	23	2.1450	24	2.1166	25	2.2293	11	2.3798	10
浙江	2.0592	15	2.1436	25	2.2045	20	2.2663	7	2.3921	9
安徽	1.9620	27	2.1858	22	2.2428	12	2.0960	27	2.1658	30

续表

地 区	1995	排名	2000	排名	2005	排名	2010	排名	2015	排名
福 建	2.1328	11	2.2416	16	2.2058	19	2.2111	12	2.2330	23
江 西	2.0281	21	2.2638	13	2.1141	26	2.0691	28	2.1938	28
山 东	2.0418	19	2.1098	27	2.0525	29	2.1437	19	2.3253	15
河 南	1.9044	29	2.0240	30	2.0009	30	1.9774	30	2.2153	25
湖 北	2.0484	16	2.2635	14	2.2488	11	2.1861	13	2.2961	19
湖 南	1.9753	26	2.2817	10	2.3079	3	2.2357	9	2.3161	17
广 东	2.1562	7	2.3106	6	2.2723	4	2.2981	5	2.4155	7
广 西	2.0685	14	2.2005	21	2.2574	8	2.1302	23	2.2141	27
海 南	2.2682	2	2.2943	9	2.2615	7	2.3933	4	2.5550	3
重 庆	2.0480	17	2.2801	11	2.2695	5	2.1365	20	2.3731	11
四 川	2.0352	20	2.2269	18	2.2031	21	2.1229	25	2.2371	21
贵 州	1.8256	30	2.1199	26	2.2572	9	2.4025	3	2.3558	14
云 南	2.0088	24	2.1635	23	2.2282	14	2.2402	10	2.3554	12
陕 西	2.1545	10	2.3208	3	2.1622	23	2.1425	21	2.2089	26
甘 肃	2.0948	13	2.2814	12	2.2604	10	2.1740	15	2.4485	6
青 海	2.1821	4	2.3220	4	2.2183	16	2.1095	26	2.2452	20
宁 夏	2.1733	5	2.3160	5	2.2682	6	2.2498	8	2.3088	18
新 疆	2.1034	12	2.2305	19	2.1467	24	2.0568	29	2.3628	13

注：本表结果由 Excel 计算得出。

（2）产业结构合理化的演变趋势。由产业结构合理化的度量指标可以得到 1995—2015 年中国 30 个省份（自治区、直辖市）产业结构合理化的演变趋势，如表 6—4 所示。

从横向比较，任一年度中国 30 个省份（自治区、直辖市）的产业结构合理化水平有所差异，且各地区省份的差距较大，如 2010 年产业结构合理化水平最高的前 10 个省份，有 9 个为东部地区省份，只有排名第八的湖北为中部地区省份。这主要是由于我国区域发展不平衡，各地区处于不同的经济发展阶段造成的，东部地区省份基本处于工业化后期阶段，产业结构、技术创新等都比较成熟，资源配置效率较高，产业结构与就业结构之间的偏离程度相对较小；而其他地区，尤其是中、西部地区的大多数省份仍处于工业化中期阶段，产业结构仍需要不断调整，而劳动力的流动不能及时调整，难免会出现产业结构与就业结构偏离的情况，从而影响产业结构合理化水平。

从纵向比较，1995—2015 年全国大部分省份的产业结构都实现了合理化水平的上升，但是仍有少部分省份的产业结构合理化水平有所下降。1995—2015 年北京、上海、浙江、江苏、福建、重庆等省市的产业结构合理化水平实现了超过 100%的增长，但是内蒙古、辽宁、吉林、黑龙江、湖北等省区产业结构合理化水平出现了负增长。

中国以及四大经济地带的产业结构合理化的演变趋势图如图 6—2 所示。由图 6—2 可以发现，中国及四大经济地带的产业结构合理化水平虽存在差距，但合理化演变的趋势大致一致，呈现凹型发展的趋势，基本可以划分为两个阶段：第一阶段是 1995—2001 年，在这一阶段全国及四大经济地带的产业结构合理化水平基本呈现下降趋势，主要是因为这一时期我国初步建立社会主义市场经济制度，为工业化的发展创造了条件，劳动力开始由第一产业流向第二、第三产业；第二阶段是 2002—2015 年，在这一阶段全国及四大经济地带的产业结构合理化水平基本呈现上升趋势，其中尤以东部地区的上升幅度最大，上升了 158.93%，这主要是因为中国工业化程度逐步加深，经济发展的方向确定，生产要素的配置逐步趋于合理。

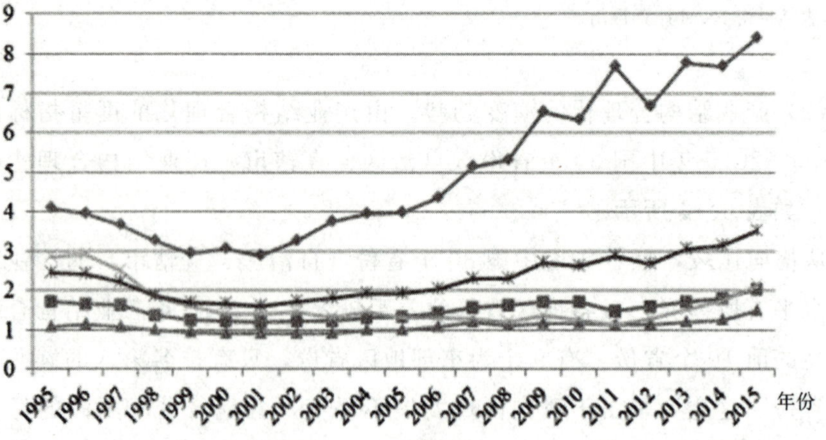

图 6—2 产业结构合理化演变趋势

表 6—4 产业结构合理化演变趋势

地区	1995	排名	2000	排名	2005	排名	2010	排名	2015	排名
北京	11.3315	1	7.9622	1	13.5908	1	19.0553	1	23.2955	2
天津	6.1770	3	4.5186	3	4.1929	3	5.6614	4	6.2932	3
河北	1.6345	17	1.4272	13	1.6562	10	2.1028	9	2.5705	9
山西	2.2794	7	1.3946	15	1.2816	18	1.3770	20	2.2777	15
内蒙古	2.0871	10	1.3098	16	0.9171	25	0.7950	29	0.7028	30
辽宁	3.3918	4	1.7424	5	1.6991	9	1.4593	19	2.4907	12
吉林	2.5983	5	1.5075	9	1.2498	19	1.1891	22	1.5224	24
黑龙江	2.5526	6	0.9961	21	1.0212	23	1.1642	24	2.3895	14
上海	10.7515	2	6.8416	2	5.9736	2	14.8164	2	28.5059	1
江苏	2.0425	11	1.7348	6	2.9300	5	5.3793	5	5.0448	5
浙江	1.9048	12	1.9171	4	3.6270	4	6.1906	3	5.2121	4
安徽	1.4846	18	1.1976	17	1.4657	13	1.8909	11	1.9859	17
福建	1.7051	15	1.4565	11	2.2447	6	3.0858	7	4.1900	6
江西	1.8655	13	1.3962	14	1.4618	14	1.7987	12	2.5394	10
山东	1.3833	19	1.1515	18	1.6216	11	2.0229	10	2.6014	8
河南	1.1047	22	0.9517	23	1.0664	21	1.4660	18	1.9331	19
湖北	2.1692	8	1.4445	12	1.5355	12	2.3231	8	1.6591	22
湖南	1.3688	20	1.0341	19	1.1776	20	1.3845	21	1.7604	20
广东	2.1530	9	1.6926	8	2.1913	7	3.1221	6	3.8118	7
广西	0.9091	27	0.8179	26	0.9161	26	1.1946	23	1.1960	27
海南	1.7619	14	1.7316	7	1.8216	8	1.7198	14	2.4835	13
重庆	0.8546	28	0.7055	28	1.4439	15	1.7568	13	2.5089	11
四川	1.0220	25	1.4690	10	1.4056	16	1.5244	16	1.9612	18
贵州	0.7325	29	0.6552	29	0.6817	29	0.9044	26	1.2537	26
云南	0.4781	30	0.4800	30	0.5468	30	0.6934	30	0.9487	29
陕西	1.0659	24	0.8705	25	0.8818	27	1.5122	17	1.0773	28
甘肃	0.9647	26	0.8895	24	0.8200	28	0.8355	27	1.7171	21
青海	1.1565	21	0.7859	27	0.9553	24	1.1406	25	1.5892	23
宁夏	1.0903	23	1.0189	20	1.3418	17	1.7001	15	2.1007	16
新疆	1.7087	16	0.9847	22	1.0348	22	0.8292	28	1.3825	25

注:本表结果由作者在 Excel 中计算得到。由于篇幅所限,表中只列示了部分具有代表性的年份的数据。

(3) 产业结构可持续化的演变趋势。由产业结构可持续化的度量指标可以得到1995—2015年中国30个省份（自治区、直辖市）产业结构可持续化的演变趋势，如表6－5所示。

从横向比较，任一年度中国30个省份的产业结构可持续化水平存在差距，产业结构可持续化水平较高的省份主要集中在东部地区，而产业结构可持续化水平较低的省份主要集中在中、西部地区，如1995年产业结构可持续化水平最高的5个省份为海南、福建、广东、山东、浙江，均为东部地区省份，而产业结构可持续化水平最低的5个省区为四川、宁夏、甘肃、贵州、山西，均为中、西部地区省份。2010年产业结构可持续化水平最高的5个省市为上海、北京、天津、浙江、山东，均为东部地区省份，而产业结构可持续化水平最低的5个省区为宁夏、新疆、青海、甘肃、贵州，均为西部地区省份。

从纵向比较，1995—2015年中国30个省份（自治区、直辖市）的产业结构可持续化一直处于动态演变的过程中，各省的演变趋势各不相同，且没有明显的地区差距。如位于东部地区的河北省，其产业结构可持续化水平较低，且在1995—2011年一直在下降，直到2012年才有所上升，但上升的幅度较小，这是因为河北省的产业结构主要以第二产业为主，且重工业占比较大，能源资源消耗严重，能源利用效率不高，造成能源短缺与环境污染的问题日益严重，河北省在发展中开始注意能源节约和环境保护问题，产业结构的可持续化水平有所恢复；而位于西部地区的内蒙古，虽然产业结构可持续化水平较低，但1995—2015年基本处于上升的状态，这主要是因为“西部大开发”战略刺激了内蒙古的经济发展。

中国及四大经济地带的产业结构可持续化的演变趋势如图6－3所示。中国及四大经济地带的产业结构可持续化水平整体上呈现出“东部地区＞全国＞东北地区＞中部地区＞西部地区”的特征，在1995—2015年除西部地区基本保持稳定外，其余地区都呈现出“上升—下降—上升”的趋势。在某一时点各地区的产业结构可持续化演变所处的阶段虽然不同，但是其原因大同小异：在第一阶段产业结构可持续化水平上升是因为改革开放带来的影响持续发挥作用，经济得到了快速的发展，而此时的能源消耗和污染物排放还处

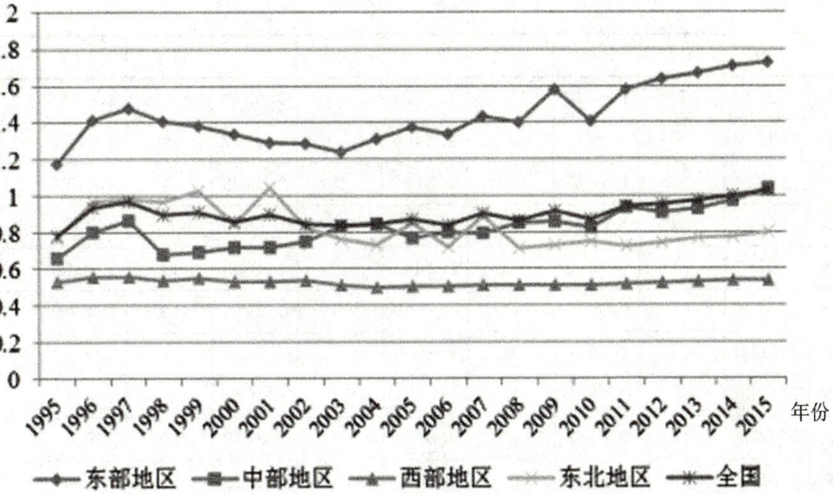

图 6—3 产业结构可持续化演变趋势

于较低水平，增长相对较慢；在第二阶段产业结构可持续化水平下降是因为在这一阶段各地区经济的增长主要依赖于资源密集型产业，经济的快速增长是以消耗大量资源为代价的；在第三阶段产业结构可持续化水平再次上升是因为随着经济的发展，能源、环境问题的不断加剧使各地政府都逐渐意识到协调好发展经济、节约能源与保护环境三者的重要性，采取了一系列措施转变经济发展方式，调整产业结构，支持绿色生产。

表 6—5 产业结构可持续化演变趋势

地 区	1995	排名	2000	排名	2005	排名	2010	排名	2015	排名
北 京	0.9462	12	1.5146	8	2.2756	2	2.6825	2	3.0368	2
天 津	0.8810	16	0.9956	11	2.4761	1	1.6567	7	2.9777	3
河 北	0.9156	13	0.8933	16	0.8534	15	0.7582	20	0.7849	23
山 西	0.5628	26	0.5337	28	0.5963	27	0.5878	26	0.7313	24
内蒙古	0.6975	22	0.7506	22	0.8021	18	0.8306	18	0.9262	17
辽 宁	0.6806	23	0.8000	20	0.7685	19	0.8927	15	0.9189	18
吉 林	0.8026	10	0.9463	13	0.9027	13	0.9361	13	0.9972	14
黑龙江	1.2045	8	1.5005	9	1.5819	9	1.0437	12	1.1394	13

续表

地 区	1995	排名	2000	排名	2005	排名	2010	排名	2015	排名
上 海	1.2193	7	1.9146	3	1.6471	8	2.6869	1	3.2902	1
江 苏	1.4217	6	1.9417	2	2.0466	4	1.8247	4	1.8546	9
浙 江	1.5314	5	1.7017	7	1.8492	5	2.4408	3	2.6977	4
安 徽	0.9026	14	1.3119	10	1.6485	7	1.6910	6	2.0863	6
福 建	2.0743	2	1.8962	5	1.1685	12	1.1535	11	1.1838	11
江 西	0.8409	18	0.9519	14	0.8893	14	0.8985	14	1.1479	12
山 东	1.5980	4	3.1890	4	1.6956	6	1.3534	10	2.5721	5
河 南	1.1390	9	0.9822	12	1.1934	11	1.4529	9	2.0741	7
湖 北	0.7485	21	0.8383	19	0.8071	17	0.8769	16	0.9611	15
湖 南	0.8528	17	0.8843	17	0.7310	21	0.8218	19	0.9445	16
广 东	1.6250	3	1.7692	6	1.3900	10	1.6478	8	2.0717	8
广 西	0.8244	20	0.6567	25	0.6171	26	0.6242	25	0.8194	21
海 南	10.8709	1	2.4722	1	2.0994	3	1.7640	5	1.5687	10
重 庆	0.6731	24	0.5954	27	0.7106	22	0.7289	23	0.9130	19
四 川	0.4397	30	0.6694	24	0.6791	24	0.7597	21	0.8347	20
贵 州	0.5305	27	0.4075	29	0.4910	29	0.4495	29	0.5743	26
云 南	0.8902	15	0.9417	15	0.8341	16	0.7620	22	0.6411	25
陕 西	0.6168	25	0.7295	23	0.7680	20	0.8615	17	0.7856	22
甘 肃	0.4896	28	0.6244	26	0.6577	25	0.6437	24	0.5617	27
青 海	0.9815	11	0.8546	18	0.5073	28	0.5289	28	0.5305	28
宁 夏	0.4945	29	0.4124	30	0.2999	30	0.3795	30	0.4383	30
新 疆	0.8342	19	0.7812	21	0.7052	23	0.5872	27	0.4830	29

注：本表结果由作者在Excel中计算得到。由于篇幅所限，表中只列示了部分具有代表性的年份的数据。

（三）要素禀赋结构水平与产业结构生态化水平的比较分析

各省份的要素禀赋结构存在差异，产业结构也有所差别。为了分析各省份的要素禀赋结构水平与产业结构生态化水平之间的关系，对2015年中国30个省份（自治区、直辖市）要素禀赋结构与产业结构生态化的三个子指标（产业结构高级化、合理化、可持续化）及排名进行分析，具体见表6－6。

表 6－6 要素禀赋结构与产业结构生态化指标值、排名

省 份	要素禀赋	排名	ISH	排名	ISR	排名	ISS	排名
北 京	0.91	3	2.9	1	23.3	2	3.04	2
天 津	0.27	8	2.41	8	6.29	3	2.98	3
河 北	0.04	10	2.23	22	2.57	9	0.78	23
山 西	0.33	7	2.48	5	2.28	15	0.73	24
内蒙古	－0.15	18	2.22	24	0.7	30	0.93	17
辽 宁	0.20	9	2.32	16	2.49	12	0.92	18
吉 林	－0.35	24	2.17	29	1.52	24	1	14
黑龙江	－0.13	15	2.5	4	2.39	14	1.14	13
上 海	1.16	2	2.7	2	28.51	1	3.29	1
江 苏	0.74	4	2.38	10	5.04	5	1.85	9
浙 江	0.49	6	2.39	9	5.21	4	2.7	4
安 徽	－0.28	22	2.17	30	1.99	17	2.09	6
福 建	－0.13	16	2.23	23	4.19	6	1.18	11
江 西	－0.47	25	2.19	28	2.54	10	1.15	12
山 东	0.53	5	2.33	15	2.6	8	2.57	5
河 南	－0.08	14	2.22	25	1.93	19	2.07	7
湖 北	－0.08	13	2.3	19	1.66	22	0.96	15
湖 南	－0.29	23	2.32	17	1.76	20	0.94	16
广 东	1.21	1	2.42	7	3.81	7	2.07	8
广 西	－0.55	26	2.21	27	1.2	27	0.82	21
海 南	－0.62	29	2.55	3	2.48	13	1.57	10
重 庆	－0.21	19	2.37	11	2.51	11	0.91	19
四 川	－0.26	20	2.24	21	1.96	18	0.83	20
贵 州	－0.55	27	2.36	14	1.25	26	0.57	26
云 南	－0.65	30	2.36	12	0.95	29	0.64	25
陕 西	－0.15	17	2.21	26	1.08	28	0.79	22
甘 肃	－0.59	28	2.45	6	1.72	21	0.56	27
青 海	－0.27	21	2.25	20	1.59	23	0.53	28
宁 夏	－0.03	11	2.31	18	2.1	16	0.44	30
新 疆	－0.07	12	2.36	13	1.38	25	0.48	29

资料来源：本表由作者计算得到。

由表6—6可以发现，要素禀赋结构水平较高的省份一般产业结构生态化程度较高，如北京、广东、上海等东部地区省市，而要素禀赋结构水平较低的省份一般产业结构生态化程度也较低，如云南、广西等西部地区省区，这也在一定程度上反映了要素禀赋结构和产业结构发展的一致性。但是也有一些省份（如海南、安徽等）虽然要素禀赋结构水平较低但是产业结构生态化程度较高，要素禀赋结构水平有待提高；另外还有一些省区（如河北、新疆等）要素禀赋结构水平较高但是产业结构生态化程度较低，这些地区存在潜在比较优势，应该按照当地的要素禀赋比较优势进行产业结构调整，以期将潜在比较优势转换为地区实际比较优势。

（四）要素禀赋结构与产业结构生态化的耦合协调关系分析

1. 耦合度模型

耦合度可以对要素禀赋结构与产业结构生态化之间的关联程度进行度量。借鉴物理学中的容量耦合系数模型推导出耦合度模型，对中国各省份要素禀赋结构和产业结构生态化两个系统的耦合度进行计算。两系统耦合度的计算公式（陈端吕等，2013）如下：

$$C=\left[\frac{u_1\times u_2}{\left(\frac{u_1+u_2}{2}\right)^2}\right]^{\frac{1}{2}} \tag{6—15}$$

其中，C 表示耦合度；u_1，u_2 分别表示要素禀赋结构和产业结构生态化的综合评价函数，其计算公式如下：

$$u_i=\sum_{j=1}^{n}w_{ij}u_{ij} \tag{6—16}$$

u_{ij} 表示第 i 个系统第 j 个指标的标准化值（利用极差标准化方法）；ω_{ij} 表示第 i 个系统第 j 个指标的权重，权重之和为1，可以将通过主成分分析法计算得到的主成分方差贡献率占所提取主成分的累计方差贡献率的比重作为各指标的权重。

单纯的依靠耦合度对要素禀赋结构和产业结构生态化的协调发展进行分析可能会存在偏差，因此，基于耦合度模型构建了要素禀赋结构和产业结构生态化的协调度模型，计算公式如下：

$$D=(C\times T)^{\frac{1}{2}} \tag{6-17}$$

$$T=a\times u_1+b\times u_2 \tag{6-18}$$

其中，D 表示协调度，T 表示要素禀赋结构与产业结构生态化的综合协调指数。a、b 为待定系数，分别表示要素禀赋结构和产业结构生态化两个子系统对整个系统的贡献，$a+b=1$，此处取 $a=0.5$，$b=0.5$，表示要素禀赋结构和产业结构生态化同样重要。耦合度和协调度的等级划分如表 6－7 所示。

表 6－7 耦合度、协调度等级划分

耦合度	等级划分	协调度	等级划分
C＝0	最小耦合	D＝0	不协调
0＜C≤0.3	低水平耦合	0＜D≤0.4	低度协调
0.3＜C≤0.5	拮抗	0.4＜D≤0.5	中度协调
0.5＜C≤0.8	磨合	0.5＜D≤0.8	良好协调
0.8＜C＜1	高水平耦合	0.8＜D＜1	高度协调
C＝1	最大耦合	D＝1	极度协调

资料来源：陈端吕、彭保发、熊建新：《环洞庭湖区生态经济系统的耦合特征研究》，《地理科学》2013 年第 11 期，第 1338—1346 页。

2. 耦合协调度分析

通过对指标体系进行综合评价，得到了要素禀赋结构综合功效、产业结构生态化综合功效、耦合度、协调度，具体如表 6－8 所示。

由表 6－8 数据可知：从要素禀赋结构和产业结构生态化的综合功效的角度分析，要素禀赋结构的综合功效表现出明显的地区差异，具体呈现出"东部地区＞中部地区＞东北地区＞西部地区"的特征；产业结构生态化的综合功效也表现出了明显的地区差异，总体表现为"东部地区＞中部地区＞东北地区＞西部地区"，与要素禀赋结构的表现一致。但是从省域水平来看，对比要素禀赋结构综合功效与产业结构生态化的综合功效可以发现，除北京、天津、黑龙江、上海、浙江等少数省市为要素禀赋结构滞后型，其余大多数省份均为产业结构滞后型，说明当前中国大多数省份存在潜在比较优势，在后续的发展中需要发掘自身的比较优势，提高产业结构水平，将潜在比较优势转换为自身的实际竞争力。

从耦合度和协调度的角度分析，2015 年中国所有省份的耦合度都大于 0.8，均处于高水平耦合状态，这说明各省要素禀赋结构和产业结构生态化之间存在耦合关系，要素禀赋结构和产业结构生态化之间关联关系密切。但是只从二者的耦合度来解读要素禀赋结构和产业结构生态化的关系会存在误差，因此，从协调度的角度进行分析发现，中国 30 个省区市中只有北京和上海的协调度在（0.5，0.8）区间内，处于良好协调状态，这些地区的要素禀赋结构和产业结构生态化已经处于相互促进、共同发展的阶段；天津、江苏、浙江、山东、广东等省市的协调度在（0.4，0.5）区间内，处于中度协调状态，这些地区的要素禀赋结构和产业结构生态化的发展相对合理，其整体协同效应还应该继续改进；其余省份的协调度均在（0，0.4）区间内，处于低度协调状态，这些省份的产业结构生态化水平勉强符合当地的要素禀赋结构水平。协调度较高的省份其要素禀赋结构和产业结构生态化的综合功效相对其他省份均较高，因为这些省份的经济发展水平较高，产业结构相对其他地区更为合理，产业结构生态化水平更高。

表 6—8　要素禀赋结构与产业结构生态化的耦合度、协调度

地　区	u_1	u_2	C	D	协调等级
北　京	0.2398	0.3165	0.9904	0.5249	良好协调
天　津	0.1597	0.3303	0.9374	0.4792	中度协调
河　北	0.1408	0.0929	0.9788	0.3382	低度协调
山　西	0.1476	0.0631	0.9161	0.3107	低度协调
内蒙古	0.0918	0.1531	0.9681	0.3443	低度协调
辽　宁	0.1492	0.1624	0.9991	0.3946	低度协调
吉　林	0.0822	0.1197	0.9827	0.3150	低度协调
黑龙江	0.1065	0.1332	0.9938	0.3451	低度协调
上　海	0.2794	0.3232	0.9973	0.5482	良好协调

续表

地 区	u_1	u_2	C	D	协调等级
江 苏	0.2305	0.1767	0.9912	0.4492	中度协调
浙 江	0.1928	0.1581	0.9951	0.4178	中度协调
安 徽	0.1098	0.0619	0.9603	0.2872	低度协调
福 建	0.1162	0.1640	0.9853	0.3715	低度协调
江 西	0.0791	0.0547	0.9832	0.2564	低度协调
山 东	0.2119	0.1496	0.9851	0.4219	中度协调
河 南	0.1438	0.0728	0.9448	0.3199	低度协调
湖 北	0.1318	0.0828	0.9735	0.3232	低度协调
湖 南	0.1074	0.0744	0.9834	0.2990	低度协调
广 东	0.2750	0.1780	0.9768	0.4703	中度协调
广 西	0.0672	0.0515	0.9912	0.2426	低度协调
海 南	0.0541	0.1469	0.8871	0.2986	低度协调
重 庆	0.1080	0.1131	0.9997	0.3324	低度协调
四 川	0.1086	0.0887	0.9949	0.3133	低度协调
贵 州	0.0626	0.0301	0.9365	0.2083	低度协调
云 南	0.0554	0.0453	0.9950	0.2238	低度协调
陕 西	0.1080	0.0912	0.9964	0.3151	低度协调
甘 肃	0.0515	0.0602	0.9970	0.2360	低度协调
青 海	0.0742	0.0642	0.9974	0.2627	低度协调
宁 夏	0.1016	0.0275	0.8191	0.2300	低度协调
新 疆	0.1018	0.0761	0.9895	0.2967	低度协调

注：表中数据通过软件 SPSS19.0 以及 Excel 计算得到。u_1、u_2、C、D 分别表示要素禀赋结构的综合功效、产业结构生态化的综合功效、耦合度、协调度。

三、要素禀赋比较优势对产业结构生态化影响的实证分析

从以上分析可以知道，要素禀赋结构和产业结构生态化之间存在关联关系，与地区要素禀赋结构水平相适应的产业结构才是最优的，本章建立了面板数据回归模型深入探讨了要素禀赋比较优势对产业结构生态化的影响。

（一）模型设定

本部分建立了面板数据回归模型进行分析，将产业结构生态化水平的三个维度：产业结构高级化、产业结构合理化、产业结构可持续化分别作为被解释变量，将新结构经济学中提出的违背要素禀赋比较优势发展战略程度的代理变量——技术选择指数作为解释变量，同时考虑到物质资本、人力资本、技术创新以及基础设施等要素也会对产业结构生态化水平产生影响，因此又将固定资本存量、劳动力数量、人力资本存量、技术创新水平以及交通、能源、信息基础设施等要素纳入模型作为控制变量。面板数据的估计模型建立如下：

$$ISH_{it}=\beta_0+\beta_1 TCI_{it}+\beta_2 Fcs_{it}+\beta_3 L_{it}+\beta_4 H_{it}+\beta_5 Rd_{it}+\beta_6 Ti_{it}+\beta_7 Ei_{it}+\beta_8 Ii_{it}+\varepsilon_{it} \tag{6-19}$$

$$ISR_{it}=\beta_0+\beta_1 TCI_{it}+\beta_2 Fcs_{it}+\beta_3 L_{it}+\beta_4 H_{it}+\beta_5 Rd_{it}+\beta_6 Ti_{it}+\beta_7 Ei_{it}+\beta_8 Ii_{it}+\varepsilon_{it} \tag{6-20}$$

$$ISS_{it}=\beta_0+\beta_1 TCI_{it}+\beta_2 Fcs_{it}+\beta_3 L_{it}+\beta_4 H_{it}+\beta_5 Rd_{it}+\beta_6 Ti_{it}+\beta_7 Ei_{it}+\beta_8 Ii_{it}+\varepsilon_{it} \tag{6-21}$$

其中，$i=1$，2，…，m，m 代表省份数，$t=1$，2，…，n，n 代表观测时期数。β_0 为常数项，β_j（$j=1$，2，…，7）为与第 j 个变量对应的系数，ε_{it}为随机扰动项，*ISH*、*ISR*、*ISS* 分别是产业结构生态化的三个子指标——产业结构高级化、合理化、可持续化指标，*TCI*、*Fcs*、*L*、*H*、*Rd*、*Ti*、*Ei*、*Ii* 分别表示违背要素禀赋比较优势战略程度、人均固定资本存量、年末从业人数、人均人力资本存量、R&D 经费支出、交通基础设施、能源基础设施、信息基础设施。

（二）指标选取与样本数据说明

1. 指标选取

被解释变量为产业结构生态化指标（*ISH*、*ISR*、*ISS*）。本章选用产业结构生态化的三个子指标——产业结构高级化、合理化、可持续化作为被解释变量，其值采用本章第二部分计算得到的数据。

解释变量选用违背要素禀赋比较优势战略程度指标（*TCI*）用技术选择指数来衡量。控制变量有：人均固定资本存量指标（*Fcs*）用地区固定资本存量与地区年末从业人数的比值衡量；年末从业人数指标（*L*）用地区年末从业人数衡量；人均人力资本存量指标（*H*）用地区平均受教育年限来衡量；*R&D* 经费支出指标（*Rd*）用地区 *R&D* 经费支出衡量；交通基础设施指标（*Ti*）用地区铁路、公路内河航道里程加总与地区土地面积的比值；能源基础设施指标（*Ei*）用人均能源消费总量衡量；信息基础设施指标（*Ii*）用邮电业务总量衡量。

2. 样本数据说明

本模型中涉及的数据为 1995—2015 年中国（除港、澳、台及西藏外）30 个省份（自治区、直辖市）的面板数据。原始资料来源于《中国统计年鉴》(1996—2016)、《中国科技统计年鉴》(1996—2016)、《中国能源统计年鉴》(1996—2016) 以及各省市的 1996—2016 年统计年鉴，所有涉及价格的指标数据均利用相应的价格指数以 1995 年为基期剔除了价格因素的影响。在进行实证分析时将所有数据取对数进行分析。

（三）实证分析

1. 单位根检验与协整检验

(1) 单位根检验。为了避免伪回归的存在，确保回归模型估计的结果有效，需要检验各面板序列的平稳性。我们使用 LLC、Breitung、IPS、ADF-Fisher 和 PP-Fisher 五种方法对 *ISH*、*ISR*、*ISS*、*TCI*、*Fcs*、*L*、*H*、*Rd*、*Ti*、*Ei*、*Ii* 等 11 个变量进行单位根检验，检验结果如表 6－9 所示。

表6—9 面板数据的单位根检验结果

检验方法	LLC	Breitung	IPS	ADF-Fisher	PP-Fisher
ISH	*I* (1)	*I* (1)	*I* (1)	*I* (1)	*I* (1)
ISR	*I* (1)	*I* (1)	*I* (1)	*I* (1)	*I* (1)
ISS	*I* (0)	*I* (0)	*I* (1)	*I* (0)	*I* (0)
TCI	*I* (0)	*I* (1)	*I* (1)	*I* (1)	*I* (1)
Fcs	*I* (1)	*I* (1)	*I* (1)	*I* (1)	*I* (1)
L	*I* (1)	*I* (1)	*I* (1)	*I* (1)	*I* (1)
H	*I* (1)	*I* (1)	*I* (1)	*I* (1)	*I* (1)
Rd	*I* (1)	*I* (1)	*I* (1)	*I* (1)	*I* (1)
Ti	*I* (1)	*I* (1)	*I* (1)	*I* (1)	*I* (1)
Ei	*I* (1)	*I* (1)	*I* (1)	*I* (1)	*I* (1)
Ii	*I* (1)	*I* (1)	*I* (1)	*I* (1)	*I* (1)

注：本表结果由软件EViews7.0计算得到，显著性水平为5%。

我们从检验结果中发现：尽管*ISS*在LLC、Breitung、IPS和PP-Fisher检验方法下为平稳序列，*TCI*在在LLC检验方法下为平稳序列，但是总体而言，大部分方法下的单位根检验结果均显示，各面板序列在一阶差分时都是平稳的。

（2）协整检验。由上述单位根检验结果可以知道所有变量均为一阶单整的，因此可以对面板数据进行协整检验。我们采用Johanson检验方法和Kao检验方法分别对各个模型面板数据的协整关系进行检验，检验结果表明变量之间具有协整关系，所以可以建立回归模型拟合它们的关系。

2. 要素禀赋比较优势对产业结构生态化的影响的实证分析

根据Hausman检验结果，选用固定效应模型进行分析，模型结果如表6—10所示。

当被解释变量为产业结构高级化（*ISH*）时，*TCI*、*Fcs*、*L*、*H*、*Rd*、*Ti*、*Ei*、*Ii*都会显著影响产业结构高级化。*TCI*的估计参数为−0.078，且在1%的显著性水平下通过了检验，说明当政府采用违背要素禀赋比较优势的战略发展产业时，会阻碍产业结构向高级化演进；人均固定资本存量

(*Fcs*)、年末从业人数(*L*)、人均人力资本存量(*H*)、R&D 经费支出(*Rd*)等要素的投入会促进产业结构向高级化演进;基础设施中除信息基础设施(*Ii*)外,交通基础设施(*Ti*)和能源基础设施(*Ei*)都对产业结构高级化具有显著的负向影响,这说明我国交通基础设施和能源基础设施建设仍处于较低水平,无法满足产业结构高级化演进的需要,信息基础设施则因在第三产业发挥重要作用而对产业结构高级化演进起促进作用。

当被解释变量为产业结构合理化(*ISR*)时,*TCI*、*Fcs*、*L*、*H*、*Ii* 都会显著影响产业结构合理化。*TCI* 的估计参数为-1.4652,在 1%的显著性水平下通过了检验,这说明当政府采用违背要素禀赋比较优势的战略发展产业时,会阻碍产业结构向合理化演进;人均固定资本存量(*Fcs*)、年末从业人数(*L*)等均对产业结构合理化具有显著的负向影响,说明物质资本和劳动力的投入过多,会阻碍产业结构合理化发展;人均人力资本存量(*H*)的提高会促进产业结构向合理化演进;R&D 经费支出(*Rd*)的估计参数为正,但是没有通过显著性检验,这说明技术进步对产业结构合理化的促进作用不明显;信息基础设施对产业结构合理化具有显著的正向影响,这是因为网络经济的崛起创造了大量的就业岗位,而交通基础设施(*Ti*)和能源基础设施(*Ei*)对产业结构合理化的影响不显著,这说明我国交通基础设施和能源基础设施建设无法满足产业结构合理化演进的需要。

当被解释变量为产业结构可持续化(*ISS*)时,*TCI*、*L*、*Rd*、*Ti*、*Ei* 都会显著影响产业结构可持续化。*TCI* 的估计参数为-0.1879,在 1%的显著性水平下通过了检验,这说明当政府采用违背要素禀赋比较优势的战略发展产业时,会阻碍产业结构向可持续化演进;年末从业人数(*L*)、R&D 经费支出(*Rd*)都对产业结构可持续化具有显著的正向影响,劳动力的投入和技术进步都有助于产业结构可持续化;交通基础设施(*Ti*)对产业结构可持续化水平具有显著的正向影响,交通基础设施的不断完善可以促进产业结构可持续化,但是影响较小;能源基础设施(*Ei*)对产业结构可持续化具有显著的负向影响,信息基础设施(*Ii*)对产业结构可持续化的影响不显著,这是因为能源基础设施建设与产业结构可持续化演进的要求不相适应。

表 6－10　中国产业结构生态化面板数据的估计结果

变量	*ISH*	*ISR*	*ISS*
TCI	－0.0780***	－1.4652***	－0.1879***
	(0.0095)	(0.0594)	(0.0598)
Fcs	0.0422***	－0.1131***	－0.0088
	(0.0057)	(0.0355)	(0.0358)
L	0.0690***	－0.2028**	0.2239**
	(0.0144)	(0.0898)	(0.0905)
H	0.0884***	0.5649***	0.1064
	(0.0333)	(0.2081)	(0.2098)
Rd	0.0733***	0.0722	0.8481***
	(0.0262)	(0.1636)	(0.1649)
Ti	－0.0146**	－0.0001	0.0699*
	(0.0059)	(0.0367)	(0.0370)
Ei	－0.1017***	－0.0195	－0.4780***
	(0.0085)	(0.0533)	(0.0537)
Ii	0.0185***	0.0526**	0.0265
	(0.0035)	(0.0217)	(0.0218)
截距项	－0.8597***	0.6996	－13.5204***
	(0.3171)	(1.9815)	(1.9970)
R^2	0.7968	0.9296	0.8742
F 统计量	62.7695	211.1527	111.2223

注：*、**、*** 分别代表当显著性水平为 10%、5%、1%时显著，括号内为系数估计的标准误。

3. 稳健性检验

产业结构的演进具有惯性，前期的产业结构会对当期的产业结构产生影响。为了对模型进行稳健性检验，同时考虑到产业结构生态化演进的惯性，本章在原模型的基础上增加被解释变量的滞后项作为解释变量，并选用被解释变量和解释变量的滞后项作为工具变量，采用系统广义矩估计（*S-GMM*）的方法对动态面板数据模型进行估计，估计结果如表 6－11 所示。

表 6－11 中国产业结构生态化动态面板数据的估计结果

变量	*ISH*	*ISR*	*ISS*
ISH（－1）	0.5012***		
	(0.0374)		
ISR（－1）		0.4629***	
		(0.1051)	
ISS（－1）			0.2312***
			(0.0409)
TCI	－0.0986***	－0.5531**	－0.0285*
	(0.0259)	(0.2861)	(0.1215)
Fcs	0.0657***	－0.2224***	－0.2197***
	(0.0151)	(0.0437)	(0.0645)
L	0.087***	－0.2882	0.0874
	(0.0334)	(0.1937)	(0.1798)
H	0.0203	0.7369***	0.5314***
	(0.0261)	(0.2168)	(0.1552)
Rd	0.021	0.1106	0.6552**
	(0.0484)	(0.5615)	(0.2779)
Ti	－0.0028	0.1309	－0.0035
	(0.0067)	(0.0987)	(0.0587)
Ei	－0.0852***	－0.0027	－0.2067***
	(0.0037)	(0.1174)	(0.0569)
Ii	0.0001	0.0516*	0.0349
	(0.0059)	(0.0308)	(0.0255)

注：本表数据通过 Stata12.0 分析得到。*、**、*** 分别代表当显著性水平为 10%、5%、1%时显著，括号内为系数估计的标准误。*Y* 代表 *ISH*、*ISR*、*ISS*。

估计结果表明：前期的产业结构高级化、合理化和可持续化对当期产生显著的正向影响，这说明产业结构生态化演进发生在经济发展的整个过程中，前期的产业结构生态化水平会对当期产生正向影响。*TCI* 对产业结构高级化、合理化和可持续化均具有显著的负向影响，这说明违背要素禀赋比较优势会阻碍产业结构生态化演进，这与上文的静态面板模型估计结果一致，因此，可以认为上述实证估计结果是可靠的。

四、结论及建议

(一) 结论

本章基于新结构经济学理论和产业结构演进理论，在对相关文献总结归纳的基础上，对基于新结构经济学的产业结构的特点进行了说明，构建了要素禀赋结构和产业结构生态化评价指标体系，以1995—2015年中国30个省份（自治区、直辖市）为研究对象，分析了各省份要素禀赋结构和产业结构生态化的演变状况，并通过耦合度和协调度模型对各省份要素禀赋结构和产业结构生态化之间的交互关系进行分析，然后构建了面板数据的回归模型对要素禀赋比较优势对产业结构生态化的影响进行实证分析。研究得到的主要结论和相关建议如下：

(1) 产业结构生态化表现出明显的演进趋势和空间集聚性。1995—2015年，中国各省份的产业结构生态化水平基本呈现上升趋势，且地区差异明显，在中国四大经济地带中，东部地区的产业结构生态化水平远高于其他地区，中部和东北地区次之，西部地区的产业结构生态化水平最低。在整个研究时期内，中国各省份的产业结构高级化水平和产业结构可持续化水平基本呈现先上升后下降再上升的趋势，产业结构合理化水平呈现凹形上升的趋势。

(2) 地区要素禀赋结构和产业结构生态化之间关系密切。2015年要素禀赋结构综合功效与产业结构生态化综合功效的均存在地区差异，总体表现出“东部地区＞中部地区＞东北地区＞西部地区”的特征，且大多数省份表现为产业结构滞后型。从耦合度的角度来看，各省的耦合度均处于高水平耦合状态，但是从协调度的角度来看，除少数省份为良好协调和中度协调外，大多数省份均处于低度协调状态。

(3) 要素禀赋比较优势对生态化演进中的产业结构具有影响。以1995—2015年中国30个省份（自治区、直辖市）为研究对象建立面板数据回归模型，回归结果显示：违背要素禀赋比较优势发展产业会通过阻碍产业结构高级化、合理化、可持续化，从而阻碍产业结构生态化。另外，在其他要素中，人均固定资本存量会促进产业结构高级化，阻碍产业结构合理化和可持续化，且阻碍作用更大。年末从业人数会促进产业结构高级化和可持续化，阻碍产业结构合理化，且促进作用更大。人均人力资本存量和信息基础设施则主要通过推动产业结构高级化和合理化从而促进产业结构生态化。R&D经费支出主要对产业结构高级化和可持续化产生促进作用从而促进产业结构生态化。交通基础设施会阻碍产业结构高级化，促进产业结构可持续化，且促进作用更大。能源基础设施主要通过阻碍产业结构高级化和可持续化从而阻碍产业结构生态化。

（二）建议

为充分发挥地区比较优势，提高产业结构生态化水平，促进要素禀赋结构和产业结构生态化的协调发展。为此，提出如下建议：

（1）发挥政府因势利导作用。通过本章第二部分的分析可以发现，各省份要素禀赋结构和产业结构生态化之间处于高水平耦合状态。这是因为，一方面，产业结构由要素禀赋结构内生决定，改善地区要素禀赋结构，有助于产业结构生态化转型；另一方面，产业结构生态化转型可以带来经济的持续增长，有利于资本积累、技术进步等，从而对要素禀赋结构的改善起到积极的作用。但是，大部分省份的要素禀赋结构和产业结构生态化的协调度处于较低的状态，这说明当前大多数省份的产业结构生态化水平和要素禀赋结构不相适应。因此，在进行产业发展的选择时，应该与地区的要素禀赋结构相一致，选择充分发挥地区比较优势的产业进行发展，提高要素禀赋结构和产业结构生态化的协调度。但是经济落后地区要想赶上甚至超过经济发达地区的经济发展水平，仅仅这样是不够的，还需要采取措施发展地区具有潜在比较优势的新产业，促进地区产业结构升级和产业发展多样化。另外，要大力发展第三产业和资源环境友好型产业，重视清洁能源和污染处理技术的研发，减少能源消耗和环境污染严重的产业，促进产业结构的转型升级。

（2）发挥政府因势利导作用。由本章第三部分的分析发现，违背要素禀赋比较优势的发展战略会阻碍产业结构生态化演进，因此，在制定产业政策时应该因地制宜，遵循要素禀赋比较优势的发展战略，鼓励企业进入与地区要素禀赋比较优势相一致的产业，使企业的自生能力得以发挥。由于单个企业进行产业甄别较为困难，需要政府制定相应的产业政策，参考林毅夫(2012)提出的“两轨六步法”，完善产业甄别机制，确定地区具有潜在比较优势的新产业，并为企业进入这些新产业提供助力，如为企业提供信息、采用税收优惠或其他优惠措施以补偿先驱企业的外部性，进行软硬件基础设施建设以降低企业交易成本等，引导企业进入具有潜在比较优势的产业，提高地区经济的竞争力。

(3) 改善要素禀赋结构。通过本章第三部分的分析发现，劳动力、资本、技术进步和基础设施都对产业结构生态化演进产生影响。劳动力、资本和技术进步都对产业结构生态化演进具有促进作用。因此可以从提高人力资本、增加资本存量、促进技术创新三个方面制定方案，以促进产业结构生态化演进。完善教育机制，提高全民教育水平，培养高素质人才，同时要制定合理的激励机制，以发挥高素质人才的作用，提高生产效率。促进资本流动，将经济发达地区的过剩资本引入经济落后地区，发展经济落后地区具有后发优势和潜在比较优势的产业，刺激经济的增长。经济落后地区可以引进经济发达地区更先进的技术和产业以提升自身的产业结构。政府可以通过增加科研投入、实行税收优惠、补贴等手段促进企业自主技术研发和创新；同时，要促进高校等研究机构与企业的合作研发，使二者实现资源共享和互利共赢。

经济发展的不同水平，需要与之相适应的产业结构，也就要求基础设施做出改善，以适应产业结构的改变。根据本章第三部分的分析可以知道，信息基础设施和交通基础设施的发展都会促进产业结构生态化，而过于落后的能源基础设施则会阻碍产业结构生态化。因此，改善基础设施有利于产业结构生态化，但是由于基础设施不仅包括金融、法律等软件基础设施，还包括运输网络、通信等硬件基础设施，而硬件基础设施的建设需要高昂的成本，私人企业无法承担这些成本，或者预期未来得不到足够的利润补偿，基础设施的改善需要政府进行，政府也可以出资让企业负责基础设施的改善，但是政府必须做好监管工作。

第七章 技术创新对工业企业生态化转型的影响

一、我国工业企业生态化水平定量评价

从对企业生态化内涵的界定可以看出，企业的生态化包含经济、环境、资源等多方面的因素，因此对企业生态化水平的定量评价需要充分考虑这些因素，从而选取合适的评价指标。

（一）工业企业生态化水平的评价指标

企业生态化指标的选择关系到评价结果的科学性、客观性、准确性和可靠性，也关系到这一评价是否能为企业的生态化转型道路提供指示。鉴于此，本章在构建生态化水平的评价指标时必须要遵循一些基本原则。

1. 工业企业生态化水平评价指标的选取原则

结合企业生态化发展的特点，在选择评价指标时所遵循的原则主要体现在缩写语“SMART”上，即针对性（Specific）、可测量性（Measurable）、可获得性（Achievable）、相关性（Relevant）、时间限制（Time-bound）。

（1）针对性原则。针对性原则要求对评价的对象要有清楚的认识。企业生态化是一个涉及经济、资源、环境的复杂过程，因此在指标选择时要兼顾到这三方面的因素，在做到指标具有代表性、典型性、可行性、全面性的同时，还要尽力避免指标的重复、相近、复杂难懂，从而使各个指标能各尽其用，并组成一个有机整体。

（2）可测量性原则。可测量性原则要求所选择的指标都是可以进行定量

计算的，从而使所评价的企业生态化水平是一个具体的数据，这是由本章的研究目标即定量评价工业企业的生态化水平所决定的，只有得到量化的企业生态化水平才能够对各省份的实际状况进行横向和纵向的对比分析。

（3）可获得性原则。可获得性原则要求选取的衡量指标的原始数据能够便于获取，在构建指标体系时，要充分考虑我国现阶段统计工作的实际情况，同时还要兼顾数据资料收集的工作量，毕竟指标的选择也并非是越复杂越好，因此，要尽量利用便于获得的数据进行加工计算。

（4）相关性原则。相关性原则要求所选择的指标与企业生态化水平有较强的关联性，这也是指标选取的最基础的原则。评价结果的准确性与指标的数量并不是正向关系，而主要取决于指标与评价目标的关联性。评价指标必须是具有现实经济意义的，力争每个指标都能够反映出企业生态化整体水平的某一部分，揭示企业在生态化转型过程中所呈现出的问题，从而为企业的转型指明方向，为政府制定相关政策提供准确依据。

（5）时间限制原则。时间限制原则要求所选择的指标具有纵向可比性，企业生态化是一个动态的过程，因此评价指标也应该具有动态性。在采用评价体系对该动态过程进行评价时，要严格限制时间节点，原因在于评价对象是不断变化的时间系统和多层次的空间系统，转型结果必然需要经历一定的时间跨度才能得到展现。

2. 工业企业生态化水平评价指标的构建

根据上文论述的工业企业生态化评价指标体系构建的原则、企业生态化的定义以及参考国内外学者的研究成果，本章设计的企业生态化水平评价指标体系共包含三个层次：目标层、系统指标层和状态指标层。其中有经济效益、资源能源效益、环境效益三个系统指标层，共包含 8 个状态指标，分别为：资产利润率、销售收入增长率、全员劳动生产率、能源消耗强度、水资源消耗强度、固体废弃物排放强度、废气排放强度、废水排放强度。其中，资产利润率代表了企业的盈利能力、销售收入增长率反映了企业的发展潜力、全员劳动生产率反映了企业的生产效率，这三个指标表示企业的经济效益，是企业生态化水平的正向指标；能源消耗强度反映了企业能源利用效率、水资源消耗强度反映了企业用水效率和节水潜力，这两个指标表示企业的资源能源效益，是企业生态化水平的负向指标；固体废弃物排放强度、废气排放强度、废水排放强度衡量的是企业对环境的污染程度，指标值越小，表示企业对环境的污染程度越小，也是企业生态化水平的负向指标。图 7—1 为本章所使用的指标体系。

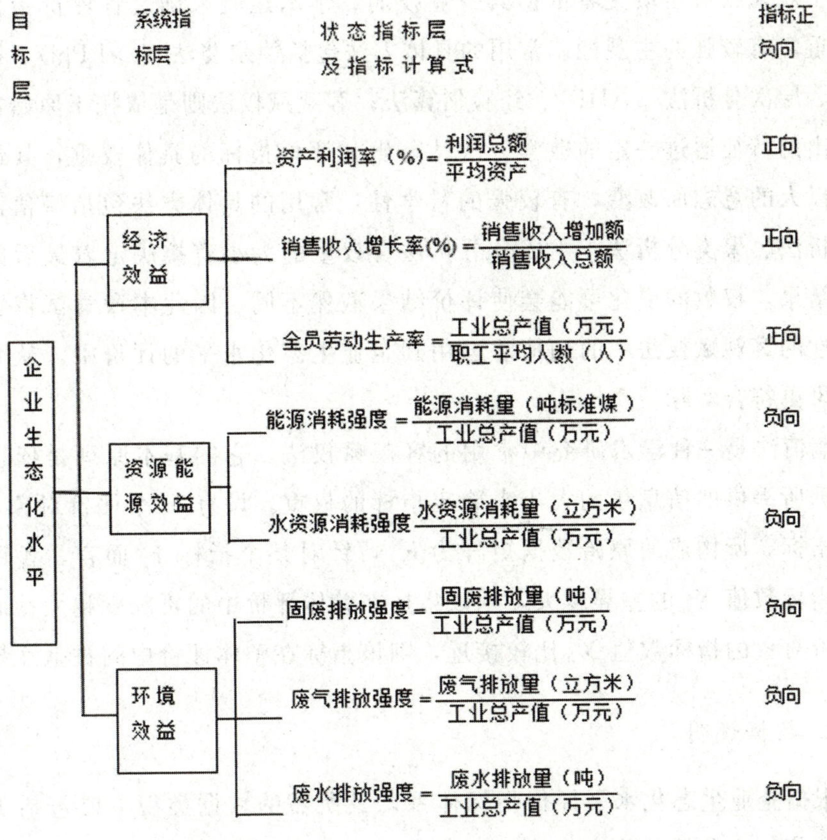

图 7—1 企业生态化水平评价指标体系

（二）研究方法与数据说明

1. 研究方法

多指标综合评价方法在学术研究中有很多种，依据权重确定方法不同予以分类，主要分为主观赋权法、客观赋权法和主客观相结合赋权法三类。其中，主观赋权法是研究者依据其专业技能、学术经验来确定各评价指标的具体权重，有较强的主观性，常用的具体方法包括德尔斐法（Del Phi）、循环评分法、层次分析法（AHP）、经验估算法；客观赋权法则是依托于原始数据所呈现出的特征通过一定的数学方法计算出各评价指标的具体权重，其最后结果不以人的意志而改变，有较强的科学性，常用的具体方法包括熵值法、因子分析法、聚类分析法、主成分分析法。权重的大小直接决定着最后的综合评价结果，权数的变化可能会使评价结果截然不同，因此本章尝试将更具有科学性的客观赋权法中的熵值法运用到企业生态化水平的评价中，从而使评价结果更符合实际。

熵值法是一种学术研究中常用的客观赋权法，它的基本原理是依据各原始数据所提供的信息量的大小来确定指标的权重。设有 m 个评价对象，n 个评价指标，所构成的原始数据矩阵为 R_x，针对某个指标 x_j 而言，各评价对象的指标数值 X_{ij} 的差异越大，则该指标在整体评价中的贡献度越大；而如若各评价对象的指标数值 X_{ij} 比较接近，则该指标在整体评价中的贡献度越小。

2. 数据说明

根据企业生态化水平评价指标体系，其所需的数据类型主要包括工业企业总产值、企业平均资产、利润总额、能源消耗量、废水排放量、SO_2 排放量、烟粉尘排放量、工业固体废弃物产生量等。考虑到后续探讨技术创新对工业企业生态化水平的影响以及数据的可得性，本章选取的研究对象为全国30个省份（自治区、直辖市）的规模以上工业企业[①]，各指标数值来源于

① 限于数据可得性，研究不包括港澳台以及西藏自治区。

2001—2015年的《中国统计年鉴》《中国环境统计年鉴》《中国能源统计年鉴》《中国工业统计年鉴》以及各省市统计年鉴，共获得6750个观测值。

（三）工业企业生态化水平评价结果

1. 全国各省份的企业生态化水平评价结果

根据上文选取的评价方法，将选取的30个省份的8项生态化指标的相关数据代入指标体系，构建矩阵R_x，矩阵中每一项指标用X_{ij}表示，即X_{ij}＝第i个省份的第j项指标，m表示30个评价对象，n表示8项指标。因此，矩阵R_x由30行8列、共计240个指标值构成。

$$R_x=\begin{bmatrix} x_{11} & x_{12} & \cdots & x_{1n} \\ x_{21} & x_{22} & \cdots & x_{2n} \\ M & M & O & M \\ x_{m1} & x_{m2} & \cdots & x_{mn} \end{bmatrix} \tag{7—1}$$

其中，$i=1，2，\cdots，30$；$j=1，2，\cdots，8$。

（1）为了剔除由于选取的8项指标中各指标间量纲和量纲单位的不可共度性，对指标体系进行无量纲化处理。根据前文指标对工业企业生态化水平的影响方向进行区分，指标实际值越大代表企业生态化水平越高的，定义为极大型变量；指标实际值越小代表企业生态化水平越高的，定义为极小型变量。计算公式有所不同，具体公式如下：

对于极大型变量：

$$X_{ij}^1=\frac{X_{ij}-\min（X_{1j}，X_{2j}，\cdots，X_{nj}）}{\max（X_{1j}，X_{2j}，\cdots，X_{nj}）-\min（X_{1j}，X_{2j}，\cdots，X_{nj}）} \tag{7—2}$$

对于极小型变量：

$$X_{ij}^1=\frac{X_{ij}-\max（X_{1j}，X_{2j}，\cdots，X_{ij}）-X_{ij}}{\max（X_{1j}，X_{2j}，\cdots，X_{nj}）-\min（X_{1j}，X_{2j}，\cdots，X_{nj}）} \tag{7—3}$$

根据上述方法对原始数据进行标准化处理，得到各项指标数据相应的X_{ij}^1值，各项值的取值范围为［0，1］，且数值大的X_{ij}^1值优于数值小的X_{ij}^1值。由于X_{ij}^1的取值中包含0，为避免0值给后续的对数处理带来的不便，则对矩

阵 R_x 进行标准化平移，即

$$X_{ij}^2 = X_{ij}^2 + 1 \qquad i=1,2,\cdots,30,\ j=1,2,\cdots,8 \qquad (7-4)$$

平移之后得到新的矩阵 R_x^2。

$$R_x^2 = \begin{bmatrix} x_{11}^2 & x_{12}^2 & \cdots & x_{1n}^2 \\ x_{21}^2 & x_{22}^2 & \cdots & x_{2n}^2 \\ M & M & O & M \\ x_{m1}^2 & x_{m2}^2 & \cdots & x_{mn}^2 \end{bmatrix} \qquad (7-5)$$

（2）计算第 j 项指标下第 i 个评价对象占该指标的比重

$$P_{ij} = \frac{X_{ij}^2}{\sum_{i=1}^{30} X_{ij}^2} \qquad i=1,2,\cdots,30;\ j=1,2,\cdots,8 \qquad (7-6)$$

（3）计算第 j 项指标的熵值，即

$$E_j = \frac{1}{\ln m} \times \sum_{i=1}^{m} X_{ij}^2 \ln X_{ij}^2 \qquad i=1,2,\cdots,30;\ j=1,2,\cdots,8 \quad (7-7)$$

其中，ln 为自然对数，m 为样本个数，即 30；对于指标值 X_{ij}^2，样本间差异越大，熵值 E_j 越小，那么这个指标用来判别目标方案就更有效，因为它的有序程度较低，对工业企业生态化水平的影响则越大。

（4）在已获得各项指标的熵值之后，求出差异性系数，即

$$G_j = 1 - E_j \qquad j=1,2,\cdots,8 \qquad (7-8)$$

（5）计算各项指标的熵权，即

$$W_j = \frac{G_j}{\sum_{j=1}^{n} G_j} \qquad j=1,2,\cdots,8 \qquad (7-9)$$

各指标的具体熵权见表 7－1。

表 7－1　各指标的熵权

	指标	熵值	权重	权重排名
经济效益	资产利润率	0.994758	0.122889	5
	销售收入增长率	0.995318	0.109760	8
	全员劳动生产率	0.994252	0.134765	2

续表

	指标	熵值	权重	权重排名
资源能源效益	万元产值能耗	0.993771	0.146032	1
	万元产值水耗	0.994604	0.126504	4
环境效益	万元产值固废排放	0.995091	0.115087	7
	单位产值废气排放	0.994579	0.127086	3
	万元产值废水排放	0.994972	0.117878	6

从表7—1可以看出，在对企业生态化水平进行综合评价的指标体系中，权重最大的指标为万元产值能耗，这说明各个省份的能源消耗率差异较大，因此，它对整体的综合评价影响也较大。然后依次为全员劳动生产率、万元产值废气排放、万元产值水耗、资产利润率、万元产值废水排放、万元产值固废排放、销售收入增长率。

（6）计算各省份的企业生态化水平综合得分，即

$$EL_i=\sum_{j=1}^{n}W_j\times X_{ij}^2 \qquad i=1,\ 2,\ \cdots,\ 30;\ j=1,\ 2,\ \cdots,\ 8 \quad (7-10)$$

此外，由于 EL_i 的计算结果较小，为了便于更直观的观察，从而进行横纵向比对及分析，故将此数值等位扩大100倍，具体评价值在表7—2中列出。

表7—2 中国30省（自治区、直辖市）企业生态化水平评价值

地区＼年份	2001	2002	2003	2004	2005	2006	2007	2008
北京	2.7225	2.9610	2.7248	2.8170	2.9610	3.0116	3.0171	3.0225
天津	2.6232	2.5786	2.6680	2.8157	2.7912	2.7904	2.8704	2.8493
河北	2.1238	2.2603	2.3238	2.3245	2.2908	2.4196	2.4427	2.4638
山西	2.0017	2.0167	2.0681	2.1745	2.1838	2.2026	2.2055	2.2500
内蒙古	2.1254	2.1954	2.1518	2.2521	2.1595	2.2293	2.1915	2.4803
辽宁	2.4498	2.5551	2.4406	2.4265	2.5108	2.5196	2.4265	2.4455
吉林	2.3761	2.4561	2.4229	2.3686	2.3229	2.4350	2.4753	2.5165
黑龙江	2.2130	2.5130	2.5025	2.5139	2.4615	2.5451	2.4792	2.4214
上海	2.8210	2.9126	3.0741	3.2332	3.1860	3.2316	3.2610	3.0094

续表

年份 地区	2001	2002	2003	2004	2005	2006	2007	2008
江　苏	2.3499	2.5960	2.6412	2.7186	2.7019	2.8187	2.7206	2.8499
浙　江	2.5742	2.7800	2.9468	2.9040	3.0303	2.8361	3.0232	2.9975
安　徽	2.1957	2.3957	2.4115	2.4251	2.4189	2.3792	2.3495	2.3598
福　建	2.5760	2.6077	2.5737	2.5364	2.5570	2.5153	2.5775	2.4513
江　西	2.0147	2.2147	2.1879	2.1486	2.2315	2.1613	2.2757	2.3496
山　东	2.4204	2.5204	2.7637	2.8710	2.9299	2.9945	2.9713	2.9477
河　南	2.1003	2.2007	2.4719	2.5238	2.5955	2.5695	2.6033	2.6484
湖　北	2.3196	2.4498	2.5094	2.1714	2.6369	2.6862	2.7108	2.7164
湖　南	2.2428	2.3428	2.5285	2.5224	2.6568	2.6693	2.5944	2.6350
广　东	2.7586	2.9586	2.9717	2.9591	2.9530	2.8882	2.9227	2.8694
广　西	2.1381	2.2202	2.3817	2.3285	2.4629	2.3348	2.3116	2.3678
海　南	1.9812	2.0812	2.1587	2.2464	2.3963	2.6172	2.6684	2.6384
重　庆	2.3427	2.5238	2.5353	2.5884	2.4195	2.5774	2.5673	2.5260
四　川	2.3223	2.4223	2.4548	2.4515	2.4911	2.3909	2.4264	2.4110
贵　州	1.6595	1.7650	1.8992	1.9775	2.0595	2.0191	1.9328	1.8895
云　南	2.3948	2.3980	2.3493	2.3108	2.3456	2.2946	2.3321	2.1871
陕　西	2.3854	2.4978	2.5569	2.5222	2.4911	2.5854	2.5585	2.5728
甘　肃	2.0202	2.1381	2.1741	2.3043	2.1776	2.1499	2.2765	2.2704
青　海	2.4502	2.2074	2.0637	2.2685	2.2724	2.2970	2.3492	2.2317
宁　夏	1.8653	1.9653	1.9452	1.9795	2.0090	2.0479	2.1156	2.3012
新　疆	2.1515	2.2311	2.0231	2.2515	2.2424	2.2080	2.3010	2.3489

年份 地区	2009	2010	2011	2012	2013	2014	2015	平均值	综合排名
北　京	3.0016	3.0465	3.1060	3.1904	3.1288	3.1270	3.2369	3.0050	3
天　津	2.7828	2.7079	2.8523	2.9129	2.8742	2.9200	2.9165	2.7969	7
河　北	2.4627	2.4912	2.5143	2.5817	2.4947	2.5484	2.5957	2.4225	20
山　西	2.2717	2.2461	2.3261	2.4029	2.3666	2.1316	2.3342	2.2122	28
内蒙古	2.3158	2.4680	2.5415	2.3642	2.4520	2.5932	2.8737	2.3596	24
辽　宁	2.5217	2.5576	2.5755	2.5957	2.5838	2.6630	2.6856	2.5305	14
吉　林	2.4200	2.4387	2.5413	2.5133	2.5196	2.4911	2.5437	2.4561	17
黑龙江	2.3823	2.2171	2.3277	2.2195	2.2665	2.3727	2.5496	2.3990	21

续表

地区\年份	2009	2010	2011	2012	2013	2014	2015	平均值	综合排名
上　海	2.9876	2.9557	3.1203	3.2935	3.3230	3.3930	3.4933	3.1530	1
江　苏	2.8757	2.8560	2.8327	2.9305	2.9878	2.9813	3.1343	2.7997	6
浙　江	2.9979	3.0686	3.1538	3.1827	3.1123	3.0784	3.0948	2.9854	4
安　徽	2.4112	2.4772	2.5781	2.6327	2.5433	2.5400	2.6547	2.4515	18
福　建	2.4376	2.4755	2.5411	2.6760	2.7481	2.7995	2.8064	2.5920	11
江　西	2.3993	2.5032	2.5447	2.5886	2.5338	2.5787	2.5908	2.3549	25
山　东	2.9032	2.9650	2.8780	2.9438	2.9543	3.0280	3.1454	2.8824	5
河　南	2.7270	2.7148	2.7079	2.6946	2.7106	2.8719	2.9235	2.6042	10
湖　北	2.6840	2.7058	2.6253	2.5759	2.5555	2.9008	3.0478	2.6197	9
湖　南	2.7134	2.6724	2.6006	2.7375	2.7494	2.8300	2.9705	2.6311	8
广　东	2.5364	2.8581	2.9903	3.2828	3.3121	3.3869	3.4304	3.0052	2
广　西	2.4697	2.5174	2.5638	2.6135	2.4973	2.5188	2.6560	2.4255	19
海　南	2.6209	2.5757	2.5614	2.6487	2.6832	2.6883	2.8786	2.4963	16
重　庆	2.6556	2.5929	2.5106	2.5765	2.5781	2.6244	2.6083	2.5484	13
四　川	2.5266	2.6358	2.6501	2.6071	2.5364	2.6205	2.7038	2.5100	15
贵　州	1.9790	1.9391	2.0793	2.2215	2.1873	2.2548	2.3157	2.0119	30
云　南	2.3266	2.4948	2.4983	2.4698	2.5040	2.4469	2.4838	2.3891	22
陕　西	2.5083	2.5653	2.5947	2.5671	2.5120	2.6555	2.6664	2.5493	12
甘　肃	2.2554	2.2646	2.4418	2.2799	2.3150	2.3125	2.5587	2.2626	27
青　海	2.2002	2.2349	2.2348	2.2991	2.3450	2.3280	2.3735	2.2770	26
宁　夏	2.1511	2.2070	2.1354	2.2296	2.2632	2.2790	2.3188	2.1209	29
新　疆	2.4307	2.3737	2.4690	2.5201	2.5492	2.6303	2.6655	2.3597	23

资料来源：根据2001—2015年的《中国统计年鉴》《中国环境统计年鉴》《中国能源统计年鉴》《中国工业统计年鉴》以及各省市统计年鉴整理计算而得。

2. 全国各省份的企业生态化水平评价结果比较分析

（1）横向比较。从2001年到2015年的企业生态化水平评价结果可以看出，我国各省份的企业生态化水平呈现出得分不平衡的状况。根据平均得分的排名情况，把全国各省份的工业企业分成三类，即生态化水平较高（排名前10名）、生态化水平中等（排名11～20名）、生态化水较低（排名21～30

名），具体见表7—3，其中Ⅰ、Ⅱ、Ⅲ区域分别表示生态化水平较高、生态化水平中等、生态化水平较低。结合中国四大经济区域的划分可以看出[①]，各区域生态化水平由高到低的顺序依次为东部地区、中部地区、东北地区、西部地区。其中生态化水平较高的10个省份中有7个属于东部地区，3个属于中部地区。从中可以看出，东部地区省份的工业企业生态化水平远高于其他三个区域；生态化水平较低的10个省份有7个属于西部地区、2个属于中部地区，1个属于东北地区，这说明了西部地区省份的企业生态化水平与其他地区有较大的差距和进步空间。由此可以得出结论，中国各省份的企业生态化水平呈现出了由东向西梯度递减的趋势。

表7—3 中国30省（自治区、直辖市）企业生态化水平划分

类　型	省（自治区、直辖市）
生态化水平较高Ⅰ	上海、广东、北京、浙江、山东、江苏、天津、湖北、湖南、河南
生态化水平中等Ⅱ	福建、陕西、重庆、辽宁、四川、海南、吉林、安徽、广西、河北
生态化水平较低Ⅲ	黑龙江、云南、新疆、内蒙古、江西、青海、甘肃、山西、宁夏、贵州

（2）纵向比较。从企业生态化水平评价结果看，全国各省份的企业生态化水平均呈现出波动上升的趋势，其中上升幅度最大的三个省份分别是海南、广东和湖北；上升幅度最小的三个省份分别是吉林、辽宁和陕西，这说明虽然全国各区域的企业生态化水平有一定的差距，但整体上在逐步改善，即企业在追求经济效益的同时，也越来越注重资源能源的使用效率以及污染排放强度。此外，天津、黑龙江、上海、福建、广东这几个沿海省市在2008年和2009年的企业生态化水平表现出了明显的下降趋势，这可能是受到2008年全球经济危机的影响，企业在当时的经济形式下难以兼顾到经济和生态的“双边效益”。

① 根据2011年6月13日的《中共中央、国务院关于促进中部地区崛起的若干意见》《国务院发布关于西部大开发若干政策措施的实施意见》，将我国的经济区域划分为东部、中部、西部和东北四大地区。其中东部地区包括北京市、天津市、河北省、上海市、江苏省、浙江省、福建省、山东省、广东省、海南省；中部地区包括山西省、安徽省、江西省、河南省、湖北省、湖南省；西部地区包括内蒙古自治区、广西壮族自治区、重庆市、四川省、贵州省、云南省、西藏自治区、陕西省、甘肃省、青海省、宁夏回族自治区、新疆维吾尔自治区；东北地区包括辽宁省、吉林省、黑龙江省。

二、技术创新能力对企业生态化转型的影响

(一) 变量选取与模型设定

1. 变量选取

本章选取的被解释变量即为企业生态化水平，资料来源于上一章的测算结果；解释变量为企业的技术创新能力，借鉴文献综述部分所列学者的研究，选取自主研发经费支出强度（*EX*）、研发人力投入强度（*HU*）、技术引进消化吸收强度（*IA*）来衡量，其中，自主研发经费支出强度（*EX*）＝研发经费（内部支出）/主营业务收入、研发人力投入强度（*HU*）＝研发人员全时当量/员工平均人数（员工平均人数＝主营业务收入/人均主营业务收入）、技术引进消化吸收强度（*IA*）＝（技术引进经费＋消化吸收经费）/主营业务收入；资料来源于2001年至2015年的《中国科技统计年鉴》《中国工业统计年鉴》以及《中国统计年鉴》，个别年份、个别省份缺失的数据根据移动加权平均法予以补齐。

2. 模型设定

技术创新过程从经费、人力物力投入到研发出新技术以及将技术运用到生产中往往是一个缓慢的过程，其对企业的生态化水平也许会存在滞后的影响，因而在选取合适的计量经济模型时必须顾及该动态过程。根据以往学者对企业技术创新能力成果滞后性的相关研究，也综合考虑到本章所考察的时间区间是2001年至2015年，样本年限较短，滞后长度每增加一期可利用的数据就会少一期，因此本章对衡量技术创新能力的指标均作滞后一期的处理。综上，本章选择分布滞后的面板数据模型，具体形式如下：

$$EL_{it}=\alpha_{it}+\beta_{1it}EX_{i,t-1}+\beta_{2it}HU_{i,t-1}+\beta_{3it}IA_{i,t-1}+\mu_{it} \quad (7-11)$$

其中，i（i=1，2，…，30）表示30个省份（自治区、直辖市）；t（t=2001，2002，…，2015）表示年份；EL_{it}表示i省份在第t年的企业生态化

水平；α_{it}表示截距项；$EX_{i,t-1}$，$HU_{i,t-1}$，$IA_{i,t-1}$分别表示省份 i 在 $t-1$ 年的自主研发经费支出强度、研发人力投入强度和技术引进消化吸收强度；β_{1it}，β_{2it}，β_{3it}，分别为各自变量对因变量的影响系数；μ_{it}表示随机误差项，说明模型中没有提到的因素。

（二）面板数据的平稳性检验

面板数据其中一个维度就是时间，因而同一般的时间序列数据一样，可能会存在平稳性问题，从而对后续的模型估计有所影响，所以需要对面板数据做平稳性检验，以避免"伪回归"现象的发生。面板数据平稳性检验的单位根检验方法有别于时间序列数据单位根检验，方法主要为：LLC、Breitung 和 Hadri，这三种是相同根的检验方法；IPS、Fisher-ADF 和 Fisher-PP，这三种是不同根的检验方法。其中，只有 Hadri 检验原假设是不含有单位根，其余五中方法的原假设均为含有单位根。本章运用以上六种方法来进行检验，EViews 单位根检验结果如表 7－4 所示。

表 7－4　六种方法单位根检验结果

方法＼变量		EL	EX	HU	IA	结论
原序列	LLC	－5.8487 (0.0000)	－7.3802 (0.0000)	－45.2246 (0.0000)	－25.7826 (0.0000)	平稳
	Breitung	－3.5825 (0.0002)	－5.3553 (0.0000)	1.5833 (0.9433)	－4.8460 (0.0000)	平稳
	IPS	－5.3998 (0.0000)	－3.1035 (0.0010)	－35.9889 (0.0000)	－10.2766 (0.0000)	平稳
	Fisher-ADF	132.019 (0.0000)	87.0540 (0.0128)	453.637 (0.0000)	153.320 (0.0000)	平稳
	Fisher-PP	158.160 (0.0000)	98.1916 (0.0014)	493.015 (0.0000)	125.785 (0.0000)	平稳
	Hadri	6.9265 (0.0000)	－6.6345 (0.0000)	－10.9048 (0.0000)	6.1324 (0.0000)	不平稳

注：本表数据由 EViews6.0 得出，括号中数据是该统计量的伴随概率。

从表 7－4 中可以看到，企业生态化水平（EL）、自主研发经费支出强度（EX）、技术引进消化吸收强度（IA）这三个变量只有在 Hadri 检验这一种检验方法下未通过平稳性检验，而其他五种检验方法下均在1%的显著性水平下拒绝了原假设，即数据的原序列是平稳的；研发人力投入强度（HU）在Breitung检验和Hadri检验下没有通过检验，而其他四种方法也都在1%的显著水平下拒绝了原假设，数据平稳。由此可以认为，本章选取的数据通过平稳性检验，从而也保证了后续模型估计的有效性。

（三）面板模型的判断

面板数据模型的形式判断主要有F检验和Hausman检验两种方法，其中F检验可以判断模型是应该选择混合效应模型形式还是固定效应模型形式；Hausman检验可以判断模型是应该选择固定效应还是随机效应，图7—3给出了这两种检验方法的原理说明。

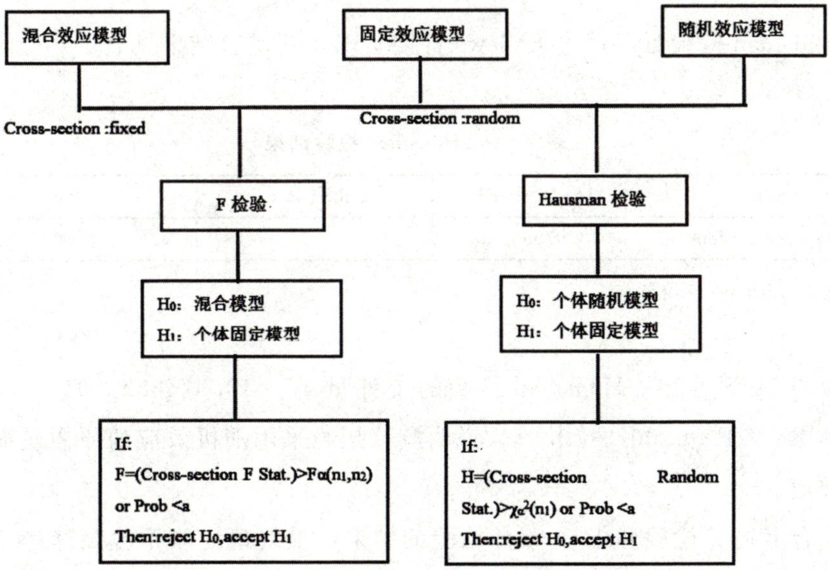

图7—3 面板数据模型形式判断方法流程

1. F 检验

根据图 7－3 所示的方法流程，首先进行 F 检验，构造 F 统计量，具体形式如下：

$$F=\frac{(R_{FE}^{2}-R_{CC}^{2})\ /\ (N-1)}{R_{CC}^{2}/\ (NT-N-K)}\sim F\ (N-1,\ NT-N-K) \quad (7-12)$$

其中，R_{FE}^{2}、R_{CC}^{2}分别为混合效应和个体固定效应模型的残差平方和，N 为研究对象的个数，T 为时间区间，K 为解释变量的个数。通过 EViews 得到 $R_{FE}^{2}=0.001094$，$R_{CC}^{2}=0.000848$，因此 $F=4.1757$，而通过 Excel 的 Finv 函数得到 $F_{0.05}$ (29，417) $=1.4950$，所以有 $F>F_{0.05}$ (29，417)，原假设不成立，应该选择个体固定效应模型。

2. Hausman 检验

Hausman 检验可以通过 EViews 直接实现，其运行结果见表 7－5。

表 7－5　Hausman 检验结果

Test Summary	Chi-Sq. Statistic	Chi-Sq. d. f.	Prob.
Cross-section random	13.975682	3	0.0029

本表数据由 EViews6.0 给出。

由表 7－5 可知，Hausman 检验的统计量 $W=13.975682>\chi_{0.05}^{2}(3)=7.815$，概率 $P=0.0029<0.05$，说明应该拒绝采用随机效应的原假设而选择固定效应。

综合上述 F 检验和 Hausman 检验的结果，最终确定本章应该选择个体固定效应模型。

（四）估计结果与分析

依据上一小节的结论，运用 EViews 对面板数据进行回归估计，表 7－6、表 7－7、表 7－8 分别给出了模型估计的结果、不同省份截距项与整体均值的偏离值（截距差）和模型的检验结果。

表 7—6 模型回归结果

Dependent variable：EL				
Variable	Coefficient	Std. Error	t-Statistic	Prob
C	0.026294	0.000252	10.1915	0.0000
EX	0.076935	0.023623	−3.256817	0.0012
HU	0.020733	0.008001	2.591432	0.0099
IA	0.284599	0.044345	−6.417842	0.0000

注：本表数据由 EViews6.0 得出。

表 7—7 各省（自治区、直辖市）截距项与均值的偏离值

地区	截距差	地区	截距差	地区	截距差	地区	截距差
北京	0.004556	上海	0.006907	湖北	0.000888	云南	−0.001690
天津	0.002816	江苏	0.002628	湖南	0.001035	陕西	0.000268
河北	−0.001513	浙江	0.004206	广东	0.004521	甘肃	−0.002784
山西	−0.003174	安徽	−0.000171	广西	−0.001216	青海	−0.002788
内蒙古	−0.002047	福建	0.000486	海南	−0.000914	宁夏	−0.004056
辽宁	−0.000142	江西	−0.001835	重庆	0.000874	新疆	−0.002076
吉林	−0.001112	山东	0.003404	四川	−0.000134		
黑龙江	−0.001696	河南	0.000267	贵州	−0.005508		

注：本表数据由 EViews6.0 得出。

表 7—8 模型的统计检验结果

R-squared	0.858627	Mean dependent var	0.025404]
Adjusted R-squared	0.803691	S. D. dependent var	0.003101
S. E. of regression	0.001426	Akaike info criterion	−10.19755
Sun squared resid	0.000848	Schwarz criterion	−9.896206
Log likelihood	2327.449	Hannan-Quinn criter	−10.07878
F-statistic	53.35012	Durbin-Watson	0.689360
Prob（F-statistic）	0.000000		

本表数据由 EViews6.0 给出。

从表7—8中可以看出，R^2 和调整的 R^2 分别为0.8586和0.8037，F统计量为53.3501，且其伴随概率 P 值为0，说明模型的整体回归效果较好；表7—6中，各变量的 t 值均显示在1%的显著性水平下对被解释变量的影响是显著的。因此，可以得到模型的回归结果如下：

$$EL_{it} = 0.0263 + 0.0769EX_{(t-1)} + 0.0207HU_{(t-1)} + 0.2846IA_{(t-1)} + 0.0046D_1 + 0.0028D_2 - 0.0015D_3 - \cdots - 0.0041D_{29} - 0.0021D_{30}$$

t (10.1915) (−3.2586) (2.5914) (−6.4178)

$R^2=0.8586$ F=53.3501 (7—13)

其中 D_i（$i=1，2，\cdots，30$）表示：

$$D_j=\begin{cases}1，\text{如果属于第 } i \text{ 个省份}\\0，\text{其他}\end{cases}$$

根据回归结果，自主研发经费支出强度（EX）、研发人力投入强度（HU）、技术引进消化吸收强度（IA）的系数均为正，说明这三个变量对企业的生态化水平都具有显著的正向影响。首先，对企业生态化水平影响最大的是技术引进消化吸收强度（IA）变量，回归系数为0.2846，即滞后一期的引进消化吸收的外来技术最有利于企业实现生态化转型，说明现阶段我国各省份工业企业在生态化转型过程中主要依靠的是引进外来技术；其次，对企业生态化水平具有正向影响的是自主研发经费支出强度，回归系数为0.0769，说明自主研发经费每增加1%，企业的生态化水平就能增加0.0769%；最后，研发人力投入强度在这三个因素中对企业生态化水平的影响程度最弱，但也通过了显著性检验，说明科研人员的投入对企业生态化转型也有一定的促进作用，也应该引起重视，尤其是在现阶段我国正在大力支持与鼓励企业走生态化发展路径的阶段，任何对企业生态化转型有利的影响因素都不应该被忽视。

三、结论与建议

（一）主要结论

在系统梳理了企业技术创新能力和生态化建设相关理论的基础上，总结了这两个领域的一些研究成果，构建了企业生态化水平的评价指标体系，运用熵值法对中国30个省份（自治区、直辖市）从2001年到2015年的企业生态化水平进行了定量评价，在此基础上，设定了分布滞后的面板数据模型，分析了企业的技术创新能力对生态化转型的影响特征。通过对以上问题的论述，得出了如下结论：

第一，中国各省份的企业生态化水平呈现出不平衡的现状，结合中国四大经济区域的划分，各区域生态化水平由高到低的顺序依次是东部地区、中部地区、东北地区、西部地区，呈现出较明显的由东向西梯度递减趋势和空间集聚特征，也就是生态化水平较高的省份大多分布在东部地区，而生态化水平较低的省份多数分布在中部、东北部和西部地区，区域之间的差距较为明显。

第二，中国各省份的企业生态化水平均呈现波动上升的趋势。对中国30个省份（自治区、直辖市）2001年至2015年之间的企业生态化水平评价结果显示，上升幅度最大的三个省份分别是海南、广东和湖北，分布在中、东部地区，上升幅度最小的三个省份分别是吉林、辽宁和陕西，分布在东北和西部地区，说明中、东部地区的企业生态化水平不仅较高，而且提高也较快，相反，东北和西部地区，企业生态化水平较低，上升也较为缓慢。

第三，技术创新能力对企业的生态化水平具有显著的正向影响。其中，对企业生态化水平影响最大的一个因素是技术引进消化吸收强度，即滞后一期的引进消化吸收的外来技术有力地促进了企业生态化转型的进程，而滞后一期的企业自主研发经费支出强度虽然对生态化转型也有较为显著的正向影响，但影响不及技术引进消化吸收强度，说明了现阶段我国各省份工业企业在生态化转型过程中主要依靠的是引进外来技术，而在自主研发方面还有待提高；最后，滞后一期的研发人力投入强度在这三个因素中对企业生态化水平的影响程度最弱，这可能是和企业的研发人员的专业技能和素质有关，因为企业先进技术的研发往往需要具有较多的知识储备和专业能力的人才，因此，企业对于研发人员的选拔与录用应该考虑其综合素质。

（二）政策启示

结合前文对中国30省份（自治区、直辖市）企业生态化水平的评价结果以及其呈现出来的典型特征和技术创新能力对企业生态化转型影响的内在因素，可以得出如下较有针对性的促进企业生态化转型的建议。

第一，进行产业结构调整，合理规划产业布局。首先要加强宏观调控，制定各行业节能降耗标准、措施和目标，率先鼓励发展节约能源、低资源消耗和无环境污染的高新技术产业，并在政策上予以扶持，对传统的技术设备落后而又高能耗和高污染的企业进行改造升级；其次要充分考虑到地区资源分布不均的事实，打破地区限制，依据资源所在的地理位置来考虑企业发展，发挥产业集群和工业生态效应，对企业进行重组，提高产业集中度，对于资源能源相对丰富的中西部地区来说可以大力发展制造业，而对于技术条件相对较好的东部地区可以大力发展加工型企业。

第二，增加技术创新研发投入，加强技术人才队伍建设。首先，企业应该有创新意识，能够认识到研发投入对于企业长期发展进步的重要性，在此基础上设立专门的科研基金和科研部门或者与第三方科研机构合作研发；其次，企业对于科技人才应该建立一套完善的引才、用才、留才和育才的政策和制度，建立公正的晋升机制，使员工能人尽其才，提高员工工作的积极性，对于优秀的技术型人才，为其提供良好的工作环境，为科研创新提供必备的硬件和软件条件，为他们解决住房、子女教育、医疗等后顾之忧，同时为科技人才提供深造和进一步发展的机会。

第三篇

调查研究与案例分析

第八章 豫鲁津企业生态化转型的调查与分析：影响因素与路径创新

——基于豫鲁津工业企业问卷的Probit模型分析

一、企业生态化问题及其研究进展

本章选取河南、山东、天津三地的工业企业作为样本对企业生态化的相关状况以及影响因素进行问卷调查。

河南、山东、天津地处中原地区和华北平原，地理条件优越，自然资源丰富，工业体系门类齐全，分别处于中原经济区、环渤海经济区和京津冀经济区，是我国的工业密集区。但是三地依赖于当地丰富的自然资源实现的经济发展带来了严重的环境破坏和资源浪费，致使三地沙尘暴、雾霾频发，地下水污染严重。在市场经济中，作为理性人的企业以实现利润最大化为目标，过于追求经济利益而忽略其应承担的社会责任，是环境污染、资源浪费的根本原因，必须促进企业生态化转型，从根本上解决企业对生态环境造成的破坏。近年来，河南、山东、天津三地的工业企业纷纷开始进行生态化转型，并取得一定的成效，因此，选取河南、山东、天津三地的工业企业作为样本对企业生态化的相关状况以及影响因素进行问卷调查。

企业生态化就是由传统企业向生态企业转化的过程，即企业由滥用资源、破坏环境向节约资源、保护环境转变的过程（张成考，2006）。企业生态化转型并不会给企业带来损失，相反，生态效率提高能够提供降低成本和增加收入的机会（Ambec，Lanoie，2008）。实质上，企业生态化的目的是使生产过程实现低资源投入、高资源利用率、低污染排放从而减轻对生态环境的破坏，最终实现经济、社会和自然的和谐。

从现有的文献看，国内学者对工业企业生态化评价指标、影响因素及实现机制进行了深入的研究。国外直接研究企业生态化的文献较少，大多是研究企业供应链的可持续发展间接反映企业生态化的相关问题。总体来看，现有文献对于企业生态化的研究大多集中在理论研究，实证分析较少，且缺乏使用实地调查数据对这一问题进行研究。本书通过问卷调查的方式得到了河南、山东、天津三地 90 家工业企业与企业生态化相关的数据，并利用 Probit-Ordered Probit 模型进行实证分析。基于问卷调查数据对影响企业生态化转型及企业生态化程度的因素进行分析，有助于工业企业更好地发现生态化转型中存在的问题，也可以帮助政府相关部门更好地发现现阶段产业政策需要调整的方面。

二、数据说明、变量解释和模型设定

（一）数据说明及变量解释

研究数据来源于对河南、山东、天津三地 90 家工业企业关于企业生态化转型影响因素的问卷调查。被调查企业涉及 24 个工业行业，其中其他制造业、橡胶和塑料制品业和金属制品业的企业最多，分别占样本总量的 30.76%、10.57%、8.83%。本次调查采用二次抽样法，第一次使用随机抽样法选择调查工业企业，第二次使用分层抽样法在选好的工业企业中按企业人员职位分层抽样的方式确定调查对象。本次问卷获得主要采用送发问卷和网络问卷两种方式，送发问卷是通过委托当地政府人员发放问卷，现场监督填写并收回；网络问卷主要通过电子邮件向被调查企业有关管理人员发放及收回问卷。本次调查共发放问卷 900 份，收回问卷 668 份，排除作答不完整和不规范的问卷后，得到有效问卷 634 份，问卷的回复率为 74.22%，有效率为 94.91%，效果很好①。

考虑到问卷设计的合理性以及问卷数据的可得性，文中以企业对当地生态环境的破坏程度作为反映企业生态化程度的指标，作为被解释变量。解释变量选取了被调查对象的主观认知、企业文化和一些反映企业基本状况的指标。表 8—1 列出了所有变量的详细解释。

表 8—1 变量定义

	变量	变量名	变量说明
被解释变量	企业是否开始生态化转型	EntEco	0＝否；1＝是
	企业对当地生态环境的破坏程度	EndaDg	不造成破坏＝1；破坏较小＝2；破坏＝3；严重破坏＝4
解释变量	对企业生态化转型的了解程度	UndDg	一点也不了解＝1；知道一点＝2；了解＝3
	转型必要性	TranNe	完全没有必要＝1；不太必要＝2；有必要＝3;非常有必要＝4
	企业文化中有无绿色、生态的内容	EntCul	没有＝0；有＝1
	企业进行生态环保宣传或培训的频繁程度	ProFre	从不进行＝1；偶尔进行＝2；经常进行＝3
	能源消费类型	EnerTy	煤炭＝1；石油＝2；天然气＝3；电力＝4；太阳能等清洁能源＝5
	是否已采用环保技术或环保设备进行生产	EnvTec	否＝0；是＝1
	目前拥有的专利总数	PatNum	无＝1；1—10 个＝2；10—50 个＝3；50 个以上＝4
	研发经费所占比重	R&DeP	研发经费所占比重＝研发经费/营业额
	是否获得 ISO14001 认证	EnvCer	否＝0；是＝1
控制变量	员工总数	EmNum	100 人以下＝1；100～200 人＝2；200～500 人＝3；500 人以上＝4

注：本表从调查问卷中分析得到。

资料来源：本表数据来源于对河南、山东、天津三地 90 家工业企业关于企业生态化转型影响因素的问卷调查。

① 贝利在《现代社会研究方法》一书中指出，调查问卷回复率至少在 50%对分析与研究才是合适的，才能以样本的结论推及总体；回复率至少为 60%才是比较好的；回复率在 70%以上是很好的。

（二）模型设定

1. Probit 模型

本章获得的企业是否开始生态化转型的数据是离散数据且因变量只取 0，1 两个值，因此用二元选择模型。Logit 模型和 Probit 模型都是二元选择模型的常用模型，当因变量为名义变量时，二者并没有本质的区别，一般可以换用。本章采用的是 Probit 模型。Probit 模型的具体数学表达式如下：

$$EntEco_i^* = \alpha + \beta_1 UndDg_i + \beta_2 TranNe_i + \beta_3 EntCul_i + \beta_4 ProFre_i + \beta_5 EnvCer_i + \beta_6 EnvTec_i + \beta_7 EnerTy_i + \beta_8 PatNum_i + \beta_9 R\&DeP_i + \beta_{10} R\&DpP_i + \beta_{11} Turnov_i + \beta_{12} EmpNu_i + \varepsilon_i \quad (8-1)$$

其中，$i=1, 2, \cdots, N$，代表第 i 家企业，α 代表截距项，β_k 是第 k 个解释变量对应的未知系数，$\varepsilon_i \sim N(0, 1)$ 且解释变量与 ε 相互独立，$EntEco_i^*$ 是无法观测到的潜在变量且 $EntEco$ 与 $EntEcoi_i^*$ 之间存在以下对应关系：

$$EntEco_i = \begin{cases} 0 & EntEco_i^* \geqslant 0 \\ 0 & EntEco_i^* < 0 \end{cases} \quad (8-2)$$

2. Ordered Probit 模型

获得的反映企业生态化程度的数据是以分类数据为主的离散数据，而且因变量离散数值数大于两类，因此选用 Ordered Probit 模型。Ordered Probit 模型来源于多分 Probit 模型，多分 Probit 模型最早是由 Aitchison 和 Silvery（1957）提出的，后来经由 Richard 和 McKelvey（1975）发展，将多分的 Probit 模型应用于分类数据的处理上，形成了 Ordered Probit 模型。Ordered Probit 模型的具体数学表达式如下：

$$EndaDg_i^* = \beta_1 UndDg_i + \beta_2 TranNe_i + \beta_3 EntCul_i + \beta_4 ProFre_i + \beta_5 EnvCer_i + \beta_6 EnvTec_i + \beta_7 EnerTy_i + \beta_8 PatNum_i + \beta_9 R\&DeP_i + \beta_{10} R\&DpP_i + \beta_{11} Turnov_i + \beta_{12} EmpNu_i + \varepsilon_i \quad (8-3)$$

其中，i 代表第 i 家企业，$i=1$，2，…，N，β_k 是第 k 个解释变量对应的未知系数，$\varepsilon_i \sim N$（0，1）。虽然 $EndaDg_i^*$ 是无法观测到的潜在变量，但是可以观测到的 $EndaDg_i$ 与其有如下关系：

$$EndaDg_i=\begin{cases}1, \; if \quad EndaDg_i^* < \alpha_1 \\ 2, \; if \; \alpha_1 \leqslant EndaDg_i^* < \alpha_2 \\ J, \; if \; \alpha_{J-1} \leqslant EndaDg_i^* \end{cases} \tag{8-4}$$

$EndaDg$ 是取值范围为｛1，2，…，J｝的离散变量，表示第 i 家企业的生态化程度，α_i 是一组新的参数，且 $\alpha_1<\alpha_2<\cdots<\alpha_J$。

三、调研所获样本的基本情况分析

被调查者中，高层管理人员有 65 人，占样本总量的 10.252%；中层管理人员有 169 人，占样本总量的 26.656%；基层管理人员有 111 人，占样本总量的 17.508%；普通员工有 289 人，占样本总量的 45.584%。

图 8－1、图 8－2 分别反映了不同职位的被调查者对企业生态化转型的了解程度和必要性认识。由图 8－1 可以看出，被调查者对企业生态化转型的平均了解程度与其企业中的职位具有明显的相关关系，被调查者在企业中的职位越高，对企业生态化转型越了解。其中，高层管理人员中有 49.231%了解企业生态化转型，有 41.538%知道一些，仅有 9.231%对企业生态化转型完全不知道；而在普通员工中对此完全不知道的占 53.287%；中层管理人员和基层管理人员中对企业生态化转型知道一些的占比最多，其中，中层管理人员中了解企业生态化转型的人员比例又比基层人员中的高。这可能是企业中不同职位工作人员的文化程度、对国家政策的关注程度、对宏观经济形势的认识程度以及在企业决策中扮演角色的不同导致的。高层管理人员负有制定企业发展的总目标、总战略的责任，这就决定了其必须具有一定的文化水平并密切关注国家相关政策，同时对宏观经济形势做出正确的估计。而中层管理人员与基层管理人员的职责主要是执行、监督和协调，对他们的文化程度、对国家政策的关注程度要求相对较低，同时也不需要它们对宏观经济形势进行深入认识。工业企业中的普通员工一般只需要根据管理人员的指令进行生

产即可，对其文化程度、对国家政策的关注程度、对宏观经济形势的认识程度的要求最低。从图8－2可以看出，被调查者职位不同与其对企业进行生态化转型的必要性程度的认知不存在显著的相关关系。不同职位的被调查者中认为企业进行生态化转型是非常有必要或有必要的比例均超过了83%。

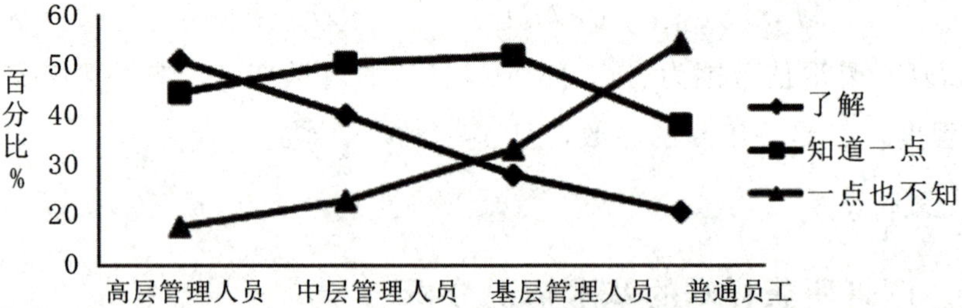

图8－1　被调查者对企业生态化转型的了解程度

资料来源：本图所有数据来源于对河南、山东、天津三地90家工业企业关于企业生态化转型影响因素的问卷调查。

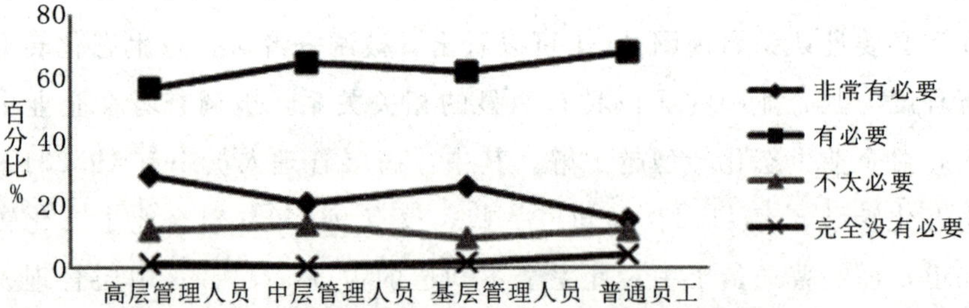

图8－2　被调查者对企业生态化转型的必要性认识

资料来源：本图所有数据来源于对河南、山东、天津三地90家工业企业关于企业生态化转型影响因素的问卷调查。

表8－2给出了模型中所有与解释变量、被解释变量相关的指标的描述性统计结果。从表8－2中可以得到，开始进行企业生态化转型的企业占被调查企业总数的65.457%，这说明大多数工业企业已经认识到生态化转型的必要性，并已采取行动；企业对当地生态环境的破坏程度的均值为2.446，说明大部分工业企业的生产经营活动对生态环境的破坏较小，但是由于样本容量

的限制以及抽样问卷调查具有随机性、偶然性，该样本均值可能比实际值略高。被调查对象对企业生态化转型的了解程度均值为1.901，说明大多数职工还是对企业生态化转型有一定了解的；被调查对象对企业生态化转型必要性的认知均值为3.025，说明大多数职工认为企业进行生态化转型是有必要的；企业进行生态环保宣传或培训的频繁程度的均值为2.123，这说明大多数工业企业只是偶尔进行生态环保宣传或培训；能源消费类型的均值为3.322，说明大多数工业企业使用电力作为主要的能源；目前拥有的专利总数均值为2.035，说明大部分工业企业目前拥有的平均专利数目很少或没有；研发经费投入额均值为1.768，说明工业企业平均研发经费投入额约为77万元；员工总数均值为2.461，说明工业企业的平均员工数为146人。

表8—3列出了工业企业对当地生态环境造成破坏的原因，表8—4显示了企业生态化转型中面临的主要困难。

表8—2 样本基本情况描述性统计

	均值	标准差	分组	占被调查者的比例（%）
企业是否开始	0.654	0.476	否＝0	34.543
生态化转型			是＝1	65.457
企业对当地生态	2.446	0.727	不造成破坏＝1	3.785
环境的破坏程度			破坏较小＝2	58.044
			破坏＝3	27.918
			严重破坏＝4	10.252
对企业生态化转型	1.901	0.759	一点也不了解＝1	34.227
的了解程度			知道一点＝2	41.483
			了解＝3	24.290
转型必要性	3.025	0.655	完全没有必要＝1	2.681
			不太必要＝2	12.145
			有必要＝3	65.142
			非常有必要＝4	20.032
企业文化中有无绿色	0.852	0.356	没有＝0	14.826
生态的内容			有＝1	85.174
企业进行生态环保宣传	2.123	0.658	从不进行＝1	16.246

续表

	均值	标准差	分组	占被调查者的比例（%）
或培训的频繁程度			偶尔进行＝2	55.205
			经常进行＝3	28.549
能源消费类型	3.322	1.127	煤炭＝1	15.931
			石油＝2	3.943
			天然气＝3	12.934
			电力＝4	66.404
			太阳能等清洁能源＝5	0.789
是否已采用环保技术或环保设备进行生产	0.617	0.487	否＝0	38.328
			是＝1	61.672
目前拥有的专利总数	2.035	1.034	无＝1	39.59
			1～10 个＝2	29.495
			10～50 个＝3	18.77
			50 个以上＝4	12.145
研发经费投入额	1.768	1.006	100 万元以下＝1	53.628
			100 万元～500 万元＝2	27.129
			500 万元～1000 万元＝3	8.044
			1000 万元以上＝4	11.199
是否获得 ISO14001 认证	0.270	0.444	否＝0	73.028
			是＝1	26.972
员工总数	2.461	1.143	100 人以下＝1	24.448
			100～200 人＝2	33.438
			200～500 人＝3	13.722
			500 人以上＝4	28.391

注：本表由软件 stata12.0 分析得到。

资料来源：本表数据来源于对河南、山东、天津三地 90 家工业企业关于企业生态化转型影响因素的问卷调查。

表 8－3 工业企业活动破坏当地生态环境的原因

破坏当地生态环境的原因	数量	占比（%）
能源结构不合理，能源使用效率较低	241	0.380
技术研发投入少，生产技术落后	277	0.437

续表

破坏当地生态环境的原因	数量	占比（%）
政府政策处罚力度、监管力度不够	240	0.379
政府相关优惠政策无法切实实施	187	0.295
企业管理人员对保护生态的重视不够	135	0.213
企业管理人员不太了解相关的环保和节能降耗标准	107	0.169
其他	11	0.017

注：本表由软件 excel 分析得到。根据问卷内容，“其他”主要代表客户对产品的环保要求过低。
资料来源：本表数据来源于对河南、山东、天津三地 90 家工业企业关于企业生态化转型影响因素的问卷调查。

表 8—4 工业企业生态化转型面临的主要困难

生态化转型面临的主要困难	数量	占比（%）
缺乏行之有效的新技术、新材料和新管理模式以及相关信息推广交流平台	382	60.252
自主开发能力差，只能提供一些技术含量低、附加值低的产品	148	23.344
研发经费不足，技术进步缓慢，生产技术落后	153	24.132
节能降耗成本太高，严重影响企业的营业收入	107	16.877
企业不具备相应的资金条件，融资渠道狭窄，面临较强的融资约束	150	23.659
企业管理人员不太了解相关的环保和节能降耗标准	100	15.773
市场上的清洁生产技术成熟度不高，无法真正用于生产	108	17.035
政府的节能减排优惠政策太少	115	18.139
政府的“三废”排放处罚标准过重，不符合企业生产实际情况	9	1.420
政府管理部门的环保标准模糊不清	30	4.732
其他	4	0.631

注：本表由软件 excel 分析得到。
资料来源：本表数据来源于对河南、山东、天津三地 90 家工业企业关于企业生态化转型影响因素的问卷调查。

四、工业企业生态化影响因素的实证分析

（一）工业企业生态化转型影响因素的 Probit 回归分析

以企业是否开始生态化转型（EntEco）为被解释变量，利用软件 stata12.0

对调查问卷所得数据进行 Probit 回归分析，估计结果如表 8－5 所示。

表 8－5 工业企业是否进行生态化转型影响因素的 Probit 模型估计结果

自变量	系数	标准差	z 值	P 值
UndDg	0.572***	0.089	6.450	0.000
TranNe	－0.085	0.100	－0.850	0.397
EntCul	1.059***	0.178	5.970	0.000
ProFre	0.212**	0.103	2.050	0.041
EnerTy	0.062	0.054	1.160	0.246
EnvTec	－0.328**	0.151	－2.170	0.030
PatNum	－0.184**	0.086	－2.140	0.032
R&DeP	－0.469***	0.113	－4.130	0.000
EnvCer	0.289**	0.141	2.040	0.041
EmNum	0.278***	0.099	2.820	0.005
常数项	－1.394***	0.490	－2.840	0.004
对数似然值＝－329.711 卡方检验统计量＝157.890 卡方检验统计量的 P 值＝0.000。				

注：本表由软件 stata12.0 分析得到。***、**、* 分别代表在 1%、5%、10%水平上显著。

资料来源：本表数据来源于对河南、山东、天津三地 90 家工业企业关于企业生态化转型影响因素的问卷调查。

由估计结果可知，对企业生态化转型的了解程度（UndDg），企业文化中有无绿色、生态的内容（EntCul），企业进行生态环保宣传或培训的频繁程度（ProFre），是否已采用环保技术或环保设备进行生产（EnvTec），目前拥有的专利数目（PatNum），研发经费所占比重（R&DeP），是否获得 ISO14001 认证（EnvCer），员工总数（EmNum）都会对企业是否进行生态化转型造成影响。

对 Probit 回归结果的具体分析如下。

（1）从被调查者对企业生态化转型的认知来看，被调查者对企业生态化转型的了解程度（UndDg）对企业是否开始生态化转型具有显著的正向影响。在 Probit 回归结果中，对企业生态化转型的了解程度（UndDg）的估计参数为 0.572，大于 0，z 值为 6.450，在 1%的显著性水平上通过了检验，说明被调查者对企业生态化转型的了解程度与企业是否开始生态化转型显著正相关，即被调查者对企业生态化转型越了解，企业开始生态化转型的概率越大。这主要是因为被调查者中存在企业的管理者，这部分人对企业的发展方向具有决策的权力，他们对企业生态化转型越了解，就越能意识到企业生态化是节约能源、减少消耗的必要手段，而且企业实现生态化转型在长期可以通过避免罚款和排污费降低成本，有远见的企业管理者会选择使企业进行生态化转型。被调查者对企业生态化转型必要性的认知（TranNe）的z值为－0.850，即使在10%的显著性水平下也通不过统计检验。这是因为认为生态化转型有必要的企业可能由于技术水平、生产设备落后、资金不足、对政府相关政策不了解等方面的原因未具备生态化转型的条件，所以未开始转型。

（2）从企业文化角度来看，企业文化中有无绿色、生态的内容（EntCul），企业进行生态环保宣传或培训的频繁程度（ProFre）对企业是否开始生态化转型具有显著的正向影响。在Probit回归结果中，企业文化中有无绿色、生态的内容（EntCul）的估计参数为1.059，大于0，z值为5.970，说明在1%的显著性水平上，企业文化中有无绿色、生态的内容与企业是否开始生态化转型显著正相关，即企业文化中有绿色、生态的内容，企业开始生态化转型的概率越大。企业文化的核心是企业的精神和价值观。这里的价值观指的是企业或企业中员工在从事经营活动中所秉持的价值观念。因此，企业文化中包含绿色、生态的内容，有助于企业员工价值观念向生态化的方向转变，从而促使企业进行生态化转型。企业进行生态环保宣传或培训的频繁程度（ProFre）的估计参数为0.212，大于0，z值为2.050，说明在5%的显著性水平上，企业进行生态环保宣传或培训的频繁程度与企业是否开始生态化转型显著正相关，即企业进行生态环保宣传或培训越频繁，企业开始生态化转型的概率越大。进行生态环保宣传或培训有助于加深企业员工，尤其是企业管理者对企业生态化的了解，从而意识到企业生态化转型的必要性，进而做出进行生态化转型的决策。

（3）从能源消费类型来看，能源消费类型（EnerTy）对企业是否开始生态化转型的影响不显著。在Probit回归结果中，能源消费类型（EnerTy）的估计参数为0.062，大于0，z值为1.160，说明即使在10%的显著性水平下也通不过统计检验。这是因为一方面，使用的能源类型偏向于清洁能源的企业本身对环境的污染较少，更容易转型成功，促使其进行生态化转型；另一方面，使用的能源类型偏向于清洁能源的企业本身面临很弱的环境风险，促使其进行转型的激励较弱，其转型的积极性较低。这两方面的作用相互制衡，导致能源消费类型与企业是否开始生态化转型关系不大。

（4）从技术进步来看，是否已采用环保技术或环保设备进行生产（EnvTec）、目前拥有的专利数目（PatNum）、研发经费所占比重（R&DeP）对企业是否开始生态化转型具有显著的负向影响。在 Probit 回归结果中，是否已采用环保技术或环保设备进行生产（EnvTec）的估计参数为－0.328，小于0，z 值为－2.170，在5%的显著性水平上通过统计检验，说明是否已采用环保技术或环保设备进行生产与企业是否开始生态化转型显著负相关，即未采用环保技术或环保设备进行生产的企业开始生态化转型的概率越大。这是因为未采用环保技术或环保设备生产的企业可能会受到环境风险的掣肘在参与市场竞争时处于不利地位，从而促使企业进行生态化转型。目前拥有的专利数目（PatNum）的估计参数为－0.184，小于0，z 值为－2.140，在5%的显著性水平上通过统计检验，说明企业目前拥有的专利数目与企业是否开始生态化转型显著负相关，即企业目前拥有的专利数目越少，企业开始生态化转型的概率越大。研发经费所占比重（R&DeP）的估计参数为－0.469，小于0，z 值为－4.130，在1%的显著性水平上通过统计检验，说明研发经费所占比重与企业是否开始生态化转型显著负相关，即研发经费所占比重越小，企业开始生态化转型的概率越大。这是因为企业目前拥有的专利数目越少、研发经费占营业额的比重越小，企业的技术研发力度相对较小，企业在争取国内市场份额以及进行国际贸易时会遇到技术障碍，从而促使企业进行生态化转型。

（5）从环保认证来看，是否获得 ISO14001 认证（EnvCer）对企业是否开始生态化转型具有显著的正向影响。是否获得 ISO14001 认证（EnvCer）的估计参数为0.289，大于0，z 值为2.040，在5%的显著性水平上通过统计检验，说明是否获得 ISO14001 认证与企业是否开始生态化转型显著正相关，即获得 ISO14001 认证的企业开始生态化转型的概率越大。获得 ISO14001 认证的企业一般是具有社会责任感的企业，在其生产、经营和服务活动中会考虑对环境的影响，减少对环境的负荷，因此，其进行生态化转型的概率越大。

（6）从企业规模来看，企业规模对企业是否开始生态化转型具有显著的正向影响。在 Probit 回归结果中，企业员工总数（EmNum）的估计参数为 0.278，大于 0，z 值为 2.820，在 1%的显著性水平上通过了检验，说明企业的员工总数与企业是否开始生态化转型显著正相关，即企业员工总数越多，企业开始生态化转型的概率越大。企业员工总数越多，说明企业的规模越大，其管理者也会更多地考虑企业的长期发展，也就更可能进行生态化转型。

（二）工业企业生态化程度影响因素的 Ordered Probit 回归分析

以企业对当地生态环境的破坏程度（EndaDg）为被解释变量，利用软件 stata12.0 从微观角度对影响工业企业生态化程度的影响因素进行 Ordered Probit 回归分析，估计结果如表 8—6 所示。

表 8—6 工业企业生态化程度影响因素的 Ordered Probit 模型估计结果

自变量	系数	标准差	z 值	P 值
UndDg	−0.166**	0.081	−2.050	0.040
TranNe	−0.691***	0.097	−7.120	0.000
EntCul	−0.054	0.165	−0.330	0.743
ProFre	−0.211**	0.094	−2.240	0.025
EnerTy	−0.186***	0.050	−3.750	0.000
EnvTec	−0.233*	0.141	−1.640	0.100
PatNum	0.086	0.078	1.100	0.272
R&DeP	1.281***	0.120	10.700	0.000
EnvCer	−0.566***	0.133	−4.250	0.000
EmNum	0.142*	0.086	1.660	0.098
对数似然值＝−380.863，卡方检验统计量＝543.550，卡方检验统计量 P 值＝0.000。				

注：本表由软件 stata12.0 分析得到。***、**、* 分别代表在 1%、5%、10%水平上显著。

资料来源：本表数据来源于对河南、山东、天津三地 90 家工业企业关于企业生态化转型影响因素的问卷调查。

由估计结果可知，对企业生态化转型的了解程度（UndDg）、转型必要性（TranNe）、企业进行生态环保宣传或培训的频繁程度（ProFre）、企业使用的主要能源类型（EnerTy）、是否已采用环保技术或环保设备进行生产（EnvTec）、研发经费所占比重（R&DeP）、是否获得ISO14001认证（EnvCer）、员工总数（EmNum）都会对企业生态化程度造成影响。对Ordered Probit回归结果的具体分析如下：

（1）从被调查者对企业生态化转型的认知来看，被调查者对企业生态化转型的了解程度（UndDg）、转型必要性（TranNe）对企业对当地生态环境的破坏程度具有显著的负向影响。在Ordered Probit回归结果中，对企业生态化转型的了解程度（UndDg）的估计参数为－0.166，小于0，z值为－2.050，在5%的显著性水平上通过了检验，说明被调查者对企业生态化转型的了解程度与企业对当地生态环境的破坏程度显著负相关，即被调查者对企业生态化转型越了解，企业对当地生态环境的破坏程度越小。被调查者，尤其是企业管理人员对企业生态化转型越了解，就越能意识到节约能耗、保护生态的重要性，在制定决策时倾向于实现环境影响最小化，从而使企业对当地生态环境的破坏程度减小。在Ordered Probit回归结果中，被调查者对企业生态化转型必要性的认知（TranNe）的估计参数为－0.691，小于0，z值为－7.120，在1%的显著性水平上通过了检验，说明被调查者对企业生态化转型必要性的认知与企业对当地生态环境的破坏程度显著负相关，即被调查者认为企业生态化转型越有必要，企业对当地生态环境的破坏程度越小。被调查者认为企业生态化转型越有必要，就越重视对生态环境的保护，从而对生态环境的破坏程度就越小。

（2）从企业文化来看，企业进行生态环保宣传或培训的频繁程度（ProFre）对企业对当地生态环境的破坏程度具有显著的负向影响。在Ordered Probit回归结果中，企业进行生态环保宣传或培训的频繁程度（ProFre）的估计参数为－0.211，小于0，z值为－2.240，说明在5%的显著性水平上通过了统计检验，企业进行生态环保宣传或培训的频繁程度与企业对当地生态环境的破坏程度显著正相关，即企业进行生态环保宣传或培训越频繁，企业对当地生态环境的破坏程度越小。企业进行生态环保宣传或培训可以增强企业员工的生态意识，使其在生产、经营、管理活动中注重保护生态，从而减少对生态环境的破坏。在 Ordered Probit 回归结果中，企业文化中有无绿色、生态的内容（EntCul）的 z 值为－0.330，即使在 10%的显著性水平上也通不过统计检验。这是因为有些企业的企业文化中虽然存在绿色、生态的内容，但这并不作为企业的主要价值观为员工所认识，所以企业文化中有无绿色、生态的内容对企业具体的生产、经营活动的影响不显著，与企业对生态环境的破坏关系不大。

（3）从能源消费类型来看，能源消费类型对企业对当地生态环境的破坏程度具有显著的负向影响。在 Ordered Probit 回归结果中，能源消费类型（EnerTy）的估计参数为－0.186，小于 0，z 值为－3.750，在 1%的显著性水平下通过了统计检验，说明企业使用的主要能源类型（EnerTy）与企业对当地生态环境的破坏程度显著负相关，即企业使用的能源越倾向于太阳能、风能等清洁能源，企业对当地生态环境的破坏程度越小。企业使用清洁能源可以减少对不可再生资源的消耗，减少废弃物的产生和排放，从而减少对生态环境的破坏。

（4）从技术进步来看，是否已采用环保技术或环保设备进行生产（EnvTec）对企业对当地生态环境的破坏程度具有显著的负向影响，研发经费所占比重（R&DeP）对企业对当地生态环境的破坏程度具有显著的正向影响。在 Ordered Probit 回归结果中，是否已采用环保技术或环保设备进行生产（EnvTec）的估计参数为－0.233，小于 0，z 值为－1.640，在 10%的显著性水平上通过统计检验，说明已采用环保技术或环保设备进行生产的企业对生态环境的破坏程度较小。在 Ordered Probit 回归结果中，研发经费所占比重（R&DeP）的估计参数为 1.281，大于 0，z 值为 10.700，在 1%的显著性水平上通过统计检验，说明研发经费所占比重与企业对当地生态环境的破坏程度显著正相关，即研发经费占营业额的比重越小，企业对当地生态环境的破坏程度越小。研发经费占企业营业额的比重越小的企业规模一般较大，规模大的企业技术先进，能源资源使用效率高，废物排放较少，从而减少对生态环境的破坏。目前拥有的专利数目（PatNum）的 z 值为 1.100，在 10%的显著性水平下也没有通过统计检验，说明企业目前拥有的专利数目与企业对当地生态环境的破坏程度关系不显著。

(5) 从环保认证来看，是否获得ISO14001认证（EnvCer）对企业是否开始生态化转型具有显著的负向影响。在Ordered Probit回归结果中，是否获得ISO14001认证（EnvCer）的估计参数为－0.566，小于0，z值为－4.250，在1%的显著性水平上通过统计检验，说明是否获得ISO14001认证与企业对当地生态环境的破坏程度显著负相关，即获得ISO14001认证的企业对当地生态环境的破坏程度较小。获得ISO14001认证会促使企业自觉遵守相关环境法律、法规，自觉履行社会责任，加强环境管理，增强员工的环保意识，在生产、经营活动中节约能源、循环利用废弃物，从而减少对当地生态环境的破坏。

(6) 从企业规模来看，企业规模对企业对当地生态环境的破坏程度具有正向影响。在Ordered Probit回归结果中，企业员工总数（EmNum）的估计参数为0.142，大于0，z值为1.660，在10%的显著性水平上通过统计检验，说明企业员工总数与企业对当地生态环境的破坏程度正相关，即企业规模越大，对当地生态环境的破坏越严重。这是因为：一方面，企业规模越大，企业越需要寻求长期的、良性的发展，会注重承担企业社会责任，节约能源，保护环境，以此提高企业的综合竞争能力、改善企业形象、减少环境风险；另一方面，大企业生产规模大，产量多，造成的污染总量会更多。这两方面共同发挥作用，因增加产量而造成的污染效应占优势时，企业规模越大会导致对生态环境的破坏越严重。

五、工业企业生态化的实现路径

（一）结论

采用河南、山东、天津三地90家工业企业关于企业生态化转型影响因素的问卷调查数据，建立Probit-Ordered Probit模型进行实证分析，得到以下结论。

(1) 通过Probit模型对工业企业是否开始生态化转型的影响因素分析结

果可知，被调查者对企业生态化转型的了解程度、企业文化中有无绿色、生态的内容，企业进行生态环保宣传或培训的频繁程度、是否获得ISO14001认证、员工总数与企业是否开始生态化转型具有显著的正相关关系。是否已采用环保技术或环保设备进行生产、目前拥有的专利数量、研发经费所占比重与企业是否开始生态化转型具有显著的负相关关系。被调查者对企业生态化转型必要性的认知、能源消费类型与企业是否开始生态化转型的关系不显著。

(2) 通过Ordered Probit模型对工业企业生态化程度的影响因素分析结果可知，研发经费所占比重、员工总数与企业对当地生态环境的破坏程度具有显著的正相关关系。被调查者对企业生态化转型的了解程度、转型必要性、企业进行生态环保宣传或培训的频繁程度、能源消费类型、是否已采用环保技术或环保设备进行生产、是否获得ISO14001认证与企业对当地生态环境的破坏程度具有显著的负相关关系。企业文化中有无绿色、生态的内容，目前拥有的专利数目与企业对当地生态环境的破坏程度的关系不显著。

(二) 企业生态化实现路径

1. 构建生态化企业文化，实现生态化发展模式转变

根据上文研究发现，被调查者对企业生态化转型的认知指标、企业文化指标与工业企业对当地生态环境的破坏程度负相关。因此，构建生态型企业文化，增强企业职工的生态意识，提高其对企业生态化转型的认识，有助于减少企业活动对生态环境的破坏。将生态理念融入企业文化，使之成为企业运作的指导思想，贯穿到企业生产、经营的各个方面，更有利于企业发展生态经济，实现自然、社会和经济的和谐发展。另外，要向企业职工，尤其是管理人员宣传节能、环保的重要性以及企业生态化的基本内涵，使其走出要实现生态化转型就要以牺牲利润为代价的误区，改变高投入、高污染、低产出的传统发展模式，实现低投入、低污染、高产出的生态化发展模式。

2. 优化能源消费结构，提高能源使用效率

根据上文研究发现，能源消费类型与企业对当地生态环境的破坏程度负

相关。因此，减少对煤炭等高污染能源的使用，增加对风能、太阳能等清洁能源的使用，可以减轻企业生产活动对生态环境的破坏。企业要建立合理的能源消费模式，加快可再生能源和新能源对化石能源的替代，大力推动节能减排，提高能源使用效率。同时，企业要进行自主技术创新或引进生态环保技术，利用生态技术或设备进行生产，减少生产过程造成的能源浪费和环境污染。

3. 推进产学研一体化，提升企业核心竞争力

企业要重视技术研发，建立自己的技术研发部门，提高技术研发能力，积极与科研院所和高校合作建立以企业为核心的产学研共同体，形成“以产养研、以研促产”的企业经营模式。同时，企业进行技术创新离不开政府的帮助，政府要努力营造技术研发成果有效转移和企业充分运用的社会氛围，确立企业在技术创新中的核心地位。

4. 建立生态化管理体系，促进企业生态化建设

基于上文的分析可知，获得ISO14001认证的企业对当地生态环境的破坏较小。因此，企业建立生态化管理体系对减少生态破坏具有重要作用。企业要着眼全局，建立追求生态效率最大化的企业管理机制，完善生态化管理制度建设，促使企业中从最高领导到基层职工都能以自觉主动的精神处理好自身与生态保护的关系，节约资源、减少污染、降低环境成本、改善环境绩效，实现企业的生态化建设。

附　　录

工业企业生态化转型的调查问卷

一、被访问者基本状况及认知情况

1.1 您所在企业名称________________（可选填）

1.2 您在企业中担任的职位（　　）。

A. 高层管理人员　　B. 中层经理　　C. 基层经理

1.3 您知道什么是企业生态化转型或产业生态化转型吗？（　　）

A. 了解　　B. 知道一点　　C. 不清楚　　D. 不关心

1.4 您认为企业进行生态化转型有必要吗？（　　）

A. 非常有必要　　B. 有必要　　C. 不太必要　　D. 完全没有必要

二、企业状况调查

2.1 贵企业所属行业（　　）。

A. 煤炭开采和洗选业
B. 石油和天然气开采业
C. 黑色金属矿采选业
D. 有色金属矿采选业
E. 非金属矿采选业
F. 开采辅助活动
G. 其他矿采选业
H. 农副食品加工业
I. 食品制造业
J. 酒、饮料和精制茶制造业
K. 烟草制品业
L. 纺织业
M. 纺织服装、服饰业
N. 皮革、毛皮及其制品和制鞋业
O. 木材加工及木、竹、草制品业
P. 家具制造业
Q. 造纸和纸制品业
R. 印刷业和记录媒介复制业
S. 文教、体育和娱乐用品制造业
U. 化学原料和化学制品制造业
V. 医药制造业
W. 化学纤维制造业
X. 橡胶和塑料制品业
Y. 非金属矿物制品业
Z. 黑色金属冶炼及压延加工业
A1. 有色金属冶炼及压延加工业
B1. 金属制品业
C1. 通用设备制造业
D1. 专用设备制造业
E1. 汽车制造业
F1. 运输设备制造业
G1. 计算机、通信和电子设备制造业
H1. 仪器仪表制造业
I1. 其他制造业
J1. 废弃资源综合利用业
K1. 金属制品、机械和设备修理业
L1. 电力、热力生产和供应业
M1. 燃气生产和供应业

T. 石油加工、炼焦和核燃料加工业　　N1. 水的生产和供应业

2.2 贵企业 2015 年的营业额（　　）。

A. 1 亿元以上　　B. 5000 万元～1 亿元

C. 1000 万元～5000 万元　　D. 1000 万元以下

2.3 贵企业 2015 年的员工总数（　　）。

A. 500 人以上　　B. 200～500 人

C. 100～200 人　　D. 100 人以下

2.4 贵企业的企业文化中有没有关于绿色生产、保护生态的内容（　　）。

A. 有　　B. 没有

2.5 贵企业是否经常进行生态环保方面的宣传或培训？（　　）

A. 经常进行　　B. 偶尔进行　　C. 从不进行

2.6 贵企业是否获得 ISO9001 质量管理体系认证（　　）。

A. 获得　　B. 未获得　　C. 不清楚

2.7 贵企业是否获得 ISO14001 环境管理体系认证（　　）。

A. 获得　　B. 未获得　　C. 不清楚

三、企业研究与开发基本状况

3.1 贵企业 2015 年研发经费投入额（　　）。

A. 1000 万元以上　　B. 500 万元～1000 万元

C. 100 万元～500 万元　　D. 100 万元以下

3.2 贵企业 2015 年研发人员总数（　　）。

A. 100 人以上　　B. 50～100 人

C. 10～50 人　　D. 10 人以下

3.3 贵企业 2015 年的专利申请数目（　　）。

A. 50 个以上　　B. 10～50 个

C. 1～10 个　　D. 无

3.4 贵企业目前拥有的专利总数为（　　）。

A. 50 个以上　　B. 10～50 个　　C. 1～10 个　　D. 无

3.5 贵企业现阶段主要研发内容（　　）。

A. 主导产品的核心技术　　B. 企业前瞻技术研究

C. 工艺改进　　D. 产品设计

E. 工程化或试生产　　F. 新产品开发

G. 其他（请注明）＿＿＿＿＿＿＿＿＿＿

3.6 贵公司的研发成果主要通过何种方式实现（　　）。

A. 自主研发　　B. 合作研发　　C. 委托外单位研发

D. 直接购买　　E. 其他（请注明）＿＿＿＿＿

3.7 贵公司下一阶段的主要研发内容（　　）。

A. 主导产品的核心技术　　B. 企业前瞻技术研究

C. 工艺改进　　D. 产品设计

E. 工程化或试生产　　F. 新产品开发

G. 其他（请注明）＿＿＿＿＿

3.8 贵企业是否已采用环保技术或环保设备进行生产（　　）。

A. 是　　B. 否

四、环境影响

4.1 贵企业的生产活动对当地水源的污染情况（　　）。

A. 造成了严重污染，水生生物大量死亡

B. 造成水体污染，水生生物减少

C. 排污前经过净化处理，对水源影响较小

D. 并不会造成水体污染

4.2 贵企业废气排放前是否经过严格的处理？（　　）

A. 严格按标准处理

B. 经过一般处理后即排放到大气

C. 直接排放到大气

4.3 贵企业对固体废弃物是否进行无害化、资源化处理或按相关规定申报登记、分类管理（　　）。

A. 是　　B. 否　　C. 不清楚

4.4 您认为贵企业对当地生态环境的影响（　　）。

A. 严重破坏　　B. 破坏　　C. 影响较小　　D. 不影响

4.5（可多选）接上题，若您认为会破坏当地生态环境，原因是（　　）。

A. 能源结构不合理，能源使用效率较低

B. 技术研发投入少，生产技术落后

C. 政府政策处罚力度、监管力度不够

D. 政府相关优惠政策无法切实实施

E. 企业管理人员对保护生态的重视不够

F. 企业管理人员不太了解相关的环保和节能降耗标准

G. 其他（请注明）__________

4.6（可多选）贵企业使用的主要能源类型（　　）。

A. 煤炭　　B. 石油　　C. 天然气　　D. 电力

E. 太阳能、风能等清洁能源

4.7 贵企业污染物的主要排放类型（　　）。

A. 废水　　B. 固体废弃物污染　　C. 废气

4.8 贵企业是否对其对环境造成的破坏采取措施处理（　　）。

A. 是　　B. 否　　C. 不清楚

4.9 贵企业是否使用污染物处理装置将污染物进行处理后排放或丢弃？（　　）

A. 是　　B. 否　　C. 不清楚

五、企业生态化转型存在的问题与建议

5.1 贵企业是否已经开始生态化转型（　　）。

A. 是　　B. 否

5.2（可多选）您认为本企业进行生态化转型面临的主要困难是（　　）。

A. 缺乏行之有效的新技术、新材料和新管理模式以及相关信息推广交流平台

B. 自主开发能力差，只能提供一些技术含量低、附加值低的产品

C. 研发经费不足，技术进步缓慢，生产技术落后

D. 节能降耗成本太高，严重影响企业的营业收入

E. 企业不具备相应的资金条件，融资渠道狭窄，面临较强的融资约束

F. 企业管理人员不太了解相关的环保和节能降耗标准

G. 市场上的清洁生产技术成熟度不高，无法真正用于生产

H. 政府的节能减排优惠政策太少

I. 政府的“三废”排放处罚标准过重，不符合企业生产实际情况

J. 政府管理部门的环保标准模糊不清

K. 其他（请注明）__________

5.3 您认为本企业生态化转型最需要哪方面的努力（　　）。

A. 企业自身　　　　B. 政府相关部门引导监管

C. 市民的认识

5.4（可多选）您认为企业可以通过哪些方式促进本企业生态化转型（　　）。

A. 调整能源利用结构，提高清洁能源使用比例

B. 调整产品结构，减少破坏生态环境的产品的生产

C. 提高研发经费及人员投入，提高自主创新能力

D. 增加环保投资，使用清洁技术进行生产

E. 提高资源利用效率，降低消耗和污染物排放

F. 制定节能环保规章制度，培养节能减排意识

G. 将信息技术与本企业的生产经营相结合

H. 其他（请注明）__________

5.5（可多选）您对国家支持本企业结构调整和转型升级的建议主要是（　　）。

A. 利用项目和税收优惠政策，支持企业技术改造

B. 提高产业标准，加快淘汰落后产能

C. 加大对企业技术研发的支持力度，提高企业自主开发能力

D. 支持企业开拓市场、发展自主品牌

E. 拓宽企业融资渠道，降低融资困难程度

F. 其他（请注明）__________

5.6（可多选）您认为企业生态化转型带来的好处有（　　）。

A. 保护生态　　　　B. 节约资源　　　　C. 提高生产效益

D. 加快经济转型发展

第九章 浙江省绍兴市纺织业生态化演进路径的调查报告①

一、绍兴市纺织业的发展

历经改革开放40年后中国经济进入新常态，学术界普遍承认在经济新常态下中国正面临经济增长速度回落和生态环境恶化的严重问题，前者意味着经济增长速度将在一段较长的时间内保持6%～7%的中低速增长速度，后者则表明中国的环境承载力已接近或达到上限。因此，如何改造传统产业促进业态升级，保证经济稳定增长的同时降低对资源环境的依赖程度，成为经济新常态下的重要课题。众多文献资料的实证研究表明，纺织业不仅是劳动密集型产业，而且具有污染密集型产业特征，纺织业属于重度污染产业，其绿色全要素生产率在9个重度污染产业中排第6位（李玲、陶锋，2012），废水排放环境效率则在39个工业行业中位居第36位（毛建素等，2011）。因此，选取纺织业发展具有典型代表意义的区域，研究其生态化转型的现状与路径具有重要的现实借鉴与指导意义。

浙江省纺织业发展在全国处于领先地位，其2014年纺织业产值占全国比重为16.35%，仅次于江苏省与山东省，② 其中又以绍兴市为最，其2013年产值为3463.05亿元，在浙江省各地市中位居首位。由于绍兴纺织业在全国纺织产业中处于代表性地位，其生态化演进的方向与路径代表了中国区域纺

---

① 本章主要内容已发表和引用信息如下，寇建龙：《基于绍兴纺织业现状与转型升级路径的调查研究》，《企业技术开发》2016年第9期。

② 资料来源：根据《中国纺织工业发展报告2014—2015》数据整理。

织业生态化的先进水平，因此，此次调研选取绍兴市纺织业为主要调研对象。现有少量文献已经对浙江省和绍兴市的纺织业生态化演进做了初步研究，如罗俊杰等（2011）在问卷调查基础上建立了纺织行业生态化评价指标体系，结果表明纺织企业生态化程度整体较低，并且存在较大差距；并据此提出促进纺织业生态化演进的税收激励、基金支持、监管制度、产业政策、环保服务等方面的政策创新路径。但是就现有文献来看，区域纺织产业生态化演进路径的经验研究资料极为罕见，因此，本章在实地调研的基础上对绍兴市纺织产业生态化演进路径进行分析，提出纺织产业生态化演进的内生路径与外生路径，以及分别与之相对应的两种模式。

二、调研设计

（一）调研区域概况

浙江省绍兴市是中国历史上的纺织业重镇，素有“丝绸之府”的美称。据《越绝书·卷四·越绝计倪内经第五》记载，越伐吴失败后，越王勾践被吴国放回到都城会稽（即今绍兴），采纳范蠡“省赋敛，劝农桑”的经济政策，积极发展农业种植与养蚕缫丝，为后来兴兵灭吴奠定了坚实的经济基础。由此可见，纺织业早在春秋时期就已成为区域经济中的支柱产业之一。绍兴纺织业在经历了秦汉等朝代的发展后，隋朝时，其纺织品即被列为贡品，到唐朝时更有“日出万丈绸”之盛，其产量与规模可见一斑；在经历了宋元明清时代的发展后，到新中国成立时已在全国具有举足轻重的地位。目前，绍兴已建成亚洲最大的轻纺专业市场：浙江中国轻纺城，现有市场建筑面积365万多平方米，注册经营公司28000余家，轻纺产品总销售额占全国的1/3，全球每年有1/4的面料在此成交，2014年成交额约为1000亿元。

（二）调研对象及方法

虽然理论分析能够在一定程度上指导制定纺织产业生态化转型方案，但是在实践中采用的方法对其他相似区域与产业的生态化演进而言，更具有可行性或可操作性方面的借鉴意义。为了全面了解绍兴市纺织业生态化转型的实践方案与路径，此次调研的主要单位包括绍兴市发改委、绍兴市统计局、绍兴市委党校、新昌县委党校、杨汛桥镇政府、柯桥区管委会、中国轻纺城创意园区、绍兴国周控股集团有限公司（以下简称国周集团）、达利丝绸（浙江）有限公司（以下简称达利丝绸）、凤凰 EFC 面料超市（以下简称凤凰 EFC）等。其他所涉及的单位还包括新昌县科技局、新昌县经信局、浙江捷昌线性驱动科技股份有限公司等。本次调研单位包括政府职能部门、学术科研单位与企事业单位，能够确保获得有关绍兴市纺织业生态化演进方面的较为详细和全面的信息，并保证了演进路径方面的多样性与适用性。

调研所采用的方法主要是访谈法，请所调研的各单位相关人员介绍本单位发展总体状况及本单位在绍兴纺织业的地位、发展状况、现存问题，并提出促进绍兴纺织业转型升级的思路以及实施转型升级所遇到的困难；然后本调研组结合各个单位的阐述就某些问题进行问答以及就某些遗漏与细节问题进行进一步的交流；最后，通过资料收集、数据查阅，再对绍兴纺织业的转型升级进行研究性总结。①

三、绍兴纺织业现状

（一）绍兴纺织业的优势

先后经过“化纤革命”“无梭化革命”“体制革命”“市场革命”和“外贸革命”，绍兴纺织业形成了完整的产业链，以及与之匹配的专业市场、营销系统和科技服务体系，产业发展优势凸显。

第一，产业链优势。经过多年的发展，绍兴纺织业产业链日趋完整，已经成为全国纺织产业链最完整、生产规模最大、市场销量最多的区域。与纺织有关的化纤原料、纺织机械、印染、服装服饰等都比较发达，并且创造了

① 具体访谈问题请参见本章附录。

化纤原料产量、印染布产量、织布产量、袜子产量、领带产量、纺织品销量和袜子销量7个全国第一。其中，2014年化纤产量464.28万吨，占全国的11%；布总产能50.38亿米，占浙江省的32%，占全国的6%；化学纤维产量464.28万吨，占浙江省的23%，占全国的11%；印染布186.37亿米，占全国的31%；生产领带14617万条，占全世界70%；袜子产量占全世界60%，仅诸暨大唐袜业就占全球产量的1/3。截至2014年，仅纺织业产值就占绍兴地区总产值的53.7%。①

第二，块状经济特色鲜明。绍兴纺织业在空间上块状特色非常鲜明，绍兴县的化纤产品、上虞的棉纺织和印染燃料、嵊州领带、诸暨袜子和衬衫以及新昌纺机不仅在浙江省占据重要地位，而且闻名中国、远销海外。

第三，专业市场发达。绍兴市纺织专业市场数量多、规模大、综合能力强，不仅拥有亚洲最大的中国轻纺城市场和钱清轻纺原料市场，而且还有大唐袜业市场、嵊州领带城等知名度较高的专业市场。2013年，全市9大纺织专业市场成交额1561亿元，其中中国轻纺城市场成交额1105亿元，蝉联全国纺织专业市场成交额首位。② 正是这些专业市场互相配套、密切合作，形成了绍兴市发达的集群市场网络，把绍兴纺织产业链不断拉长做大，使绍兴纺织业与国内外需求密切结合。

第四，技术设备比较先进。多年来，绍兴不断引进先进设备、加强技术创新，使得绍兴纺织业的技术装备水平有了很大提高。其中，化纤行业进口设备占比约60%，领先全国，织造行业无梭机率在80%左右。不仅如此，绍兴市也涌现了一批优秀的纺织设备制造企业，如日发、泰坦、精工等均为国内纺机行业的佼佼者。

（二）绍兴纺织业存在的问题

2008年以来，由于国际金融危机、欧洲债务危机的冲击和国内要素成本（特别是劳动力成本）上升压力不断加大等多重因素的影响，中国经济面临转

① 数据来自《2014年绍兴市国民经济和社会发展统计公报》。

② 浙江省区域经济与社会发展研讨会：《新常态下推进绍兴纺织产业转型升级的对策研究》。

型升级的压力，实体经济更是遇到了前所未有的困难，同时绍兴纺织业发展也遇到了许多困难，凸显出许多问题。

第一，传统低成本优势逐渐削弱，新的优势尚未形成。改革开放以来，由于廉价的劳动力成本、充足的原材料供给和相对自由开放的民营经济市场，绍兴市纺织产业得到了迅猛发展，使得纺织行业总产值一度达到绍兴市工业总产值的20%。可是，随着中国人口红利逐渐消失、原材料成本和能源价格上升，以劳动密集型为主的绍兴纺织业面临着成本上升与用工荒的双重压力，使得以价取胜的绍兴纺织业优势逐渐削弱。目前，我国东南沿海地区劳动力成本已经突破每小时1美元，而越南、柬埔寨等东南亚国家的纺织业劳动成本仅为我国的20%～30%；与此同时，我国的产业梯度转移政策，将会使得中西部地区大量劳动力选择就地就业，这更提高了绍兴纺织业用工成本。因此，绍兴依靠低要素成本参与市场竞争的优势已经逐渐消失，产业转型迫在眉睫。

第二，绍兴纺织企业综合竞争能力欠缺。市场中企业的竞争力是全方位、多层次的，包括价格竞争、质量竞争、品牌竞争、产品差异化竞争、营销方法竞争等。多年以来，绍兴纺织业一味追求降低要素成本（劳动力、原材料等），盲目获取价格优势，忽视了质量竞争、产品差异化竞争和品牌竞争，使得绍兴纺织业长期处于产业链低端，同时也出现了许多矛盾。比如高档设备与中低档产品并存，产量巨大与产品结构单一并存，个性消费化需求不断提高与产品质量不高、附加值不高并存，大量改造机器设备与新工艺投资不高并存等，这些矛盾使得绍兴纺织业面临尴尬的局面。

第三，绍兴纺织业发展水平失衡、产品结构不合理。绍兴纺织业长期处于“两头在外”的状况，即原料和产品在外，加工在内。而且绍兴纺织业内部发展不均衡，表现为纺织原料行业同质、同构现象突出；制造、印染产品档次偏低；产业用布比率较低。例如，涤纶化纤长丝基本为150D、100D、750D等常规规格，产量占全部涤丝产量的75%，生产中低档纺织品的企业占94.7%。

第四，过度竞争和产业集中度偏低。作为绍兴支柱产业的纺织业，尽管发展机遇良好，但是长久以来一直处于“三低一高”的状况：低准入门槛、低成本优势、低水平扩张和高竞争态势。当前面临复杂严峻的经济形势和产业转型升级、提质增效的重大压力。主要表现：一是产能过剩。2014年，全市化纤产能达到464万吨，2015年上半年全市化纤企业开工率不足70%。二是效率低下与成本上升双重压力。近年来纺织企业工人工资年均增长率为15%左右，原料成本也不断上涨（2014年除外），但是企业为了扩大销量导致市场无序竞争严重，使得上涨的成本不能及时向下游产品转移，企业生存举步维艰。2013年全市纺织业利润率不足5%，低于全市平均水平。三是绍兴纺织业市场集中度不高，中小企业比重占97%左右，龙头企业的市场份额不高，远远低于美国、日本、韩国等发达国家。

第五，外向经济风险凸显，行业抗风险能力差。突出表现：其一，绍兴是我国出口创汇的大市，其中纺织业占对外贸易的比重超过一半。2014年绍兴对外出口297.51亿美元，其中纺织及服装出口197.14亿美元，占比66.26%。国际经济形式稍有变动就会影响绍兴纺织业的出口数量，因此较高的对外依赖度是绍兴纺织业的一大风险敞口。其二，以美国、日本、韩国等为代表的发达国家牢牢控制着价值链的高端，如高级时装、功能性服装等，国内以及绍兴纺织业受制于人。例如，金融危机以来美国与日本相继提出“再工业化”战略，这无疑会影响它们对中国纺织品的需求。其三，出口市场过于集中。虽然绍兴和209个国家和地区都建立了贸易关系，纺织服装出口市场分布较广，但是主要集中在美国、欧盟等发达国家和地区，且依赖度很高。[①] 一旦出现政治、经济、市场等系统性风险或非系统性风险，绍兴纺织业就会遭到致命打击。表9－1是2009—2014年绍兴纺织服装出口状况。由表9－1可知，2009年和2012年，无论是商品出口总额还是纺织服装出口额均出现了负增长，分别是－9.94%、－1.61%和－4.08%、－0.41%，这是因为纺织业接连受到了2008年国际金融危机和欧洲债务危机的影响，国际纺织服装需求不足；2012年后，在新常态下，出口状况虽有回暖，但是增长率不高，出口面临的困难和风险依然存在。

① 资料来源：《2014年绍兴市国民经济和社会发展统计公报》。

表 9—1 2009—2014 绍兴纺织服装出口情况（单位：亿美元）

年份	纺织服装出口额	同比增长（%）	出口总额	同比增长（%）	百分比（%）
2009	105.7	−4.08	157.61	−9.94	67.1
2010	139.2	31.72	210.9	33.81	66.0
2011	172.77	24.11	259.9	23.23	66.5
2012	172.07	−0.41	255.57	−1.61	67.3
2013	188.97	9.82	279.16	9.24	67.7
2014	197.14	4.3	297.51	6.6	66.3

资料来源：历年绍兴国民经济和社会发展统计公报。

第六，资源环境问题日益突出。低成本、高消耗的经济发展模式确实带动了绍兴纺织业发展，但是也造成了资源的大量消耗和污染的大量排放。首先，资源、能源的过度消耗使得对外资源依存度不断攀升，造成资源进口价格不断攀升。其次，绍兴大多数纺织企业环境保护意识不够，为了节约成本，往往对废水、废气过度排放。以柯桥区为例，该区拥有 200 多家规模以上的印染企业，占全区经济总量的一半左右，在给本区带来经济效益的同时也带来了环境的压力。另外，根据调查显示，2013 年绍兴废水超标排放的前 10 家企业全都是印染企业。[①]

综上所述，绍兴纺织业优势明显，同时劣势突出。发达的民营经济、完整的产业链、完善的专业市场为绍兴纺织业提供了优越的产销渠道；而低廉的劳动力和原料成本则为其提供了价格竞争优势。同时，落后的技术、无序的竞争、单一的产业结构使其长期处于“低端锁定”状态；劳动密集型产业结构和资源粗放式利用使得绍兴纺织业效率低下、资源环境约束趋紧。新常态下，中国处于经济发展转型升级阶段，在产能过剩及资源环境约束的倒逼下，绍兴纺织业要想获得持续性发展，应该而且必须进行转型升级。

四、绍兴市纺织业生态化演进的内生路径

通过调研发现，绍兴市纺织产业在其生态化演进过程中存在两条并行不

① 资料来自 2013 年《绍兴日报》。

悖的演进路径，即经由市场竞争的内生演进路径与来自政府推动的外生演进路径。具体而言，内生演进路径是指纺织企业把产业生态化（或企业生态化）作为其可持续发展战略的重要组成部分，除利润最大化目标外还追求节能减排的生态目标。与内生演进路径相对的外生演进路径是指无论企业是否将产业生态化（或企业生态化）作为其发展战略目标之一，政府部门都将根据一定的规划、标准与程序促进产业生态化进程的发展。根据调研结果显示，每种路径中又包含两种或三种模式，内生路径中主要包括要素替代模式与“私人定制”模式，外生路径中则主要包括要素收购模式、产业转移模式与产业集聚模式。

（一）要素替代模式

要素替代模式主要是指纺织企业调整生产函数中不同要素的投入比例从而达到企业生态化的目的。根据产业发展规律，一般是以信息、技术、资本等要素替代劳动要素，使企业由劳动密集型转化为资本密集型、技术密集型、信息密集型企业，这是一种传统的也是普遍采用的产业升级模式。调研发现该模式的典型代表企业为国周集团。

国周集团是一家具有近三十年发展历史的综合性现代化企业集团，创始于1988年，现拥有员工2000多人，总资产10.77亿元，年销售收入16.84亿元。集团秉承“绿色、环保、科技”的发展理念，产品较早地通过了质量管理体系ISO9001：2000和Oeko-TexstAndard 100认证，并于2005年年底通过了环保体系ISO14000和浙江省清洁生产试点企业，被政府认定为“国家重点高新技术企业”“浙江省高新技术研发中心”和“浙江省创新型试点企业”，在绍兴市纺织业中具有代表性。

根据国周集团的可持续发展战略，认为纺织企业实现生态化转型是企业在激烈的市场竞争中得以存活与可持续发展的充分条件，如果企业现在不能主动寻找生态化转型路径，那么未来将会被倒逼转型或者在竞争中被淘汰。相关负责人表示，虽然集团现在的能源消耗与污染排放还是相当粗放的，节能减排的过程会相当痛苦，但是按照集团的可持续发展战略规划，集团在5年内将职工数量从2000人缩减到500人，将劳动密集型企业转换成技术密集型企业，能耗指标每年下降5%，用大约10年的时间完成节能减排计划，实现企业生态化的成功转型。

同时，企业负责人也明确表示，生态化转型面临相当程度的风险与困难。一方面，到目前为止，市场需求尚未显示出对生态型产品的趋势性变化，贸然转变生产方式会对企业利润造成严重威胁。另一方面，节能降耗成本较高，会对企业的营业收入产生严重影响；缺乏进行生态环保绿色产品研发与生产方面的专业技术人才；现有技术达不到生产标准要求，缺乏生产生态环保型产品的先进技术，并且缺乏行之有效的新技术、新材料和新管理模式及相关信息推广交流平台。

（二）“私人定制”模式

“私人定制”模式是一种基于互联网与大数据的新型产业升级模式，具体而言，是通过互联网将消费者、企业主体及其研发部门、代工厂商等产品生产销售的各环节连接起来，并以大数据和云存储等为基础的一种新兴“互联网+纺织”模式。绍兴市中该模式的典型代表企业为达利丝绸与凤凰EFC，两家企业都已经积极推进私人定制模式的相关工作。

达利丝绸是达利国际集团的全资子公司，该集团成立于1978年，并于1992年在香港上市。达利丝绸工业园占地240多亩，建筑面积15万平方米，是一家拥有2000余名员工的现代化生态型工业园，所有产品均在ISO9001：2000质量管理体系和TQM管理制度的严密控制下生产，被认定为浙江省标准创新型企业、浙江省绿色企业（清洁生产先进企业）等。凤凰EFC秉承环保、市场、竞争力的经营理念，具有20年纺织经营经历，年销售额已达到15亿元，与近5000家服装企业建立了合作伙伴关系。

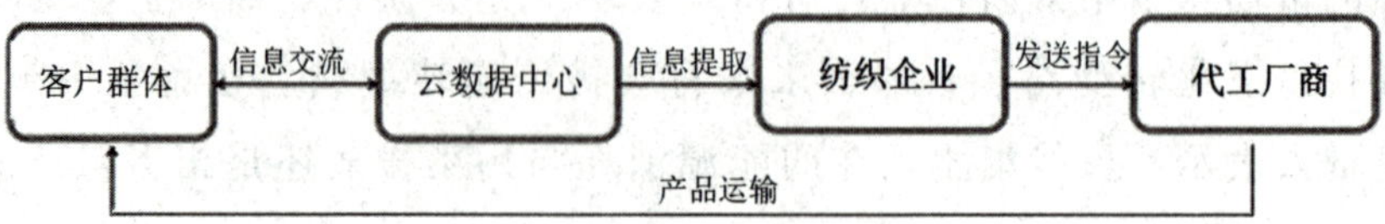

图9—1 “私人定制”模式框架图

从图9－1中可以看出，“私人定制”模式通过互联网技术将消费者、云数据中心、纺织企业和代工厂商等环节紧密连接起来。在该模式下，消费者可以在互联网上进入纺织企业的中心数据库。一方面，消费者可以在数据库已有的样本中选择自己偏好的产品款式、风格、面料、颜色等；另一方面，消费者也可以根据自己的偏好自行设计与修改产品参数并完成下单操作。然后纺织企业从数据中心接收消费者的订单信息，并将该信息以指令的方式发送给代工厂商，代工厂商完成产品生产工作后通过物联网把产品直接运送给消费者。

虽然“私人定制”模式仍处于初期发展阶段，但是这是一种具有极大发展潜力的新兴业态模式。该模式的优势：（1）全球配置资源。一方面，该模式面向全球消费者与研发设计者，在一定的专利许可协议条件下可以充分地利用全球消费者和研发设计者的创新意识与研发行为，从而降低自身的研发成本；另一方面，纺织企业可以将生产行为进行国际外包，充分利用当地生产企业的低成本优势，并能有效控制自身的能源消费与污染排放行为。（2）最大限度地扩大市场规模，满足全球消费者的需求多样性与差异性，扩大产品需求；而且可以充分利用云数据中心的全部信息，通过大数据处理方式，快速捕捉市场流行款式等趋势性变化特征，从而降低企业的信息搜寻成本与预测不确定性带来的风险。（3）深化产业链内部的专业分工，在这一模式下纺织企业只需专注于产品的创新研发与数据维护工作，与传统经营模式相比，可以有效避开低利润、高能耗、高污染的生产环节，而专业从事高利润的研发设计环节。

“私人定制”模式也面临一些亟待解决的关键问题，如消费者自行设计的产品相关信息的专利许可权限问题，如何确定自行设计产品的关键参数的产权及相应支付；云数据中心的管理问题，纺织企业是要自建数据库还是要外包或购买数据服务以及更为重要的数据安全问题等；产品的修改等导致的交易费用增加及相关售后服务问题等。

五、绍兴纺织业生态化演进的外生路径

正如前文所述，产业生态化演进的外生路径并非来自企业自身发展战略，而是来自对于企业而言相对外生的政府部门的经济发展规划。根据调研结果，绍兴市纺织产业生态化演进的外生路径主要包括以杨汛桥镇为代表的要素收购模式、以绍兴市发改委为代表的产业转移模式以及以柯桥区管委会为代表的产业集聚模式。

（一）要素收购模式

要素收购模式是指通过政府部门的财政支出来购买高污染、高能耗企业的生产要素，如土地、厂房、机械设备等。与关停高能耗、高污染企业的传统污染治理方案相比，要素收购模式能够更有效地处理政府与市场的关系，既对企业的要素投入进行了相应的补偿，又限制了区域内高污染、高能耗企业的发展。

杨汛桥镇位于绍兴市西部，是国家可持续发展实验区之一，面积 37.85 平方公里，户籍人口 3.5 万人，外来人口 5.5 万人，目前拥有 8 家上市企业，2014 年农民人均收入 18156 元。

杨汛桥镇于 2013 年年底提出要根据区域经济发展的实际情况走“就地城镇化”道路，并提出“产城融合、村城融合、水城融合、人城融合”的“四城融合”方案。其中产城融合就要是重点推进产业结构优化升级与城镇化建设的协调关系，降低第二产业比重的同时促进低能耗、低污染的窗帘窗纱等传统优势产业发展，发展新兴产业提高第三产业比重。

2014 年年底，杨汛桥镇投资 6.5 亿元～7 亿元收购以南方水泥、浙江玻璃等传统工业企业为代表的一大批高污染高能耗企业的土地与资产要素，以新兴工业替代传统工业企业。

2015 年以来，杨汛桥镇开始打造智慧小镇与绿色大数据产业园项目，拟土地要素投入 20 万平方米，资本投入 10 亿元以上，目前已确定贝格数据华东区企业总部、普天能源数据中心两大集团入驻，致力于建设成为以碳交易

为主的浙江省大数据交易中心。

杨汛桥的要素收购模式有效地处理了经济增长与环境保护的关系，2015年上半年，该镇完成工业生产值118.93亿元，同比增长16.86%；工业销售118.37亿元，同比增长17.58%；完成服务业投资4.4415亿元，同比增长3689.68%；财政收入完成4.56亿元，同比增长17.14%。

（二）产业转移模式

绍兴市发改委立足于区域产业发展的角度指出，目前绍兴市的纺织业结构是不可持续的。一方面，中国的整体经济状况进入新常态阶段，其突出特点就是经济增长速度相对历史水平较低，纺织业在GDP中所占比重较高，将会导致其面临相对较大的系统性风险。另一方面，新常态阶段的另一个显著特点是中国的生态环境逐渐接近或已达到环境承载力上限，而纺织业等污染密集型的传统产业在经济总量中的比重过高将会加速刺破环境承载力上限的速度，导致生态环境不可逆转的恶化。

因此，基于绍兴市纺织产业的发展现状，绍兴市发改委认为区域产业发展应当遵循产业的国际转移规律，将绍兴的纺织产业逐渐向区域外转移，如中国的中西部地区、印度、越南、马来西亚等地。产业转移规律的最初研究见于日本学者赤松要（Akamatsu K，1962）提出的雁行形态理论，此后经过Vernon（1966）、大来（Okita，1985）和小岛（Kojima，2000）等人的贡献，逐渐发展成为解释产业区域转移的理论。此后，林毅夫教授（2012）在其著作《新结构经济学》一书中提出落后国家根据其比较优势可以主动承接区域产业转移的基本原则与因势利导框架。

但是，同时需要指出的是，上述无论哪一种理论都不主张政府强制纺织企业进行区域转移，而是强调政府干预与市场机制的结合，强调政府在区域产业转移规律中的能动性，提供信息与基础设施等公共品、制定行业能耗与排污标准，从而促进产业转移、升级与多样化。绍兴市纺织产业的区域转移正是基于上述规律与理论，由政府制定节能环保指标，提供“互联网+纺织”信息服务政策，通过市场竞争淘汰不符合生态化标准的企业。

（三）产业集聚模式

在绍兴市的纺织产业生态化转型的实践路径中的另一种典型模式既是以柯桥区管委会为代表的产业集聚模式，顾名思义，该模式要求将同一产业内的大量企业集中到一个区域中，毫无疑问，产业集聚将会带来基于共生网络的规模报酬与协调一致行动的规模经济效益。由于政府部门在国土资源使用与厂房建设方面具有的审批权，因此，政府部门在产业集聚过程中具有相对比较优势。

2010 年，柯桥区启动实施印染产业集聚升级工程，将全区 300 多家印染企业集聚到滨海印染产业集聚区，占全区企业总数约 1/3。2012 年，柯桥区颁布生态发展规划方案《绍兴印染产业集聚提升示范工程发展规划（2012—2015）》，明确在 2012—2015 年以创建“全国传统产业转型升级示范基地、中国绿色印染研发生产基地”为目标，推进绿色印染产业在滨海集聚，计划到 2015 年将全区 80%的印染企业集聚到滨海工业区，在“十三五”计划末期实现全部集聚完成。

为减轻企业治污压力，减少企业排污费支出，同时也为了实现纳管排污，截断企业偷排漏排渠道，保证污水达标排放，柯桥区投资 3.26 亿元建设滨海印染产业集聚区污水集中预处理工程。该项目主要承担滨海印染产业集聚区内企业污水集中预处理任务，项目远期规模为污水处理 40 万吨/日，目前一期规模为 20 万吨/日。其优势在于可有效解决印染企业分散预处理产生的污泥二次污染问题，同时，可有效削减进入后续污水处理工程的污染物总量，减少污水处理厂进管水质波动。

六、结论与对策

根据经典产业理论，产业转型升级主要是指基于全球价值链的产业价值攀升、竞争力提升或产业高级化（高加工度化、高附加值化、技术知识集约化）过程。结合产业升级理论和绍兴产业、市场、文化的特征，应该在适应经济发展新常态的前提下，按照创新驱动、品牌引领、系统集成、要素集约、环境保护的思路，走出一条“减量、提质、增效”的新路径，实现纺织业的跨越式发展。

第一，技术高级化。要想使绍兴纺织业走出“低端锁定”的怪圈，就要不断优化升级纺织业技术装备，逐步淘汰落后产能。为此，既要提高市内自主研发能力，又要积极引进国外先进设备；同时要积极推进信息技术与生产设备的融合，加快工业控制技术、无限传感技术和人工智能技术在纺织装备产业的应用；还要积极培育“机器换人”示范性企业，并加以推广，以减少纺织业用工人数，提高生产效率。

第二，结构合理化。绍兴纺织业要想取得竞争优势，还要积极优化调整产业结构，形成高附加值、多层次、多品种的产业形态。①重点发展高新技术纤维、产业用纺织品、高级时装、功能性服装、无水印染、高级燃料等附加值高，工艺先进的行业。②逐步从劳动密集型向技术密集型转化，加快劳动密集型、资源密集型行业向我国中西部和东南亚地区转移。③自主培养与积极引进相结合，加强本市纺织业的创新创意与研发设计，以加快推进纺织业从低效率低附加值向高效率高附加值攀升。

第三，品牌国际化。要想振兴绍兴纺织业，不仅要提升绍兴纺织业区域品牌影响力，更要提升产品品牌在全国和全球市场的影响力。因此，在向现代纺织产业转型升级的道路上，要加快推进绍兴纺织业区域品牌国际化和产品品牌国际化进程。重点是，一要提高绍兴纺织业区域品牌的国内知名度和国际声誉，打破低端制造的格局，形成集研发、设计、市场、营销于一体的区域品牌；二要推进自主品牌创建、提升产品知名度，积极实施品牌战略。要在化纤、制造、印染、服装等行业形成一批具有较强带动能力的大企业、大品牌，提高国际名牌的市场份额。

第四，平台网络化。中国轻纺城作为中国乃至亚洲规模最大、成交额最高、经营品种最多的纺织交易市场，对绍兴纺织业发展壮大的作用举足轻重，是绍兴纺织业最重要的平台。随着信息革命的到来、互联网应用的普及，要重点建设网络化平台，完善和提高网上轻纺城的服务功能。重点工作是，一要形成“互联网+纺织”的思维，提高网上轻纺城交易量，逐步把它打造成“中国纺织业的电子商城”；二要对网上轻纺城进行分类管理，完善其功能。

网上轻纺城不仅是纺织品交易平台，也应该是研发设计、文化创意的交流平台。

第五，贸易扁平化。绍兴纺织业对外贸易一直集中在美国、日韩和欧盟市场，但是这些国家总是以反倾销、反补贴和特保措施等对我国纺织品频频设限，使得外部市场受到挤压。对此，应该逐步降低对欧美市场的依赖度，搭上国家“一带一路”的顺风车，开拓“一带一路”沿线市场。调查显示，绍兴与“一带一路”沿线的62个国家和地区有贸易往来，其中，印度、新加坡、越南等国更是绍兴纺织品出口的重要国家之一。因此，要抓住“一带一路”的契机，积极调整绍兴纺织业对外贸易格局。一是建立沿线重点展会支持清单。梳理沿线国家和地区的重要展会、重要政策，建立支持清单，鼓励绍兴纺织企业抱团参展各种博览会，以获取订单。二是加快企业走出去步伐。鼓励企业在沿线国家或城市建设工厂，按照当地风俗文化生产产品，以降低成本，并提高在沿线国家的市场占有率。三是加快和沿线国家的友城建设。绍兴市政府应该主动和沿线城邦进行合作交流，并向沿线城市推广自己的纺织品，经常派出贸易代表团，以政府牵头、企业谈判的形式对外宣传。

第六，要素集约化、发展绿色化。21世纪以后，资源环境将是制约人类发展的最重要因素，为此，绍兴要重视要素资源的集约化利用和经济的绿色发展，走出一条资源节约型、环境友好型的可持续发展道路。一要综合运用法律法规、经济等手段执行“关、停、并、转、升”工作，对高耗能高污染企业强制关停，对相似业务、过度竞争企业引导其并购重组，对经营传统业务、丧失优势的企业帮扶转型升级。二要加快推进全市“机器换人”进度，争取早日由试点企业推广到全市企业，以降低人工成本，提高人均产值水平。三要对全市纺织印染企业集中布局，加快印染企业搬迁、集聚速度，以便统一进行污水处理。四要完善清洁体系、健全排放标准和绩效评估。首先，要把排污许可证政策由柯桥区的试点推广到全市，并建立市场主导的排污许可证交易市场和碳排放许可证交易市场，使得政府能够宏观控制污染排放总量，企业能够积极主动减排增效。其次，建立化学品追溯系统。把各个企业的化学品种类、用量、来源和去向联网披露，以提高化学污染物产生的透明度，使污染排放无所遁形。最后，鼓励企业进行生态化生产，如鼓励无水或少水印染、循环生产等。

总之，绍兴纺织业既要发挥自己大规模、大市场、大配套的优势，也要形成专业化、个性化、功能化的特色。要从价值链低端向价值链高端攀升，要由产品模仿和技术引进为主转为品牌创新、技术创新、自主研发为主，要从高耗能、高污染向高品质、高环保发展，要从劳动密集型向技术密集型、知识密集型转换。走出一条科技含量高、资源使用少、环境保护好的高质量、高效应道路。

产业生态化既是一种新的产业发展方式或方向，也是一种新的制度选择与安排。通过对典型区域的实地调研，可以有效地梳理出该地区纺织产业生态化演进的实践经验，可以为其他区域或产业进行生态化演进提供借鉴。根据对绍兴市纺织产业的实地调研，发现基于市场竞争的内生演进路径与基于政府干预的外生演进路径在并行不悖地进行着。其中内生路径中包括以国周集团为代表的要素替代模式与以达利丝绸及凤凰 EFC 为代表的“私人定制”模式，外生路径中则主要包括以杨汛桥镇的要素收购模式、发改委提出的产业转移模式与柯桥区实施的产业集聚模式。这五种模式也进一步揭示出污染排放或生态保护的公共品属性，微观经济学以严谨的方式证明在存在交易费用的公共品领域，市场机制独自的力量难以达到帕累托最优，因此，在产业转型升级过程中需要政府提供相应的公共物品与制度安排，如信息、基础设施、节能环保标准等。绍兴市纺织产业生态化演进的经验也表明，在中国经济发展的新常态阶段，需要采取基于市场和政府协同互补可持续发展战略。

附　　录

纺织印染企业访谈问卷

企业名称：

受访者职位：

1. 本期本企业生产经营中遇到的主要问题是（按重要程度依次选三项）：

A. 经济下行压力加大　B. 国际市场需求不足　C. 国内市场需求不足

D. 贸易摩擦加剧

E. 成本过快上涨　F. 人民币升值　G. 资金短缺、融资困难

H. 节能减排压力大　I. 市场竞争激烈　J. 产品库存增长快

K. 招工难，劳动成本加大　L. 其他（请列出）____

2. 影响本企业效益的主要因素是（按影响程度依次选三项）：

A. 宏观经济不景气　B. 人工成本上涨　C. 原材料成本上涨

D. 燃料动力成本上涨　E. 环境规制力度加强　F. 财务成本增加

G. 物流成本上涨　H. 订单减少、销售下降

I. 销售网点缩减　J. 其他（请列出）__________

3. 本期本企业受国际市场需求因素影响，出口订单较上年的变化（限选一项）：

A. 出口订单减少 20%以上　B. 出口订单减少 10%～20%

C. 出口订单减少 10%以内　D. 出口订单持平

E. 出口订单有所增加

4. 本单位近期结构调整和转型升级的主要方向是（按重要程度依次选三项）：

A. 加快技术改造　B. 淘汰落后产能

C. 加强技术研发、提高自主创新能力　D. 调整优化产品结构

E. 调整产业结构、进入新兴领域

F. 加强市场营销和渠道建设

5. 您对国家支持纺织企业结构调整和转型升级的政策建议主要是（按重要程度依次选三项）：

A. 利用项目和税收优惠政策，支持企业技术改造

B. 提高产业标准，加快淘汰落后产能

C. 加大对企业技术研发的支持力度

D. 支持中小企业公共服务平台建设、提升服务能力

E. 支持企业开拓市场、发展自主品牌

F. 支持企业吸纳和培养人才

G. 拓宽企业的融资渠道，降低融资困难程度

H. 其他（请注明）__________

6. 本单位为响应生态文明建设做出的努力主要有（按重要程度依次选三项）：

A. 加强技术研发，更多使用先进清洁技术

B. 调整产品结构，降低高能耗高排放产品比重

C. 调整能源利用结构，使用更多清洁能源

D. 调整原材料结构，提高天然纤维利用比重

E. 增加环保投资，使用先进的清洁生产设备

F. 加强节能减排考核，促进节水节电工作

G. 提高废纱利用率与污水处理率

H. 制定节能减排规章制度，培养节能减排意识

I. 其他（请注明）__________

7. 本单位进行节能减排生态化转型面临的主要困难包括（按重要程度依次选三项）：

A. 缺乏行之有效的新技术、新材料和新管理模式及相关信息推广交流平台

B. 节能降耗成本太高并严重影响企业的营业收入

C. 不具备相应的资金条件，融资渠道狭窄，面临较高的融资约束

D. 不太了解相关的环保及节能降耗标准

E. 市场上的清洁生产技术成熟度不高，无法真正用于环保生产

F. 政府的节能减排优惠政策太少

G. 政府的“三废”排放处罚标准过重，不符合企业生产实际情况

H. 政府管理部门的环保标准模糊不清

I. 其他（请注明）__________

8. 本单位生产生态环保型产品的主要制约因素包括（按重要程度依次选三项）：

A. 棉花等生态环保型原料的供给缺口不断加大，且价格居高不下

B. 现有技术达不到生产标准要求，缺乏生产生态环保型产品的先进技术

C. 现有生产设备条件落后，限制了生态环保型产品的生产能力

D. 融资渠道狭窄，缺乏生产生态型产品的大量资金支持

E. 市场尚未显示出对生态型产品需求的趋势性变化，贸然生产会对企业利润造成威胁

F. 缺乏进行生态环保绿色产品生产的专业技术人才

G. 生态环保型产品的生产成本较高，且市场需求并不旺盛，难以获得正常利润

H. 同业竞争激烈，向生态环保型产品转型会迅速失去大量市场份额，威胁企业生存

I. 政府到目前为止尚未制定促进生态环保型产品生产的优惠政策条例

J. 其他（请注明）__________

9. 本单位进行生态化转型的主要动力包括（按重要程度依次选三项）：

A. 响应国家生态文明建设

B. 降低产品的生产成本，获得更大的利润

C. 应对市场需求结构变化

D. 企业战略的一部分，率先进入生态环保型产品市场

E. 承担保护生态环境的社会责任

F. 避免缴纳高额的排污税

G. 其他（请列出）__________

10. 现行环保标准对本单位进行生态化转型的影响是（限选一项）：

A. 现行标准过高，不符合企业生产实际，给企业造成严重的负面影响

B. 现行标准解释模糊不清，使企业无所适从，给企业造成较大的负面影响

C. 现行标准对企业生产经营行为影响不大

D. 现行标准保护了企业的合法权益，对企业发展有一定的正面作用

11. 您对目前政府环境规制力度的看法是（限选一项）：

A. 规制力度过高，不符合企业生产实际，给企业造成严重的负面影响

B. 存在明显的选择性规制现象，给企业造成较大的负面影响

C. 环境规制对企业生产经营行为影响不大

D. 环境规制保护了企业的合法权益，对企业发展有一定的正面作用

E. 环境规制倒逼了本单位的生态化转型

12. 本企业面临的主要融资约束包括（按重要程度依次选三项）：

A. 企业平均利润率低，难以进行持续的内源融资

B. 获得银行贷款困难，难以提供银行所需的抵押物或质押物

C. 银行惜贷现象严重，在企业符合贷款条件的情况下也不愿意放款

D. 缺少有实力的担保机构为企业的借款行为进行担保

E. 高额的融资成本使得企业难以偿还贷款

F. 外源融资渠道狭窄，使企业无法进行多元化融资

13. 本单位在节能减排等方面是否享受过相关政策优惠？（限选一项）：

A. 政府没有制定过相关优惠政策

B. 有相关优惠政策，但并不清楚具体情况

C. 有相关优惠政策，但未申请上

D. 有相关优惠政策，并且已成功申请

14. 政府对企业的节能减排及产品生态创新实施税收优惠或投资补贴政策，是否会真正改善并促进企业的生态化转型？（限选一项）：

A. 会具有明显的促进作用

B. 会具有一定的促进作用，但也会受到很多因素的影响

C. 几乎不会有什么作用

D. 会产生一定的负面影响，导致企业消极的对待节能减排

第十章 山东省产业结构生态化转型与环境规制分析[①]

——基于山东省十七地市实证分析

一、山东省产业结构面临生态化转型

作为全国排名靠前的经济大省，山东省在经济发展过程中面临着如何兼顾经济发展和环境保护的问题。要从根本上解决环境问题，防止先污染后治理的经济发展模式，还要不断促进产业结构调整、升级，以环境规制实现山东省产业结构的生态化转型。从山东省产业结构来看，无论是行业产值还是就业份额，服务业发展相对滞后，对经济发展的贡献不足。相应地，能源消耗和污染排放形势一直十分严峻。2012 年，山东省第三产业对经济增长的贡献率仅为 37.1%，远低于第二产业的 58.8%[②]。因此，破解能源资源约束和缓解生态环境压力，必须以产业结构调整、实现产业结构生态化转型为出发点。2008—2012 年，山东省产业结构逐渐调整，服务业产值增加值占 GDP 的份额不断增加。在环境规制强度不断增大以促进产业结构调整的背景下，这些环境保护和规制措施是否对产业结构的生态化转型产生影响？这些影响是积极的还是消极的？为了更好地实现产业结构转型，从根本上降低经济发展过程中的环境和资源压力，实现环境规制与产业结构生态化转型的协调融合，本章将对上述问题进行理论和实证分析。

国内外学者对环境规制进行了大量的研究，现有文献主要从三个方面进

---

① 本章主要内容已发表和引用信息如下，吕明元、安媛媛：《环境规制与产业结构生态化转型——基于山东省十七地市的实证分析》，《经济与管理评论》2014 年第 6 期。

② 数据来自 2012 年《山东省统计年鉴》。

行分析：一是环境规制与国际产业转移。这部分研究成果主要是围绕“污染避难所假说”的检验，即发展中国家相对不太严格的环境规制是否会导致发达国家将污染型产业转移进来。Quiroga等（2009）通过对71个国家样本的研究认为“污染避难所假说”是存在的,但也有学者持相反的观点，Ederington等（2006）利用1974—1994年的数据，认为美国并不存在明显地把污染密集型产业转移到其他国家的情形。二是环境规制与经济增长或技术创新。相关研究成果主要是围绕“遵循成本说”与“创新补偿说”展开。三是环境规制与产业结构关系。王金（2009）利用灰色关联法分析了合肥实施环境规制与产业结构调整升级的关系，认为环境规制促进了合肥产业结构的调整升级。

从国内外研究成果来看，关于环境规制的文献已经十分丰富，但具体到环境规制对产业结构转型影响的文献则相对较少。虽然国内有少量学者研究环境规制对产业结构转型的影响，但研究主要集中在产业内二、三产业的比例变动，缺少对这种变动带来的能源消耗和污染排放变化进行实证分析。因此，本章在借鉴前人成果的基础上，构建环境规制影响产业结构生态化转型的模型并进行实证分析。

二、环境规制与产业结构生态化转型的理论模型

20世纪60年代，城市财政危机成为美国主要的经济问题，为了研究城市发展中的财政危机问题，鲍莫尔于1967年提出了两部门非均衡经济增长模型。鲍莫尔将经济系统分为两个主要的部门，分别是技术停滞部门和技术进步部门。基于Baumol模型，本章将农业和工业设为部门一，服务业设为部门二。同时做如下假定：（1）部门一不存在技术进步，部门二的技术进步率为γ；（2）只有劳动力一种生产要素，且劳动力总量不变，为方便计算，假定劳动力总量为1。劳动力总量不变代表不存在经济增长，但是政府可以通过施加环境规制措施，引导资源从工业和农业部门向服务业流动。

其生产函数形式如下：

$$Y_{1t}=\alpha L_{1t}^{\gamma} \tag{10-1}$$

$$Y_{2t}=\varphi(b)\ L_{2t}^{\gamma}e^{\gamma t} \tag{10-2}$$

其中，Y_1 和 Y_2 分别代表部门一和部门二产值，$0<\gamma<1$。为分析环境规制对产业结构转型的影响，本章参考 Roubini 和 Sala－i－Martin（1992）的方法，在部门二的生产函数中加入 $\varphi(b)$ 项。其中，(b) 为经济中环境规制强度，$\varphi(b)$ 为技术进步函数，$0<\varphi(b)<1$，$\varphi'(b)>0$，即环境规制强度 b 越高，$\varphi(b)$ 越大。由部门二的生产函数（2）式得出，其他条件保持不变，环境规制强度越高，服务业部门的产出就越大。

由于劳动力可以在部门一和部门二之间自由流动，所以当经济达到均衡时，两部门的工资水平会相等。将（1）（2）式分别对 L 求导就可以得出均衡时的劳动力工资水平，即：

$$\gamma\alpha L_{1t}^{\gamma-1}=\omega_t \qquad (10-3)$$

$$\gamma\varphi(b)\ L_{2t}^{\gamma-1}e^{\gamma t}=\omega_t \qquad (10-4)$$

由式（10－3）、（10－4）可得：

$$L_{2t}=\left[a^{-1}\varphi(b)\ e^{\gamma t}\right]^{\frac{1}{1-\gamma}}L_{1t} \qquad (10-5)$$

劳动力总量不变，即 $L_{1t}+L_{2t}=1$，结合式（10－5）可得：

$$L_{1t}=\frac{1}{1+A} \qquad (10-6)$$

$$L_{2t}=\frac{A}{1+A} \qquad (10-7)$$

$$\omega_t=\alpha\gamma\ (1+A)^{1-\gamma} \qquad (10-8)$$

其中，$A=(a^{-1}\varphi(\mathrm{b})\ e^{\gamma t})^{\frac{1}{1-\gamma}}$。经济达到均衡时，部门产值等于劳动力数量与边际成本的乘积，边际成本又等于均衡工资水平，据此得到：

$$\frac{Y_2}{Y_1}=\frac{L_2\times MC}{L_1\times MC}=\frac{L_2\times\omega}{L_1\times\omega}=\frac{L_2}{L_1} \qquad (10-9)$$

结合式（10－6）、（10－7），得到：

$$\frac{Y_2}{Y_1}=\frac{L_2}{L_1}=A=\left[a^{-1}\varphi(\mathrm{b})\ e^{\gamma t}\right]^{\frac{1}{1-\gamma}} \qquad (10-10)$$

由式（10－10）可以看出，随着环境规制强度的提高，A 值变大，相应地部门二产值相对于部门一的比例会越来越高，即环境规制引起了产业结构的调整，而服务业比重提高会减少能源消耗和污染排放，逐步实现产业结构的生态化转型。

三、环境规制强度指数构建

(一) 环境规制指标的选取

构建环境规制强度是本章研究的重点。现有环境规制强度的衡量存在不足：(1) 指标选择的单一性。国外学者有的仅用稽查次数或征收的污染税来衡量环境规制强度。国内相关研究受限于相关统计数据的可得性，只选取当年的污染治理完成投资额、实施的污染治理项目或环境规制执法强度作为环境规制衡量指标。(2) 指标选取的随机性。环境规制是政府行为，所以在选取环境规制强度指标时，应从政府角度出发。于同申（2010）和张成（2010）等分别选取省际治理工业污染项目投资额和废水、废弃污染治理设施的当年人均运行费用来衡量环境规制强度，虽然这两个指标能够反映环境治理投资力度，但是无法说明环境规制力度是来自政府还是政府和企业的合力。此外，国内部分研究选取了工业废水排放达标率、工业二氧化硫排放达标率、工业烟尘排放达标率等指标来测度环境规制。这几个指标更多地是体现环境规制的结果，除此之外还有很多因素影响污染物排放达标率，因此用这些指标衡量环境规制强度并不可靠。

鉴于此，结合指标数据的可得性和可比性原则，本章选取污染治理本年完成投资额、当年污染治理施工项目数、已发放许可证企业数、关停并转迁企业数、污染费征收五个指标，通过综合评价的方法测度环境规制强度。相关数据来自《山东省统计年鉴》、山东省环保厅和地方环保局。

(二) 环境规制强度指数测度

本章将利用郭亚军（2002）针对时序立体数据表提出的一种确定权重系数的方法"'纵横向'拉开档次"来综合评价山东省 17 个地市的环境规制强度，时间为 2008—2012 年。

首先，假定有 n 个被评价对象 S_1，S_2，…，S_n，m 个评价指标 X_1，

X_2，…，X_n，且按时间顺序 t_1，t_2，…，t_γ 获得原始数据 $\{X_{ij}(t_k)\}$，$\{X_{ij}(t_k)\}$ 为时序立体数据表表（详见郭亚军（2002）），则对于时刻 t_k（$k=1, 2, \cdots, T$）的综合评价函数为：

$$y_i(t_k)=\sum_{j=1}^{m}\omega_j x_{ij}(t_k),\ i=1, 2, \cdots, n;\ k=1, 2, \cdots, T \quad (10-11)$$

其次，对各时期原始数据进行最大最小值标准化处理，消除量纲，处理后分别得到矩阵 A_k（$k=1, 2, \cdots, T$），令矩阵 $H_k=A_k^TA_k$（$k=1, 2, \cdots, T$），同时令 $H=\sum_{k=1}^{T}A_k^TA_k$。郭亚军的"'纵横向'拉开档次"确定权重系数的原则在于使时序立体数据表上各被评价对象表现出最大的差异性。该差异性可用各评价对象 $y_i(t_k)$ 的总离差平方和表示。

$$\sigma^2=\sum_{k=1}^{T}\sum_{i=1}^{n}[y_i(t_k)-\bar{y}]^2 \quad (10-12)$$

由于 $\bar{y}=0$，所以

$$\sigma^2=\sum\sum[y_i(t_k)]^2=\sum_{k=1}^{T}(W^TH_kW)=W^T\sum_{k=1}^{T}H_kW \quad (10-13)$$

式（13）中，$W=(\omega_1, \omega_2, \cdots, \omega_m)^T$，$H=\sum_{k=1}^{T}A_k^TA_k$。当取矩阵 $H=\sum_{k=1}^{T}A_k^TA_k$ 的最大特征值所对应的特征向量时，σ^2 取最大值。为便于计算，限制 $\|W\|=1$。

最后，将所求得的 W_j 和 2008—2012 年山东省 17 个地市的上述五个指标数据代入式（10－1），即可求得环境规制强度指数（见表 10－1）。由表 10－1 可知，各地区环境规制强度有逐渐上升的趋势，可见经济发展面临的环境约束在增强。从同一时期各地区环境约束来看，经济发展水平高或污染强度大的地区环境规制水平相对较高（如青岛、烟台、济南、淄博），而经济发展水平低的地区环境规制强度也相对较弱。

表 10－1　2008—2012 年山东省 17 个地市环境规制强度指数表

	2008	2009	2010	2011	2012
济南市	0.7646	0.7170	0.5226	0.6805	0.7726
青岛市	0.5480	0.7277	0.8032	0.7573	0.7325
淄博市	0.4922	0.6465	0.5792	0.6584	0.8884

续表

	2008	2009	2010	2011	2012
枣庄市	0.4807	0.5746	0.4631	0.6000	0.8267
东营市	0.5797	0.5528	0.5204	0.5642	0.6228
烟台市	0.5578	0.5534	0.6017	0.7021	0.8826
潍坊市	0.6729	0.7329	0.4349	0.5885	0.8014
济宁市	0.7405	0.6441	0.6017	0.6011	0.7486
泰安市	0.5088	0.4554	0.5050	0.6575	0.8606
威海市	0.7574	0.6820	0.7090	0.7524	0.7106
日照市	0.6906	0.6817	0.6476	0.7565	0.8450
莱芜市	0.5901	0.6103	0.6704	0.6757	0.7386
临沂市	0.5543	0.5035	0.5429	0.7508	0.7375
德州市	0.4876	0.6003	0.5986	0.6149	0.6565
聊城市	0.6381	0.7232	0.6125	0.6930	0.7533
滨州市	0.4806	0.4870	0.6865	0.6043	0.6603
菏泽市	0.5694	0.2479	0.6631	0.6065	0.6412

四、模型建立与变量、数据说明

(一) 建立模型

分析环境规制对产业结构生态化转型的影响，低能耗、低排放是未来产业结构升级、转型的战略选择。通过对 Baumol 理论模型的分析可以得出，环境规制对产业结构的调整有直接影响。但产业结构比例的变动，能够在多大程度上实现节能降耗，还需要进一步的实证分析。对于产业结构生态化转型的度量，拟选取能源消耗强度以及污染排放强度两个指标进行考察。

影响能源消耗的因素除了政府环境规制带来的客观约束外，技术水平也会产生直接影响，因此本章将技术作为其他控制变量加入模型中。此外，环境规制发挥作用并最终使得能耗降低需要的时间一般较长，所以模型中还引入了环境规制强度的一期滞后变量。据此，本章将环境规制对能源消耗强度影响的模型设定为：

模型1：$\ln EC_{i,t}=\alpha_0+\alpha_1\ln ERI_{i,t}+\alpha_2\ln ERI_{i,t-1}+\alpha_3\ln TL_{i,t}+u_{i,t}$

处理面板数据时，时间间隔较短会造成单位根检验方法失效，为此本章对各数据做对数化处理，处理后数据非平稳的可能性大大降低。类似地，建立环境规制强度对污染排放强度影响的实证模型：

模型2：$\ln PEI_{i,t}=\beta_0+\beta_1\ln ERI_{i,t}+\beta_2\ln ERI_{i,t-1}+\beta_3\ln TL_{i,t}+\varepsilon_{i,t}$

其中，$EC_{i,t}$表示能源消耗强度；$PEI_{i,t}$表示污染排放强度；$ERI_{i,t}$表示环境规制强度，即表10－1中的数据；$ERI_{i,t-1}$表示滞后一期的环境规制强度；$TL_{i,t}$表示技术水平，用R&D经费支出占地区GDP的比重表示，通过2008－2012年《山东省统计年鉴》中数据计算得到；i表示地区（$i=1, 2, \cdots, 17$）；t表示时间（$t=2008, 2009, \cdots, 2012$）；$u_{i,t}$和为随机扰动项。

（二）变量和数据说明

1. 能源消耗强度

能源消耗强度用生产万元GDP消耗的标准煤来表示，资料来源于2008—2012年山东省统计年鉴，单位是吨标准煤/万元。

2. 污染排放强度

污染排放强度用构建综合评价指标的方法得到，选取废水、化学需氧量、氨氮排放量、二氧化硫和二氧化碳排放五个指标，利用综合评价方法进行测度。首先将各指标值除以该地区GDP，然后进行最大最小值标准化处理，并利用平均赋权法得到它们的权重。最后将标准化的指标值与其对应的权重相乘进行加总，就得到污染排放强度指数（见表10－2）。

表 10－2 2008—2012 年山东省 17 个地市污染排放强度指数表

	2008	2009	2010	2011	2012
济南市	0.5762	0.4837	0.5890	0.4120	0.5090
青岛市	0.3491	0.4862	0.6568	0.3825	0.2976
淄博市	0.6905	0.6082	0.6876	0.4379	0.5919
枣庄市	0.9612	0.5776	0.2525	0.6605	0.2002
东营市	0.8595	0.7980	0.2546	0.3114	0.3020
烟台市	0.4727	0.4357	0.3524	0.4150	0.4580
潍坊市	0.8538	0.6805	0.4076	0.4120	0.4825
济宁市	0.2238	0.6513	0.5945	0.4159	0.5792
泰安市	0.5041	0.5056	0.5006	0.5995	0.5895
威海市	0.6749	0.4645	0.4168	0.1275	0.4506
日照市	0.5705	0.5491	0.4802	0.3148	0.3505
莱芜市	0.6442	0.7571	0.7175	0.6287	0.4086
临沂市	0.6559	0.4040	0.4660	0.3767	0.4835
德州市	0.5959	0.5653	0.4217	0.4994	0.4365
聊城市	0.8002	0.5088	0.2680	0.2390	0.4505
滨州市	0.5059	0.5672	0.5414	0.4596	0.4888
菏泽市	0.5399	0.7050	0.2787	0.3717	0.4124

关于碳排放数据，参考徐国泉（2006）等人提出并改进的碳排放量分解模型中的算法，具体公式如下：

$$C_{CO_2}=C\sum_{j=1}^{3}E_{i,j,t} \tag{10-14}$$

其中，C_{CO_2} 表示折算后的总的碳排放量，C 为碳与标准煤的转换系数（1kg 标准煤＝0.67kg 碳，国家发改委能源研究所推荐值为 0.67），$E_{i,j,t}$ 为 t 时期城市 i 第 j（j＝1，2，3）产业对能源的终端消费量。从山东省碳排放趋势图（图 10－1）来看，山东省碳排放总量在逐年上升。

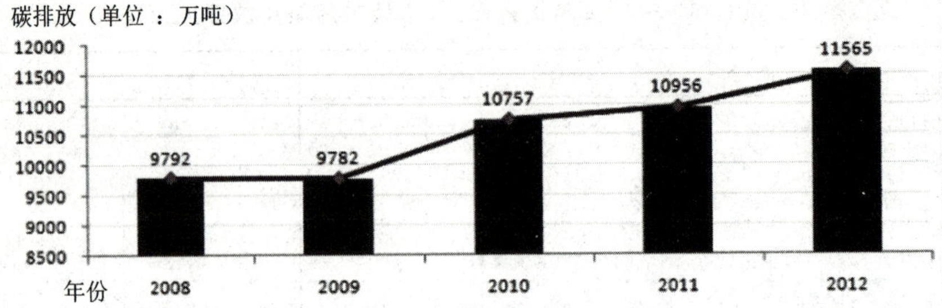

图 10—1　山东省 2008—2012 年碳排放量

五、实证分析

以模型 1、模型 2 为基准，利用山东省 17 个地市 2008—2012 年的面板数据进行实证分析。由于是面板数据，不能采用普通 OLS 方法进行估计，得出两组模型 Hausman 检验结果 P 值均大于 0.05，表明此处运用随机效应模型优于固定效应模型，回归结果见表 10—3。模型整体通过显著性检验，两个模型的统计量均大于 $F_{0.05}$（3，81）＝2.76。在 1%的显著性水平下，当期环境规制对能源消耗强度和污染排放强度均有显著影响；环境规制强度上升 1%，相应地引起能源消耗强度下降 0.11%，污染排放强度下降 0.22%。此外，实证结果还表明在 5%显著性水平下，滞后一期的环境规制对能源消耗强度和污染排放强度的影响要大于当期环境规制；滞后一期环境规制强度提高 1%，分别可引起能源消耗强度和污染排放强度下降 0.14%和 0.28%。引入的其他控制变量技术水平，在 5%显著性水平下，对能源消耗强度和污染排放强度也有显著影响。

表 10—3　环境规制对产业结构生态化转型的影响

被解释变量	模型 1	模型 2
	ln *EC*	ln *PEI*
环境规制（ln *ERI*）	−0.113745*** （−5.53618）	−0.223694*** （−6.73257）
滞后一期环境规制（$\ln ERI_{t-1}$）	−0.130793** （−2.24343）	−0.277506*** （−9.47735）

续表

被解释变量	模型 1	模型 2
	ln *EC*	ln *PEI*
技术水平（lnTL）	−0.270395** (−1.97587)	−0.174697** (−2.07643)
常数项 C	−3.237495 (−0.93848)	−0.902044** (−2.35406)
Hausman 检验结果（P 值）	0.57231	0.35713
F 统计量	17.88953	16.39033

注：计量结果由 EViews.6 给出，**、*** 分别表示在 5%和 1%显著性水平下显著；表格中括号内为对应解释变量的 t 统计值。

综合以上分析，环境规制促进产业结构调整的同时，能够不同程度地降低能源消耗和污染排放，推动产业结构的生态化转型；滞后一期环境规制的节能降耗效应优于当期环境规制，说明环境规制发挥作用存在一定的时滞。

六、结论与政策建议

本章研究了环境规制对产业结构生态化转型的影响。通过前半部分的理论分析得出，实施环境规制能引起经济中服务业产值比重的增加，同时减少农业和工业的产值比重，即环境规制对产业结构调整有直接影响。为验证产业结构调整是否降低了能源消耗和污染排放，促使产业结构向生态化转型，选取山东省 17 个地市作为研究对象，利用其 2008－2012 年的面板数，实证分析了环境规制对能源消耗和污染排放的影响。实证结果表明，环境规制能够不同程度地降低能源消耗和污染排放，推动产业结构的生态化转型。此外，滞后一期的环境规制比当期环境规制作用更显著，说明环境规制措施从实施到发挥作用需要一定的时间。

根据文中理论和实证研究，现提出如下政策建议：

（1）坚持实施环境规制，并加大环境规制力度。文中的实证分析得出，当期和滞后一期的环境规制对降低能源消耗和污染排放均有显著作用，能促进产业结构调整、升级，并最终促使产业结构向生态化转型。因此，未来要加大环境规制的力度，充分发挥其降低能耗和保护环境的作用。

（2）继续鼓励技术创新。环境规制强度每提高1个百分点，可引起能耗下降0.11%；技术水平提高1%，可导致能源消耗下降0.27%，说明技术水平的提高比环境规制对降低能耗的作用更为显著。因此，在提高环境规制强度的同时，不能忽视技术创新对产业结构生态化转型的促进作用。

（3）发展第三产业特别是生产性服务业，对促进产业结构生态化转型具有重要意义。目前，山东省服务业发展仍相对滞后，2012年服务业占山东省经济比重仅为39.98%，这也是造成能源消耗强度和污染排放强度相对较高的重要原因。重视服务业的发展，不断提高第三产业比重，是未来产业结构转型升级的战略方向。

第十一章 “互联网+”对上海市产业结构生态化转型的影响分析[①]

一、“互联网+”与产业结构

随着信息通信技术和互联网的飞速发展，“互联网+”对一个国家或地区产业结构生态化转型的作用越来越明显。一方面，“互联网+”催生了一部分新兴产业，丰富了产业内容，为经济发展注入了新的活力；另一方面，信息互联网技术的应用也在改造传统产业、降低成本、提高经济运行效率、合理配置资源等方面起到了巨大的作用。上海市作为我国改革开放和深化经济体制改革的排头兵，对该地区进行“互联网+”水平与产业结构生态化转型之间相互作用关系的研究，不仅具有理论意义，而且可以为政府推动工业化进程，转变经济发展方式，优化产业结构，促进产业结构生态化转型发展提供科学依据。

国外关于“互联网+”对产业结构生态化转型的文献比较缺乏。研究较多的是信息化的发展水平或互联网的使用对一国或一个地区的经济发展影响的研究。例如，Mary O' Mahony 和 MichelaVecchi（2005）研究和对比了美国和英国信息和通信技术（ICT）对两国产出增长的影响效应，认为信息和通信技术对美国产出效应影响明显，而对英国的产出效应并不明显；Md. Shahiduzzaman 和 Khorshed Alam（2014）对澳大利亚 20 世纪 60 年代中

---

① 本章主要内容已发表信息如下，吕明元、陈磊：《“互联网+”对产业结构生态化转型影响的实证分析——基于上海市 2000—2013 年数据》，《上海经济研究》2016 年第 9 期。

期至2011年信息和通信技术与经济产出之间的关系进行了研究，认为信息与通信技术对澳大利亚的产出增长具有积极作用。

国内学者关于“互联网+”与产业结构的实证研究较少。较早的有李继文（2001）总结了信息化与产业结构优化之间存在着紧密的关联性，吴进红等（2005）认为产业结构升级的动力机制包括信息化和技术创新这两个方面。除此以外，还有些国内学者研究了“互联网+”或者信息化对单个产业的影响。

以上文献分析显示，国外学者的相关研究主要集中在关于信息化的发展对一国经济增长或者劳动生产率提高方面，国内学者对“互联网+”、信息化与产业结构的研究，绝大多数还处于理论分析的阶段，缺乏实证方面的研究，尤其关于“互联网+”发展水平对产业结构生态化方面的研究极为少见。

在已有研究的基础上，本章将从定量的角度，对“互联网+”与产业结构生态化转型之间的相关性进行研究，最后从政府的角度出发，基于“互联网+”的影响，提出对促进产业结构生态化转型的切实可行的政策。

二、概念界定、指标构建与数据来源

（一）“互联网+”的概念与指标

“互联网+”理念最早是由易观国际集团的创始人、董事长兼首席执行官于扬提出。2015年3月，在全国“两会”期间，由全国人大代表、腾讯董事会主席兼CEO马化腾向人大提交的议案中提出“互联网+”这一概念。

现有文献对“互联网+”的研究十分有限，尤其是对企业运行机制影响、产业结构调整、社会经济形态转变等方面的定量分析基本上处于空白状态。总结近两年的相关文献，可以从以下三个方面来理解“互联网+”：第一，“互联网+”是指将互联网技术深度应用于传统产业，使之与传统产业融合发展，从而形成一种新的经济发展形态。如刘湖和张家平（2015）认为“互联网+”战略简单来说，就是利用通信技术和互联网平台，将传统行业和互联网结合起来，达到一种新的经济状态。李景海和林仲豪（2016）认为“互联网+”是利用信息通信技术以及互联网平台，让互联网与传统行业进行深度融合，充分发挥互联网在社会资源配置中的优化和集成作用，提升全社会的创新力和生产力，创造以互联网为基础设施和实现工具的经济发展新形态。第二，“互联网+”是指在信息与通信技术进一步发展的基础上形成的一些相关技术，主要包括云计算、大数据、物联网、移动互联网，它为互联网向其他领域的渗透与融合奠定了基础。如邹磊与徐策（2015）认为“互联网+”是指以互联网为主的一整套信息技术（包括移动互联网、云计算、大数据技术等）在经济、社会生活各部门的扩展、应用过程。张兆安（2015）认为“互联网+”是指以互联网为主的一整套信息技术在经济社会各个部门、各个领域的应用方式。第三，“互联网+”作为一种新的战略、新的思路、新的工具，已经上升到一种国家战略的高度，它为当前如何加速第三次工业革命进程，实现产业发展转型升级和国际竞争力不断提升，提供了新的思路。杨培芳（2015）认为，中国“互联网+”是第三种模式，这是后发国家和发展中国家追赶发达国家的路径；陈文玲（2015）指出，“互联网+”可以为中国争取更多的国际话语权，其可以成为中国经济发展新的增长点。

从能检索到的资料看，目前学术界并没有一个能够准确反映某一地区“互联网+”发展的指标，鉴于“互联网+”的发展从某种程度上说就是推进信息化的发展过程，本章用信息化发展指标来代替“互联网+”的发展指标。国际电信联盟2007年发布的信息与通信技术发展指数（Ⅰ），是反映信息化发展水平的一项集11种指标为一项基准值（以0至10级表示）的综合指数，能够较为综合的反映一个地区的信息化发展水平。在此基础上，受国家发改委和国务院信息办两单位的委托，国家统计局制定了信息化发展指数（IDI）对“十一五”期间全国和各省市信息化发展情况进行了综合评价和比较研究。2010年，国家统计局在信息化发展指数（Ⅰ）的基础上，为优化信息化发展指数指标体系，进一步完善统计监测方法，提出了信息化发展指数（Ⅱ），用以评价我国“十二五”信息化发展水平。鉴于我国在“十一五”和“十二五”期间对信息化发展指标的计算做了一次调整，并且本章研究数据的时间跨度涉及这两个期间，因此，需要统一信息化计算指标，统一使用信息化发展指数（Ⅱ）作为“互联网+”发展指标。

（二）“互联网＋”评价指标

信息化发展水平指数（IDI），是国际电信联盟发布的信息与通信技术发展指数的缩写，是衡量国家综合国力、国家生产力发展水平和国际竞争力的主要指标，它的设定旨在监测和比较不同国家间信息通信技术的发展情况。该指数是全面反映信息化发展水平的五大要素（信息化基础设施、产业技术指数、应用消费指数、知识支撑指数与发展效果指数）合成的一个复合指标，作为衡量国家或地区信息化发展的综合评价尺度。

信息化发展指数采用了简单线性加权的方法，即对每个具体指标的标准化数据进行计算，分别得出各个分类指数，然后通过各个分类指数加权平均计算得出总指数，其计算公式为：

$$IDI=\sum_{i=1}^{n}W_i\left(\sum_{j=1}^{m}W_{ij}P_{ij}\right) \qquad (11-1)$$

其中，IDI 为国家或地区信息化发展指数的数值，n 为信息化发展指数分类的个数，m 表示信息化应用水平第 i 类指数的指标个数，W_i 为第 i 类指数在总指数中的权重，P_{ij} 为第 i 类的第 j 项指标标准化后的值，W_{ij} 为第 j 个指标在第 i 类指数中的权重。为研究方便，本章将引入信息化发展指标（Ⅱ）对上海市“互联网＋”发展水平进行衡量。关于该指数，国家统计局公布的统计测算数据截止到 2013 年，因此本章将上海市 2000—2013 年信息化发展指标（Ⅱ）作为历年“互联网＋”发展水平值。

（三）产业结构生态化转型评价指标

产业结构生态化转型是指从传统产业结构向生态型产业结构演进的过程，是指按照产业生态经济原理和生态规律构造高效、和谐的产业结构，使多个生产体系或环节之间通过系统的耦合和物质、能量的多级利用，实现高效的产出和资源环境的持续利用。产业结构生态化转型既包括产业间结构的生态化转型，又包括产业内结构生态化转型。

从产业结构生态化、产业结构合理化和产业结构高度化三个维度，共五个指标来衡量产业结构生态化转型。

1. 产业结构生态化评价指标

(1) 能源效率指标

单位 GDP 能耗总量是衡量能源利用效率较好的经济性指标，反应产业结构生态化因素和产业能源利用效率。只是简单地用能源消耗总量和 GDP 总量之比来衡量能源消耗，则不能反应各产业消耗能源的产业性特征，因此为了用单位 GDP 能耗这个指标更为具体地分析问题和提出解决问题的方案，应将其分解。具体分析方法说明如下：

用 EI 表示单位 GDP 能耗总量[①]，ei_i 表示第 i 产业单位 GDP 能耗，AE_i 表示第 i 产业能耗总量（万吨标准煤），GDP_i 表示第 i 产业产值，$GDP=\sum_i GDP_i$，$AE=\sum_i AE_i$ 并且 $ei_i=AE_i/GDP_i$，$g_i=GDP_i/GDP$。得出单位 GDP 能源消费总量指标公式：

$$EI=ei_1g_1+ei_2g_2+ei_3g_3 \tag{11-2}$$

由上式可知，单位 GDP 能源消费总量指标 EI 受各产业单位 GDP 能源消费和各产业产值占比两个因素影响。在其他条件不变情况下，其值越大，表示产业结构生态化程度越低，反之，产业结构生态化程度越高。为了研究方便，使得产业结构生态化程度和指标值成正比，取其倒数能源效率，得出能源效率指标 FE 计算公式：

$$FE=\frac{1}{EI}=\frac{1}{ei_1g_1+ei_2g_2+ei_3g_3} \tag{11-3}$$

(2) 环境效率指标

单位 GDP 污染物排放总量是衡量经济发展对环境影响较好的指标，反应一个经济体产业结构生态化发展程度。为了用单位 GDP 污染排放总量这个指标更为具体地分析问题和提出解决问题的方案，按工业三废[②]（废水、废气、废渣）将其分解。具体分析方法说明如下：

$$PI=\frac{\sum_{i=1}^{n}Pi_i}{n} \tag{11-4}$$

① 此处能源消耗表示能源终端消费量。

② 此处用工业废水、工业废气、工业废渣表示，单位分别为百万吨、亿标立方米和万吨。

其中，Pi_i 表示 i 类污染物的单位 GDP 排放总量，n 表示指标数，PI 表示单位 GDP 污染物排放总量指标，表示产业结构对环境影响程度。在其他条件不变情况下，其值越大，产业结构生态化程度越低，反之，产业结构生态化程度越高。为了研究方便，使得产业结构生态化程度和指标值成正比，取其倒数环境效率，得出环境效率指标 EE 计算公式：

$$EE=\frac{1}{PI}=\frac{n}{\sum_{i=1}^{n}Pi_i} \tag{11-5}$$

（3）产业结构可持续化指标

产业结构可持续化是指在生态经济发展理念的战略下，通过技术进步和管理创新，提高能源使用效率和合理配置资源实现经济发展方式由过去的高投入、高消耗、高排放的粗放发展方式向低能耗、低排放、高生产率的发展方式转变，构建一个节能、环保、绿色、可持续的经济发展形态，实现经济可持续发展。鉴于此，本章从低污染产业产值占工业总产值比重、低能耗产业产值占工业总产值比重、第三产业增加值占 GDP 比重、失业率四个分类指标对产业结构可持续化进行衡量，并将各指标对产业结构可持续化的重要性等同。由于工业部门是国民经济中资源消耗和环境污染的主要部门，因此这里选取了 34 个工业部门作为研究对象，并且取 34 个工业部门中污染排放强度较低的前 12 个部门作为低污染产业。同理，低能耗产业取自 34 个工业部门中能耗强度较低的前 12 个产业部门。计算公式如下：

$$ISP=\frac{a+b+c+1/\mu}{n} \tag{11-6}$$

其中，a 表示低污染产业产值占工业产值比重，b 表示低能耗产业产值占工业产值比重，c 表示第三产业产值占比，μ 表示地区失业率。ISP 表示产业结构可持续化，其指标值越大，产业结构可持续化程度越好，反之，可持续化程度越差。

2. 产业结构合理化评价指标

产业结构合理化一般是指产业结构由不合理向合理化发展的过程，本章在此基础上认为产业结构合理化是指生产要素通过在产业间的配置、利用、转移与流动等方式实现各产业部门之间协调能力的加强和关联水平的提高，并显示出一定的结构效应。

目前学术界对产业结构合理化的定义都不相同，因此从不同的角度会设置不同的关于产业结构合理化的指标。从产业之间资源的配置、转移以及利用的方向来考察产业结构合理化是其中比较合理的角度之一，根据这种标准，原毅军等（2008）采用了产业的结构偏离度来考察产业结构的合理性，干春晖等（2011）引入泰尔指数来考察产业结构合理化，但这些衡量方法既忽略了各产业在经济体中的比重，也忽略了绝对值的真正作用，容易造成偏离度相互抵消的情况。针对产业结构合理化指标设置过程中存在的各种问题，本章在此基础上，根据对产业结构合理化的定义，重新定义了产业结构合理化指标：

$$ISDP=\sum_{i=1}^{n}\left(\frac{Y_1}{Y}\right)\sqrt{\left[\mathrm{LN}\left(\frac{Y_i}{Y}/\frac{L_i}{L}\right)\right]^2} \qquad (11-7)$$

其中，*ISDP* 表示含有各产业权重结构偏离度（Departure degree of industrial structure）的加权和，i 表示产业 i，n 表示产业的总数，Y_i/Y 表示第 i 产业产值比重同时也反映了单个产业在经济体中的权重。L_i/L 表示产业 i 的要素投入占总要素投入的比重，为了方便研究，这里要素投入固定为劳动力要素的投入。产业结构偏离度 *ISDP* 越高，表示资源在产业之间的配置越不合理，产业结构合理化程度越低；反之，则表示资源在产业之间的配置越加合理，产业结构合理化程度越高。这里产业结构合理化程度与产业结构偏离度之间存在反向关系，为了研究方便，本章以产业结构偏离度的倒数形式来表示产业结构合理化程度，公式如下：

$$ISRA=\frac{1}{ISDP} \qquad (11-8)$$

上式中，*ISRA* 表示产业结构合理化（Industrial structure rationalization），通过倒数形式变换后，该指标的大小和产业结构合理化呈正向变动关系。

3. 产业结构高级化评价指标

产业结构高级化指一国经济发展重点或产业结构重心由第一产业逐次向

第二产业和第三产业转移的过程，标志着一国经济发展水平的高低、发展阶段和发展方向。产业结构高级化实际上是对产业结构升级的一种衡量，一般文献根据克拉克定律采用农业与非农业产值比重作为产业结构升级的度量。

随着 20 世纪 70 年代后信息技术革命的到来，引发了发达国家"经济服务化"的趋势，而传统的度量方式没有办法反映出经济结构的这种动向。在信息化推动下的经济结构的服务化是产业结构升级的一种重要特征，鉴于在"经济服务化"过程中的一个典型事例是第三产业的增长率要快于第二产业的增长率，有的学者采用第三产业与第二产业的产值比重来衡量一个国家的产业结构高级化的程度，如简新华等（2011）运用第三产业比重法来度量产业结构高级化程度。除此以外，纪玉山等（2006）用第三产业的产值占 GDP 比重来表示产业结构高级化率和第三产业就业人数占就业总人数的比重来表示就业结构的高级化率。

本章指标设置借鉴了付凌晖（2010）对产业结构高级化进行度量的方法。

首先，根据三次产业划分即农业、工业、服务业，每一部分增加值作为空间向量中的一个分量，从而构成一组三维向量 $X_0=x_{1.0}$，$x_{2.0}$，$x_{3.0}$）。然后，分别计算 X_0 与产业由低层次到高层次排列的向量 $X_1=$（1，0，0），$X_2=$（0，1，0），$X_3=$（0，0，1）的夹角 θ_1，θ_2，θ_3：

$$\theta_j=\arccos\left[\frac{\sum_{i=1}^{3}(x_{ij}\cdot x_{i,0})}{\sqrt{\sum_{i=3}^{3}x_{i,j}{}^2}\sqrt{\sum_{i=1}^{3}x_{i,0}{}^2}}\right] \tag{11-9}$$

$j=1，2，3$

其次，定义产业结构高级化的指标值 ISH 的计算公式：

$$ISH=\sum_{K=1}^{3}\sum_{j=1}^{K}\theta_j \tag{11-10}$$

如果计算得出产业结构高级化指标 ISH 越大，则表明产业结构高级化水平越高，反之，则表明高级化水平越低。

（四）数据来源说明

信息化发展指数（IDI）由国家统计局制定并颁布，由于国家统计局关于该指数的统计测算截止到2013年，鉴于此，我们选取了2000—2013年期间数据为研究样本。2000—2013年上海信息化发展总指数（Ⅱ）数据来自国家统计局统计科学研究所“信息化统计评价”研究组发布的中国信息化发展指数（Ⅱ）研究报告。2000—2013年上海产业结构生态化转型相关数据中三次产业产值、劳动力在产业间分布的数据、三次产业的能源消耗和产业污染物排放等数据来自上海统计局的统计数字；其他变量的相关数据均来自各年度的《中国统计年鉴》《上海统计年鉴》和《中国信息年鉴》。

三、上海市“互联网+”发展与产业结构生态化转型趋势

（一）上海市“互联网+”发展与产业结构生态化转型的描述

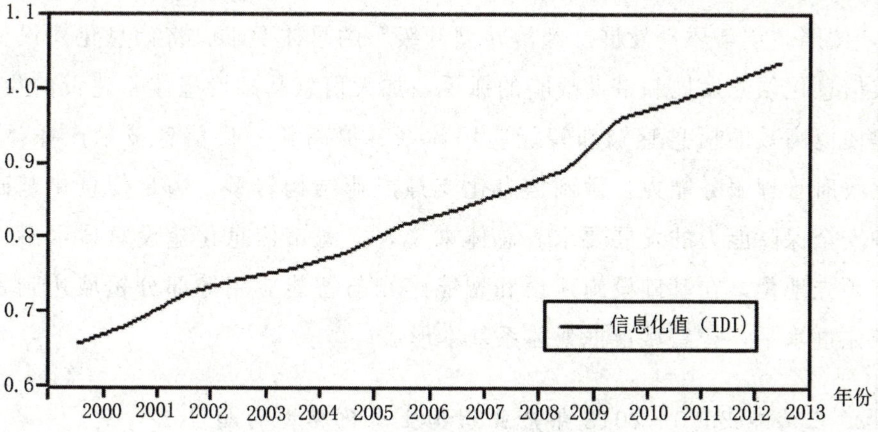

图11—1 “互联网+”发展趋势

1. 上海市2000—2013年“互联网+”发展趋势

依上文所述，这里用信息化指数来衡量“互联网+”发展水平。上海一直十分重视城市信息化水平发展。1987年中国建成第一个国际互联网电子邮件节点，使得信息在全球范围内的便捷传播得到实现。21世纪，互联网逐渐

引入中国后，上海成为信息技术研发、信息产业试点与安全实现领域的重要城市，随着全国第一个独立网站向社会开放即中文网站的丰富，上海互联网开始向社会公众提供信息服务。如图 11－1 所示，上海市信息化发展总指数（Ⅱ）从 2000 年的 0.656 上升到 2013 年的 1.036，在省市区域排名处于第二位，仅次于北京市，从其五个细分指数来看，其中基础设施指数、产业技术指数、知识支撑指数、发展效果指数均高于除北京市外的其他各省市区，也高于全国平均水平，使其发展具备了坚实的基础，并取得较好的发展效果，继 2011 年之后，上海市继续跻身信息化发展高水平地区行列。和北京市相比，在 2012 年，信息化发展总指数（Ⅱ）五个指标中，北京偏向于发展效果指数、产业技术指数和知识支撑指数，而上海的信息化发展较为全面与均衡，各分类指数的发展状况基本相当。

2013 年是全面落实《上海市推进智慧城市建设三年（2011—2013）行动计划》收官之年。全市围绕《上海市国民经济和社会信息化“十二五”规划》，按照“创新驱动发展、经济转型升级”的总体要求，将信息化建设作为落实信息化领先发展和带动战略的抓手，加大信息基础设施体系建设的投入、构建便捷高效的信息感知和智能应用体系、提高新一代信息技术产业体系，优化政府管理服务能力，做到信息化支撑产业结构转型，满足信息化基础设施和安全保障能力的发展要求。总体来说，上海市信息化建设总体水平保持全国领先地位，在基础设施建设和智能感知与智能应用等部分领域达到发达国家先进水平，智慧城市框架体系基本形成。

2. 上海市 2000—2013 年产业结构生态化转型的趋势

上海是我国经济中心城市，1949 年中华人民共和国成立后，上海的经济得到了快速发展。改革开放后，根据国家经济发展的全面部署，上海从自身实际出发，在产业结构、生产布局和企业组织等方面进行了多次大调整，特别是从 1992 年起的产业结构调整，对上海市经济及产业结构的转型优化，起到了积极有效的作用，使上海的产业结构经历从以轻纺工业为主向综合性工业基地的转变，以及从以第二产业为主的“二、三、一”产业结构向第二、第三产业共同推动的“三、二、一”产业结构的转型，对上海城市功能转型起到了积极的推动作用。有数据显示，我国第一产业占国民生产总值的比重持续下降：从2000年的1.60%下降到2013年的0.572%，下降超过1个百分点；第二产业比重由2000年的46.27%下降至2013年的36.24%，该比重这些年一直呈现下降的趋势，但是仍然占有较大的比例。从2000年开始，上海市第三产业产值增长较快，由2000年占比52.12%上升到2013年的63.18%。

根据单位GDP能源消费总量指标公式（11－2）和能源效率指标公式（11－3），利用上海市2000—2013年三次产业单位GDP能耗和三次产业GDP占比数据计算得出能源效率在这一期间的数据结果；按照工业污染物排放类别，分别计算出上海市2000—2013年废水、废气、废渣的单位GDP排放总量的数据，并将其带入单位GDP污染物排放总量指标公式（11－4）和环境效率指标公式（11－5）计算得出这一期间的环境效率数据；计算得出上海市2000—2013年低污染产业产值占工业产值比重、低能耗产业产值占工业产值比重、第三产业产值占比和地区失业率等数据，将其带入产业结构可持续化指标公式（11－6），得出在这一期间产业结构可持续化的数据结果；利用产业结构合理化指标公式（11－7）和（11－8），在上海市2000—2013年三次产业产值和三次产业劳动力要素投入等数据的基础上计算得出产业结构合理化在这一期间的数据；最后根据产业结构高级化指标公式（11－9）和（11－10），利用上海市2000—2013年三次产业增加值计算得出产业结构高级化在这一期间的数据。计算出来的五个指标变化趋势以图形描述如下：

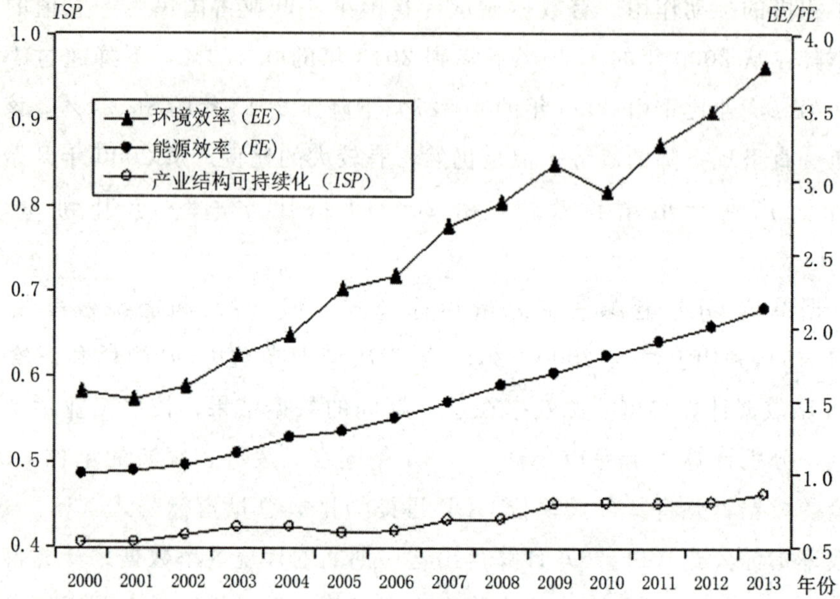

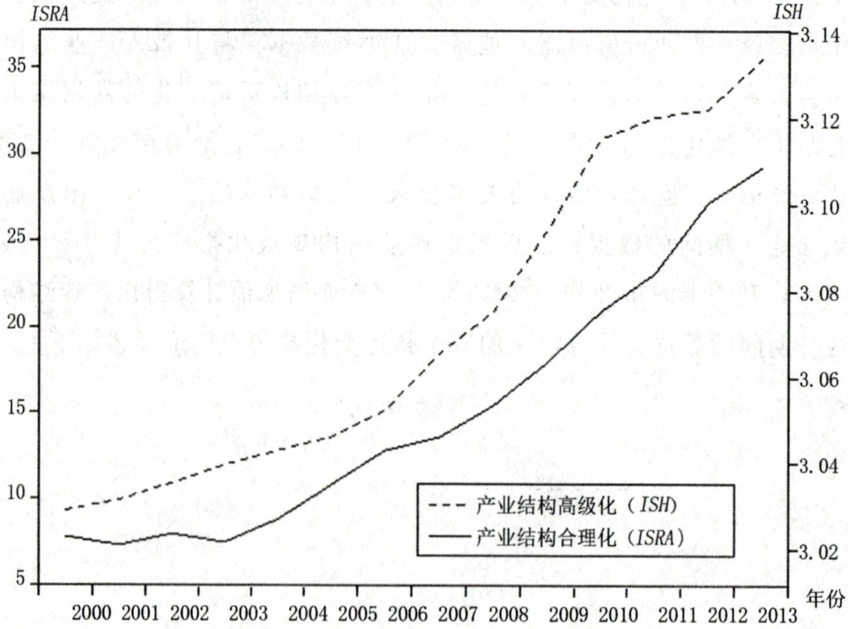

（2）

图 11－2　产业结构生态化转型变化趋势图

由图11－2得出如下结论：

（1）在产业结构生态化方面，自2000年以来，上海产业结构可持续化（*ISP*）大致呈现先略微上升后略微下降，然后又缓慢上升的趋势，整体波动幅度不大；上海能源消费（*FE*）在这一期间处于稳步上升阶段，且上升的幅度较为明显；上海环境效率（*EE*）除2001年相对于2000年，2010年相对于2009年处于下降之外，整体上处于快速上升阶段，波动较为明显，且在2010年后有加速上升的趋势。总体上看，反映产业结构生态化的三个指标能源效率指标（*FE*）、环境效率指标（*EE*）、产业结构可持续化指标（*ISP*）在2000—2013年总体上呈现上升的趋势。

（2）在产业结构合理化方面，上海在2000—2013年呈现出明显的阶段性特征。在2000—2003年，产业结构合理化（*ISRA*）一直呈现较为平稳状态，波动幅度不大，2003—2013年，一直呈现快速上升的趋势。

（3）在产业结构高级化方面，2000—2010年，上海产业结构高级化（*ISH*）呈现出稳定上升的趋势，随后在2010—2012年上升趋缓，2012年之后上升速度又有加快的趋势，这也充分表明上海市在2012年后，较快地实现由第一、第二产业向第三产业转移。

（二）上海市“互联网＋”水平与产业结构生态化转型的关系

三次产业产值比例变化是产业结构生态化转型的主要表现形式，三次产业产值发展规模呈现出此起彼伏的趋势，同时，“互联网＋”水平也在不断地变化。如表11－1所示，上海市“互联网＋”水平不断地提高，相应的，产业结构中三次产业产值所占的比重呈现出不断变化的情况，我们可以简单地归纳出，“互联网＋”发展水平较低时，一次产业所占国民经济的比重相对较大，当“互联网＋”水平较高时，三次产业所占国民经济的比重较大，与此同时，二次产业所占比重呈现出总体下降的趋势。

表 11－1 上海市 2000—2013 年三次产业产值状况与“互联网＋”发展水平

年份 项目	2000	2001	2002	2003	2004	2005	2006	2007	2008	2009	2010	2011	2012	2013
第一产业（%）	0.016	0.015	0.014	0.012	0.01	0.01	0.009	0.008	0.008	0.008	0.007	0.007	0.006	0.006
第一产业（%）	0.463	0.461	0.457	0.479	0.482	0.474	0.47	0.446	0.433	0.399	0.421	0.413	0.389	0.362
第一产业（%）	0.521	0.524	0.529	0.509	0.508	0.516	0.521	0.546	0.56	0.594	0.573	0.58	0.604	0.632
“互联网＋”	0.656	0.683	0.724	0.744	0.758	0.780	0.817	0.837	0.864	0.892	0.961	0.982	1.008	1.036

资料来源：上海市统计局与国家统计局统计科学研究所“信息化统计评价”研究组发布的研究报告。

“互联网＋”发展水平与产业结构生态化转型有着紧密的联系，一方面，“互联网＋”包括信息化，而信息化内容涵盖了信息产业化和产业信息化，它依靠这两条途径作用于产业结构生态化转型升级，从而推动产业结构生态化转型；另一方面，“互联网＋”带动了劳动生产率的提高和生产方式的变革，即信息化应用与生产过程中表现在生产操作自动化、生产模式灵活化、生产规模分散化，这样缩短了产品的生产周期，降低了产品的生产单位成本，提高了产品的生产效率；同时“互联网＋”还推动了产业的融合、重组、分化和创新。因此，鉴于“互联网＋”促进产业结构生态化转型的关系，提出如下三个假设：

假设 1：“互联网＋”的发展能有效地促进产业结构生态化水平的提高。

假设 2：“互联网＋”的发展能有效地促进产业结构合理化水平的提高。

假设 3：“互联网＋”的发展能有效地促进产业结构高级化水平的提高。

四、实证分析

本章旨在检验上海市“互联网＋”对三次产业结构生态化转型的影响，包括对产业结构生态化、产业结构合理化和产业结构高级化三个方面的影响，即“互联网＋”发展水平的提高能否真正提高产业结构生态化、产业结构合理化和产业结构高级化。因此，在本部分中将利用上文构建的“互联网＋”指标和产业结构生态化转型评价指标，建立计量经济学模型，并对涉及的相关数据进行解释。

（一）模型建立

由于时间序列数据常存在异方差现象，为了消除异方差的影响，对模型中各个变量进行对数处理。为了验证上述三个假设，本章构建如下计量经济模型：

$$\ln FE = c + \alpha \ln IDI + \beta_1 \ln GDPaver + \beta_2 \ln Tex + \varepsilon_t$$

$$\ln EE = c + \alpha \ln IDI + \beta_1 \ln GDPaver + \beta_2 \ln Tex + \varepsilon_t$$

$$\ln ISP = c + \alpha \ln IDI + \beta_1 \ln GDPaver + \beta_2 \ln Tex + \varepsilon_t$$

$$\ln ISRA = c + \alpha \ln IDI + \beta_1 \ln GDPaver + \beta_2 \ln Tex + \varepsilon_t$$

$$\ln ISH = c + \alpha \ln IDI + \beta_1 \ln GDPaver + \beta_2 \ln Tex + \varepsilon_t$$

上式中，c 为截距项，*FE* 为产业结构的能源效率；*EE* 为产业结构的环境效率；*ISP* 为产业结构可持续化；*ISRA* 为产业结构合理化；*ISH* 为产业结构高级化；*IDI* 代表“互联网+”发展水平；为了使方程更客观，考虑到其他对产业结构生态化转型起到重要影响作用的控制变量，包括经济发展水平（*GDPaver*）、进出口总额（*Tex*）等；t 为以年份表示的时间序列，ε_t 为随机扰动项。

（二）实证分析

1. 平稳性检验

平稳性检验是为了保证模型中的时间序列变量中不存在单位根，最常用的检验方法就是 ADF 检验法。本章采用该方法对模型中各个变量进行单位根检验，初步检验结果显示所有变量均为非平稳序列，而在经过二阶差分后，“互联网+”发展水平（*IDI*）、能源效率（*FE*）、环境效率（*EE*）、产业结构可持续化（*ISP*）、产业结构合理化（*ISRA*）、产业结构高级化（*ISH*）、人均 GDP（*GDPaver*）、进出口总额（*Tex*）八个变量的对数变量达到了平稳，表明 Ln（*IDI*）、Ln（*FE*）、Ln（*EE*）、Ln（*ISP*）、Ln（*ISRA*）、Ln（*ISH*）、Ln（*GDPaver*）、Ln（*Tex*）是二阶平稳的。单位根检验结果如表

11－2所示：

表 11－2 变量的单位根检验结果

变量	差分次数	(C，T，K)	ADF 值	P 值	5%临界值	结论
Ln(*IDI*)	2	(1，0，2)	－5.403805	0.0029	－3.259808	I(5)*
Ln(*FE*)	2	(1，0，2)	－7.759263	0.0002	－3.259808	I(5)*
Ln(*EE*)	2	(1，0，0)	－7.126468	0.0002	－3.175352	I(5)*
Ln(*ISP*)	2	(1，0，1)	－5.115580	0.0032	－3.212696	I(5)*
Ln(*ISRA*)	2	(1，0，0)	－3.841148	0.0175	－3.175352	I(5)*
Ln(*ISH*)	2	(1，0，1)	－3.536874	0.0308	－3.212696	I(5)*
Ln(*GDPaver*)	2	(1，0，1)	－5.400005	0.0022	－3.212696	I(5)*
Ln(*Tex*)	2	(1，0，2)	－3.861033	0.0215	－3.259808	I(5)*

注：(C，T，K) 表示 ADF 检验式是否包含常数项、时间趋势项以及滞后期数；＊表示变量差分后在5%的显著水平上通过 ADF 平稳性检验。

2. 回归分析

综上所述，检验结果表明，模型所涉及的八个变量均为二阶平稳序列，符合建立模型的条件，故将对模型的参数进行回归分析。本章采用常用的普通最小二乘法（Ordinary Least Square，OLS）对上述五个模型进行参数估计，被解释变量分别为 Ln（*FE*）、Ln（*EE*）、Ln（*ISP*）、Ln（*ISRA*）、Ln（*ISH*）。回归结果如表 11－3 所示。

表 11－3 上海市 2000—2013 年“互联网＋”对产业结构生态化转型的回归分析

变量	产业结构生态化（Ln（*FE*）、Ln（*EE*）、Ln（*ISP*））			Ln（*ISRA*）	Ln（*ISH*）
	模型 1	模型 2	模型 3	模型 4	模型 5
Ln(*IDI*)	0.454524** (2.259248)	－0.999489** (－2.395980)	0.212927** (2.767733)	1.717867** (0.0339)	0.076796*** (3.400324)
Ln(*GDPaver*)	0.816973*** (5.757112)	1.665633*** (5.660761)	0.128569** (2.369313)	1.510971** (0.0120)	0.039777** (2.496912)
Ln(*Tex*)	－0.166326*** (－3.772569)	－0.247799** (－2.710654)	－0.049753** (－2.951108)	－0.479606** (0.0107)	－0.019957*** (－4.032331)
C	－7.201116*** (－5.567031)	－15.60112*** (－5.816720)	－1.830257*** (－3.700185)	－9.942668* (0.0515)	0.854021*** (5.881215)
R^2	0.997021	0.991319	0.985620	0.989812	0.983712

续表

变量	产业结构生态化（Ln（*FE*）、Ln（*EE*）、Ln（*ISP*））			Ln（*ISRA*）	Ln（*ISH*）
	模型 1	模型 2	模型 3	模型 4	模型 5
F	1115.581	380.6535	228.4662	323.8626	201.3123
D. W	1.743917	2.461101	2.030869	1.050770	1.511162

注：本章计量结果由 EViews8.0 给出，*、**、*** 分别表示在1%、5%和10%显著性水平上显著，括号内的数值为对应估计值的 t 统计量。

3. 协整性检验

根据前文平稳性检验结果可知，所有变量的原序列均不是平稳序列。对原序列进行协整性检验，没有通过检验，但在经过二阶差分后变为同阶单整序列，满足协整性检验要求。为避免表 11－3 中回归结果出现伪回归，现利用 Johansen 方法对上述五个模型回归后的残差序列进行协整性检验。由于 EG 两步法只适用于双变量协整检验，而不适用于多变量情形。因此本章采用 Johansen 方法进行协整关系检验，检验结果如表 11－4 所示。

表 11－4　协整检验结果

项目	没有协整关系的原假设	特征值	迹检验统计量	5%临界值	P 值
模型 1	None*	0.697262	14.33867	3.841466	0.0002
模型 2	None*	0.593860	10.81270	3.841466	0.0010
模型 3	None*	0.608525	11.25400	3.841466	0.0008
模型 4	None*	0.417804	6.491380	3.841466	0.0108
模型 5	None*	0.636648	12.14860	3.841466	0.0005

迹检验表面 5%显著水平下存在一个协整方程
*5%显著水平下拒绝原假设

注：本章的计量结果由 EViews8.0 给出，表示在 95%的置信水平。

上述检验结果表明，2000—2013 年，分别以 Ln（*FE*）、Ln（*EE*）、Ln（*ISP*）、Ln（*ISRA*）、Ln（*ISH*）为被解释变量，以 Ln（*IDI*），Ln（*GDPaver*），Ln（*Tex*）为解释变量的五个模型的回归分析的残差序列具有协整性，排除了表 11－3 中伪回归的可能性。

（1）其中以产业结构生态化指标为被解释变量且系数经过标准化的协整

方程为：

$$LnFE=-7.201116+0.454524LnIDI+0.816973LnGDPaver-0.166326LnTex$$

$$LnEE=-15.60112-0.999489LnIDI+1.665633LnGDPaver-0.247799LnTex$$

$$LnISP=-1.830257+0.212927LnIDI+0.128569LnGDPaver-0.049753LnTex$$

本模型的实证结果表明，上海市“互联网＋”关于能源效率、环境效率和产业结构可持续化的弹性值分别是0.454524、－0.999489和0.212927。说明在其他情况不变的情况下，“互联网＋”发展水平提高1%，能源效率水平将提高0.454524%和产业结构可持续化水平提高0.212927%，但同时会使环境效率水平下降0.999489%。对于假设1，“互联网＋”对能源效率和产业结构可持续化水平的提高具有正向促进作用，对环境效率的提高具有抑制作用，而对产业结构生态化的影响则取决于对各个变量影响程度的大小和各个变量的相对重要性。人均GDP对能源消耗、环境效率和产业结构生态化的影响系数都为正，对外贸易总额对能源消耗、环境效率和产业结构生态化的影响系数都为负。在其他情况不变的情况下，人均GDP提高1%，能源效率提高0.816973%、环境效率提高1.665633%、产业结构可持续化水平提高0.128569%。对外贸易总额提高1%，将带来能源效率下降0.166326%、环境效率下降0.247799%、产业结构可持续化水平下降0.049753%。

（2）其中以产业结构合理化指标为被解释变量且系数经过标准化的协整方程为：

$$LnISRA=-9.942668+1.717867LnIDI+1.510971LnGDPaver-0.479606LnTex$$

本模型的实证结果表明，上海市“互联网＋”关于产业结构合理化的弹性值是1.717867。说明在其他情况不变的情况下，“互联网＋”发展水平提高1%，产业结构合理化水平将提高1.717867%。“互联网＋”对产业结构合理化具有正向的促进作用，验证了假设2。人均GDP对产业结构合理化影响系数为正，对外贸易总额对产业结构合理化影响系数为负。在其他情况不变的情况下，人均GDP提高1%，产业结构合理化水平提高1.51097%，对外贸易总额提高1%，将带来产业结构合理化水平下降0.479606%。

(3) 其中以产业结构高级化指标为被解释变量且系数经过标准化的协整方程为：

$$\mathrm{Ln}ISH=-0.854021+0.076796\mathrm{Ln}IDI+0.0397771\mathrm{Ln}GDPaver-0.019957\mathrm{Ln}Tex$$

本模型的实证结果表明，上海市“互联网＋”关于产业结构高级化的弹性值是0.076796。说明在其他情况不变的情况下，“互联网＋”发展水平提高1%，产业结构高级化水平将提高0.076796%。“互联网＋”对产业结构高级化的影响效应为正，验证了假设3。人均GDP对产业结构高级化影响系数为正，对外贸易总额对产业高级化影响系数为负。在其他情况不变的情况下，人均GDP提高1%，产业结构合理化水平提高0.039777%，对外贸易总额提高1%，将带来产业结构合理化水平下降0.19957%。

五、结论与建议

本章基于上海市2000—2013年的统计数据，从产业结构生态化、产业结构合理化和产业结构高级化三个维度，对产业结生态化转型升级进行衡量，其中产业结构生态化又分为能源效率、环境效率和产业结构可持续化三个指标。以能源消耗强度、污染排放强度和低污染产业产值等为基础分别构建了产业结构生态化的三个指标，以劳动要素生产率为基础构建了产业结构合理化指标，以三次产业产值占比为基础构建了产业结构高级化的评价指标。这些指标充分考虑了劳动力要素在三次产业间的配置、流动与利用，产业中能源使用效率和环境污染状况，能够准确地反映产业结构生态化转型的效果。通过建立计量经济模型，实证检验“互联网＋”对产业结构生态化转型的影响，并进行了相应的稳健性检验，得出一些与现有文献不同的结论，提出更具有导向性的政策建议。

（一）主要结论

(1) 2000—2013年，上海市“互联网＋”水平始终处于稳定上升阶段，并且在2010年前后上升速度达到最大；除2010年环境效率出现明显下降外，其余年份产业结构生态化转型各项指标基本上一直处于上升阶段，并且产业结构生态化转型速度逐渐加快。上海市一直重视信息化水平建设，深入贯彻以信息化带动工业化、以信息化促进工业化的指导方针，同时从2007年起，上海市进行产业结构新一轮调整，重点调整和关停本地区“三高一低”企业[①]数千家，持续的产业结构调整带来了显著的生态效益。

（2）通过回归分析发现，“互联网＋”对能源效率和产业结构可持续化具有正向促进作用，对环境效率具有抑制作用。“互联网＋”对产业结构生态化转型的正向作用主要表现在对产业结构高级化方面，且作用显著，“互联网＋”的发展对产业结构合理化具有一定的促进作用，但作用不显著。因此，通过“互联网＋”，协调产业结构生态化的内部矛盾，协调产业结构合理化和产业结构高级化之间的矛盾，从而促进产业结构生态化转型。

（3）人均GDP大致可以代表一个地区的经济发展状况，经济发展对产业结构生态化转型有比较显著的正向促进作用。对外贸易总额反映一个国家或者地区对外交往的紧密程度，实证研究表明，上海市对外贸易对产业结构生态化转型具有一定的抑制作用，但不显著，这与上海市长期以来以资源、劳动密集型商品为主的对外贸易结构是分不开的。

（二）政策建议

（1）做实“互联网＋”基础设施建设，为“互联网＋”促进产业结构生态化转型升级提供有力支撑。

上海市“互联网＋”水平虽然在我国处于前列，但是与西方发达国家或地区相比仍有较大差距。影响上海市“互联网＋”发展的因素还比较多，特别是信息化基础设施等因素将会继续制约“互联网＋”的进一步发展。上海市应加快大数据、移动互联网、物联网等设施建设投入，加大互联网中宽带等基础配套设施的建设，从而提高“互联网＋”水平，充分发挥“互联网＋”对产业结构的影响机制，促进产业结构生态化转型。

（2）促进互联网和传统制造业、高新技术产业有效融合。

上海市传统制造业在该地区产值中一直占据比较重要的位置。在“互联

---

① 此处“三高一低”企业是指高能耗、高污染、高危险、低收益企业。

网＋”背景和加速建设具有全球影响力的科技创新中心的重要契机下，上海市应该继续提高城市科技创新能力、加快互联网技术与传统制造业融合发展，特别是汽车装备、电子信息、航天航空、医疗设施等产业的融合发展，促进资源向技术密集程度高的产业转移，提高能源利用效率和环境效率，改变原有的“三高”产业发展状况，从而推动产业结构生态化转型。

（3）利用信息通信技术以及互联网平台，让“互联网＋”更好地推动服务业的发展。

当前“互联网＋”与服务业的融合程度最深，上海市一直十分重视第三产业的发展，特别是金融、商贸、电子商务、文化娱乐等领域的发展。在“互联网＋”这一趋势下，应发挥自身优势，以互联网平台为基础，创造出新产品、新业务、新模式，为服务业提供发展的新动力，促进“互联网＋”服务业的发展，从而促进产业结构生态化转型。

（4）积极参与国际贸易，优化对外贸易结构。

不合理的对外贸易结构会影响产业结构生态化转型，上海市应加快对外贸易结构由资源、劳动型向资本、技术密集型得转变。可以通过参与国际贸易分工，加快加工贸易的升级，发挥本市比较优势的产业，加强本地企业自主研发能力和打造自主品牌等措施，进而促进产业结构生态化转型。

附　录

表 11－5　信息化发展指数（Ⅱ）指标体系

总指数	分类指数		指标
信息化发展总指数	基础设施指数	1	电话机拥有率（部/百人）
		2	电视机拥有率（台/百人）
		3	计算机拥有率（台/百人）
	产业技术指数	4	人均电信收入（元/人）
		5	每百万人发明专利申请量（个/百万人）
	应用消费指数	6	互联网普及率（户/百人）
		7	人均信息消费额（元/人）
	知识支撑指数	8	信息产业从业人数比重
		9	教育指数：成人识字率×2/3＋综合入学率×1/3
	发展效果指数	10	信息产业增加值比重（%）
		11	信息产业研发经费比重（%）
		12	人均国内生产总值（元/人）

注：①指标 8 用第三产业从业人数代替信息产业从业人数；②指标 10 用第三产业增加值代替信息产业增加值；③指标 11 用全社会 R&D 经费支出代替信息产业研发经费

第四篇

区域分析与比较

第十二章 京津冀与长三角产业结构生态化转型的区域比较

一、京津冀与长三角产业结构的基本比较

（一）生态环境现状的分析比较

长期以来，京津冀地区因为重污染、环境质量较差受到公众的广泛关注。2015 年 4 月，中央政治局会议通过的《京津冀地区协同发展规划纲要》要求京津冀地区充分认识当前生态环境保护的严峻形势，深刻剖析生态破坏和环境污染的本质原因，抓紧时间制定能够有效防止京津冀地区生态环境污染进一步严重的政策措施；2016 年 6 月，国家发展和改革委员会发布了《长江三角洲城市群发展规划》要求长江三角洲（以下简称长三角）地区各省份加快落实各项任务措施，带头发展新经济、构筑生态环境新支撑、创造联动发展新模式，实现经济更高层次的可持续发展。

1. 能源消费现状

表 12—1　京津冀与长三角地区资源利用情况①

年份	地区	能源消费（万吨标煤）	万元 GDP 能耗（吨/万元）	用电量（万千瓦时）	万元 GDP 电耗（千瓦时/万元）	供水总量（万立方米）	万元 GDP 水耗（立方米/万元）
2000	京津冀	18133.42	1.8302	14303166	1443.6414	248.59	250.9059
	长三角	20586.25	1.0576	22736500	1168.0169	716.17	367.9100
2001	京津冀	19261.53	1.7285	15179615	1362.1579	253.01	227.0447
	长三角	23931.77	1.1097	25267200	1171.6546	687.70	318.8904
2002	京津冀	20862.78	1.6712	16867937	1351.1645	252.72	202.4319
	长三角	24056.55	0.9879	29066900	1193.6341	701.31	287.9934
2003	京津冀	23093.98	1.5920	18795956	1295.6920	256.11	176.5497
	长三角	27305.51	0.9467	34914400	1210.5318	665.30	230.6690
2004	京津冀	26053.85	1.4785	21555604	1223.2351	252.46	143.2670
	长三角	31779.73	0.9152	40610600	1169.4850	760.71	219.0657
2005	京津冀	28595.17	1.3690	24572964	1176.4548	258.80	123.9027
	长三角	37173.30	0.9009	47579500	1153.0483	758.28	183.7626
2006	京津冀	31293.50	1.3013	27800519	1156.0333	260.80	108.4487
	长三角	40565.93	0.8445	54691300	1138.6217	783.84	163.1881
2007	京津冀	33733.91	1.1751	31783889	1107.1902	260.31	90.6775
	长三角	44846.77	0.7831	62137700	1085.0657	799.66	139.6388
2008	京津冀	34913.28	1.0315	33006089	975.1843	251.55	74.3212
	长三角	47233.63	0.7101	65574100	985.8632	805.84	121.1527
2009	京津冀	36669.94	0.9935	36331065	984.3070	252.14	68.3117
	长三角	49326.23	0.6804	69388100	957.1525	796.77	109.9080
2010	京津冀	39975.50	0.9141	41471629	948.3044	250.61	57.3044
	长三角	51310.39	0.5945	79811700	924.6691	803.17	93.0523
2011	京津冀	41253.68	0.8021	45017655	875.3088	254.23	49.4311
	长三角	54528.59	0.5464	90374300	905.5523	809.54	81.1161

① 表中能源消费量包括三次产业中煤炭、石油、天然气及其他各类能源的消费总量；电力消费与水资源消费量分别为全社会电力与水资源消费总量。

续表

年份	地区	能源消费（万吨标煤）	万元 GDP 能耗（吨/万元）	用电量（万千瓦时）	万元 GDP 电耗（千瓦时/万元）	供水总量（万立方米）	万元 GDP 水耗（立方米/万元）
2012	京津冀	42652.13	0.7449	46954635	820.0064	252.52	44.0999
	长三角	56912.57	0.5233	95206218	875.3315	805.52	74.0600
2013	京津冀	45776.09	0.7363	49587813	797.5895	251.45	40.4435
	长三角	59191.07	0.5002	98762007	834.6151	833.35	70.4245
2014	京津冀	44296.47	0.6664	50750985	763.4666	252.59	37.9976
	长三角	59774.01	0.4641	98879500	767.6813	843.27	65.4699
2015	京津冀	44507.73	0.6421	49795069	718.4098	251.08	36.2234
	长三角	61232.74	0.4438	100741600	730.1820	791.78	57.3888
2016	京津冀	45766.38	0.6052	51772704	684.5983	261.63	34.5958
	长三角	63041.88	0.4161	108181635	713.9939	820.40	54.1460

资料来源：各省市历年统计年鉴及历年《中国能源统计年鉴》。

表 12－1 反映了京津冀与长三角两地区 2000—2016 年的资源利用情况。这 17 年间，无论在京津冀地区还是长三角地区，能源消费、用电量、供水量都是趋于上升的，其中能源和电力消费增长幅度较大：京津冀地区能源消费量由 2000 年的 18133.42 万吨上涨到 2016 年的 45766.38 万吨，上升幅度超过 150%，电力消费量由 2000 年的 14303166 万千瓦时上涨到 2016 年的 51772704 万千瓦时，是 2000 年的 2.6 倍；长三角地区能源和电力消费上涨幅度全面超过京津冀，其中能源消费由 2000 年的 20586.25 万吨上涨到 2016 年的 63041.88 万吨，电力消费量由 2000 年的 22736500 万千瓦时上涨到 2016 年的 108181635 万千瓦时，上涨幅度分别达到了 206%和 375%，这说明长三角地区在经济发展中对资源的需求强度更大。反观两地区的水资源消费量，上涨幅度较小。观察两地区万元 GDP 能耗、万元 GDP 电耗、万元 GDP 水耗在京津冀地区与长三角地区都有不小的下降幅度，其中两地区万元 GDP 水耗在该期间下降的幅度都超过了 80%，下降幅度最小的是长三角地区万元 GDP 电耗，由 2000 年的 1168.0169（千瓦时/万元）下降到 2016 年的 713.9939（千瓦时/万元），下降幅度也超过 38%，整体来看两地区下降的幅度京津冀略高于长三角。总体而言，各类资源消耗总量在不断上升，但是单

位资源消费量却在不断下降，这说明两地区对能源的利用效率在提高，京津冀地区在资源利用效率提高方面占有一定的优势。

2. 环境污染现状

表 12—2 京津冀与长三角地区工业三废排放情况①

年份	地区	废气排放（亿立方米）	废气排放强度（立方米/万元）	废水排放（万吨）	废水排放强度（吨/万元）	废渣排放（万吨）	废渣排放强度（吨/万元）
2000	京津冀	14834.00	33621.1781	130368	295478.34	8637	19575.71
	长三角	21342.20	21519.9548	410833	414254.74	5779	5827.06
2001	京津冀	17351.00	36162.2309	145456	303153.33	10558	22004.54
	长三角	28838.00	26496.7474	497113	456754.20	6761	6212.18
2002	京津冀	19386.00	37061.2526	146775	280597.61	10199	19497.97
	长三角	30258.46	24565.4232	495648	402393.34	7169	5820.38
2003	京津冀	23133.00	37059.6434	143036	229147.24	10805	17309.88
	长三角	32864.00	21775.0538	476688	315844.29	7529	4988.62
2004	京津冀	27952.00	35647.6050	162631	207405.75	18821	24002.70
	长三角	38401.42	20667.5924	477874	257191.14	8801	4736.86
2005	京津冀	34652.40	36734.5121	167427	177486.96	18640	19760.00
	长三角	41704.00	18895.3831	539826	244586.11	10235	4637.30
2006	京津冀	50407.00	46851.4439	163488	151956.05	16877	15686.53
	长三角	49011.00	19022.7601	535093	207686.96	12354	4795.08
2007	京津冀	58688.40	46564.0559	154116	122277.02	21362	16948.97
	长三角	50664.70	16778.2241	517611	171413.10	13622	4511.05
2008	京津冀	47879.12	31839.7340	150010	99757.42	22405	14899.42
	长三角	53314.00	15387.9901	503888	145436.91	14160	4087.04
2009	京津冀	61170.75	38708.0383	138212	87458.79	24734	15651.46
	长三角	56351.00	15448.4918	512041	140374.81	15228	4174.83

① 表中的三废分别为工业废气排放总量、工业废水排放总量、工业固体废弃物产生量，其中工业废气排放包括二氧化硫（SO_2）排放量、烟尘排放量与工业粉尘排放量的总和。

续表

年份	地区	废气排放（亿立方米）	废气排放强度（立方米/万元）	废水排放（万吨）	废水排放强度（吨/万元）	废渣排放（万吨）	废渣排放强度（吨/万元）
2010	京津冀	68760.95	36311.2118	142109	75045.81	34808	18381.46
	长三角	68617.00	15857.8325	452220	104511.04	15641	3614.82
2011	京津冀	64417.19	28352.0118	146933	64669.79	48016	21133.38
	长三角	69711.34	14115.1214	473325	95838.64	17447	3532.60
2012	京津冀	62680.84	25353.2497	150952	61057.32	48511	19621.76
	长三角	91563.57	17491.6218	459216	87725.20	16965	3240.91
2013	京津冀	51388.56	19471.9271	138054	52310.98	45937	17406.21
	长三角	66606.05	11986.2962	429674	77323.30	17314	3115.86
2014	京津冀	62937.03	23027.2017	136747	50032.70	44694	16352.63
	长三角	69442.27	11895.8925	398180	68210.71	17550	3006.34
2015	京津冀	55421.43	20805.4002	122061	45822.13	37628	14125.63
	长三角	72562.46	12156.2676	398853	66819.17	17247	2889.37
2016	京津冀	44911.35	16171.0533	125099	45044.06	35354	12729.81
	长三角	62057.88	9826.8361	368813	58401.37	22625	3582.67

资料来源：各省市历年统计年鉴及历年《中国能源统计年鉴》。

表12—2反映了京津冀与长三角两地区2000年至2016年的污染物排放情况。这17年间，废气、废水和工业固体废弃物的排放总量表现出相似的趋势，变化幅度两地区间表现出较明显的差异：总体上，其中废气排放总量先增加后减少，整体增加，长三角地区废气排放量由2000年的21342.20万吨上涨到2016年的62057.88万吨，京津冀地区废气排放量由2000年的14834.00万吨上涨到2016年的44911.35万吨，上涨幅度略高于长三角；京津冀与长三角地区废水排放量也具有先增加后减少的趋势，整体趋于下降，分别由2000年的130368万吨、410833万吨下降到2016年的125099万吨和368813万吨，长三角下降幅度大于京津冀，为10.23%，但由于长三角地区的基数较大，所以在2016年，其废水排放量依然比京津冀高出一倍多；两地区的工业固体废弃物的生产量都趋于上升，且在三类资源中上升的幅度最大，上升幅度达到或接近300%。观察三类污染物排放强度可知，各类污染物的

排放强度在京津冀地区和长三角地区整体趋于下降，且下降幅度较为明显，其中废水排放强度下降幅度最为明显，两地区都超过了80%；废气排放强度在两地区下降幅度也都超过了50%，而固体废弃物排放强度下降幅度仅分别为35%与38%，三类污染物排放强度下降幅度在两地区表现为长三角地区大于京津冀地区。整体来看，除了废水排放量略微减小外，其他污染物排放在两地区都是增加的，而各类污染物的污染强度在这17年间都有较大跌幅，这说明两地区逐渐注重对重工业污染强度较大产业的调整，在发展经济的过程中开始注意环保这一因素。

（二）三次产业结构的分析比较

京津冀与长三角作为中国经济最发达的两个区域，对其进行产业结构生态化转型状况的研究和对比分析，以揭示其在产业发展方面的差异，发现存在的不足和制约因素，互相借鉴，取长补短，无疑具有重要意义。我们利用各区域统计数据分别得到两大经济区域三次产业产值结构与就业结构变化趋势。

1. 产值结构

表12—3　京津冀地区三次产业产值结构

单位：%

地区 年份	北京			天津			河北		
	农业	工业	服务业	农业	工业	服务业	农业	工业	服务业
2000	2.51	32.68	64.81	4.33	50.76	44.91	16.35	49.86	33.79
2001	2.18	30.81	67.01	4.10	49.98	45.92	16.56	48.88	34.56
2002	1.91	28.97	69.12	3.91	49.71	46.38	15.90	48.38	35.72
2003	1.68	29.70	68.62	3.49	51.87	44.64	15.37	49.38	35.25
2004	1.45	30.72	67.83	3.38	54.19	42.42	15.73	50.74	33.53
2005	1.27	29.08	69.65	2.88	54.67	42.46	13.98	52.65	33.36
2006	1.09	26.99	71.91	2.32	55.06	42.63	12.75	53.28	33.97
2007	1.03	25.48	73.49	2.10	55.07	42.84	13.26	52.93	33.81
2008	1.01	23.63	75.36	1.82	55.21	42.96	12.71	54.34	32.95

续表

地区/年份	北京			天津			河北		
	农业	工业	服务业	农业	工业	服务业	农业	工业	服务业
2009	0.97	23.50	75.53	1.71	53.02	45.27	12.81	51.98	35.21
2010	0.88	24.01	75.11	1.58	52.47	45.95	12.57	52.50	34.93
2011	0.85	23.39	75.76	1.42	52.52	46.05	11.99	54.06	33.95
2012	0.84	22.80	76.36	1.33	51.72	46.95	11.99	52.68	35.32
2013	0.83	22.32	76.85	1.31	50.64	48.05	12.37	52.16	35.47
2014	0.75	21.31	77.95	1.28	49.39	49.32	11.72	51.05	37.23
2015	0.61	19.71	79.68	1.27	46.70	52.03	11.54	48.27	40.19
2016	0.51	19.26	80.23	1.23	42.33	56.44	10.89	47.57	41.54

资料来源：各省市历年统计年鉴。

表 12－4 长三角地区三次产业产值结构

单位：%

地区/年份	上海			江苏			浙江		
	农业	工业	服务业	农业	工业	服务业	农业	工业	服务业
2000	1.61	46.27	52.12	12.26	51.86	35.89	10.28	53.31	36.41
2001	1.50	46.13	52.38	11.57	51.89	36.53	9.56	51.79	38.64
2002	1.39	45.68	52.93	10.47	52.84	36.69	8.56	51.11	40.33
2003	1.21	47.94	50.85	9.34	54.55	36.11	7.40	52.51	40.09
2004	1.03	48.21	50.75	9.12	56.24	34.65	6.99	53.66	39.35
2005	0.98	47.38	51.65	7.86	56.59	35.55	6.65	53.40	39.95
2006	0.89	47.01	52.10	7.11	56.49	36.40	5.89	54.15	39.97
2007	0.81	44.59	54.60	6.98	55.62	37.40	5.26	54.15	40.60
2008	0.79	43.25	55.95	6.78	54.85	38.37	5.11	53.90	41.00
2009	0.76	39.89	59.36	6.56	53.88	39.55	5.06	51.80	43.14
2010	0.67	42.05	57.28	6.13	52.51	41.35	4.91	51.58	43.52
2011	0.65	41.47	57.88	6.31	51.48	42.21	4.94	51.26	43.80
2012	0.64	39.36	60.00	6.32	50.17	43.50	4.82	50.03	45.15
2013	0.60	37.16	62.24	6.16	49.18	44.66	4.75	49.10	46.15
2014	0.53	34.65	64.82	5.58	47.72	46.70	4.43	47.70	47.87
2015	0.44	31.81	67.75	5.69	45.70	48.61	4.27	45.95	49.77
2016	0.39	29.83	69.78	5.36	44.10	50.55	4.16	44.86	50.99

资料来源：各省市历年统计年鉴。

表 12—5　京津冀与长三角两地区整体三次产业产值结构

单位：%

地区 年份	京津冀			长三角		
	农业	工业	服务业	农业	工业	服务业
2000	9.87	44.53	45.60	9.02	50.95	40.03
2001	9.63	43.06	47.31	8.50	50.47	41.04
2002	9.00	41.90	49.10	7.70	50.58	41.72
2003	8.53	43.03	48.44	6.80	52.33	40.87
2004	8.66	44.50	46.84	6.52	53.51	39.97
2005	7.67	45.16	47.17	5.92	53.49	40.59
2006	6.88	44.74	48.38	5.34	53.64	41.02
2007	7.02	43.91	49.07	5.07	52.73	42.20
2008	6.71	44.43	48.86	4.97	52.09	42.94
2009	6.65	42.81	50.54	4.88	50.32	44.80
2010	6.48	43.30	50.22	4.65	50.13	45.22
2011	6.22	44.18	49.60	4.78	49.49	45.73
2012	6.13	43.18	50.70	4.80	48.13	47.08
2013	6.19	42.45	51.36	4.70	46.96	48.34
2014	5.73	41.12	53.16	4.30	45.32	50.38
2015	5.47	38.43	56.10	4.30	43.26	52.44
2016	5.08	36.72	58.19	4.06	41.68	54.26

资料来源：各省市历年统计年鉴。

由表 12—3 至表 12—5，可得京津冀与长三角 2000—2016 年三次产业产值结构变化趋势如图 12—1 所示。

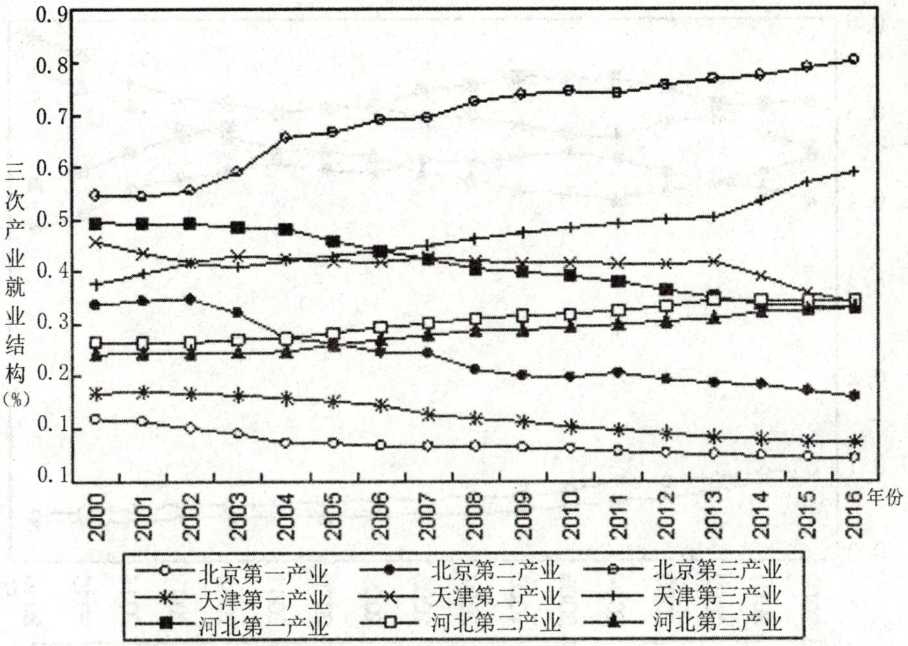
0.9
0.8
0.7
0.6
0.5
0.4
0.3
0.2
0.1
0.1
三次产业就业结构（%）
2000
2001
2002
2003
2004
2005
2006
2007
2008
2009
2010
2011
2012
2013
2014
2015
2016
年份
北京第一产业
北京第二产业
北京第三产业
天津第一产业
天津第二产业
天津第三产业
河北第一产业
河北第二产业
河北第三产业

(a)

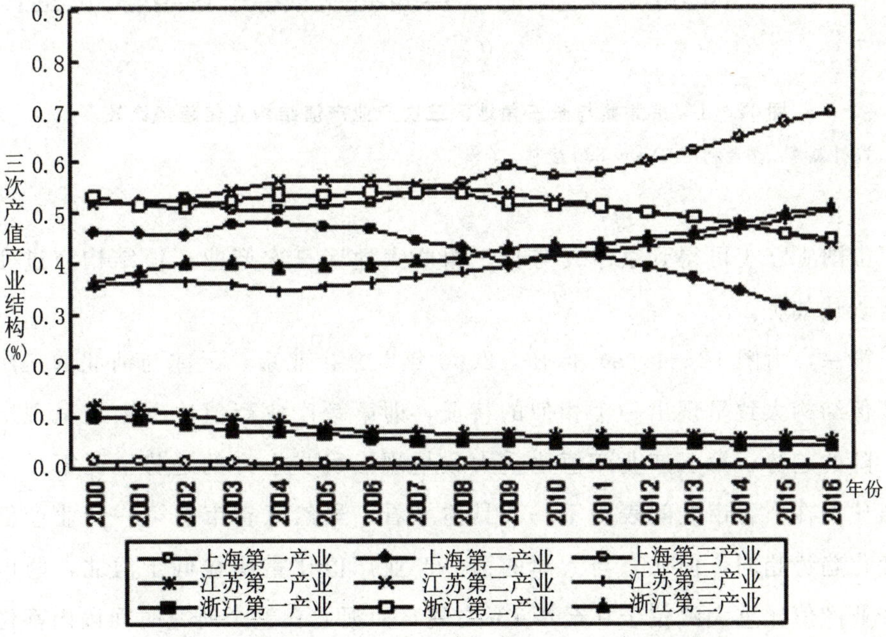
0.9
0.8
0.7
0.6
0.5
0.4
0.3
0.2
0.1
0.0
三次产值产业结构（%）
2000
2001
2002
2003
2004
2005
2006
2007
2008
2009
2010
2011
2012
2013
2014
2015
2016
年份
上海第一产业
上海第二产业
上海第三产业
江苏第一产业
江苏第二产业
江苏第三产业
浙江第一产业
浙江第二产业
浙江第三产业

(b)

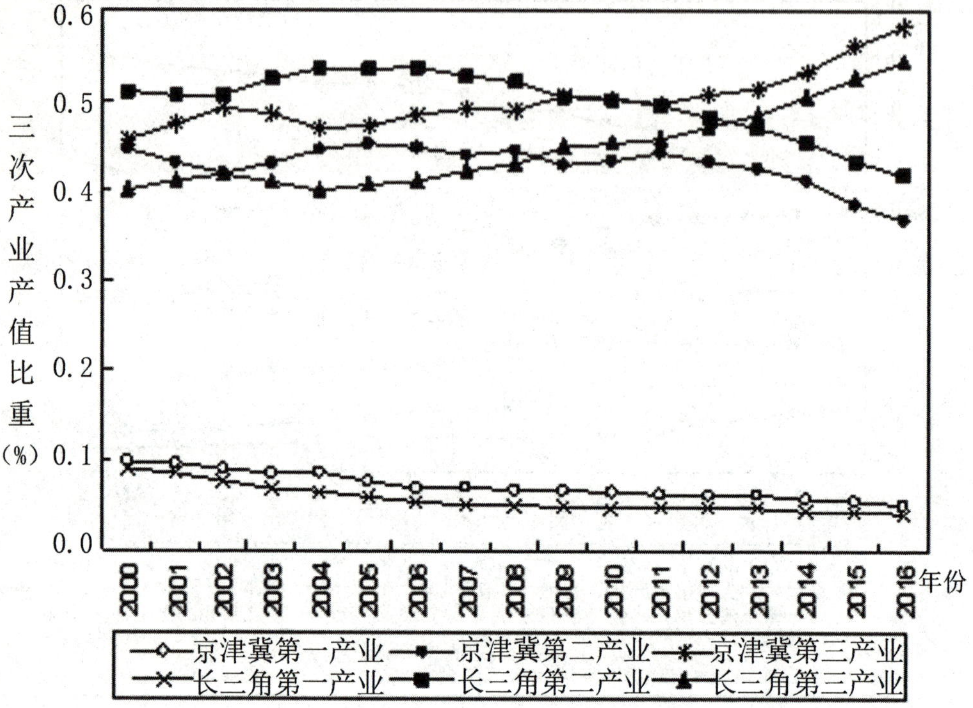

(C)

图 12－1 京津冀与长三角地区三次产业产值结构变化趋势比较

资料来源：作者利用 EViews8.0 绘制。

由图 12－1 可得到京津冀与长三角两大地区三次产业产值结构演进变化趋势表述如下。

第一，由图 12－1（a）可知，2000 年以来，北京、天津与河北的三次产业产值结构大致呈现出一个相似的特征，即第一产业产值比重大致呈现出稳步下降的趋势，第三产业产值比重大致呈现出稳步上升的趋势，而第二产业产值比重在三省市之间表现不一。具体来看，虽然三省市的第一产业产值比重变化趋势趋同，但北京与天津的第一产业产值比重明显低于河北，两市第一产业产值比重大致位于 0 至 0.1％之间，而河北在整个研究时间段内都位于 0.1％上方，最高时在 2001 年左右接近 0.2％；天津与河北的第二产业产值比重均高于北京，天津与河北第二产业产值比重分别在 2004 年与 2008 年达到峰值，之后呈现缓慢下降的趋势，并且天津在2013年后有快速下降的趋势，而北京除在2002年至2004年之外，大致呈现稳步下降的趋势；三省市的第三产业产值比重变化趋势较一致，除在2002年至2008年间波动较明显外，大致呈现上升的趋势，但可以看到，北京第三产业产值比重明显高于天津，而天津又明显高于河北。

第二，由图12－1（b）可知，在整个研究时间段内，上海、江苏与浙江的三次产业产值比重呈现出大致相似的特征：第一产业产值比重大致呈现缓慢下降的趋势，第二产业产值比重大致呈现出先略微上升后快速下降的趋势，而第三产业产值比重变化趋势除个别阶段外大致呈现出稳步上升的趋势。具体来看，上海的第一产业产值比重明显低于江苏和浙江，在2000年后基本位于1%以下，而江苏和浙江两省的第一产业产值水平由2002年后进入1%以下，而后也呈现出缓慢下降的趋势；上海、江苏与浙江的第二产业产值变化趋势也相同，而上海整体水平低于江苏与浙江，三省市大致在2002年至2004年之间呈现缓慢上升的趋势，在2005年之后呈现出稳步下降的趋势，其中上海的下降趋势要快于江苏和浙江，这说明上海的产业结构调整较为超前；上海的第三产业产值比重水平高于江苏与浙江两省，三省市都呈现出较为一致的阶段性特点，除三省市2000—2004年和上海市2009—2010年呈下降趋势外，大致呈现出稳步上升的趋势。

第三，由图12－1（c）可知，京津冀与长三角地区三次产业产值结构大致呈现出相似的特征：两地区第一产业产值比重在2000—2016年均呈现出缓慢下降的趋势，第二产业产值比重在两地区内大致呈现出先上升后下降的趋势，第三产业产值比重在两地区呈现先区间内窄幅震荡，后趋稳再稳步上升的趋势。具体来看，京津冀与长三角地区的第一产业产值都比较低，在整个时间段内都大致位于1%的水平之下，两者大致表现为京津冀略高于长三角；京津冀与长三角地区第二产业产值比重大致呈现出一个平缓的倒“U”形趋势，两地区分别在2005年与2006年达到区间内的最大值水平，接近45%与55%。同时，我们可以发现，随着时间的顺延，两地区第二产业产值比重之间的差值有逐步缩小的态势，从2003年的接近10%缩小到2016年的不到5%，这反映出长三角地区在这段时期内对第二产业的调整要快于京津冀地区；第三产业产值比重方面，整体上京津冀地区要高于长三角地区，都呈现出先窄幅震荡再缓慢上升的趋势，不难发现，两地区第三产业产值比重在2009年之前有个较长的波动过程，波动大致在40%至50%的区间内，自2009年后，两地区第三产业产值比重的上升趋势较为明显，且长三角地区有向京津冀地区逼近的趋势。

2. 就业结构

表12—6 京津冀地区三次产业就业结构

单位：%

年份＼地区	北京			天津			河北		
	农业	工业	服务业	农业	工业	服务业	农业	工业	服务业
2000	11.77	33.62	54.61	16.70	45.63	37.68	49.56	26.20	24.24
2001	11.32	34.33	54.35	16.93	43.55	39.52	49.17	26.39	24.44
2002	9.95	34.64	55.40	16.70	41.69	41.61	48.40	27.05	24.55
2003	8.92	32.11	58.98	16.28	42.95	40.77	48.19	27.17	24.64
2004	7.20	27.26	65.54	15.69	42.42	41.88	45.86	28.23	25.91
2005	7.08	26.32	66.59	15.08	41.91	43.01	43.84	29.24	26.92
2006	6.56	24.51	68.94	14.41	41.72	43.87	42.24	29.99	27.77
2007	6.46	24.20	69.34	12.54	42.57	44.89	40.42	30.96	28.62
2008	6.42	21.14	72.43	11.79	42.00	46.21	39.76	31.41	28.83
2009	6.23	19.99	73.78	11.18	41.50	47.32	39.00	31.73	29.27
2010	5.95	19.65	74.40	10.13	41.49	48.38	37.88	32.36	29.76
2011	5.52	20.49	73.98	9.59	41.41	49.01	36.33	33.31	30.36
2012	5.17	19.20	75.63	8.87	41.20	49.93	34.91	34.28	30.81
2013	4.86	18.48	76.66	8.14	41.75	50.11	33.57	34.37	32.06
2014	4.53	18.15	77.32	7.75	38.93	53.32	33.29	34.21	32.50
2015	4.24	16.93	78.83	7.38	35.70	56.92	32.95	34.12	32.93
2016	4.07	15.82	80.12	7.21	33.95	58.83	32.68	34.09	33.24

资料来源：各省市历年统计年鉴。

表 12—7 长三角地区三次产业就业结构

单位：%

年份＼地区	上海			江苏			浙江		
	农业	工业	服务业	农业	工业	服务业	农业	工业	服务业
2000	10.77	44.31	44.92	42.80	30.22	26.98	35.58	35.45	28.97
2001	11.59	41.20	47.21	41.30	31.00	27.70	33.44	36.10	30.46
2002	10.64	40.52	48.84	39.00	32.50	28.50	30.97	37.44	31.59
2003	9.07	39.00	51.93	35.90	34.40	29.70	28.30	41.16	30.54
2004	8.04	37.76	54.20	33.20	36.00	30.80	26.06	43.62	30.33
2005	7.07	37.34	55.60	30.90	37.20	31.90	24.49	45.08	30.43
2006	6.25	37.00	56.75	28.60	38.40	33.00	22.63	45.78	31.59
2007	5.24	41.25	53.51	26.30	39.70	34.00	20.07	46.78	33.15
2008	4.69	40.27	55.04	25.10	40.20	34.70	19.22	47.61	33.17
2009	4.56	39.74	55.70	23.70	41.10	35.20	18.32	48.05	33.63
2010	3.40	40.68	55.92	22.30	42.00	35.70	16.00	49.79	34.21
2011	3.38	40.30	56.32	21.50	42.40	36.10	14.57	50.86	34.57
2012	4.10	39.44	56.46	20.80	42.70	36.50	14.14	50.96	34.90
2013	3.70	35.01	61.29	20.10	42.90	37.00	13.67	49.97	36.36
2014	3.28	34.92	61.80	19.30	43.00	37.70	13.51	49.71	36.78
2015	3.38	33.77	62.85	18.40	43.00	38.60	13.20	48.33	38.48
2016	3.33	32.85	63.82	17.70	43.00	39.30	12.40	47.40	40.20

资料来源：各省市历年统计年鉴。

表 12—8 京津冀与长三角两地区整体三次产业就业结构

单位：%

年份＼地区	京津冀			长三角		
	农业	工业	服务业	农业	工业	服务业
2000	40.79	29.33	29.88	37.00	33.47	29.53
2001	40.43	29.34	30.22	35.75	33.75	30.50
2002	39.34	29.73	30.92	33.41	35.02	31.57
2003	38.81	29.63	31.56	30.56	37.25	32.19
2004	35.87	29.59	34.54	28.13	38.90	32.97
2005	34.25	30.10	35.65	26.17	40.07	33.76
2006	32.72	30.30	36.98	24.14	40.95	34.91

续表

年份＼地区	京津冀			长三角		
	农业	工业	服务业	农业	工业	服务业
2007	31.01	31.10	37.89	21.60	42.52	35.88
2008	30.27	30.81	38.92	20.56	43.01	36.44
2009	29.57	30.80	39.63	19.47	43.61	36.92
2010	28.43	31.21	40.35	17.71	44.84	37.45
2011	27.12	32.01	40.87	16.73	45.42	37.85
2012	25.93	32.43	41.64	16.28	45.51	38.21
2013	24.77	32.45	42.78	15.39	44.47	40.14
2014	24.36	31.90	43.74	14.89	44.41	40.70
2015	23.90	31.11	45.00	14.35	43.74	41.91
2016	23.56	30.55	45.89	13.70	43.27	43.03

资料来源：各省市历年统计年鉴。

由表12—6至表12—8可得，京津冀与长三角地区2000—2016年三次产业产值结构变化趋势如图12—2所示。

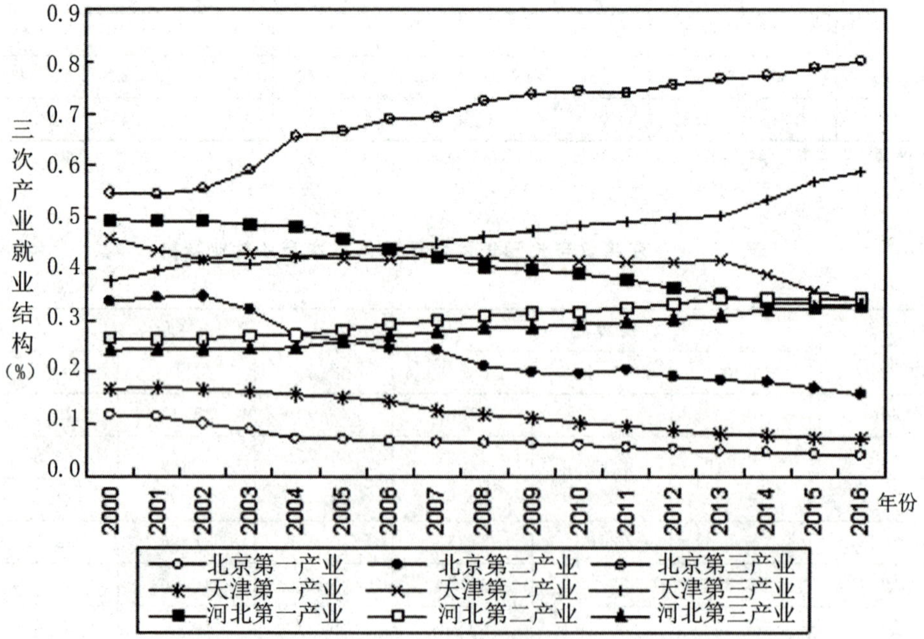

(a)

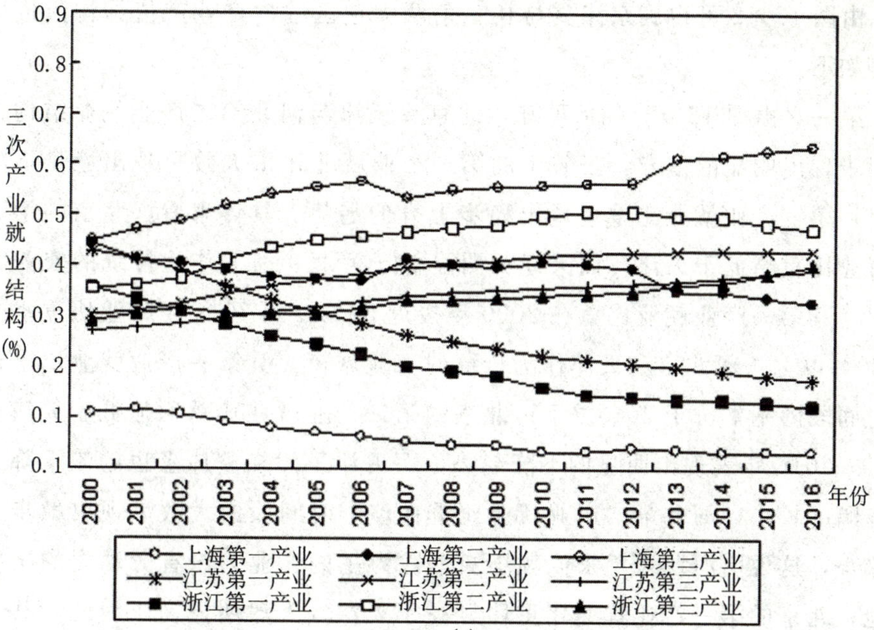

(b)

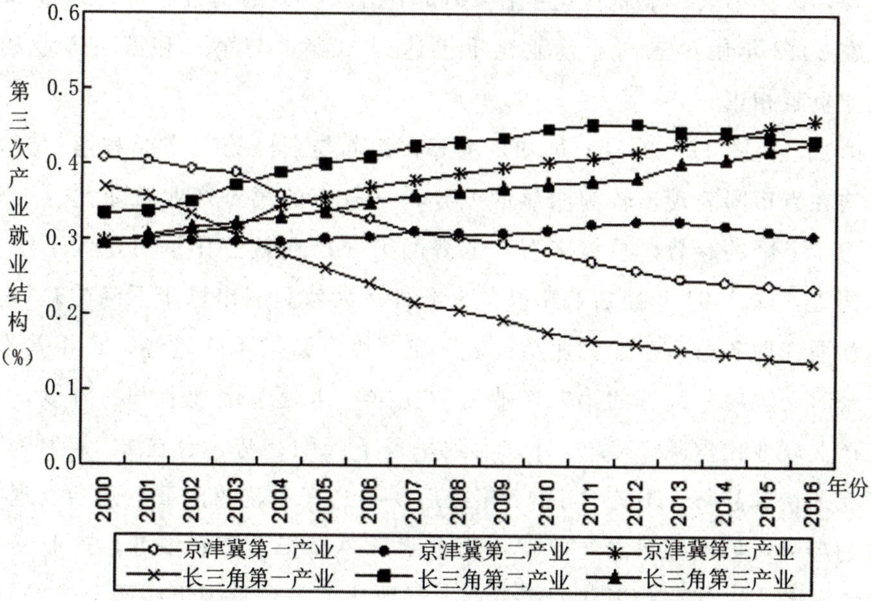

(c)

图 12－2　京津冀与长三角地区三次产业就业结构变化趋势比较

资料来源：作者利用 EViews8.0 绘制。

由图12－2可得到京津冀与长三角两大地区三次产业产值结构演进变化趋势如下。

第一，由图12－2（a）可知，北京、天津与河北第二产业就业结构在省市间表现出明显的差异，三省市的第一产业就业比重大致呈现出稳步下降的趋势，第三产业就业比重呈现出稳步上升的趋势。具体来看，北京的第一产业就业比重略低于天津，而天津又明显低于河北，河北作为传统的农业大省之一，其第一产业就业比重在2000年接近50%，到2016年就业比重水平也在30%以上，而北京和天津作为传统的工业城市，其第一产业就业比重在整个时间段内基本位于20%之下；北京的第二产业就业比重明显低于天津，在2000—2016年表现出明显的下降趋势，而天津虽然在整体上也趋于下降，但下降幅度较小，河北第二产业就业比重在整个时间段内大致呈现出稳步上升的趋势，这说明河北多年来依赖煤炭钢铁为主的产业为该省劳动力的主要输入地；北京的第三产业就业比重明显高于天津，天津明显高于河北，其中可以发现，天津第三产业就业比重在2013年出现明显的上升趋势，超过50%，河北在2012年后第三产业就业比重也达到30%，与第一和第二产业相比，对就业贡献相当。

第二，由图12－2（b）可知，上海、江苏与浙江第二产业和第三产业就业结构在省市间表现出较为明显的差异，三省市的第一产业就业比重大致呈现出稳步下降的趋势。具体来看，上海的第一产业就业比重明显低于江苏和浙江两省，除2001年左右有略微的上升外，大致呈现出稳步下降的趋势，而江苏和浙江两省第一产业就业结构表现出高度一致的下降趋势，且相差不大；在整个时间段内，江苏的第二产业就业比重基本处于缓慢上升的阶段，上海第二产业就业比重除2007年外，大致呈现下降的趋势，且在2012年后下降速度有加快的趋势，浙江自2012年之后，第二产业就业比重也开始出现缓慢下降的趋势，但浙江第二产业就业比重明显要高于上海和江苏，产业结构的调整空间较大；江苏和浙江的第三产业就业比重大致呈现出缓慢上升的趋势，在2016年已接近40%，而上海第三产业就业比重除2006年至2013年表现出明显的波动外，也处于稳步上升阶段，且比重已超过60%，明显高于其他两省。

第三，由图 12－2（c）可知，京津冀与长三角地区三次产业就业结构大致呈现出相似的特征：第一产业就业比重呈现出稳步下降的趋势，第二产业就业比重大致呈现出先稳步上升，达到最高值后再略微下降的趋势，第三产业就业比重大致呈现出稳步上升的趋势，具体来看：京津冀与长三角地区对第一产业的调整较快，表现为第一产业就业比重在三次产业间调整的幅度最大，均大于 15%，其中长三角地区的调整幅度更是超过了 20%，由 2000 年的 37%下降至 2016 年的 13%左右，快于京津冀，两地区的第一产业就业比重的差值有扩大的趋势；第二产业就业比重在两地区均表现出先稳步上升后缓慢下降的趋势，且长三角要明显高于京津冀。与长三角相比，京津冀地区在上升阶段上升趋势明显慢于长三角地区，上升的幅度也不如长三角地区大，而在下降阶段两地区的趋势都不明显。同时可以发现，两地区均在 2012 年时达到区间内的最大值，分别达到了 32.5%和 45%左右；第三产业就业比重方面，在 2003 年之前，两地区表现为长三角高于京津冀，自 2003 年后，京津冀地区第三产业就业比重上升趋势较快以致超过长三角。整体上，两地区对第三产业就业的调整均较大。

二、产业结构生态化转型指标体系

产业结构生态化转型是指从传统产业结构向生态型产业结构演进的过程，是指按照产业生态经济原理和生态规律构造高效、和谐的产业结构，使多个生产体系或环节之间通过系统的耦合和物质、能量的多级利用，实现高效的产出和资源环境的持续利用。产业结构生态化转型，它既包括产业间结构的生态化转型，又包括产业内结构的生态化转型。

本章从产业结构可持续化、产业结构合理化和产业结构高度化三个维度来衡量产业结构生态化转型。

（一）产业结构可持续化指标

产业结构可持续化是从生态经济学的角度出发，通过调整资源要素在产业间的合理配置，以达到投入产出的高效率，同时兼顾资源利用的可持续性和环境保护的协调性，从而实现生态—经济体系的最大效益。

1. 能源效率指标

单位 GDP 能耗总量是衡量能源利用效率较好的经济性指标，反映产业结构生态化因素和产业能源利用效率。如果简单地用能源消耗总量和 GDP 总量之比来衡量能源消耗，不能反映各个产业消耗能源的产业性特征，因此为了用单位 GDP 能耗这个指标更为具体地分析问题和提出解决问题的方案，应将其分解。具体分析方法说明如下：

用 EI 表示单位 GDP 能耗总量[①]，ei_i 表示第 i 产业单位 GDP 能耗，又称能耗强度，GDP_i 表示第 i 产业产值，g_i 表示产业产值占比，AE_i 表示第 i 产业能耗总量，则有 $AE=\sum_i AE_i$，$GDP=\sum_i GDP_i$，$g_i=GDP_i/GDP$ 并且 $ei_i=AE_i/GDP_i$，综上得出单位 GDP 能源消费总量指标公式如下：

$$EI=ei_1g_1+ei_2g_2+ei_3g_3 \qquad (12-1)$$

单位 GDP 能源消费总量指标考虑到了能耗强度在各个产业中的权重，它受各产业单位 GDP 能源消费和各产业产值占比两个因素的影响。在其他条件不变的情况下，其值越大，表示产业结构可持续化程度越低，反之，产业结构可持续化程度越高。为了研究方便，使得产业结构可持续化程度和指标值成正比，取其倒数能源效率，得出能源效率指标计算公式：

$$FE=\frac{1}{EI}=\frac{1}{ei_1g_1+ei_2g_2+ei_3g_3} \qquad (12-2)$$

2. 环境效率指标

单位 GDP 污染物排放总量是衡量经济发展对环境影响较好的指标，侧面反映一个经济体产业结构可持续化发展程度。为了用单位 GDP 污染排放总量这个指标更为具体地分析问题和提出解决问题的方案，按工业和非工业部门污染物的排放（废水、废气、固体废弃物）将其分解。具体分析方法说明如下：

① 此处能源消耗表示能源终端消费量。

$$PI = pi_1 q_1 + pi_2 q_2 \tag{12-3}$$

其中，PI 表示单位 GDP 污染物排放总量指标，又称污染强度，表示产业结构对环境影响程度；pi_i 表示第 i 类产业部门污染物的单位 GDP 排放总量，为污染物排放总量与产值之比；q_j 表示第 j 类产业部门单位 GDP 占比。在其他条件不变的情况下，其值越大，产业结构可持续化程度越低，反之，产业结构可持续化程度越高。为了研究方便，使得产业结构可持续化程度和指标值成正比，取其倒数环境效率，得出环境效率指标计算公式：

$$EE = \frac{1}{PI} = \frac{1}{pi_1 q_1 + pi_2 q_2} \tag{12-4}$$

3. 产业可持续发展指标

产业可持续发展旨在生态经济发展理念的战略下，通过技术进步和管理创新，合理配置资源和提高能源使用效率，进而提高经济发展质量和实现可持续发展。本章从低污染产业产值占工业总产值比重、低能耗产业产值占工业总产值比重、第三产业增加值占 GDP 比重、失业率四个角度对产业可持续化进行衡量，并将各类指标对产业可持续发展的重要性等同。由于工业部门是国民经济中资源消耗和环境污染的主要部门，因此这里选取 41 个规模以上工业部门作为研究对象，并选取 41[①] 个工业部门中污染排放强度较低的前 12[②] 个部门作为低污染研究对象，同理，低能耗产业取自 41 个工业部门中能耗强度较低的前 12 个部门。计算公式如下：

$$ISD = \frac{a + b + c + 1/\mu}{n} \tag{12-5}$$

其中，ISD 表示产业可持续化指标，a 代表低污染排放强度产业产值占

---

① 国家统计局关于规模以上工业部门的划分标准在 2012 年之前及之后相比有所变动，为研究方便，本书参照最新的《国民经济行业分类》(GB/T4754-2011) 划分标准对行业进行划分。

② 参照 2015 年中国统计数据计算得出 41 个工业部门中污染强度较低的 12 个产业分别为烟草制品业，纺织服装、服饰业，家具制造业，印刷和记录媒介复制业，文教、工美、体育和娱乐用品制造业，通用设备制造业，专用设备制造业，汽车制造业，电气机械和器材制造业，仪器仪表制造业，废弃资源综合利用业，水的生产和供应业；能耗强度较低的 12 个产业分别为烟草制品业，纺织服装、服饰业，皮革、毛皮、羽毛及制品业和制鞋业，家具制造业，文教、工美、体育和娱乐用品制造业，专用设备制造业，汽车制造业，铁路、船舶、航空航天和其他运输设备制造业，电气机械和器材制造业，计算机、通信和其他电子设备制造业，仪器仪表制造业，废弃资源综合利用业。

工业产值比重，b 代表低能耗强度产业产值占工业产值比重，c 代表第三产业占比，μ 代表地区失业率，n 表示指标数。

如果单独从能源效率、环境效率或者产业可持续发展角度来衡量产业结构的生态化会失之偏颇，因此，本章综合能源效率指标、环境效率和产业可持续发展指标，给出一个综合性的指数来评价产业结构可持续化。在此，本章借鉴相对势评价模型（陈楷根等，2003），分别求出某待评指标 I_j 与全国平均值 $I_j{}^*$ 之间的相对距离，再将各个待评指标作综合均值化处理即可得到待评点的综合相对距离。即

$$ISP=\frac{1}{n}\sum_{j=1}^{n}\frac{I_j{}^*-I_{ij}}{I_j{}^*}\quad i=1,\ 2,\ 3 \tag{12-6}$$

其中，$I_j{}^*$ 表示第 j 个指标的全国平均值，I_{ij} 表示第 i 个地区的第 j 个指标值，n 为指标数，ISP 表示某待评价点的综合相对距离，产业结构可持续化的水平高低与该值正相关。该指标综合考虑了能源、环境和产业可持续发展，是度量产业结构可持续化的一个很好的指标。

（二）产业结构合理化指标

产业结构合理化一般是指产业结构由不合理向合理化发展的过程，产业结构合理化是指生产要素通过在产业间的配置、利用、转移与流动等方式实现各产业部门之间协调能力的加强和关联水平的提高，并显示出一定的结构效应。

目前学术界对产业结构合理化的定义都不相同，因此从不同的角度会设置不同的关于产业结构合理化的指标。从产业之间资源的配置、转移以及利用的方向来考察产业结构合理化是其中比较合理的角度之一，根据这种标准，原毅军等（2008）采用了产业的结构偏离度来考察产业结构的合理性，干春晖等（2011）引入泰尔指数来考察产业结构合理化，但这些衡量方法忽略了各产业在经济体中的比重，同时也忽略了绝对值的真正作用，容易造成偏离度相互抵消的情况。针对产业结构合理化指标设置过程中存在的各种问题，本章在此基础上，根据对产业结构合理化的定义，重新定义了产业结构合理化指标：

$$ISDP=\sum_{i=1}^{n}\left(\frac{Y_i}{Y}\right)\sqrt{\left[\mathrm{LN}\left(\frac{Y_i}{Y}\Big/\frac{L_i}{L}\right)\right]^2} \tag{12-7}$$

其中，$ISDP$ 表示含有各产业权重结构偏离度的加权和，i 表示产业，n 表示产业总数，Y_i/Y 表示第 i 产业产值比重同时也反映了单个产业在经济体中的权重。L_i/L 表示产业 i 的要素投入占总要素投入的比重，为了方便研究，这里要素投入固定为劳动力要素的投入。产业结构偏离度 $ISDP$ 越高，表示资源在产业之间的配置越不合理，产业结构合理化程度越低；反之，则表示资源在产业之间的配置越合理，产业结构合理化程度越高。这里产业结构合理化程度与产业结构偏离度之间存在反向关系，为了研究方便，本章以产业结构偏离度的倒数形式来表示产业结构合理化程度，公式如下：

$$ISRA=\frac{1}{ISDP} \tag{12-8}$$

式（12－8）中，表示产业结构合理化（Industrial structure rationalization），通过倒数形式变换后，该指标的大小和产业结构合理化呈正向变动关系。

（三）产业结构高级化指标

产业结构高级化指一国经济发展重点或产业结构重心由第一产业逐次向第二产业和第三产业转移的过程，体现一国经济发展水平的高低、发展阶段和发展方向。

随着 20 世纪 70 年代后信息技术革命的到来，引发了发达国家“经济服务化”的趋势，而传统的度量方式没有办法反映出经济结构的这种动向。在信息化推动下的经济结构的服务化是产业结构升级的一种重要特征，鉴于在“经济服务化”过程中的一个典型事实是第三产业的增长率要快于第二产业的增长率，有的学者采用第三产业与第二产业的产值比重来衡量一个国家的产业结构高级化的程度，如简新华等（2011）运用第三产业比重法来度量产业结构高级化程度。除此以外，纪玉山等（2006）用第三产业的产值占 GDP 比重来表示产业结构高级化率和第三产业就业人数占就业总人数的比重来表示就业结构的高级化率。

本章指标设置借鉴了付凌晖（2010）对产业结构高级化进行度量的方法。

首先，根据三次产业划分，每一个部分增加值作为空间向量中的一个分量，从而构成一组三维向量 $X_0=(x_{1.0}, x_{2.0}, x_{3.0})$。然后，分别计算 X_0 与产业由低层次到高层次排列的向量 $X_1=(1, 0, 0)$，$X_2=(0, 1, 0)$，$X_3=(0, 0, 1)$ 的夹角 θ_1，θ_2，θ_3：

$$\theta_j=\arccos\left[\frac{\sum_{i=1}^{3}(x_{i,j}\cdot x_{i,0})}{\sqrt{\sum_{i=3}^{3}x_{i,j}{}^2}\sqrt{\sum_{i=1}^{3}x_{i,0}{}^2}}\right] \tag{12-9}$$

$j=1, 2, 3$

其次，定义产业结构高级化的指标值 ISH 的计算公式如下：

$$ISH=\sum_{K=1}^{3}\sum_{j=1}^{K}\theta_j \tag{12-10}$$

如果计算得出产业结构高级化指标 ISH 越大，则表明产业结构高级化水平越高，反之，则表明高级化水平越低。

三、京津冀与长三角产业结构生态化转型的区域比较

(一) 产业结构可持续化的区域比较

由上文设定的产业结构可持续化衡量指标，运用京津冀与长三角两个地区的相关统计数据得到各区域2000—2016年产业结构可持续化的演进趋势如表12—9所示。

表12—9 产业结构可持续化趋势

地区 年份	京津冀				长三角			
	北京	天津	河北	整体	上海	江苏	浙江	整体
2000	0.4891	0.3805	0.3029	0.3622	0.4734	0.4468	0.4294	0.4478
2001	0.5372	0.3904	0.2992	0.3707	0.4801	0.4560	0.4375	0.4560
2002	0.5658	0.4020	0.2936	0.3768	0.4955	0.4818	0.4443	0.4718
2003	0.6181	0.4620	0.2870	0.3896	0.5258	0.4914	0.4640	0.4897
2004	0.6633	0.4833	0.3007	0.4091	0.5631	0.4822	0.4786	0.4985

续表

年份＼地区	京津冀				长三角			
	北京	天津	河北	整体	上海	江苏	浙江	整体
2005	0.6692	0.5641	0.2869	0.4076	0.5756	0.4797	0.4953	0.5045
2006	0.7264	0.5799	0.2979	0.4260	0.6078	0.5106	0.5253	0.5349
2007	0.8157	0.6189	0.3202	0.4605	0.6513	0.5457	0.6062	0.5858
2008	0.9052	0.7058	0.3481	0.5193	0.6974	0.5996	0.6077	0.6211
2009	0.9689	0.7334	0.3663	0.5305	0.7291	0.6240	0.6308	0.6459
2010	1.0446	0.7488	0.3633	0.5327	0.7682	0.6837	0.6891	0.7008
2011	1.1613	0.8005	0.3796	0.5570	0.8129	0.7615	0.7408	0.7645
2012	1.2605	0.8454	0.3988	0.5889	0.8494	0.8018	0.7857	0.8050
2013	1.4735	0.8671	0.4287	0.6442	0.8866	0.8349	0.8217	0.8395
2014	1.5810	0.9134	0.4509	0.6861	0.9650	0.8920	0.8659	0.8957
2015	1.6921	0.9588	0.4603	0.7147	1.0015	0.9429	0.8908	0.9353
2016	1.8480	1.0425	0.4891	0.7663	1.0964	0.9935	0.9447	0.9942

资料来源：作者计算。

由表12－9可以得到京津冀与长三角各地区内部不同省市之间以及两大地区之间的产业结构可持续化的趋势比较如图12－3所示。

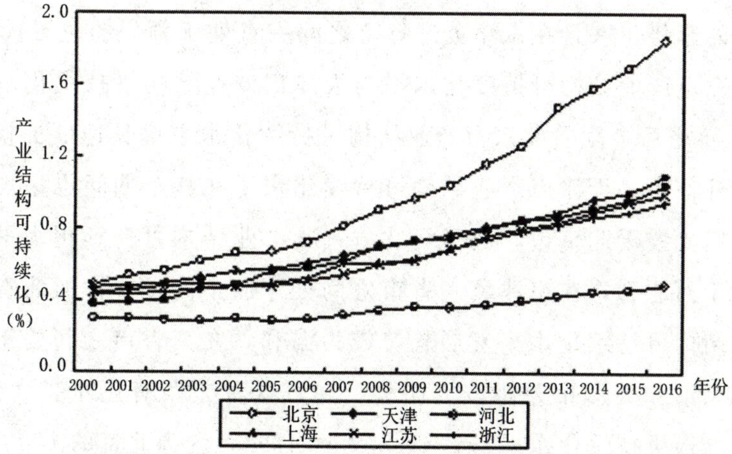

(a)

由表12－9及图12－3可得京津冀与长三角两大地区2000年至2016年

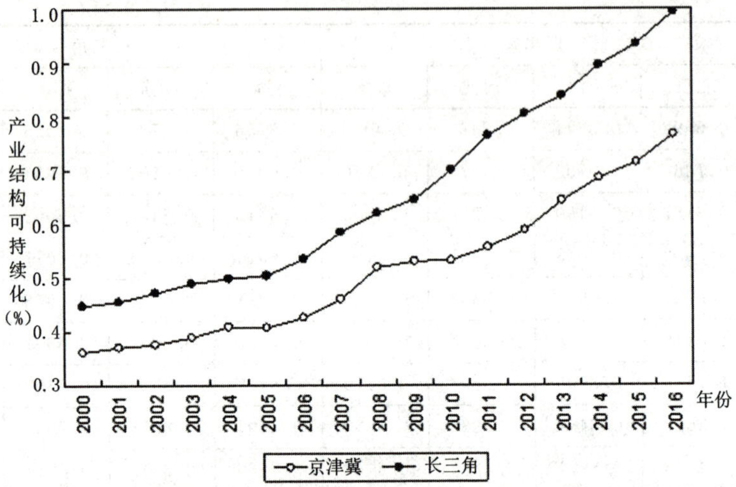

(b)

图 12—3 产业结构可持续化趋势的区域比较

资料来源：作者利用 EViews8.0 绘制

产业结构可持续化水平变化趋势。

1. 基于京津冀与长三角地区内部省市之间的比较

在京津冀地区，2000 年至 2016 年，北京市产业结构可持续化水平呈现出稳步增长的态势，并且在京津冀三省市之间一直处于领先的位置。在 2012 年之前，北京市产业结构可持续化水平与天津市产业结构可持续化水平差距不大，2012 年之后，随着北京市产业结构可持续化水平增长速度加快，逐步与天津市拉开差距；天津市产业结构可持续化水平在整个期间也呈现稳步上升的趋势，但要慢于北京市，快于河北省，其产业结构可持续化水平低于北京市并且高于河北省，在京津冀三省市之间处于居中的位置；河北省在整个期间内产业结构可持续化水平发展趋势较为温和，在三省市之间处于最低的位置，与北京市和天津市差距较为明显，并且这种差距有逐步扩大的趋势。河北省产业结构可持续化水平到 2016 年为 0.4891，约为北京的 1/4，天津的 1/2，说明河北省在产业发展过程中对产业结构可持续化调整的步伐较慢，产业结构可持续化水平有待进一步提升。

在长三角地区，上海市在2000年至2016年产业结构可持续化水平略高于江苏和浙江两省，虽然在整个期间内表现出稳步上升的态势，但随江苏和浙江两省产业结构可持续化调整步伐的加快，其领先的优势并不明显，产业结构可持续化水平在2016年为1.0964相对于2000年的0.4734上涨了近130%；江苏省在长三角地区产业结构可持续化水平在整个期间内略低于上海市，与浙江省相比，除了在2005年至2010年之外，其他年份以微弱的优势高于浙江省，其产业结构可持续化水平在2016年为0.9935相对于2000年的0.4468上涨了近122%，增长幅度比上海市低；浙江省产业结构可持续化水平大致在三省市之间处于最低的位置，但与上海和江苏差距并不大，在整个期间内依然表现出稳步增长的态势，其产业结构可持续化水平由2000年的0.4294上涨到2016年的0.9447，上涨幅度也达到了120%。

从京津冀与长三角两大地区之间不同省市之间的比较来看，在整个期间内，北京市产业结构可持续化水平自2012年之后一直处于遥遥领先的位置，并且随着产业结构可持续化调整的步伐加快，与其他省份之间的差距逐步扩大，上海市除了在2008年和2009年产业结构可持续化水平略低于天津市外，其他年份均高于天津市，且两市之间的差距不大；江苏除了在2005年至2010年略低于浙江省外，其他年份均高于浙江省；河北省在两地区六省市中，产业结构可持续化水平最低，并且与其他省市之间存在不小的差距。该六省市的产业结构可持续化高低大致表现为：北京市最高，上海市其次，天津市随后，然后是江苏省和浙江省，河北省最低。

2. 基于京津冀与长三角两大地区整体之间的比较

基于京津冀与长三角两大地区的整体比较来看，京津冀地区产业结构可持续化水平一直低于长三角地区，在变化趋势上与长三角相似，大致呈现出稳步提升的趋势，并且在2010年之后，两地区产业结构可持续化水平的调整步伐均有所加快。虽然北京产业结构可持续化水平相对于其他省市具有较大优势，但并没有使得京津冀地区产业结构可持续化水平达到长三角地区的水平，长三角三省市产业结构可持续化水平均处于较高层次，故而使得长三角地区产业结构可持续化水平较高。整体来看，2000年至2016年，长三角地区产业结构可持续化水平高于京津冀地区。

(二) 产业结构合理化的区域比较

由上文设定的产业结构合理化衡量指标，运用京津冀与长三角两个地区的相关统计数据得到各区域 2000—2016 年产业结构合理化的演进趋势如表 12—10 所示。

表 12—10 产业结构合理化趋势

地区 年份	京津冀				长三角			
	北京	天津	河北	整体	上海	江苏	浙江	整体
2000	6.289	5.224	1.627	1.928	7.804	1.867	2.334	2.159
2001	4.771	5.103	1.663	1.940	7.293	1.939	2.509	2.238
2002	4.232	5.142	1.688	1.986	7.964	2.053	2.720	2.408
2003	6.450	5.204	1.676	2.011	7.469	2.233	2.974	2.649
2004	12.011	5.262	1.811	2.235	5.799	2.442	3.271	2.917
2005	12.188	5.040	1.848	2.325	5.875	2.607	3.498	3.153
2006	13.146	4.823	1.896	2.429	5.733	2.835	3.786	3.430
2007	13.375	5.017	2.049	2.613	16.425	3.167	4.313	3.915
2008	13.370	4.623	2.054	2.667	18.452	3.358	4.517	4.152
2009	13.559	5.494	2.154	2.754	18.941	3.619	4.730	4.421
2010	13.872	5.675	2.229	2.878	25.908	3.887	5.527	4.918
2011	15.426	5.535	2.311	3.030	26.079	4.110	6.208	5.295
2012	16.174	5.824	2.483	3.208	20.381	4.300	5.639	5.440
2013	17.051	7.055	2.653	3.405	23.452	4.463	5.920	5.839
2014	18.542	5.585	2.651	3.437	23.145	4.569	5.122	5.878
2015	19.863	5.139	2.713	3.501	23.455	4.838	5.014	5.743
2016	20.145	7.215	2.696	3.524	24.464	4.943	5.225	6.343

资料来源：作者计算。

由表 12—10 可以得到京津冀与长三角各地区内部不同省市之间以及两大地区之间的产业结构合理化的趋势比较如图 12—4 所示。

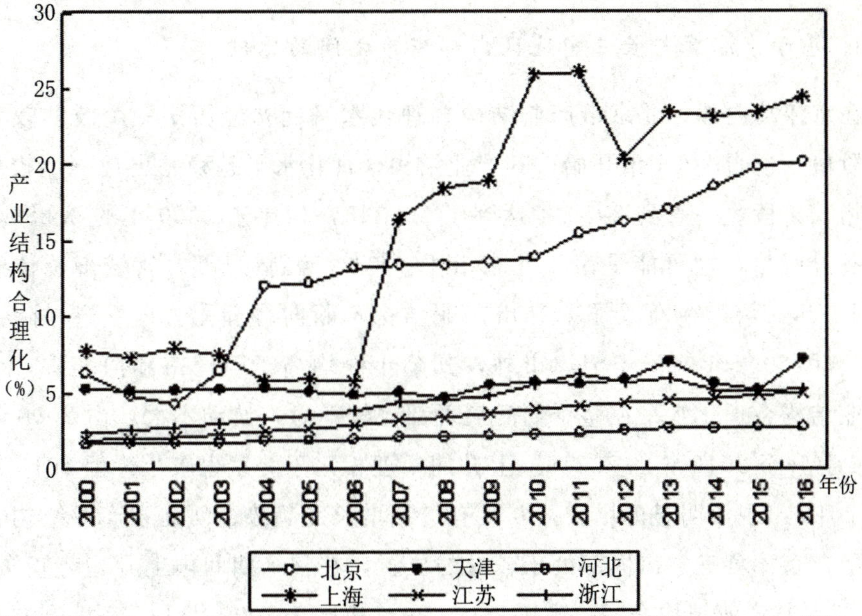

（a）

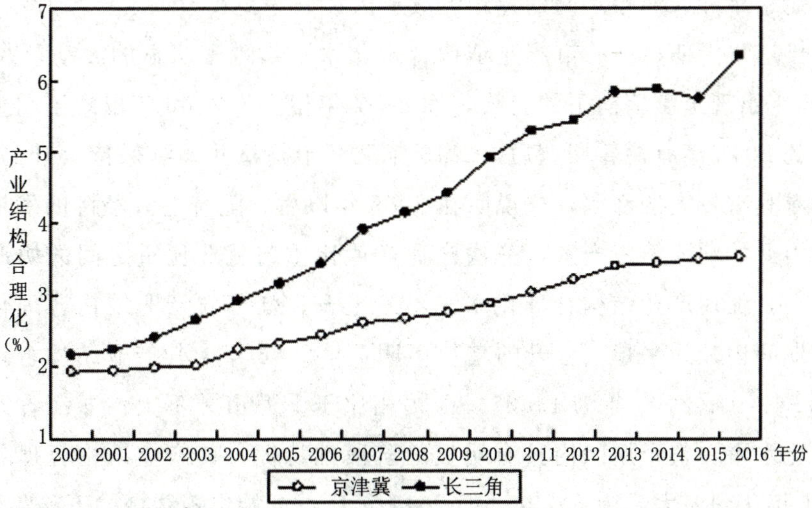

（b）

图 12－4　产业结构合理化化的区域比较

资料来源：作者利用 EViews8.0 绘制。

由表 12－10 及图 12－4 可得京津冀与长三角两大地区 2000 年至 2016 年产业结构合理化水平变化趋势。

1. 基于京津冀与长三角地区内部省市之间的比较

在京津冀内部，北京市产业结构合理化水平起初经历了一个波动较为明显的阶段，但自2004年开始，其产业结构合理化水平趋稳并出现一个较长的稳步增长阶段，一直到2016年达到了20.145，相比于2000年的6.289，提升了超过两倍，这可能是由于北京市于2004年编制的《北京城市总体规划（2004—2020年）》促使了北京市产业结构不断向合理化方向演进。除了在2001年和2002年略低于天津市外，其余年份均高于天津市和河北省；天津市产业结构合理化水平在整个期间表现都比较平稳，波动不大，由2000年的5.224上升至2016年的7.215，上升的幅度相比于北京也较小，但2016年相比于2015出现了明显的增长，并且有继续增长的趋势；河北省产业结构合理化水平在京津冀三省市内部处于较低的位置，在整个期间内上升趋势较缓慢，2016年，其产业结构合理化水平为2.696，相比于2000年1.627上升幅度较小，与北京市和天津市之间的差距继续扩大。

在长三角内部，上海市产业结构合理化水平出现了明显的波动，2000年至2006年出现了震荡向下的走势，而2007年相比于2006年出现了明显的拉升，直到2012年有短暂回调后，2013年又开始趋稳并继续保持上升的趋势，整体来看具有较大的涨幅，这说明在2006年以后，随着上海经济的发展，大量劳动力开始涌入第三产业，三次产业产值比重与就业比重之间的协调程度快速提高，促使产业结构合理化水平不断上升；江苏省产业结构合理化水平在整个期间内较为平稳，上升的趋势不明显，2016年，其产业结构合理化水平为4.943，而2000年为1.867，涨幅相比于上海市并不大；浙江省产业结构合理化水平在整个期间内具有明显的阶段性特征，其产业结构合理化水平在2011年达到最大，为6.208，但2011年后，开始出现缓慢的下降趋势。

从京津冀与长三角两大地区之间不同省市之间的比较来看，上海市与北京市产业结构合理化水平均较高，除了2003年至2007年，北京市高于上海市外，其余年份均为上海市高于北京市，由于2006年后，北京市产业结构合理化水平上涨趋势比较平稳，从而后期两市的产业结构合理化水平差距并不大；天津市产业结构合理化水平除了在2011年略低于浙江省外，在整个期间内仅次于北京市和上海市，但是波动较为明显；浙江省产业结构合理化水平在2000年开始维持上涨的趋势直到2012年，之后出现缓慢的下降趋势；江苏省和河北省产业结构合理化水平在整个期间内保持较为平稳的增长趋势，但是江苏省产业结构合理化程度要优于河北省；六省市的产业结构合理化大致表现为上海市最高，北京市其次，天津市、浙江省、江苏省随后，河北省最低。

2. 基于京津冀与长三角两大地区整体之间的比较

基于京津冀与长三角两大地区的整体比较来看，两地区在2000年至2016年，产业结构合理化水平均呈现稳步上升的趋势，但长三角地区上升的速度明显高于京津冀，使得最初两者产业结构合理化水平相差不大，但是到了2016年，两者之间的差距较为明显，并且在2016年，长三角地区产业结构合理化水平有进一步提速并且有进一步与京津冀之间拉开差距的迹象。整体来看，在2000年至2016年，长三角地区产业结构合理化水平高于京津冀地区。

（三）产业结构高级化的区域比较

由上文设定的产业结构高级衡量指标，运用京津冀与长三角两个地区的相关统计数据得到各区域2000—2016年产业结构高级化的演进趋势如表12－11所示。

表12－11 产业结构高级化趋势

地区 年份	京津冀				长三角			
	北京	天津	河北	整体	上海	江苏	浙江	整体
2000	7.284	6.818	6.107	6.632	7.059	6.325	6.417	6.583
2001	7.335	6.847	6.114	6.680	7.068	6.367	6.491	6.628
2002	7.381	6.863	6.168	6.743	7.083	6.415	6.566	6.644
2003	7.379	6.842	6.180	6.744	7.046	6.449	6.605	6.636
2004	7.371	6.801	6.129	6.704	7.050	6.430	6.606	6.671
2005	7.408	6.820	6.201	6.747	7.070	6.497	6.631	6.702

续表

年份＼地区	京津冀				长三角			
	北京	天津	河北	整体	上海	江苏	浙江	整体
2006	7.452	6.843	6.266	6.802	7.082	6.543	6.660	6.735
2007	7.481	6.854	6.241	6.812	7.135	6.567	6.696	6.754
2008	7.512	6.866	6.248	6.818	7.162	6.594	6.710	6.796
2009	7.516	6.916	6.288	6.857	7.231	6.626	6.755	6.813
2010	7.511	6.935	6.293	6.856	7.193	6.679	6.768	6.819
2011	7.523	6.942	6.298	6.851	7.205	6.690	6.773	6.847
2012	7.532	6.963	6.325	6.878	7.247	6.717	6.805	6.877
2013	7.540	6.986	6.312	6.890	7.291	6.747	6.829	6.934
2014	7.560	7.013	6.375	6.945	7.342	6.811	6.876	6.977
2015	7.589	7.068	6.446	7.017	7.397	6.848	6.922	7.023
2016	7.600	7.158	6.501	7.074	7.435	6.901	6.951	6.583

资料来源：作者计算。

由表 12－11 可以得到京津冀与长三角各地区内部不同省市之间以及两大地区之间的产业结构高级化的趋势比较，如图 12－5 所示。

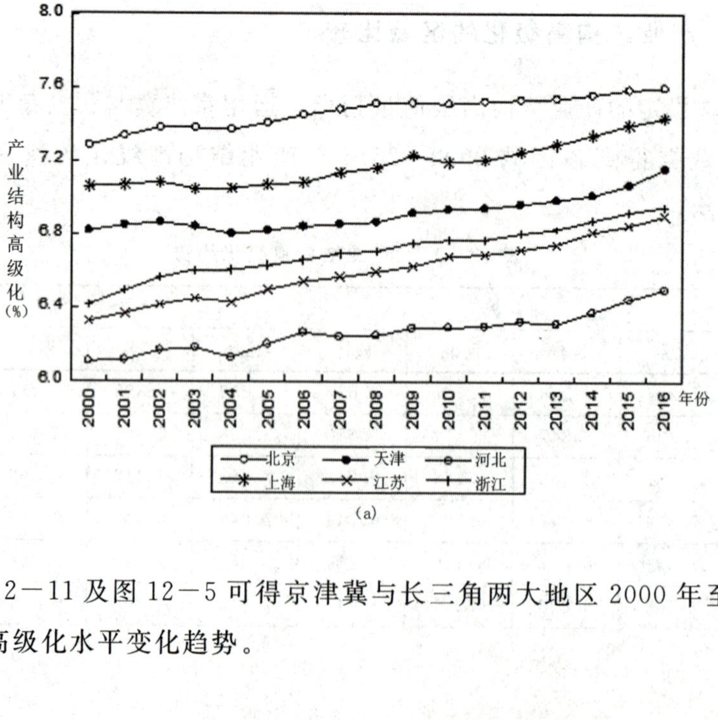

(a)

由表 12－11 及图 12－5 可得京津冀与长三角两大地区 2000 年至 2016 年产业结构高级化水平变化趋势。

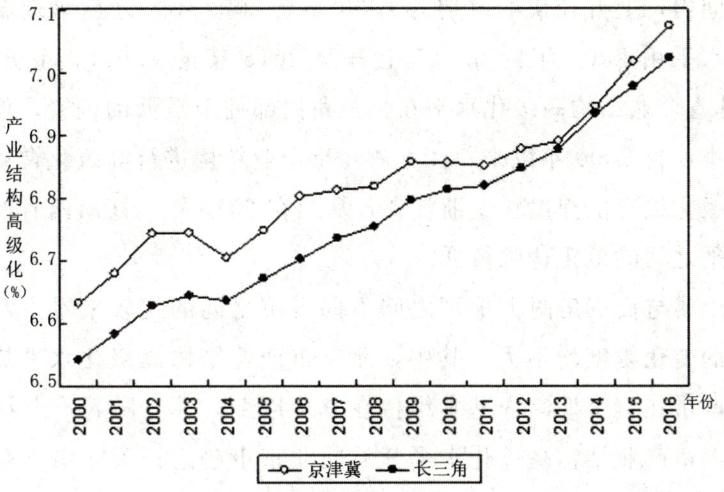

(b)

图 12—5 产业结构高级化趋势的区域比较

资料来源：作者利用 EViews8.0 绘制

1. 基于京津冀与长三角地区内部省市之间的比较

在京津冀内部，北京市、天津市与河北省在 2000 年至 2016 年，产业结构高级化水平变化趋势具有一定的相似性，大致保持稳步增长的趋势，北京市产业结构高级化水平在三省市之间最高，由 2000 年的 7.284 上升至 2016 年 7.600，上升幅度为 4%；天津市 2004 年产业结构高级化水平相比于 2003 年有微弱的下降趋势，但自 2004 年保持稳定的增长，并且在 2014 年后，增长速度又进一步加快，缩小了与北京市之间的差距；河北省产业结构高级化水平在三省市之间处于较低的水平，并且波动也相对较大，产业结构高级化水平由 2000 年的 6.107 上升至 2016 年 6.501，上升幅度为达到 6%，但由于其基数较小，从而与北京市和天津市相比仍有不小的差距。

在长三角内部，上海市产业结构高级化水平要在整个期间内要高于江苏与浙江两省，除了 2010 年相比于 2009 年趋于下降之外，其余年份大致呈现稳步上升的趋势，其水平由 2000 年的 7.059 上升至 2016 年的 7.435，上升幅度约为 5%；在长三角内部，浙江省的产业结构高级化水平仅次于上海市，在整个期间内，上升较快的时期为2000年至2003年，之后呈现温和上涨的趋势，其水平由2000年的6.417上升至2016年的6.951，上升幅度达到8%；江苏省产业结构高级化水平在长三角内部处于最低的位置，但与浙江省的差距较小，自2000年以来，江苏省注重产业结构进行高级化调整，使得产业结构高级化提升的速度快于浙江省，从而在2016年，江浙两省的产业结构高级化水平之间的差距达到最低。

从京津冀与长三角两大地区之间不同省市之间的比较来看，六省市在整个期间内的变化幅度均不大，其中，北京市产业结构高级化水平最高，上海市其次，两市在整个期间内基本维持在0.7以上，并且随着产业结构进一步调整，上海市产业结构高级化水平开始向北京市趋近；天津市产业结构高级化水平低于北京市和上海市，经过十几年的调整，在2014年达到了0.7以上，且自2014年后，其产业结构高级化水平也有进一步加快的趋势；江苏和浙江两省之间产业结构高级化水平差距最小，在整个期间内大致维持着缓慢上升的趋势，都开始接近0.7；河北省的产业结构高级化程度在六省市之间最低，并且波动幅度较大，在整个期间内位于6至6.5的区间内。该六省市的产业结构高级化大致表现为北京市最高，上海市其次，天津市、浙江省、江苏省随后，河北省最低。

2. 基于京津冀与长三角两大地区整体之间的比较

基于京津冀与长三角两大地区的整体比较来看，京津冀与长三角地区产业结构高级化水平变化趋势有一定的相似性，由2000年之后开始步入迅速增长的阶段，到2004年，两地区均出现了回调，之后，长三角地区快速上升的趋势比较稳定，而京津冀地区呈现震荡上行的趋势。长三角与京津冀在2013年至2014年产业结构高级化水平极为接近，但之后，随着京津冀产业结构高级化水平上升速度进一步加快，两者之间的差距又开始扩大。整体来看，2000年至2016年，京津冀地区产业结构高级化水平高于长三角地区。

第十三章“互联网+”对京津冀与长三角产业结构生态化转型影响的区域比较

一、“互联网+”的区域比较

（一）“互联网+”综合指标体系构建

1. 指标选取与设计

互联网与产业之间的迅速融合离不开互联网这一前提条件，互联网这一介质使得信息在网络之间的流动变得畅通。我们设置“互联网+”基础分指数，下设互联网普及率、互联网基础设施投资占比、域名数占比三个二级指标，其中互联网普及率直接反映了社会对互联网的利用程度；互联网基础设施投资占比指标作为技术基础衡量了互联网基础设施的建设程度；域名数占比指标衡量了“互联网+”的市场基础。

电子商务是最早给人们消费生活带来影响的形式，它使得人民的消费方式发生了深刻的转变，扩大了社会消费，它涉及农业、制造业与服务业等各个领域，因此选取电子商务规模占比这一指标作为衡量“互联网+”应用分指数的指标之一比较具有说服力。此外，选取移动/网上支付占比和工业企业研发投入占比两个指标分别反映“互联网+”在支付领域和制造业领域应用的程度。三个指标共同反映了“互联网+”应用程度。

一般来说，“互联网+”发展带来的效果大小和地区“互联网+”水平的高低有较大的关系，考虑到这一关系，我们设置了“互联网+”效果这一分指数，具体包括互联网企业规模占比、互联网产业增加值占比、国内地区生产总值年增长率三个二级指标。

表 13－1　地区“互联网＋”指数指标体系

维度	二级指标	二级指标含义
“互联网＋”基础分指数	互联网普及率（X_1） 互联网基础设施投资占比（X_2） 域名数占比（X_3）	网民人数占地区总人数比重 互联网基础设施投资占总投资额比重 域名数占全国比重
“互联网＋”应用分指数	移动/网上支付占比（X_4） 电子商务规模占比（X_5） 工业企业研发投入占比（X_6）	地区移动/网上支付总额比重 地区涉及电子商务企业数目比重 工业企业研发投入占总产值比重
“互联网＋”效果分指数	互联网企业规模占比（X_7） 互联网产业增加值占比（X_8） 国内生产总值年增长率（X_9）	优势互联网企业数目占全国比重 互联网产业产值占总产值比重 地区国内生产总值年增长率

2. 指标解释与数据来源

考虑到现有各类报告、年鉴中暂无对互联网基础设施这一指标的明确定义，本章使用信息化基础建设投资占比作为互联网基础设施投资占比指标，综合了包括交通运输、仓储和邮政业与信息传输、计算机服务和软件业两类产业在内的投资占比；互联网规模企业占比指标表示当年该地区拥有前 100 名的互联网企业数占全国比重；互联网产业增加值占比指标用地区第三产业中信息化产业的产值比重代替。

互联网普及率、互联网基础设施投资占比、域名数占比、电子商务规模占比、工业企业研发投入占比、互联网产业增加值和地区国内生产总值年增长率等数据均来源于历年《中国统计年鉴》和相关省市历年统计年鉴；移动/网上支付占比数据来自历年各省份互联网发展报告；互联网企业规模占比指标相关数据来源于数据挖掘机构艾媒咨询（iiMedia Research）。

鉴于该指标体系中所涉及的指标数据在 2009 年之前大部分均有缺失，因而我们在应用该模型对地区“互联网＋”水平进行衡量时选择的时间跨度为 2009—2016 年。对于 2009 年之前的“互联网＋”水平的衡量，我们选择地区人均邮政业务总量指标进行替代。

3. 指标赋权

熵值法是一种客观的赋权法，它主要是通过计算指标的信息熵，根据指标的相对变化程度对系统整体的影响来得出指标的权重，相对变化程度大的指标具有较大的影响力。本章选用熵值法来进行指标赋权，假设有样本数为 m，指标数为 n，则具体步骤如下：

为了消除各个指标在量纲和数量级上的差异，首先根据指标的性质对所涉及的数据进行标准化：

$$x_{ij}^{'}=\frac{x_j-x_{\min}}{x_{\max}-x_{\min}}，\ x_{ij}^{'}=\frac{x_{\max}-x_j}{x_{\max}-x_{\min}} \qquad (13-1)$$

其中 x_j 表示为第 j 项的指标值，$x_{\min}$ 表示第 j 项指标的最小值，$x_{\max}$ 表示第 j 项指标的最大值，$x_{ij}^{'}$ 为标准化过后的值；前一个公式表示适用于指标的正向化，后一个公式适用于指标的逆向化。

其次，计算经过标准化处理过后的指标值。

$$y_{ij}=\frac{x_{ij}^{'}}{\sum_{i=1}^{m}x_{ij}^{'}}\ (0\leqslant y_{ij}\leqslant 1) \qquad (13-2)$$

由此可以建立数据的比重矩阵 $Y=\{y_{ij}\}_{m\times n}$。

再次，计算第 j 项指标的信息熵值与信息效用值：

$$e_j=-k\sum_{i=1}^{m}yij\ln y_{ij}；\ d_j=1-e_j \qquad (13-3)$$

其中，$k=\frac{1}{\ln m}$，e_j 表示第 j 项指标的信息熵值，d_j 表示第 j 指标的信息效用值。

最后，利用信息熵法估算各项指标的权重，第 j 项指标的权重为：

$$w_j=\frac{d_j}{\sum_{j=1}^{n}d_j} \qquad (13-4)$$

需要说明的是，在运用该方法对不同地区“互联网+”指标体系中各项分类指标的权重进行测算时，得出的权重值在地区间可能会有差异，这说明在评价不同地区“互联网”发展水平时，“互联网+”指标体系内不同的分类指数对其具有不同的贡献程度。

（二）2000—2008 年两地区"互联网＋"水平的区域比较

在 2008 年之前，互联网在中国的普及程度相对较低，互联网应用领域不多，在这一时期，"互联网＋"对产业的促进和融合尚属于早期阶段，更多的是利用互联网、移动通信等设备提高市场上各类经济主体之间的信息传递效率，而邮政业务量反应了函件件数、电报份数、订销报刊累计份数等各种邮政分类业务量构成与发展趋势，是反应信息传递的恰当指标，因此我们采用地区人均邮政业务总量这一指标来衡量两地区 2000—2008 年"互联网＋"水平。

基于京津冀与长三角地区的相关统计数据，用地区人均邮政业务总量反应地区"互联网＋"水平，得到京津冀与长三角地区 2000—2008 年"互联网＋"水平发展变化趋势如表 13－2 所示。

表 13－2　2000—2008 年"互联网＋"水平发展趋势

地区 / 年份	京津冀				长三角			
	北京	天津	河北	整体	上海	江苏	浙江	整体
2000	111.811	70.404	14.510	35.380	139.217	27.473	41.716	45.573
2001	217.168	80.075	25.989	61.101	155.396	47.836	46.968	60.580
2002	209.317	84.295	27.394	61.896	164.040	53.433	50.435	66.039
2003	215.051	88.698	31.053	66.377	178.199	59.616	57.075	73.612
2004	208.481	89.873	32.795	67.182	196.785	61.665	58.962	78.092
2005	217.945	108.341	36.593	74.099	203.651	69.779	62.995	84.926
2006	219.238	126.326	44.071	82.599	221.945	81.675	73.403	97.570
2007	418.198	187.175	53.795	131.816	785.562	141.953	155.053	235.377
2008	495.878	202.041	61.468	155.535	810.929	164.945	166.558	257.003

资料来源：作者计算。

由表 13－2 可以得到京津冀与长三角地区的不同省市之间以及两大地区整体之间的"互联网＋"变化趋势比较图，如图 13－1 所示。

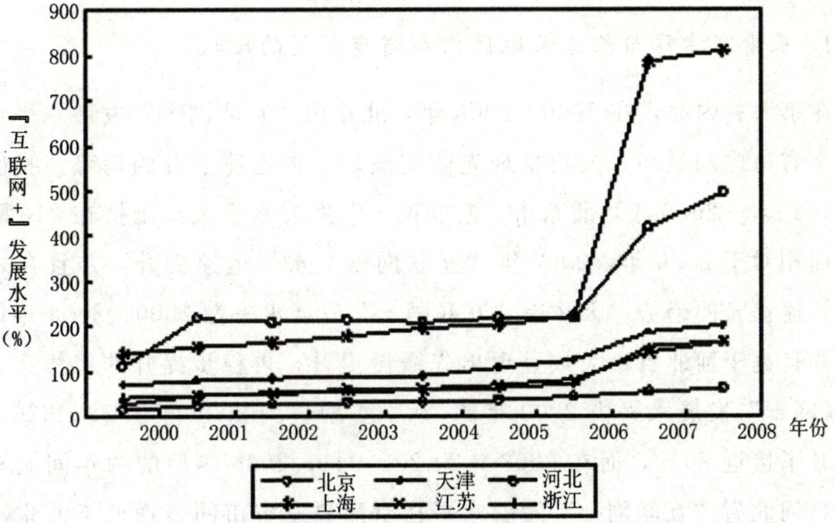

(a)

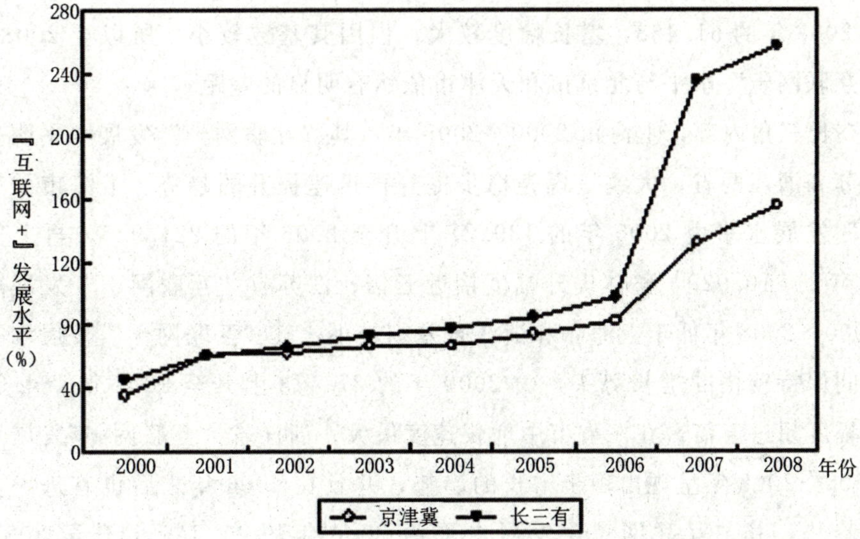

(b)

图 13－1　2000—2008 年“互联网＋”水平发展趋势的区域比较

资料来源：作者利用 EViews8.0 绘制

由表 13－2 及图 13－1 可得京津冀与长三角两大地区 2000—2008 年“互联网＋”水平变化趋势。

1. 基于京津冀与长三角地区内部省市之间的比较

在京津冀内部，在2000—2008年，北京市“互联网＋”发展水平在京津冀三个省市之间最高，大致呈现先微弱波动，再迅速上升的趋势。我们可以发现，2001—2006年，北京市“互联网＋”发展水平大致维持在210附近波动，而相对于2006年，2007年“互联网＋”水平迅速提升，并且在之后有继续快速提升的趋势；天津市“互联网＋”发展水平在2000—2008年低于北京市并且高于河北省，大致呈现出先缓慢提升，再稳步提升的趋势。天津市“互联网＋”发展水平由2000年的70.404增长到2006年的126.326，六年间提升了接近80％，而在2008年为202.041，2006年后的两年间又提升了60％；河北省“互联网＋”发展水平在京津冀三省市间表现低于北京市和天津市，但在整个期间内一直表现出稳步增长的态势，由2001年的14.510上升到2008年的61.468，增长幅度较大，但因其基数较小，所以至2008年，其“互联网＋”水平与北京市和天津市依然有明显的差距。

在长三角内部，上海市2000—2008年，其“互联网＋”发展水平明显高于江苏和浙江两省，大致呈现先稳步提升再迅速提升的趋势。上海市“互联网＋”发展水平由2000年的139.27上升至2006年的221.945，再上升至2008年的810.929，整体提升幅度接近五倍；江苏省“互联网＋”发展水平在2000—2008年低于上海，和浙江省差别较小，其“互联网＋”发展水平在八年间保持较快的增长势头，由2000年的27.473上升至2008年164.945，上升幅度超过五倍，在三省市中增长速度最大；浙江省“互联网＋”发展水平在2000—2008年呈现出稳步增长的趋势，并且在2006年之后也有进一步加速的趋势，其“互联网＋”发展水平由2000年的41.716上升至2008年的166.558。

基于京津冀与长三角两大地区内不同省市之间的比较来看，在整个期间内，北京市和上海市“互联网＋”发展水平相对于其他省市一直处于较高的水平，且遥遥领先于其他省市，上海市又略高于北京市；天津市的“互联网＋”水平略高于河北、江苏和浙江三省，但领先优势不是很大；江苏和浙江两省“互联网＋”发展水平在整个期间内最为接近，并且两省交替领先，浙江省在2000年、2007年与2008年高于江苏，而在其他年份略低于江苏；河北省在两地区六个省市之间，其“互联网+”水平最低，但整个期间呈现平稳的增长趋势。该六省市的“互联网+”发展水平高低大致表现为：上海市最高，北京市其次，天津市随后，江苏省浙江交替领先，河北省最低。

2. 基于京津冀与长三角两大地区整体之间的比较

基于京津冀与长三角两大地区的整体的比较来看，我们发现，由于北京市和上海市的“互联网+”发展水平相比各自地区内其他省市处于较高的位置上，从而拉高了各自地区整体的“互联网+”水平，使得两地区整体“互联网+”发展变化趋势分别与北京市和上海市的趋势保持大致一致，大致呈现出先缓慢提升，再迅速提升的态势。在2006年之前，两地区“互联网+”发展水平相差不大。两地区“互联网+”发展水平大致呈现出先缓慢提升，再迅速提升的态势，除了在2001年，长三角地区略低于京津冀之外，其余年份，长三角“互联网+”发展水平均高于京津冀，并且在2006年之后，两者之间的差距有扩大的趋势，整体来看，在2000—2008年，长三角地区“互联网+”发展水平要高于京津冀地区。

（三）2009—2016年两地区“互联网+”水平的区域比较

运用“互联网+”指数指标体系，基于京津冀与长三角地区的相关统计数据，计算得出京津冀与长三角地区2009—2016年“互联网+”水平发展变化趋势如表13－3与表13－4所示。

表13－3　2009—2016年“互联网+”发展趋势

地区 年份	京津冀				长三角			
	北京	天津	河北	整体	上海	江苏	浙江	整体
2009	0.1738	0.0951	0.0719	0.1432	0.1533	0.0972	0.1106	0.1594
2010	0.1894	0.1017	0.0812	0.1603	0.1627	0.1063	0.1156	0.1705
2011	0.1963	0.1072	0.0929	0.1710	0.1671	0.1100	0.1180	0.1702
2012	0.2064	0.1171	0.1066	0.1713	0.1763	0.1339	0.1374	0.1794

续表

年份＼地区	京津冀				长三角			
	北京	天津	河北	整体	上海	江苏	浙江	整体
2013	0.2166	0.1238	0.1173	0.1814	0.1815	0.1479	0.1539	0.1890
2014	0.2366	0.1366	0.1257	0.1929	0.1974	0.1601	0.1640	0.2038
2015	0.2671	0.1437	0.1509	0.2192	0.2172	0.1717	0.1809	0.2200
2016	0.2769	0.1463	0.1568	0.2288	0.2179	0.1770	0.1867	0.2265

资料来源：作者计算。

表 13－4　2009—2016 年“互联网＋”分类指数发展趋势

年份＼地区	京津冀			长三角		
	基础分指数	运用分指数	基础分指数	运用分指数	基础分指数	运用分指数
2009	0.0554	0.0346	0.0532	0.0722	0.0432	0.0440
2010	0.0626	0.0398	0.0579	0.0765	0.0480	0.0459
2011	0.0656	0.0477	0.0576	0.0741	0.0527	0.0434
2012	0.0635	0.0555	0.0523	0.0688	0.0677	0.0430
2013	0.0670	0.0597	0.0548	0.0666	0.0807	0.0418
2014	0.0716	0.0704	0.0510	0.0706	0.0902	0.0431
2015	0.0761	0.0911	0.0520	0.0780	0.0989	0.0432
2016	0.0762	0.0976	0.0550	0.0792	0.1042	0.0431

资料来源：作者计算。

由表 13－3 与表 13－4 可以得到京津冀与长三角地区的不同省市之间以及两大地区整体之间的“互联网＋”变化趋势比较图，如图 13－2 所示。

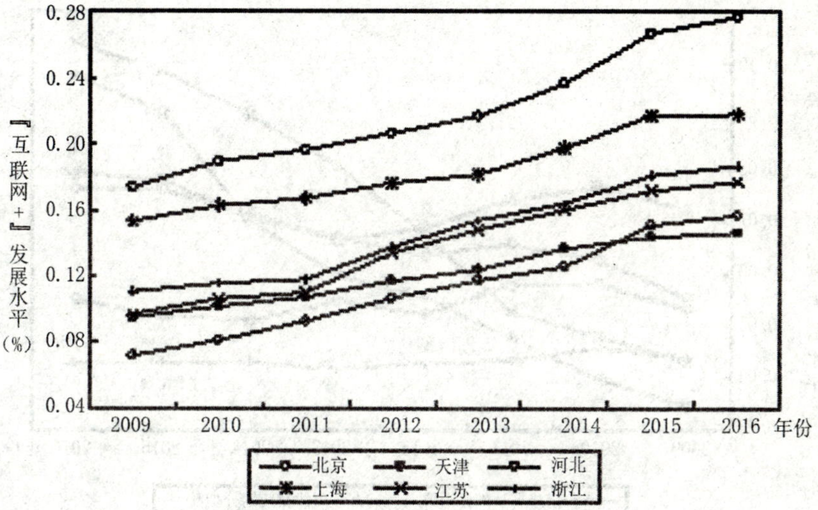
0.28
0.24
0.20
0.16
0.12
0.08
0.04
『互联网+』发展水平（%）
2009
2010
2011
2012
2013
2014
2015
2016
年份
北京
天津
河北
上海
江苏
浙江

(a)

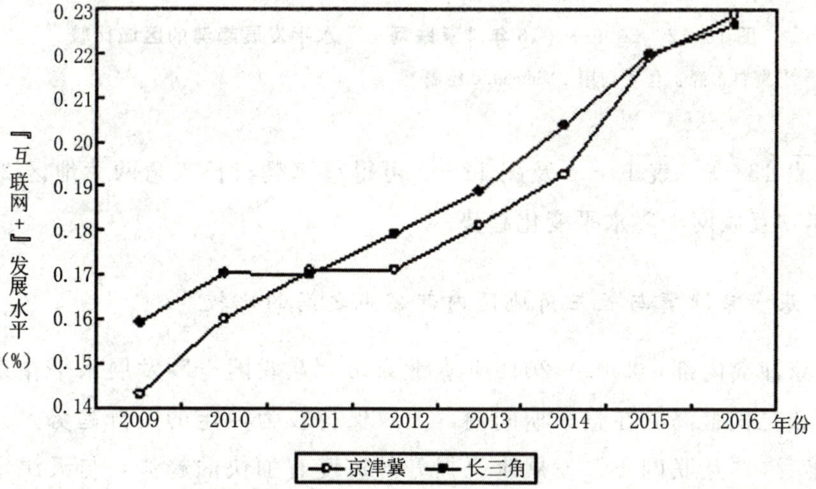
0.23
0.22
0.21
0.20
0.19
0.18
0.17
0.16
0.15
0.14
『互联网+』发展水平（%）
2009
2010
2011
2012
2013
2014
2015
2016
年份
京津冀
长三角

(b)

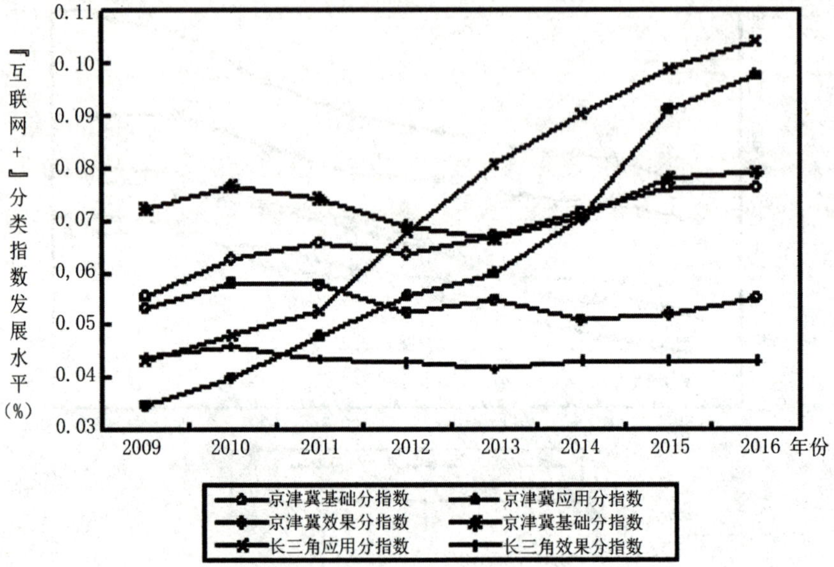

(c)

图 13－2 2009—2016 年“互联网＋”水平发展趋势的区域比较

资料来源：作者利用 EViews8.0 绘制。

由表 13－3、表 13－4 及图 13－2 可得京津冀与长三角两大地区 2009—2016 年“互联网＋”水平变化趋势。

1. 基于京津冀与长三角地区内部省市之间的比较

在京津冀内部，2009—2016 年，北京市“互联网＋”发展水平在京津冀三个省市之间最高。在整个期间内，大致保持较为稳定的上升趋势，并且在 2013 年后，“互联网＋”发展水平提升的速度有加快的趋势，与天津市和河北省之间的差距在扩大，北京市 2009 年“互联网＋”指数为 0.1738，而到了 2016 年为 0.2769，上涨幅度接近 60%；天津市“互联网＋”发展水平在整个期间内，显著低于北京，并且在 2014 年之后，又开始低于河北省，2009—2016 年，天津市“互联网＋”发展水平大致呈现缓慢的增长趋势，其“互联网＋”指数由 2009 年的 0.0951 上升到 2016 年的 0.1463，上升幅度约为 53%；河北省“互联网＋”发展水平除了在 2014 年之前略低于天津市之外，其他年份均高于天津市且低于北京市，并且在整个期间内保持较快的增长势头，其“互联网+”指数由2009年的0.0719增长到2016年的0.1568，七年间提升了超过一倍，增幅在三省市之间最高。

在长三角内部，上海市2009—2016年，其“互联网+”发展水平在长三角三省市之间处于最佳水平，但从整个期间来看，其“互联网+”水平增长并不快，并且在2015年后有放缓的趋势，增加较为明显的区间是在2013年至2015年，其“互联网+”指数由2009年的0.1533上升至2016年的0.2179，上升幅度约为42%；江苏省“互联网+”发展水平在三省市之间处于最低的位置，起初两年呈现较平缓的增长趋势，但在2011年之后，提升的趋势开始加快，与上海市之间的差距有逐步缩小的趋势，其“互联网+”指数由2009年的0.0972上升至2016年的0.1770，七年间上升了82%，上升幅度明显；浙江省“互联网+”发展水平变化趋势与江苏省具有相似性，但略高于江苏省，低于上海市，同样提升速度较快的阶段是在2011年之后，其“互联网+”水平由2009年的0.1106上升至2016年的0.1867，上升幅度达到了68%。

基于京津冀与长三角两大地区之间不同省市之间的比较来看，在整个期间内，北京市“互联网+”发展水平显著高于其他五省市，并且在2013年之后，这种优势有进一步扩大的趋势；上海市“互联网+”发展水平仅次于北京市，但是在整个期间内提升的幅度不大，相比于除北京市外的其他四省市，领先的优势有逐步缩小的趋势；浙江省在整个期间内“互联网+”发展水平大致保持稳步增长的趋势，但波动较为明显，与上海市的差距进一步缩小；江苏省的“互联网+”发展水平暂居第四位，变化趋势与浙江省相似，在2011年后增长较快；天津市“互联网+”水平在整个区间内提升的速度较慢，并且在2014年后开始低于河北省。河北省在整个区间内保持良好的增长趋势以至在2014年后开始超过天津市。该六省市的“互联网+”水平高低大致表现为北京市最高，上海市次之，浙江省和江苏省紧随其后，河北省和天津市较低，两地交替领先。

2. 基于京津冀与长三角两大地区整体之间的比较

基于京津冀与长三角两大地区的整体比较来看，北京市“互联网+”发展的领先优势带动了京津冀整体的“互联网＋”水平，使得京津冀地区“互联网＋”水平与北京市变化趋势趋同，在整个区间内保持较快的增长势头，并且在2012年之后，这种趋势有所加快，接近长三角地区并且在2015年之后赶上并超过长三角地区。相比于京津冀地区，长三角地区“互联网＋”发展水平在整个期间内波动较大，提升幅度要低于京津冀地区，增长较快的期间在2011—2015年，但在2015年之后，增长有所放缓，并开始被京津冀赶超。整体来看，在2009—2015年，长三角地区“互联网＋”发展水平大致高于京津冀地区，在2015年之后，京津冀地区高于长三角地区。

3. 基于京津冀与长三角两大地区分类指数之间的比较

在“互联网＋”基础水平方面，京津冀地区表现不如长三角地区，两者波动都较大，京津冀地区在整个期间内呈现震荡上升的趋势，和长三角地区之间的差距在缩小，而长三角地区虽然起初水平较高，但整个期间内提升幅度不明显；在“互联网＋”应用方面，两地区都保持了较快的增长势头，但长三角地区在整个期间内要高于京津冀地区，2015年以后，两地区的差距有缩小的趋势；在“互联网＋”效果水平方面，两地区在整个期间内波动都较明显，京津冀地区在2016年的“互联网＋”效果水平与2009年相差不大，而长三角地区在整个区间内有略微下降的趋势，两地之间京津冀地区要高于长三角地区。

二、“互联网＋”对产业结构生态化转型影响的区域比较的实证分析

（一）模型构建与数据说明

E-G两步检验方法过程简便，且适用于双变量模型，故本章选用E-G两步检验方法。在进行协整性检验前，需要先对序列进行平稳性检验，常用的方法为ADF平稳检验法。接下来，考察变量之间长期协整关系和短期动态影响关系。短期误差修正模型（ECM）是研究变量间长短期影响关系的一种较

好的方法，优点在于将长短期置于一个模型中，更具有合理性，因此我们构建了变量间误差修正模型（ECM），并对结果进行分析。

1. 模型的设定

基于上文对京津冀地区与长三角地区2000—2016年“互联网+”与产业结构生态化转型的趋势分析，建立以下模型，试图找出“互联网+”与产业结构生态化转型之间的长期均衡关系。

为克服时间序列的相关性影响，消除计算过程中异方差问题，本章将对“互联网+”与产业结构生态化转型内的各项指标进行对数化处理，分别转化为 $\ln IS$（$*$）和 $\ln IRP$。建立模型如下：

$$\ln IS(*)=C+\beta_i \ln IRP+\mu \quad (13-5)$$

其中 IS（$*$）表示衡量产业结构生态化转型指标体系，包括产业结构可持续化（ISP）、产业结构合理化（$ISRA$）、产业结构高级化（ISH），这三个变量共同构成衡量产业结构式生态化转型的衡量指标，作为模型中的被解释变量；IRP 表示“互联网+”，为考察其对产业结构式生态化转型的影响，将其作为模型中的解释变量；β_i（$i=1$、2、3）表示参数；C 表示常数项；μ 表示误差项。

当以上模型通过了协整性检验，得出指标之间的长期协整性关系时，为考察变量之间的短期动态影响，本章建立如下 ECM 模型：

$$\Delta\ln IS(*)=C_0+\beta_i'\Delta\ln IS^*+\beta_j'\Delta\ln IRP+\lambda ecm(-1)+\mu_0 \quad (13-6)$$

其中 IS（$*$）与 IRP 含义参照公式（5）；ecm（-1）表示滞后一期残差项，β_i'（$i=1$，2，3）、λ 表示参数，C_0 表示常数项；μ_0 表示误差项。

2. 数据说明

京津冀地区与长三角地区“互联网+”指数来源于第三章的计算结果，原始数据来源于历年《中国统计年鉴》以及各省市历年互联网产业发展报告等；产业结构生态化转型的相关数据来源于第四章的计算结果，原始数据来源于历年《中国统计年鉴》以及各省市历年统计年鉴，各项指标的样本期间均为2000年至2016年，由于“互联网+”指标在构建时区分为2000—2008

年和2009—2016年，因此，我们在做实证分析时，也区别开来。

(二)“互联网+”与产业结构可持续化之间的关系

1. 单位根检验

E-G两步法在对时间序列变量进行协整性检验时，要求变量之间具有同阶单整，否则在进行回归时结果可能会出现偏差。ADF检验法是检验变量平稳性的常用方法，本章采用ADF检验法对变量进行单位根检验，如表13-5所示：

表13-5 变量的单位根检验

地区	变量	差分次数	(C，T，K)	ADF值	P值	5%临界值	结论
时期：2000—2008年							
京津冀	ln *IRP*	2	(0，0，0)	-4.510244	0.0013	-2.021193	I(5) *
	ln *ISP*	2	(0，0，0)	-2.033596	0.0490	-2.021193	I(5) *
长三角	ln *IRP*	2	(0，0，1)	-4.056090	0.0023	-2.021193	I(5) *
	ln *ISP*	2	(0，0，1)	-5.064443	0.0010	-2.043968	I(5) *
时期：2009—2016年							
京津冀	ln *IRP*	2	(0，0，0)	-2.575999	0.0217	-2.043968	I(5) *
	ln *ISP*	2	(0，0，0)	-2.296898	0.0339	-2.043968	I(5) *
长三角	ln *IRP*	2	(0，0，0)	-4.187510	0.0026	-2.043968	I(5) *
	ln *ISP*	2	(0，0，0)	-2.869071	0.0140	-2.043968	I(5) *

资料来源：表中结果由EViews8.0给出。

由表13-5可知，京津冀和长三角两大地区在2000—2008年与2009—2016年两个期间内的“互联网+”与产业结构可持续化自然对数序列(ln*IRP*、ln*ISP*)均符合二阶平稳序列，符合建立模型的条件，可以对模型的系数进行估计。

2. 影响系数估计

本章采用常用的普通最小二乘法(Ordinary Least Square，OLS)对上述四个模型进行长期系数估计，然后在此基础上运用误差修正模型对变量的短期系数进行估计，其中被解释变量为产业结构可持续化的自然对数（ln*ISP*），解释变量为“互联网+”的自然对数（ln*IRP*）。结果如表 13－6 与 13－7 所示。

表 13－6 京津冀地区“互联网+”对产业结构可持续化影响的长期系数与短期 ECM 模型

被解释变量：ln*ISP*；解释变量：ln*IRP*			
变量	系数	标准误差	T 统计量
时期：2000—2008 年			
长期系数估计			
ln *IRP*	0.247120	0.034331	7.198073 [0.0002]
短期 ECM 模型			
Δln *IRP*	0.193633	0.050323	3.847814 [0.0085]
ecm（－1）	－1.083782	0.384908	－2.815692 [0.0305]
时期：2009—2016 年			
长期系数估计			
ln *IRP*	0.858287	0.107273	8.000966 [0.0002]
短期 ECM 模型			
Δln *IRP*	0.640625	0.211635	3.027029 [0.0092]
ecm（－1）	－0.740424	0.400963	－1.846614 [0.1241]

资料来源：表中结果由 EViews8.0 得出。

表 13－7 长三角地区“互联网+”对产业结构可持续化影响的长期系数与短期 ECM 模型

被解释变量：ln*ISP*；解释变量：ln*IRP*			
变量	系数	标准误差	T 统计量
时期：2000—2008 年			
长期系数估计			
ln *IRP*	0.183247	0.014422	12.70580 [0.0000]
短期 ECM 模型			

续表

被解释变量：ln*ISP*；解释变量：ln*IRP*			
Δln *IRP*	0.150480	0.028213	5.333684 [0.0018]
ecm （−1）	−0.956813	0.430169	−2.224273 [0.0678]
时期：2009—2016 年			
长期系数估计			
ln *IRP*	1.102737	0.119905	9.196732 [0.0001]
短期 ECM 模型			
ΔlnIRP	0.996198	0.244028	4.082304 [0.0095]
ecm （−1）	−0.643383	0.367140	−1.752420 [0.1401]

资料来源：表中结果由 EViews8.0 给出。

由表 13−6 及表 13−7 可得京津冀与长三角两大地区 2000—2016 年“互联网＋”水平对产业结构可持续化影响趋势。

(1) 基于京津冀地区“互联网＋”水平对产业结构可持续化影响的角度

第一，2000—2008 年，“互联网＋”水平对产业结构可持续化的长短期估计系数均在 1%的水平上通过了显著性检验，且系数为正，说明“互联网＋”水平对产业结构可持续化具有一定的正向影响。由表中数据可以看出，在长期中，当“互联网＋”水平每提升 1%，可带来产业结构可持续化水平提升约 0.25%；短期内，“互联网＋”水平每提高 1%可带来产业结构可持续化水平提升约 0.19%，方程中误差修正项的系数为−1.083782，调整方向符合预期，说明当产业结构可持续化水平受到短期冲击偏离长期均衡状态时，每年会得到约 108.38%的修正。

第二，2009—2016 年，“互联网＋”水平对产业结构可持续化的长短期估计系数均通过了 1%的显著性检验，且系数均为正，说明“互联网＋”水平对产业结构可持续化具有较明显的正向作用。由表中数据可以看出，在长期中，“互联网＋”水平每提高 1%，产业结构可持续化水平提升约 0.86%；短期内，“互联网＋”水平提高 1%可带来产业结构可持续化水平提升约 0.64%，方程中误差修正项的系数为−0.740424，调整方向符合预期，说明当产业结构可持续化水平受到短期冲击偏离长期均衡状态时，每年会得到约

74.04%的修正。

第三，综合2000—2008年和2009—2016年两个时期的比较来看，无论是长期影响还是短期影响，“互联网+”对京津冀地区产业结构可持续化水平均存在显著的正向作用，但在影响程度上存在差异，“互联网+”对产业结构可持续化的影响程度在后一时期要高于前一时期。

（2）基于长三角地区“互联网+”对产业结构可持续化影响的角度

第一，2000—2008年，“互联网+”水平对产业结构可持续化的长短期影响系数均在1%上是显著的，且均为正向促进作用。由表中数据可以看出，在长期中，当“互联网+”水平提高1%时，可促进产业结构可持续化水平提升约0.18%。短期内，“互联网+”水平每提高1%可带来产业结构可持续化水平提升约0.15%，方程中误差修正项的系数为−0.956813，调整方向符合预期，说明当产业结构可持续化水平受到短期冲击偏离长期均衡状态时，每年会得到约95.68%的修正。

第二，2009—2016年，“互联网+”水平对产业结构可持续化的长短期估计系数分别通过了1%和5%的显著性检验，且为正向影响。由表中数据可以看出，“互联网+”对产业结构可持续化的影响作用较大。长期中，当“互联网+”每提升1%时，产业结构可持续化水平将会提高约1.10%；短期内，“互联网+”水平每提高1%可带来产业结构可持续化水平提升约1%，方程中误差修正项的系数为−0.643383，调整方向符合预期，说明当产业结构可持续化水平受到短期冲击偏离长期均衡状态时，每年会得到约64.34%的修正。

第三，综合2000—2008年和2009—2016年这两个时期的比较来看，无论是长期影响还是短期影响，“互联网+”水平对产业结构可持续化均存在较大的正向作用，从影响程度上看，“互联网+”对产业结构可持续化的影响程度在后一时期要明显高于前一时期。

（3）基于京津冀地区与长三角地区两大地区之间比较的角度

第一，2000—2008年，两地区“互联网+”对产业结构可持续化均存在正向影响，但影响程度均不大，其中京津冀的长短期影响系数分别约为0.25和0.19，长三角的影响系数分别约为0.18和0.15，京津冀地区略大于长三角地区。

第二，2009—2016 年，两地区“互联网+”对产业结构可持续化都具有明显的正向影响，其中京津冀的长短期影响系数分别约为 0.86 和 0.64，长三角的影响系数分别约为 1.10 和 1.00，长三角地区高于京津冀地区。

3. 协整性检验

根据前文平稳性检验结果可知，所有变量的原序列均不是平稳序列。对原序列进行协整性检验，没有通过检验，但在经过二阶差分后变为同阶单整序列，满足协整性检验要求。为避免模型出现伪回归现象，现利用 ADF 检验方法对上述模型回归后的残差序列进行协整性检验，检验结果如表 13－8 所示。

表 13－8 “互联网＋”与产业结构可持续化之间协整性检验结果

地区	差分次数	(C，T，K)	T 统计量	5%临界值	P 值
时期：2000—2008 年					
京津冀	0	(0，0，0)	－3.567443	－1.995865	0.0031
长三角	0	(0，0，0)	－3.237771	－1.995865	0.0054
时期：2009—2016 年					
京津冀	0	(0，0，1)	－2.816824	－2.021193	0.0134
长三角	0	(0，0，1)	－2.729925	－2.021193	0.0154

资料来源：表中结果由 EViews8.0 给出。

由表 13－8 可知，2000—2016 年，京津冀与长三角地区分别以产业结构可持续化（ln*ISP*）为被解释变量，以“互联网＋”（ln*IRP*）为解释变量的四个模型的回归分析的残差序列具有协整性，排除了伪回归的可能性。

（三）“互联网＋”与产业结构合理化之间的关系

1. 单位根检验

由于上一部分中对两地区 2000—2008 年与 2009—2016 年“互联网＋”

均进行了平稳性检验，在此只针对产业结构合理化的自然对数（ln*ISRA*）进行平稳性检验，检验结果如表 13－9 所示。

表 13－9 产业结构合理化自然对数序列变量的单位根检验

地区	差分次数	（C，T，K）	ADF 值	P 值	5%临界值	结论
时期：2000—2008 年						
京津冀	2	（0，0，1）	－4.151757	0.0020	－2.021193	I（5）*
长三角	2	（0，0，1）	－2.759622	0.0147	－2.021193	I（5）*
时期：2009—2016 年						
京津冀	2	（0，0，1）	－2.500216	0.0243	－2.043968	I（5）*
长三角	2	（0，0，1）	－2.627949	0.0227	－2.082319	I（5）*

资料来源：表中结果由 EViews8.0 给出。

由表 13－9 可知，京津冀和长三角两大地区在 2000—2008 年与 2009—2016 年两个期间内产业结构合理化的自然对数（ln*ISRA*）为符合二阶平稳序列，符合建立模型的条件，可以对模型的系数进行估计。

2. 影响系数估计

采用常用的普通最小二乘法（Ordinary Least Square，OLS）对上述四个模型进行长期系数估计，然后在此基础上运用误差修正模型对变量的短期系数进行估计，其中被解释变量为产业结构合理化的自然对数（ln*ISRA*），解释变量为“互联网＋”的自然对数（ln*IRP*）。结果如表 13－10 及表 13－11 所示。

表 13－10 京津冀地区“互联网＋”对产业结构合理化影响的长期系数与短期 ECM 模型

被解释变量：ln*ISRA*；解释变量：ln*IRP*			
变量	系数	标准误差	T 统计量
时期：2000—2008 年			
长期系数估计			
ln *IRP*	0.261588	0.049345	5.300592 [0.0011]

续表

被解释变量：ln*ISRA*；解释变量：ln*IRP*			
短期 ECM 模型			
Δln *IRP*	0.133233	0.075262	1.770257 [0.1271]
ecm（−1）	−0.369609	0.352585	−1.048284 [0.3349]
时期：2009—2016 年			
长期系数估计			
ln *IRP*	0.557168	0.098153	5.676497 [0.0013]
短期 ECM 模型			
Δln *IRP*	0.395812	0.168315	2.351617 [0.0645]
ecm（−1）	−0.332979	0.369107	−0.902121 [0.4083]

资料来源：表中结果由 EViews8.0 给出。

表 13—11 长三角地区"互联网+"对产业结构合理化影响的长期系数与短期 ECM 模型

被解释变量：ln*ISRA*；解释变量：ln*IRP*			
变量	系数	标准误差	T 统计量
时期：2000—2008 年			
长期系数估计			
ln *IRP*	0.374574	0.054025	6.933337 [0.0002]
短期 ECM 模型			
Δln *IRP*	0.213254	0.077341	2.757306 [0.0330]
ecm（−1）	−0.200247	0.311594	−0.642654 [0.5442]
时期：2009—2016 年			
长期系数估计			
ln *IRP*	0.788232	0.170817	4.614492 [0.0036]
短期 ECM 模型			
Δln *IRP*	0.728077	0.344928	2.110820 [0.0885]
ecm（−1）	−0.770520	0.364378	−2.114616 [0.0081]

资料来源：表中结果由 EViews8.0 给出。

由表 13—10 及表 13—11 可得京津冀与长三角两大地区 2000—2016 年"互联网+"水平对产业结构合理化影响趋势。

（1）基于京津冀地区"互联网+"水平对产业结构合理化影响的角度

第一，2000—2008年，“互联网+”水平对产业结构合理化的长期估计系数均在1%的水平上通过了显著性检验，而对产业结构合理化的短期估计系数未通过显著性检验。由表中数据可以看出，在长期中，当“互联网+”水平每提升1%，可带来产业结构合理化水平提升约0.26%；说明“互联网+”水平对产业结构合理化具有一定的正向影响。

第二，2009—2016年，“互联网+”水平对产业结构合理化的长短期估计系数分别通过了1%和10%的显著性检验，且系数均为正，说明“互联网+”水平对产业结构合理化具有一定的正向作用。由表中数据可以看出，在长期中，“互联网+”水平每提高1%，产业结构合理化水平提升约0.56%；短期内，“互联网+”水平提高1%可带来产业结构合理化水平提升约0.40%，方程中误差修正项的系数为−0.332979，调整方向符合预期，说明当产业结构合理化水平受到短期冲击偏离长期均衡状态时，每年会得到约33.30%的修正。

第三，综合2000—2008年和2009—2016年两个时期的比较来看，除了“互联网+”在前一时期对产业结构合理化短期影响不显著外，其他影响系数均显著。“互联网+”在两个时期上对产业结构合理化均存在正向影响，但在影响程度上存在差异，“互联网+”对产业结构合理化的影响程度在后一时期要高于前一时期。

（2）基于长三角地区“互联网+”对产业结构合理化影响的角度

第一，2000—2008年，“互联网+”水平对产业结构合理化的长短期影响系数分别在1%和5%上是显著的，且均为正向促进作用。由表中数据可以看出，在长期中，当“互联网+”水平提高1%时，可促进产业结构合理化提升约0.37%。短期内，“互联网+”水平每提高1%可带来产业结构合理化水平提升约0.21%，方程中误差修正项的系数为−0.200247，调整方向符合预期，说明当产业结构合理化水平受到短期冲击偏离长期均衡状态时，每年会得到约20.02%的修正。

第二，2009—2016年，“互联网+”水平对产业结构合理化的长短期估计系数分别通过了1%和10%的显著性检验，且为正向影响。由表中数据可以看出，长期中，当“互联网+”每提升1%时，产业结构合理化水平将会提高约0.79%；短期内，“互联网+”水平每提高1%可带来产业结构合理化水平提升约0.73%，方程中误差修正项的系数为−0.770520，调整方向符合预期，说明当产业结构合理化水平受到短期冲击偏离长期均衡状态时，每年会得到约77.05%的修正。

第三，综合2000—2008年和2009—2016年两个时期的比较来看，无论是长期影响还是短期影响，“互联网+”水平对产业结构合理化均存在一定的正向作用，从影响程度上来看，“互联网+”对产业结构合理化的影响程度在后一时期要明显高于前一时期。

（3）基于京津冀地区与长三角地区两大地区之间比较的角度

第一，2000—2008年，京津冀地区“互联网+”对产业结构合理化只在长期内存在正向影响，影响系数约为0.26，而长三角地区产业结构合理化长短期内均存在正向的促进作用，影响系数分别约为0.37和0.21，长三角地区略高于京津冀地区。

第二，2009—2016年，京津冀和长三角两地区“互联网+”对产业结构合理化都具有一定的正向影响，其中京津冀的长短期影响系数分别约为0.56和0.40，长三角的影响系数分别约为0.79和0.73，长三角地区要高于京津冀。

3. 协整性检验

根据前文平稳性检验结果可知，所有变量的原序列均不是平稳序列。对原序列进行协整性检验，没有通过检验，但在经过二阶差分后变为同阶单整序列，满足协整性检验要求。为避免模型出现伪回归现象，现利用ADF检验方法对上述模型回归后的残差序列进行协整性检验，检验结果如表13−12所示。

表 13－12 “互联网+”与产业结构合理化之间协整性检验结果

地区	差分次数	(C，T，K)	T统计量	5%临界值	P值
时期：2000—2008 年					
京津冀	0	(0，0，0)	－2.056859	－1.995865	0.0448
长三角	0	(0，0，0)	－1.575222	－1.995865	0.1042
时期：2009—2016 年					
京津冀	0	(0，0，1)	－5.182064	－2.021193	0.0006
长三角	0	(0，0，0)	－2.369154	－2.006292	0.0264

资料来源：表中结果由 EViews8.0 给出。

由表 13－12 可知，2000—2016 年，京津冀与长三角地区分别以产业结构合理化（ln*ISRA*）为被解释变量，以“互联网+”（ln*IRP*）为解释变量的四个模型的回归分析的残差序列具有协整性，排除了伪回归的可能性。

（四）“互联网+”与产业结构高级化之间的关系

1. 单位根检验

由于上一部分中对两地区 2000—2008 年与 2009—2016 年“互联网+”均进行了平稳性检验，在此只针对产业结构高级化的自然对数（ln*ISH*）进行平稳性检验，检验结果如表 13－13 所示。

表 13－13 产业结构高级化自然对数序列变量的单位根检验

地区	差分次数	(C，T，K)	ADF值	P值	5%临界值	结论
时期：2000—2008 年						
京津冀	2	(0，0，0)	－4.822289	0.0013	－2.043968	I(5) *
长三角	2	(0，0，1)	－2.654444	0.0174	－2.021193	I(5) *
时期：2009—2016 年						
京津冀	2	(0，0，1)	－2.473823	0.0253	－2.043968	I(5) *
长三角	2	(0，0，1)	－3.102239	0.0101	－2.043968	I(5) *

资料来源：表中结果由 EViews8.0 给出。

由表 13－13 可知，京津冀和长三角两大地区在 2000—2008 年与 2009—2016 年两个期间内产业结构高级化的自然对数（ln*ISH*）为符合二阶平稳序列，符合建立模型的条件，可以对模型的系数进行估计。

2. 影响系数估计

采用常用的普通最小二乘法（Ordinary Least Square，OLS）对上述四个模型进行长期系数估计，然后在此基础上运用误差修正模型对变量的短期系数进行估计，其中被解释变量为产业结构高级化的自然对数（ln*ISH*），解释变量为“互联网＋”的自然对数（ln*IRP*）。结果如表 13－14 及表 13－15 所示。

表 13－14　京津冀地区“互联网＋”对产业结构高级化影响的长期系数与短期 ECM 模型

被解释变量：ln*ISRA*；解释变量：ln*IRP*			
变量	系数	标准误差	T 统计量
时期：2000—2008 年			
长期系数估计			
ln *IRP*	0.019385	0.003409	5.686081［0.0007］
短期 ECM 模型			
Δln *IRP*	0.014724	0.005823	2.528415［0.0448］
ecm（－1）	－0.991658	－2.423985	1.476608［0.0516］
时期：2009—2016 年			
长期系数估计			
lnIRP	0.071412	0.011929	5.986501［0.0010］
短期 ECM 模型			
ΔlnIRP	0.058551	0.019173	3.053892［0.0283］
ecm（－1）	－0.748854	0.363869	－2.058030［0.0947］

资料来源：表中结果由 EViews8.0 给出。

表 13—15 长三角地区“互联网+”对产业结构高级化的长期系数与短期 ECM 模型

被解释变量：lnISRA；解释变量：lnIRP			
变量	系数	标准误差	T统计量
时期：2000—2008 年			
长期系数估计			
ln *IRP*	0.016202	0.002473	6.552904 [0.0003]
短期 ECM 模型			
Δln *IRP*	0.011741	0.003829	3.059149 [0.0222]
ecm（—1）	—0.584374	0.338052	—1.728652 [0.1346]
时期：2009—2016 年			
长期系数估计			
ln *IRP*	0.093709	0.005451	17.18959 [0.0000]
短期 ECM 模型			
Δln *IRP*	0.081716	0.009077	9.002425 [0.0003]
ecm（—1）	—1.331903	0.372338	—3.577136 [0.0159]

资料来源：表中结果由 EViews8.0 给出。

由表 13—14 及表 13—15 可得京津冀与长三角两大地区 2000—2016 年“互联网+”水平对产业结构高级化影响趋势。

（1）基于京津冀地区“互联网+”水平对产业结构高级化影响的角度

第一，2000—2008 年，“互联网+”水平对产业结构高级化的长短期估计系数分别在 1%和 5%的水平上通过了显著性检验，且系数为正，由表中数据可以看出，“互联网+”水平对产业结构高级化具有轻微的正向影响。在长期中，当“互联网+”水平每提升 1%，只带来产业结构高级化水平提升约 0.02%；短期内，“互联网+”水平每提高 1%只带来产业结构高级化水平提升约 0.01%，方程中误差修正项的系数为—0.991658，调整方向符合预期，说明当产业结构高级化水平受到短期冲击偏离长期均衡状态时，每年会得到约 99.17%的修正。

第二，2009—2016 年，“互联网+”水平对产业结构高级化的长短期估计系数分别通过了 1%和 5%的显著性检验，且系数均为正，说明“互联网+”水平对产业结构高级化具有正向作用。由表中数据可以看出，在长期中，“互联网＋”水平每提高1%，产业结构高级化水平提升约0.07%；短期内，“互联网＋”水平提高1%可带来产业结构高级化水平提升0.06%，方程中误差修正项的系数为－0.748854，调整方向符合预期，说明当产业结构高级化水平受到短期冲击偏离长期均衡状态时，每年会得到约74.89%的修正。

第三，综合2000—2008年和2009—2016年两个时期的比较来看，无论是长期影响还是短期影响，“互联网＋”水平对产业结构高级化均存在正向促进作用，但影响程度都较微弱，“互联网＋”对产业结构高级化的影响程度在后一时期要略高于前一时期。

（2）基于长三角地区“互联网＋”对产业结构高级化影响的角度

第一，2000—2008年，“互联网＋”水平对产业结构高级化的长短期影响系数分别在1%和5%上是显著的，且均为正向促进作用。由表中数据可以看出，“互联网＋”水平对产业结构高级化具有轻微的正向影响，在长期中，当“互联网＋”水平提高1%时，只可促进产业结构高级化提升约0.02%。短期内，“互联网＋”水平每提高1%可带来产业结构高级化水平提升约0.01%，方程中误差修正项的系数为－0.584374，调整方向符合预期，说明当产业结构高级化水平受到短期冲击偏离长期均衡状态时，每年会得到约58.44%的修正。

第二，2009—2016年，“互联网＋”水平对产业结构高级化的长短期估计系数均通过了1%的显著性检验，且系数均为正，说明“互联网＋”水平对产业结构高级化具有正向作用。由表中数据可以看出，在长期中，“互联网＋”水平每提高1%，产业结构高级化水平提升约0.09%；短期内，“互联网＋”水平提高1%可带来产业结构高级化水平提升约0.08%，方程中误差修正项的系数为－1.331903，调整方向符合预期，说明当产业结构高级化水平受到短期冲击偏离长期均衡状态时，每年会得到133.19%的修正。

第三，综合2000—2008年和2009—2016年两个时期的比较来看，无论是长期影响还是短期影响，“互联网＋”水平对产业结构高级化均存在一定的正向作用，但影响程度都不大，“互联网＋”对产业结构高级化的影响程度在后一时期要明显高于前一时期。

（3）基于京津冀地区与长三角地区两大地区之间比较的角度

第一，2000—2008年，两地区“互联网＋”对产业结构高级化均存在正向影响，但影响程度均比较微弱，其中京津冀地区的长短期影响系数分别约为0.02和0.01，长三角地区的影响系数分别约为0.02和0.01，两地“互联网＋”对产业结构高级化影响程度差异不大，长三角略高。

第二，2009—2016年，京津冀和长三角两地区“互联网＋”对产业结构高级化都具有正向影响，但影响程度均较小，其中京津冀地区的长短期影响系数分别为0.07和0.06，长三角地区的影响系数分别为0.09和0.08，长三角地区要略高于京津冀地区。

3. 协整性检验

根据前文平稳性检验结果可知，所有变量的原序列均不是平稳序列。对原序列进行协整性检验，没有通过检验，但在经过二阶差分后变为同阶单整序列，满足协整性检验要求。为避免模型出现伪回归现象，现利用ADF检验方法对上述模型回归后的残差序列进行协整性检验，检验结果如表13－16所示。

表13－16 “互联网＋”与产业结构高级化之间协整性检验结果

地区	差分次数	(C，T，K)	T统计量	5%临界值	P值
时期：2000—2008年					
京津冀	0	(0，0，1)	－5.385899	－2.006292	0.0003
长三角	0	(0，0，0)	－2.361961	－1.995865	0.0257
时期：2009—2016年					
京津冀	0	(0，0，0)	－2.302923	－2.006292	0.0299
长三角	0	(0，0，0)	－3.271441	－2.006292	0.0058

资料来源：表中结果由EViews8.0给出。

由表13－16可知，2000—2016年，京津冀与长三角地区分别以产业结构高级化（ln*ISH*）为被解释变量，以“互联网＋”（ln*IRP*）为解释变量的四个模型的回归分析的残差序列具有协整性，排除了伪回归的可能性。

三、结论与政策建议

本部分对京津冀和长三角两地区“互联网＋”与产业结构生态化转型的趋势比较以及相关实证分析结论进行总结，并在此基础上为两地区提升“互联网＋”水平、促进产业结构生态化转型提供切实可行的政策建议。

（一）结论

首先，从“互联网＋”基础、“互联网＋”应用和“互联网＋”效果三个维度，构建了“互联网＋”指数，并结合人均邮政业务总量，综合考察了京津冀与长三角地区2000—2016年“互联网＋”水平发展变化趋势。其次，从产业结构可持续化、产业结构合理化和产业结构高级化三个角度对同一时期内两地区产业结构生态化转型进行了对比分析。最后，运用线性回归模型和误差修正模型，实证分析了两地区“互联网＋”对产业结构生态化转型的影响关系，主要提出以下结论。

（1）从“互联网＋”水平发展变化趋势来看：2000—2008年，我们发现，京津冀与长三角地区“互联网＋”大致呈现出先缓慢提升，再迅速提升的态势。在2006年之前，两地区“互联网＋”水平相差不大。除了在2001年，长三角地区略低于京津冀地区之外，其余年份，长三角地区“互联网＋”发展水平高于京津冀地区，并且在2006年之后，两地区之间的差距有扩大的趋势。整体来看，长三角地区“互联网＋”发展水平大致高于京津冀地区；2009—2016年，北京市“互联网＋”发展水平的领先优势带动了京津冀整体的“互联网＋”水平，使得京津冀地区“互联网＋”水平与北京市变化趋势趋同，在整个期间内保持较快的增长势头，并且在2012年之后，这种趋势有所加快。而长三角地区“互联网＋”发展水平在整个期间内波动较大，提升幅度要低于京津冀地区，增长较快的期间在2011—2015年，但在2015年之后，增长有所放缓，并开始被京津冀赶超。整体来看，在2009—2015年，长三角地区“互联网＋”发展水平大致高于京津冀地区，在2015年之后，京津冀地区高于长三角地区。

（2）从产业结构生态化转型各衡量指标的变化趋势来看：在产业结构可持续化方面，虽然北京市产业结构可持续化水平相对于其他省市具有较大的优势，但并没有使得京津冀地区产业结构可持续化水平达到长三角地区的水平，长三角三省市产业结构可持续化水平均处于较高层次，故而使得长三角地区产业结构可持续化水平较高；在产业结构合理化方面，长三角地区上升的速度明显高于京津冀地区，虽然最初两者产业结构合理化水平相差不大，但是到了2016年，两者之间的差距较为明显，并且在2016年，长三角地区产业结构合理化水平有进一步提速并且与京津冀地区之间拉开差距的迹象；在产业结构高级化方面，京津冀地区与长三角地区产业结构高级化水平变化趋势有一定的相似性，在2000年之后开始步入迅速增长阶段，到2004年，出现了回调，之后，长三角地区快速上升的趋势比较稳定，而京津冀地区大致呈现震荡上行的趋势。2014年之后，随着京津冀产业结构高级化水平上升速度进一步加快，两者之间的差距又开始扩大。

（3）实证研究表明，“互联网+”对产业结构生态化转型的影响存在区域差异，在2000—2008年与2009—2016年两个时间段上也存在差异。其一，2000—2008年，两地区“互联网+”对产业结构可持续化均存在正向影响，但影响程度不大，其中京津冀地区略大于长三角地区；京津冀地区“互联网+”对产业结构合理化只在长期内存在正向影响，而长三角地区产业结构合理化长短期内均存在正向的促进作用，长三角地区略高于京津冀地区；两地区“互联网+”对产业结构高级化均存在正向影响，但影响程度均较微弱，两地“互联网+”对产业结构高级化影响程度差异不大。综合“互联网+”对产业结构生态化转型三类指标的影响程度来看，“互联网+”对产业结构可持续化和合理化的影响要高于高级化。其二，2009—2016年，京津冀和长三角两地区“互联网+”对产业结构可持续化都具有明显的正向影响，其中长三角地区要高于京津冀地区；京津冀地区和长三角两地区“互联网+”对产业结构合理化都具一定的正向影响，长三角地区要高于京津冀地区；京津冀地区和长三角地区“互联网+”对产业结构高级化都具有正向影响，但影响程度均较小，两者差异不大。综合“互联网+”对产业结构生态化转型三类指标的影响程度来看，“互联网+”对产业结构可持续化的影响要高于合理化，而合理化又要高于高级化。其三，综合2000—2008年和2009—2016年两个时期的比较来看，在不同地区，“互联网+”对产业结构生态化转型的三类指标的影响均存在或强或弱的正向促进作用，但相比于前一时期，“互联网+”对产业结构生态化转型在后一时期的影响更大。

（二）政策建议

过去中国的经济快速发展让我们认识到高消耗、高污染、低效益的产业结构会加深经济与环境、资源之间的矛盾。在经济发展面临下行压力、资源逐步匮乏、环境污染问题日趋凸显的今天，转变经济发展方式，加快产业结构生态化转型显得尤为紧迫。困难与机遇并存，以“互联网+”为主体的第四次工业革命开始对我们社会经济方方面面产生显著影响，对产业结构生态化转型也起到了一定的作用，京津冀与长三角两大地区作为中国经济最为发达的地区，通过对比分析它们“互联网+”水平与产业结构生态化转型之间的影响关系，有助于它们不断深化“互联网+”发展，并借助“互联网+”促进产业结构生态化转型，也为其他地区提供一定的借鉴。

（1）加快区域“互联网+”发展，找差距，补弱项。

京津冀在“互联网+”效果要领先于长三角地区，但区域内省市之间发展较不平衡，而长三角地区在“互联网+”基础、“互联网+”运用上更胜一筹。京津冀地区应着力提升在“互联网+”基础上的短板，加大对互联网网络基础设施建设力度，引导地方政府和企业增强对农村地区宽带建设，政策鼓励区域内居民使用互联网和移动终端设备，降低互联网相关技术平台使用门槛，引导更多的企业加大对信息化和科研投入的力度，此外，河北省应利用承接京津产业转移这一契机，提升“互联网+”和产业之间的融合力度，缩小差距；2015年，长三角地区“互联网+”水平被京津冀地区超越，因此长三角地区要具有一种紧迫感，将提升“互联网+”水平的重点放在“互联网+”效果上，内部三省市应利用自身在互联网普及率、企业信息化、互联网基础设施方面的优势，加速“互联网+”对传统产业的改造、融合，培育具有竞争力的互联网产业集群，切实发挥企业孵化器的作用，为互联网产业发展制定因地制宜的政策，着眼于提高适于互联网企业发展的外部环境，加速培育一批具有竞争力的互联网企业。

（2）加速区域产业结构生态化转型，降能耗、降污染。

长三角地区在产业结构可持续化和产业结构合理化水平上优于京津冀地区，而京津冀地区在产业结构高级化上相比长三角地区更占优势。因此京津冀地区应加快对区域内能耗较高、污染较强的生产性企业进行调整转移；在企业生产中运用新技术新理念，通过调整资源在部门间的合理配置，提高资源投入产出效率；加快对高能耗、高污染、低效益传统产业的改造，形成有利于能源节约利用的绿色、循环、低碳的现代产业体系。长三角地区应协同一致，深化互联网与产业融合发展，运用先进的信息技术对传统产业进行改造升级，降低能源消耗和污染强度，对环保、能耗、安全等不达标、产能过剩的企业，依法引导企业进行有序减产退出；促进信息技术、高端软件和信息服务、高端装备、新材料、生物技术和新医药、新能源汽车等战略性新兴产业的发展；加大对太阳能、水能、风能、生物质能等可再生资源的开发利用，运用天然气、电力等清洁能源替代煤炭、石油等，以改变以往对污染较大能源过度依赖的局面。

（3）加强区域间合作，发挥“互联网＋”调整产业结构生态化转型影响这一机制。

实证研究表明，随着信息技术的快速发展，“互联网＋”渗透到经济各产业当中，其对产业结构生态化转型的影响逐步加大。分区域看，近十年内，京津冀地区“互联网＋”对产业结构可持续化和产业结构合理化影响程度要显著低于长三角地区，而在发挥“互联网＋”对产业结构高级化影响机制上，两地区相差不大。两地区应加强协作，互相借鉴和吸取发展经验。除此之外，京津冀应着力运用互联网技术对农业以及能耗高、污染大的工业行业进行改造融合，提高产业产出效率和质量，有效减少污染排放强度，调整资源在产业间的合理配置，提升区域产业结构可持续化和合理化水平；长三角地区应在提高产业结构高级化上下功夫，将产业发展的重点从传统制造业逐步转移至培育信息、环保、健康、旅游等新兴产业上来，大力发展服务业特别是现代服务业，积极培育新业态和新模式，构建现代产业发展新体系。

第十四章 三大经济圈制造业结构变动趋向的实证研究[①]

——以京津冀、长三角及珠三角为例

一、三大经济圈制造业结构变动

中国1980—2011年经济增长速度年均10%，而作为国民经济支柱的制造业年均增速接近11%。经过几十年的发展，中国整体上已经进入工业化中期的后半段。

现代经济增长的一个明显特征是增长总是伴随着大规模的结构变迁，主要表现为劳动力从农业向工业转移，进而劳动力又从农业、工业转移至服务业（Kuznets，1966）。钱纳里等（1989）在考察各国工业化进程后发现，结构的改善往往伴随着资源配置效率的提高，这必然会引起生产率的增长和经济总体水平的提升。其实较早涉及劳动力要素在部门间流动的理论研究是来自刘易斯（Lewis，1954）的二元结构理论：发展中国家并存着农村中以传统生产方式为主的农业和城市中以制造业为主的现代化部门，农村的剩余劳动力会向生产率更高的工业部门转移，直至二元结构消失。

对于制造业结构变化的研究，一般都会涉及与生产率关系的研究，也就是关于“结构红利”的研究。Salter（1960）认为1924—1950年英国制造业间的要素流动显著地促进了生产率的增长，Timmer和Szirmai（2000）发现

---

① 本章主要内容已发表和引用信息如下，吕明元、尤萌萌：《我国三大经济圈制造业结构变动趋向分析》，《产经评论》2014年第3期。

在1963—1993年印度尼西亚、印度、韩国和中国台湾中，只有印度存在“结构红利”。而Singh（2004）的实证结果显示韩国制造业在1970—2000年中，只有1970—1980年存在“结构红利”假说现象。对中国制造业的研究表明，劳动力要素在制造业部门间的流动对生产率的影响并不具有显著的“结构红利”（李小平、陈勇，2007；干春晖、郑若谷，2009；辛永容、陈圻，2009；张晓平、孙磊，2010）。尽管诸多的实证研究对“结构红利”假说仍存在争议，但我们仍然不能否认生产率与“结构红利”之间存在的必然联系。

另外，上述研究主要体现为制造业结构变化（劳动力要素在部门间的流动）对生产率增长贡献的研究，而对制造业结构变动趋向的实证研究较少。由于区域和区域之间的要素禀赋的差异，制造业结构变化自然也存在差异，现有的这些研究主要还是基于全国层面，鲜有对各经济区域之间的比较研究；同时，学术界长期以来对制造业结构变化的研究也缺乏连续性。

其实，结构变化还有一种重要的表现，即不同层次产业类型的变化。最典型的就是不同要素密集型产业的变化，这时候制造业结构变化本质上是制造业增长方式的变化，即制造业主要依靠劳动力、资本和技术进步来发展。文图拉（Ventura，1997）在解释东亚经济奇迹根源时，就指出这些国家在维持经济快速增长的同时，资源会从劳动密集型转向资本密集型行业。布劳德（Braude，2011）的研究也显示20世纪以出口为导向的亚洲“四小龙”，其制造业结构的转变先后经历了劳动密集型和资本密集型的过程。

要素禀赋的差异存在于区域之间，京津冀经济圈、长三角经济圈以及珠三角经济圈作为中国三个最大的城市经济圈①，其发展水平一直处于全国前列，那么它们制造业的结构变化趋向是劳动密集型的，还是资本密集型的，又或者是技术密集型的？基于1988—1997年、2000—2011年这两段时期三大经济圈各省（市）分行业的面板数据，从结构变化的资本集约度（劳动力从相对劳动密集型产业向相对资本密集型产业的转移程度）这个角度来考察制造业结构的变动趋向，同时也将进一步分析制造业劳动力要素流动对整个

① 这里京津冀经济圈泛指北京、天津和河北，长三角经济圈泛指上海、江苏和浙江，而珠三角经济圈泛指广东。

制造业人均积累资本提升的影响。

二、三大经济圈制造业基本数据

数据的搜寻是难点之一。改革开放以来，中国的制造业统计数据不是很完整，而且统计口径也不尽相同，为了尽可能实现对长时间跨度以及更多行业的研究，我们选取1988—1997年、2000—2011年这两段时期[①]为样本期。通常制造业各部门的资本存量数据不容易得到，我们将固定资产作为资本存量的最可靠的估计（Schreyer，2001）。

1988年和1997年三大经济圈内各省（市）制造业部门劳动力人数和固定资产数据分别来自《1989中国工业经济统计年鉴》以及《1998年中国工业经济统计年鉴》，1989—1994年各省市制造业部门的劳动力人数也均来自《中国工业统计年鉴》（缺少1995和1996年数据），需要说明的内容：（1）由于1988—1997年这几年制造业各部门并不完全一样，选择了主要的24个制造业部门[②]；（2）1989—1995年以及1998年的工业统计年鉴中并没有直接的各部门从业人数以及固定的资本数据，因此我们拟用年末职工人数或者全部职工年平均人数以及固定资产净值或者固定资产净值年平均余额进行代替；（3）样本期内需要各制造业部门的固定资本的年份只有1988年和1997年。

我们在寻找2000—2011年三大经济圈的制造业相关数据时，发现《中国工业经济统计年鉴》在对各地区制造业数据统计时少了很多行业，于是我们从各省份的统计年鉴找到了相关近似的数据（2008年相关数据缺失），从中

① 1988年以前的数据中国工业统计年鉴所分行业较少，并且各地区的统计年鉴里的相关数据也不全。选择1997和2000年这两个间隔时间主要考虑1998年和1999年数据统计比较混乱，难以找到统计口径相一致的数据，另外就是1997年以前的统计年鉴里基本统计的是部门职工人数，而2000年以后是从业人数。

② 24个制造业部门是：食品制造业，饮料制造业，烟草加工业，纺织业，服装及其他纤维制品制造业，木材加工及竹、藤、棕、草制品业，家具制造业，造纸及纸制品业，印刷业、记录媒介的复制，文教体育用品制造业，医药制造业，化学原料及化学制品制造业，化学纤维制造业，石油加工及炼焦业，塑料制品业，橡胶制品业，非金属矿物制品业，黑色金属冶炼及压延加工业，金属制品业，机械工业，交通运输设备制造业，电气机械及器材制造业，电子及通信设备制造业，仪器仪表及文化、办公用机械制造。

选取了制造业 28 个主要部门[1]的数据；用全部从业人员年平均人数或者从业人员数据作为制造业各部门从业人数，2000 年和 2010 年制造业各部门的固定资产净值或者年末固定资产平均净值代替两个年份相应部门的固定资产[2]。这里也需要说明的是：下文在测算制造业结构变化的资本集约度时样本期为 2000—2011 年，但不需要 2011 年的固定资产数据；而在研究制造业结构变化与资本累积时，2011 年制造业各部门的固定资产数据较乱，这时候我们把样本期改为 2000—2010 年，选用 2000 年和 2010 年的相关数据。另外，所有替代制造业部门资本存量的数据均按 1988 年固定资产投资价格计算。

三、三大经济圈制造业结构变动的基本分析

本章用各制造业部门劳动力要素占整个制造业比重的变化作为制造业结构变化的衡量。于是我们列举了样本期内三大经济圈的制造业部门[3]劳动力要素份额变化状况（见表 14－1）。

---

① 28 个制造业部门：食品加工业，食品制造业，饮料制造业，烟草加工业，纺织业，服装及其他纤维制品制造业，皮革、毛皮、羽绒及其制品业，木材加工及竹、藤、棕、草制品业，家具制造业，造纸及纸制品业，印刷业、记录媒介的复制，文教体育用品制造业，医药制造业，化学原料及化学制品制造业，化学纤维制造业，石油加工及炼焦业，塑料制品业，橡胶制品业，非金属矿物制品业，黑色金属冶炼及压延加工业，有色金属冶炼及压延加工业，金属制品业，通用设备制造业，专用设备制造业，交通运输设备制造业，电气机械及器材制造业，电子及通信设备制造业，仪器仪表及文化、办公用机械制造。

② 2000 年天津制造业各部门固定资本用固定资产合计代替，2000 年浙江各部门的从业人数由劳动生产率和增加值算得。

③ 制造业部门劳动力要素份额的变化无非就是上升或者下降，因此这部分无论是研究劳动力要素份额上升了的制造业部门，还是份额下降了的制造业部门都一样，对研究没有影响；为方便起见，这里是指劳动力要素份额上升了的制造业部门。

表 14—1 三大经济圈制造业结构的变化

(单位:%)

结构变化	京津冀地区				长三角地区				珠三角地区
	北京	天津	河北	京津冀	上海	江苏	浙江	长三角	广东
结构变化度									
1988—1997	10.68	11.67	11.06	10.01	13.53	10.55	12.84	10.50	21.03
2000—2011	24.20	17.93	18.12	15.82	21.84	27.77	13.51	18.66	17.33
结构变化率									
1988—1997	1.19	1.30	1.22	1.11	1.50	1.17	1.43	1.17	2.34
2000—2011	2.20	1.63	1.64	1.44	1.99	2.52	1.23	1.70	1.58
结构变化集中度									
1988—1997	69.37	56.35	50.88	54.21	54.79	45.05	49.16	52.88	66.23
2000—2011	64.51	57.98	66.24	51.30	75.30	71.39	61.01	72.79	86.40

注：本表格数据均由相关数据计算而得。

结构变化度，主要考察样本期内全部制造业的所有劳动力份额增加的部门一共增加的劳动力份额数。在1988—1997年，上海、浙江、广东地区制造业结构变化较大，劳动力要素份额上升部门的份额增加总和超过了12%，而2000—2011年，北京、上海以及江苏的结构变化较大，上升部门劳动力要素份额增加总和更是超过了20%；更有趣的是，除了广东，三大经济圈中的其他省市制造业在2000—2011年的结构变化明显大于1988—1997年，以北京和江苏尤为突出——两个时期结构变化差都超过13个百分点。从三大经济圈的整体上来看，无论是在1988—1997年，还是在2000—2011年，京津冀地区整体制造业的结构变化均要小于长三角和珠三角经济圈。

结构变化率，表示样本期内各制造业部门所增加的劳动力要素份额总和的年均变化率。由于用上述指标比较两段时期的结构变化时，可能会受到样本期间隔年份长短的干扰，而结构的变化率指标则剔除了年份长短的干扰。在1988—1997年只有广东制造业的结构变化率一枝独秀，超过了2%，而到了2000—2011年结构变化率超过2%的就有北京、上海和江苏等地。同时三大经济圈中，除了浙江、广东，其他地区在2000—2011年的结构变化率基本要大于1988—1997年，而且2000年后长三角地区的制造业结构变化率已经超过了珠三角地区。

结构变化集中度，是指劳动力要素份额上升最多的三个部门的份额增加和占所有上升部门的比例，主要来衡量整个制造业的结构变化集中在结构变化最大的少数产业部门的程度。在1988—1997年，结构变化的集中度值超过60%的只有北京和广东，集中度值最小的是江苏（45.05%）；2000—2011年时期集中度超过60%的就有北京、河北、上海、江苏、浙江以及广东（广东最大达到86.40%），最小的是天津（57.98%）。因此相比于1988—1997年，2000—2011年各省市制造业结构变化的集中度普遍要高得多。从各经济圈来看，长三角地区和珠三角地区的制造业结构变化越来越集中在少数部门，而京津冀地区结构变化的集中度相对较小，劳动力要素流动较为分散。

三大经济圈的制造业中又有哪些产业部门是结构转变的主力呢？表14－2显示了在1988—1997年和2000—2011年两段时期，经济圈内各省（市）对制造业结构变化影响最大的三个产业部门（劳动力要素份额上升或下降最多的三个产业部门）。我们发现每个区域内的省（市）对制造业结构变化影响最大的三个产业部门有一定的相似性。

京津冀经济圈（北京、天津、河北）三省市在1988—1997年劳动力份额上升最多的制造业部门中，交通运输业和黑色金属部门均处于领先地位；而机械和纺织业、食品制造业（仅天津、河北）普遍是劳动力份额下降最多的制造业部门。2000—2010年劳动力份额上升最多的产业主要是电子通信（北京和天津）、交通运输设备（北京和河北）、黑色金属（天津、河北），另外下降最多的部门主要有纺织、非金属矿物制品（北京和河北），以及化学原料（天津、河北）。

长三角经济圈（上海、江苏、浙江）三省市在1988—1997年劳动力份额上升最多的三个产业均以交通运输设备和服装业为主；而食品制造（江苏和浙江）、纺织和非金属矿物制品业则是劳动力份额下降最多的产业部门的主力。2000—2010年劳动力份额上升最多的产业主要是设备制造业，包括电子通信设备（上海和江苏的电子通信设备业的劳动力份额提升超过了10个百分点）、交通运输设备制造（上海、浙江）以及电气器材制造业（江苏和浙江）；份额下降最多的部门当中普遍有纺织业、服装（上海、浙江）、非金属矿物制品（江苏和浙江）。

珠三角经济圈（广东）在两段时期电子通信设备的劳动力份额的增加一直都是遥遥领先，一共增加了16个百分点。在1988—1997年，除了电子通信设备外，还有皮革制品以及文体用品制造业的劳动力份额增加的比较多，而2000—2011年劳动力份额增加较多的是一些设备制造业，但它们的人均资本在整个制造业并不显著。纺织业的劳动力份额在两段时期均有较多的下降，其他劳动力份额下降较大的产业部门包括1988—1997年的食品制造和机械以及2000—2011年的服装和非金属矿物制品业。

表14—2 对制造业结构变化影响最大的三个部门
（劳动力要素份额上升或下降最多的三个部门）

	京津冀经济圈			
1988—1997	北京	天津	河北	京津冀
上升最多的三个部门	交通运输(2.98,0.78)	交通运输(4.00,1.12)	黑色金属(2.85,1.57)	交通运输(2.29,1.08)
	石油及炼焦煤(1.89,3.99)	电子通信(1.36,1.06)	交通运输(1.42,1.35)	黑色金属(2.23,1.81)
	黑色金属(1.69,2.09)	黑色金属(1.21,1.95)	非金矿物(1.36,0.92)	非金矿物(0.91,0.86)
下降最多的三个部门	机械(4.94,0.75)	机械(4.84,0.77)	机械(3.98,0.85)	机械(4.43,0.79)
	纺织(2.20,0.62)	纺织(4.17,0.71)	纺织(3.91,,0.83)	纺织(3.34,0.71)
	化学原料(1.31,2.47)	食品制造(0.95,1.04)	食品制造(2.73,1.13)	食品制造(1.66,1.05)
2000—2011	北京	天津	河北	京津冀
上升最多的三个部门	电子通信(7.07,1.39)	电子通信(4.39,1.58)	皮革制品(5.04,0.71)	电子通信(2.98,1.89)
	交通运输(5.29,0.70)	黑色金属(3.26,2.06)	黑色金属(4.95,1.51)	交通运输(2.60,0.94)
	医药(3.26,0.92)	交通运输(2.75,0.85)	食品加工(2.02,1.35)	黑色金属(2.53,1.54)
下降最多的三个部门	黑色金属(6.17,2.05)	纺织(6.01,0.73)	非金矿物(5.28,0.87)	非金矿物(3.92,0.73)
	非金矿物(3.38,0.77)	化学原料(3.48,1.60)	纺织(3.68,0.57)	纺织(3.71,0.57)
	纺织(2.76,0.52)	服装(1.10,0.16)	化学原料(3.33,0.99)	化学原料(2.66,1.43)

	长三角经济圈				珠三角经济圈
1988—1997	上海	江苏	浙江	长三角	广东(珠三角)
上升最多的三个部门	交通运输(3.47,0.74)	化学原料(1.69,1.44)	服装(2.80,0.43)	交通运输(2.09,1.00)	电子通信(6.44,1.01)
	电气器材(2.09,0.52)	交通运输(1.65,1.19)	交通运输(2.03,0.93)	服装(1.86,0.37)	皮革(4.50,0.42)
	服装(1.85,0.25)	服装(1.42,0.44)	皮革(1.48,0.54)	化学原料(1.60,1.25)	文体用品(2.98,0.44)
下降最多的三个部门	纺织(7.11,0.57)	非金矿物(3.71,0.62)	非金矿物(3.73,0.83)	纺织(4.26,0.77)	食品制造(5.65,1.35)
	机械(4.24,0.60)	食品制造(2.71,1.16)	纺织(3.42,0.89)	食品制造(4.12,0.63)	机械(5.09,0.74)
	非金矿物(0.80,0.84)	纺织(2.58,0.93)	食品制造(3.10,1.43)	非金矿物(0.87,1.04)	纺织(4.44,1.00)

续表

2000—2011	长三角经济圈				珠三角经济圈
	上海	江苏	浙江	长三角	广东（珠三角）
上升最多的三个部门	电子通信(10.55,1.27)	电子通信(12.72,1.26)	电气器材(3.83,0.86)	电子通信(8.33,1.26)	电子通信(9.80,0.83)
	交通运输(3.52,1.25)	有色金属(3.56,1.25)	交通运输(2.59,0.90)	电气器材(3.32,0.80)	电气器材(3.99,0.81)
	塑料(2.38,0.64)	电气器材 1.64,1.29)	家具(1.82,0.79)	有色金属(1.93,1.11)	通用设备(1.19,0.91)
下降最多的三个部门	纺织(4.75,0.39)	纺织(8.47,0.75)	服装(2.74,0.44)	纺织(5.29,0.70)	服装(4.53,0.28)
	黑色金属(4.23,5.20)	通用设备(4.97,0.68)	纺织(2.52,1.07)	非金矿物(2.06,0.99)	非金矿物(2.96,1.41)
	服装(3.57,0.18)	非金矿物(2.84,1.02)	非金矿物(2.10,1.41)	化学原料(1.91,1.27)	纺织(1.90,1.10)

注：根据相关数据计算而得。所有括号里的两个数字分别表示1988—1997年、1997年或者2000—2011年、2000年某一个产业部门劳动力要素份额上升或者下降的份额数。单位：%、某一个产业部门人均资本与这个地区整个制造业部门的人均资本的比重。

四、三大经济圈的制造业结构变动趋向分析

（一）三大经济圈的制造业结构变动趋向是相对劳动密集型的，还是资本密集型的

尽管上文考察了1988—1997年和2000—2011年三大经济圈制造业的结构变化，但我们仍然不能具体而又清楚地知道它们结构变化的整体方向。因此这一小节将借鉴Braude（2011）等人的方法，通过测算整个制造业部门结构变化的资本集约度（劳动力要素从相对劳动密集型产业向相对资本密集产业的转移程度）来验证制造业结构变动的趋向。

结构变化的资本集约度指标为：

$$Intensity=\frac{\sum_{i=1}^{n} d\_L_i \times KL_{t1i}}{KL_{t1}} \quad (14-1)$$

其中d_L_i表示一个地区特定时期段（$t2$到$t1$时期）制造业第i部门劳动力要素份额的变化，n表示整个制造业部门数。KL_{t1i}是指在时间$t1$第i产业人均资本量（1988—1997年的$t1$选1988年，2000—2011年时间段的选2000年）。而制造业所有产业的$d_L_i \times KL_{t1i}$之和表示在整个制造业部门产业

劳动力要素份额变化的加权资本集约度，但为了消除指标的敏感性，要进行标准化处理，因此再除以 KL_{t1}（表示 T 时期整个制造业部门的人均资本量），这样我们得到了结构变化的资本集约度（Intensity）。

这个结构变化的资本集约度指标意义在于：如果指标值为正，说明制造业结构变动是资本密集型方向的；如果为负，则说明制造业结构变动是劳动密集型方向的；如果指标值为0，则是一种结构变动的严格资本中性情况。

需要说明的是，这里的资本密集型和劳动密集型是一个相对的概念，并不是说某一个产业绝对就是资本密集型或者劳动密集型的产业。在此我们是基于这样的假设：如果在某个时期某一个产业的人均资本与这个特定区域整个制造业部门的人均资本的比值大于1，说明在这个时期段这个产业部门人均资本大于整个制造业的平均水平，即是相对的资本密集型产业；反之小于1，则该产业部门是相对的劳动密集型产业。另外，为了表述简洁，全文所有的“劳动密集型”和“资本密集型”的说法均基于相对性的这个概念。

如图 14—1 所示，我们根据现有数据算得三大经济圈在 1988—1997 年和 2000—2011 年时期部分年份结构变化的资本集约度值。

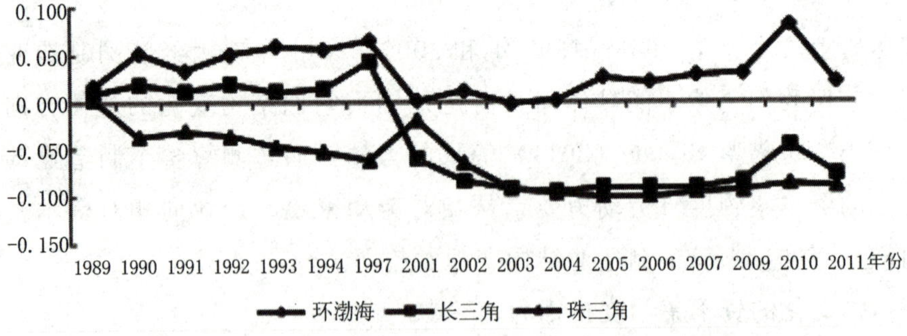

图 14—1　三大经济圈部分年份结构变化的资本集约度指标值

注：由于缺失 1988 年、1995 年、1996 年、2000 年以及 2008 年相关数据，因此这里没有这 5 年的指标值。

我们发现在 1997 年之前京津冀经济圈和长三角经济圈的指标值一直为正，这两大经济圈的制造业劳动力要素大体向资本密集型产业转移。进入 20

世纪90年代以后，中国的工业化进入了重化工业时期，固定资产投资规模增长较快，特别是一些资本密集程度较高的资源型制造业、化工以及交通运输制造业等，吸引了劳动力要素的大量流入，因此这是京津冀经济圈和长三角经济圈制造业结构变化的资本集约度值为正的重要原因。珠三角经济圈（广东）作为香港乃至东南亚的腹地，承接了不少相对劳动密集型的制造部门，同时随着珠三角经济圈外贸的快速发展需要其发展一些劳动相对密集的制造业，因此在90年代珠三角经济圈制造业结构变化的资本集约度值为负，即制造业的劳动力要素向劳动密集型产业调整，同时调整幅度呈增加趋势。在1997年以前三大经济圈制造业结构变化大体呈现这样一个规律：由北至南，三大经济圈制造业劳动力向资本密集型转移的程度越来越弱；反过来，由南向北，三大经济圈制造业劳动力向劳动密集型偏移的程度越来越弱。进入21世纪以后，制造业结构变化的一个显著特征就是设备制造业（除了电子通信设备制造业，其余设备制造部门的人均资本一般都不高）规模的扩张；也正因如此，京津冀经济圈制造业向资本密集型调整的程度有所减缓，珠三角经济圈制造业向劳动密集型发展的程度不断加深；而制造业结构调整方向转变最大的是长三角经济圈，因为其制造业结构调整方向已由1997年之前的资本密集型转变为2000年之后的劳动密集型。

表14—3　三大经济圈制造业结构变化的资本集约度值

经济圈	省（市）	1988—1997年	2000—2011年	变化差
京津冀经济圈	北京	0.0700	－0.0560	－0.1260
	天津	0.0210	0.0430	0.0220
	河北	0.0530	0.0430	－0.0100
	京津冀	0.0650	0.0210	－0.0440
长三角经济圈	上海	0.0110	－0.1180	－0.1290
	江苏	0.0590	0.0130	－0.0460
	浙江	0.0050	－0.0590	－0.0640
	长三角	0.0430	－0.0770	－0.1200
珠三角经济圈	广东	－0.0620	－0.0900	－0.0280

注：根据相关数据由公式（11—1）测算而得。表中的变化差是指两段时期结构变化的资本集约度的差值。

从图14－1我们还可以发现，1997年以及2011年三大经济圈的指标值能分别体现1988—1997年和2000—2011年时期的指标变化趋势。观察三大经济圈内各省市制造业在1997年和2011年结构变化的资本集约度值（见表14－3和图14－2），在1988—1997年，三大经济圈内的各省市中只有广东（－0.0620）制造业结构变化的资本集约度值为负，即劳动力要素大体上向劳动密集型产业进行了调整。相反，这段时期，京津冀经济圈各省市的重化工产业发展的如火如荼，因此天津、北京和河北地区制造业结构变化的资本集约度值为正，并且指标值相对较大，劳动力向资本密集型产业转移的程度较深。在长三角经济圈中，江苏也由于期间重化工业规模的扩大，其制造业结构变化的资本集约度值较大；虽然上海和浙江的指标值也为正，但值较小，劳动力向资本密集型产业流动的程度不是很明显。

进入21世纪后，制造业结构变化的资本集约度指标为正值的主要集中在北方各省市，而负值主要出现在南方各省市。但是，相比于1988—1997年，2000—2011年除了天津，其余各省市的指标值均有所下降，例如河北和江苏的制造业向资本密集型调整的程度正在减弱；北京、上海和浙江的指标值由前一时期的正值转变为这段时期的负值，其制造业结构变化方向也由向资本密集型发展转变为向劳动密集型发展；除此之外，广东的制造业向劳动密集型方向发展的趋势也加深了。特别是随着我国加入世贸组织以及全球化的发展，中国与世界各国贸易关系加强，中国非资源型制造业得到了切实的繁荣，尤其是在一些设备制造业方面。北京、上海和浙江在两段时期制造业结构变化发生逆转的主要原因在于，2000—2011年它们的制造业劳动力要素开始从黑色金属以及化学纤维制造业等重化工业流向医药、服装以及设备机械制造等资本相对不密集的制造业，整个制造业呈现劳动密集型化。尽管广东的制造业结构在两段时期均在向劳动密集型调整，但在2000—2011年调整重点主要转向了设备制造业。

（二）制造业结构变化与资本累积

资本累积一直是经济增长的必要条件，无论是20世纪创造经济奇迹的东亚（Young，1994），还是正处于改革开放的中国，资本要素的投入无疑是经济快速增长的主要原因。特别是制造业资本累积的扩大，这种现象我们仍可以从上

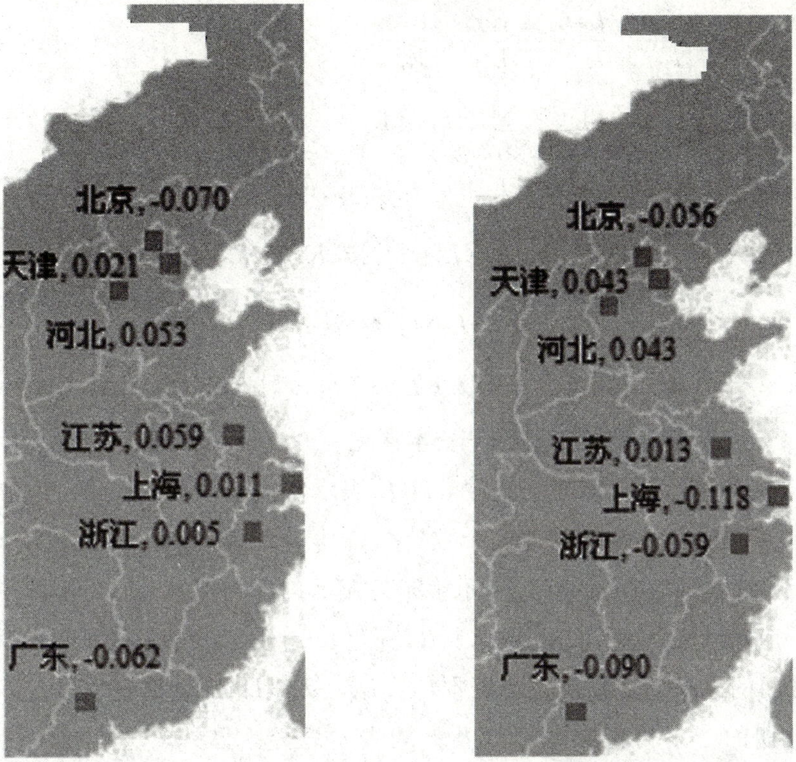

图 14—2　各省（市）结构变化的资本集约度测度值，1988—1997 年（左）和 2000—2011 年（右）

注：由表 14—3 转化而来，并且我们只截取了中国部分局域地图。

文的实证结果看出，在 1988—1997 年以及 2000—2011 年两段时期三大经济圈中不少省（市）的制造业变化是资本密集型的。上文我们用劳动力要素在劳动密集型产业和资本密集型产业之间的流动程度（即劳动力主要流向哪种类型的产业）测算了制造业结构变化的趋向，那么，劳动力要素在制造业部门间的流动本身促进了资本的积累吗？这一部分我们仍借鉴 Braude（2011）等人的计算方法，利用类似偏离-份额法将制造业的人均累积资本的变化分解成三个主要影响因素。公式我们加以推导如下：

$$d\_KL = KL_{t2} - KL_{t1} = \frac{\sum_{i=1}^{n} k_{t2i}}{l_{t2}} - \frac{\sum_{i=1}^{n} k_{t1i}}{l_{t1}}$$

$$=\sum_{i=1}^{n}\frac{K_{t2i}}{l_{t2i}}\times\frac{l_{i2i}}{l_{t2}}-\sum_{i=1}^{n}\frac{K_{t1i}}{L_{t1i}}\times\frac{L_{t1i}}{L_{tl}}$$

$$=\sum_{i=1}^{n}KL_{t2i}\times L_{t2i}-\sum_{i=1}^{n}KL_{t1i}\times L_{t1i}$$

$$=\sum_{i=1}^{n}(KL_{t1i}+d\_KL_{i})\times L_{t2i}-\sum_{i=1}^{n}KL_{t1i}\times L_{t1i}$$

$$=\sum_{i=1}^{n}(L_{t2i}-L_{t1i})\times KL_{t1i}+\sum_{i=1}^{n}d\_KL_{i}\times L_{t2i}$$

$$=\sum_{i=1}^{n}d\_L_{i}\times KL_{t1i}+\sum_{i=1}^{n}d\_KL_{i}\times(L_{t1i}+d\_L_{i})$$

$$=\sum_{i=1}^{n}d\_L_{i}\times KL_{t1i}+\sum_{i=1}^{n}d\_KL_{i}\times L_{t1i}+\sum_{i=1}^{n}d\_KL_{i}\times d\_L_{i}$$

结构变化　　　　资本深化　　　　相互影响

对于每个省（市）来说，式中 d_KL 表示制造业在时间 $t2$ 与 $t1$ 的人均资本之差，n 表示制造业中的部门个数；l_{t1}、l_{t2} 分别表示整个制造业在 $t2$ 与 $t1$ 时间的劳动力总和，L_{t1i}、L_{t2i} 表示第制造业部门分别在 $t2$ 与 $t1$ 时间占整个制造业的劳动力份额；而 K_{t1i}、K_{t2i}、KL_{t1i}、KL_{t2i} 分别代表第 i 制造业部门在 $t2$ 与 $t1$ 时间的累积资本以及人均资本，d_L_{i}、d_KL_{i} 则分别表示第 i 部门在 $t2$ 与 $t1$ 时期的劳动力份额之差以及人均资本之差。另外，这里的 $t2$ 和 $t1$ 在 1988—1997 年分别表示 1997 年和 1988 年，而在 2000—2010 年[①]时期分别表示 2010 年和 2000 年。

从上式可知，整个制造业的人均累积资本变化可以分为三个因素，①结构变化。所有制造业部门的人均资本保持在时间的水平时，劳动力在部门间的流动总和；②资本深化。制造业每一个部门的劳动力份额固定在时间的水平时，各个部门的人均资本变化之和；③两者的相互影响。劳动力要素的流动与制造业各部门人均资本的变化相结合。

表 14－4 和表 14－5 是两段时期三大经济圈的结构变化、资本深化以及二者相互影响对整个制造业人均累积资本的贡献。由表可知，绝大多数省市制造业人均累积资本都在增加，这其实也印证了本章第四部分相对资本密集型和相对劳动密集型的说法。具体分析来看，在 1988—1997 年三大经济圈中各省市制造业的人均资本提升比较稳定，增幅均在 1 万元以上（按 1988 年固定资产投资

① 这里不选择 2000—2011 年而选择 2000—2010 年作为样本期是因为 2011 年的相关数据有缺失。

价格计算)；同时这段时期的结构变化对整个制造业人均累积资本增加的贡献甚微（均不超过6%），这说明劳动力要素的流动本身并没有对它产生多大的影响，而各制造业部门资本深化是整个制造业人均累积资本增加的主要原因。到了2000—2010年，各省市制造业人均累积资本变化却不平衡，河北和江苏制造业的人均资本提升幅度特别大，超过了2万元（按1988年固定资产投资价格计算)，而上海和广东制造业人均累积资本的变化较小；因此，该时期三大因素对制造业人均累积资本的贡献显得有些复杂，除了天津、河北和江苏，其余省市制造业结构的变化（劳动力要素从资本密集型产业流向劳动密集型产业）大大抑制了整个制造业人均累积资本的增加；但跟前一时期一样，各制造业部门的资本深化仍然是整个制造业人均累积资本增加的决定性因素。

表14—4 1988—1997年时期整个制造业人均累积资本变化的分解（单位：万元）

经济圈	省（市）	d_KL（万）	结构变化	资本深化	交互影响
京津冀经济圈	北京	1.6255	0.0854（5.25%）	1.4666（90.23%）	0.0735（4.52%）
	天津	1.8720	0.0199（1.06%）	1.6328（87.22%）	0.2193（11.72%）
	河北	1.0244	0.0401（3.91%）	0.9059（88.44%）	0.0784（7.65%）
	京津冀	1.3626	0.0605（4.43%）	1.1930（87.55%）	0.1091（8.01%）
长三角经济圈	上海	1.8191	0.0130（0.71%）	1.7468（96.03%）	0.0593（3.26%）
	江苏	1.1497	0.0355（3.09%）	1.1071（96.29%）	0.0071（0.62%）
	浙江	1.3942	0.0028（0.20%）	1.4192（101.97%）	−0.0278（−1.99%）
	长三角	1.3444	0.0315（2.34%）	1.3047（97.04%）	0.0082（0.61%）
珠三角经济圈	广东	1.6738	−0.0557（−3.32%）	1.9809（118.35%）	−0.2514（−15.02%）

注：根据中国工业统计年鉴相关数据算得。括号中的数值表示各因素对整个制造业的人均累积资本变化的贡献。

表14—5 2000—2010年整个制造业人均累积资本变化的分解（单位：万元）

经济圈	省（市）	d_KL（万）	结构变化	资本深化	交互影响
京津冀经济圈	北京	1.8900	−0.2900（−15.50%）	2.7600（145.90%）	−0.5800（−30.40%）
	天津	1.9900	0.2700（13.70%）	2.1500（107.80%）	−0.4300（−21.40%）
	河北	5.4400	0.1300（2.40%）	4.7900（88.00%）	0.5200（9.60%）
	京津冀	3.9100	0.3900（9.90%）	3.7000（94.60%）	−0.1800（−4.50%）
长三角经济圈	上海	0.6600	−0.9000（−136.30%）	3.8200（580.00%）	−2.2600（−343.70%）
	江苏	2.4700	0.0080（0.30%）	2.8100（113.70%）	−0.3500（−14.00%）
	浙江	1.3100	−0.2300（−17.80%）	1.9800（151.70%）	−0.4400（−33.30%）
	长三角	1.5700	−0.1600（−10.00%）	2.1800（139.10%）	−0.4600（−29.20%）
珠三角经济圈	广东	0.3400	−0.2600（−75.90%）	0.7700（227.20%）	−0.1700（−51.30%）

注：根据三大经济圈内各省市统计年鉴相关数据算得。括号中的数值表示各因素对整个制造业的人均累积资本变化的贡献。

五、三大经济圈制造业是否存在向技术密集型转变的趋向

制造业是由劳动、资本、技术等不同要素密集度的产业构成，而对于中国这样一个仍处于工业化阶段的大国，在经历了消费品工业和基础产业的高速发展后，进一步发展技术密集型产业的必要性日益凸现出来（吕铁，2003）。上文我们了解到，在1988—1997年，三大经济圈绝大多数省市制造业均是由劳动密集型向资本密集型发展；2000—2011年不少省市制造业结构变化发生逆转，逐渐向劳动密集型调整，但之前我们也分析过这种向劳动密集型调整的主要原因在于这段时期一些设备制造业劳动力份额的扩大，而这些设备制造业又基本属于技术密集型产业（郭克莎，2005），这是不是意味着三大经济圈的制造业存在向技术密集型转变的趋向呢？

表14—6 制造业中按技术密集度划分的产业部门

高技术密集型产业	中高技术密集型产业	中低技术密集型产业	低技术密集型产业
航空航天器制造业	仪器仪表、文化办公用品机械	橡胶和塑料制品业	石油加工及炼焦业
电子计算机制造业	其他电子和通信设备制造业	化学纤维制造业	黑色金属冶炼及压延加工业
通信设备制造业	其他医药制造业	非金属矿物制品业	金属制品业
化学和生物制药	汽车制造业	有色金属冶炼及压延加工业	造纸、印刷业
—	化学原料及制品制造业	—	文教教育用品
—	电气机械及器材制造业	—	木材加工和家俱
—	通用设备与专用设备制造业	—	纺织、服装和皮
—	其他交通运输设备制造业	—	食品、饮料和烟草
—	—	—	工艺品及其他制造业
—	—	—	废弃资源和废旧材料回收加工业

郭克莎（2005）根据技术密集的程度对制造业部门进行了具体的划分（见表14—6）。为了便于研究，我们将高技术密集型产业和中高技术密集型产业都

统称为技术密集型产业。下面我们将会考察在1988—1997年和2000—2011年两个时期三大经济圈制造业是否存在向技术密集型发展的趋势。

表14—7的计算结果显示：1988—1997年三大经济圈中只有天津和上海的技术密集型产业劳动力份额的增加对整个制造业结构变化的贡献略超60%；而2000—2011年，除河北之外的其他省（市）技术密集型产业劳动力份额的增加对制造业结构变化的贡献均超过了60%，其中北京、上海和广东甚至超过了80%。由此可见，三大经济圈制造业向技术密集型发展的趋势正逐渐明朗。另外，我们对比表14—5和表14—7会发现：2000年后，整个制造业人均累积资本提升越大的地区，其制造业结构向技术密集型调整的幅度反而越小；相反，制造业人均累积资本提升越小的省市，其制造业结构技术密集化的程度反而越大。

表14—7　制造业中技术密集型产业的结构变化（单位:%）

技术密集型产业的结构变化	京津冀地区				长三角地区				珠三角地区
	北京	天津	河北	京津冀	上海	江苏	浙江	长三角	广东
1988—1997									
整个制造业	10.68[1]	11.67	11.06	10.01	13.53	10.55	12.84	10.50	21.03
技术密集型产业	4.93[2]	7.41	3.06	4.25	8.52	6.23	5.79	5.95	9.75
贡献	46.13[3]	63.54	27.63	42.46	62.95	59.00	45.10	56.68	46.37
2000—2011									
整个制造业	24.20	17.93	18.12	15.82	21.84	27.77	13.51	18.66	17.33
技术密集型产业	20.66	12.37	5.16	8.77	18.13	17.22	9.34	12.81	16.21
贡献	85.36	68.99	28.49	55.41	82.98	62.01	69.18	68.69	93.52

注：本表格数据均由相关数据计算而得。其中“1”表示在整个制造业中所有劳动力份额提升部门一共增加的劳动力份额数。“2”是指所有劳动力份额增加的技术密集型产业一共增加的劳动力份额数。“3”是指技术密集型产业劳动力份额增加对整个制造业结构变化的贡献。

六、结论

本章对中国三大经济圈在1988—1997年以及2000—2011年这两段时期制造业部门的结构变化（劳动力要素在部门间的流动）方向进行了分析，同时还重点探讨了制造业结构变化与资本累积之间的关系。

研究结果表明：(1) 2000—2011 年三大经济圈制造业结构变化率以及结构变化集中度均要大于 1988—1997 年。(2) 1988—1997 年由于中国的工业化进入了重化工业时期，固定资产投资规模增长较快，特别是一些资本密集程度较高的资源型制造业、化工以及交通运输制造业等，吸引了劳动力要素的流入。由此，京津冀经济圈和长三角经济圈的制造业结构呈现相对资本密集型化特征；珠三角经济圈（广东）作为改革开放的窗口，其制造业结构变化却是由资本密集型向劳动密集型调整的。(3) 相比于 1988—1997 年，2000 年后三大经济圈中不少省市制造业结构变化方向发生逆转，呈现出从资本密集型产业向劳动密集型产业转移的趋势。(4) 2000 年以来，三大经济圈制造业结构的劳动密集型化可以说是一种“假象”，因为这种劳动密集型化的本质是三大经济圈的制造业结构表现出向技术密集型转变的显著趋势。

另外，就结构变化（劳动力要素在部门间的流动）与制造业资本累积的关系来说，从 20 世纪 80 年代末到亚洲金融危机时期，三大经济圈中各省市制造业的人均累积资本提升较为稳定，但结构变化本身并没有对人均累积资本的提升产生多大的影响。2000—2010 年，各省市制造业的人均累积资本变化差异较大；制造业结构呈现技术密集型化程度越深的省市，其人均累积资本变化幅度越小（相反，技术密集型化程度越弱，其人均累积资本提升幅度就越大）；同时三大经济圈中除了天津、河北和江苏，其余省市制造业结构的变化大大抑制了整个制造业人均累积资本的增加。但从整体上看，在这两段时期，对三大经济圈各省市整体制造业的人均累积资本变化起决定性作用的仍属制造业各部门的资本深化。

随着中国新一轮的结构调整，劳动力要素又将迎来大规模的流动，再加上劳动力成本压力日益严峻，京津冀经济圈、长三角经济圈以及珠三角经济圈制造业的资本优势将逐渐消失，因此淘汰过剩产能，发展技术密集型产业已是大势所趋。然而对于中国中西部地区来说，仍要根据自身的要素禀赋来选择优势产业来进行发展，同时更要做好承接东部产业西移的准备。

结语：主要研究结论

一、理论与机制分析

本书在系统梳理国内外相关前沿文献的基础上，总结生态文明视角下产业结构演进的生态环境效应、节能效应、演进路径与支持机制等各方面的研究进展，并概括生态型产业结构和产业结构生态化的概念。

（1）生态型产业结构内涵。生态型产业结构是相对于传统的粗放型产业结构而言，是对产业结构绿色发展型态的一种描述；生态型产业结构是同时符合生态经济发展与产业结构演进规律的产业结构形态，它以企业生态化与产业生态化为基础，以能源节约和环境保护为目标，实现生态建设与经济发展相协调。生态型产业结构既指产业内结构，又包括产业间结构。

（2）产业结构生态化，是由粗放型产业结构向生态型产业结构转化的过程。产业结构的生态化演进以产业生态化、企业生态化与产品生态化为基础，通过不同生态绩效水平产业的交替发展、产业间生态关联程度和协调能力的提高，促进生态要素在产业间合理配置与流动，是符合生态经济发展规律与产业结构演进规律的过程。

（3）生态型产业结构的演进机制。

①产业生态化。产业的生态绩效水平提高会提高整个产业结构的生态绩效，产业组织结构调整在促进节能减排过程中起重要作用。

②企业生态化。企业生态化是指由传统企业向生态企业转化的过程，既包括基于循环经济的生产方式生态化，又包括技术、要素结构生态化所反映出的企业结构生态化。

③产品生态化。产品生态化是指能满足人类需要和提高生活质量的产品（服务）生态效率的提高，它通过产业链与产业网络对产业结构生态水平产生影响。

④生态型产业结构演进的外部支持机制，包括生态补偿机制与金融创新机制。

（4）产业结构生态化演进路径可以分为强生态化和弱生态化两个维度，弱生态化路径是现阶段我国产业结构调整的可能选择。产业结构强生态化是指通过构建类似自然生态系统的产业生态系统，提高产业间的技术经济关联程度，经济增长与生态发展并行不悖。产业结构弱生态化演进，是渐进式的产业结构调整，是指在不降低生态环境质量的基础上促进经济增长与结构调整。弱生态化路径是一种兼顾经济增长与环境保护的折中方式，在目前中国的经济增长与生态保护权衡、技术水平与成本约束的条件下，弱生态化路径的产业结构调整是可能的选择。

二、实证分析与比较

（1）创新性地提出“产业结构生态效率”概念，构建了生态型产业结构的评价指标体系，计算了中国 30 个省份（自治区、直辖市）1985—2012 年产业结构生态效率值，实证分析了经济发展和人口增长对产业结构生态效率的影响特征。通过产业结构与能源消费结构调整的共同推进、调整能源生产与消费结构等措施来实现产业结构生态效率的提高，推进中国的产业结构生态化进程。

（2）构建了工业结构生态化水平的指标体系，测度和比较了以我国东部、中部、西部具有较高代表性的福建、江西、宁夏三省区的工业结构生态化水平。结果表明，三省区工业结构生态化程度整体上差异较大，各省工业行业之间的生态效率也各不相同。我国东部、中部、西部工业结构的生态化转型面临着不同的国情与任务，应当从扩大清洁能源使用规模、改变废弃物排放与利用模式、促进高生态效率行业的发展等方面推动工业结构生态化的进程。

（3）以上海市为例，构建了“互联网＋”和产业结构生态化转型的评价指标，实证分析了“互联网＋”对产业结构生态化转型的影响。分析结果表明，

“互联网+”对能源效率和产业结构可持续化具有一定的促进作用，而对环境效率具有一定的抑制作用；“互联网+”对产业结构合理化和高级化的作用并不一致。做实“互联网+”基础设施建设，促进互联网与传统制造业、高新技术产业有效融合等，是改进“互联网+”对产业结构生态化转型影响的对策选择。

三、调查研究与案例分析

（1）基于豫、鲁、津 90 家工业企业的问卷调查，分析了企业生态化的特点，并建立企业生态化的影响因素模型，分别对是否进行企业生态化和企业生态化的程度的影响因素进行了计量经济分析。在此基础上，提出从构建生态化企业文化、优化能源结构、推进产学研一体化、建立生态化管理体系四个方面来推进企业生态化转型。

（2）对浙江省绍兴纺织业生态化演进路径进行了实地调研与分析。基于对相关政府部门、学术科研单位与企事业单位的大量访谈与调查，总结出绍兴市纺织产业生态化演进过程中存在两条路径：内生路径与外生路径。内生路径主要包括要素替代模式与“私人定制”模式，外生路径则包括要素收购模式、产业转移模式与产业集聚模式，并各有其代表性企业。在中国经济发展的新常态阶段，需要采取基于市场和政府协同互补可持续发展战略，同时推进内生与外生路径上的生态化演进进程。

（3）以山东省十七地市为例，研究了环境规制对产业结构生态化转型的影响。环境规制对产业结构调整有直接影响，利用山东省十七地市 2008—2012 年的面板数据实证分析表明，环境规制措施均能引起能源消耗的降低和污染排放的减少，从而实现产业结构的生态化转型。提出的政策建议是，坚持实施环境规制，并加大环境规制的力度；继续鼓励技术创新；发展第三产业特别是生产性服务业，对促进产业结构生态化转型具有重要意义。

四、区域分析与比较

（1）对京津冀产业结构生态化演进路径差异化进行了研究和比较。由于碳减排的重要途径是产业结构的生态化调整，而京津冀在发展阶段和要素禀赋方面存在较大的差异，因此在其低碳化的过程中也呈现差异化的调整路径。基于STIRPAT的扩展模型，利用京津冀行业的动态面板数据研究发现，技术效应、结构效应、政策效应和规模效应在产业结构生态化过程中高度相关；然而，河北产业结构生态化的重组效应显著，天津主要依赖产业能源结构的优化，而北京则更多的表现为经济结构的高级化升级效应。

（2）以京津冀、长三角及珠三角为例，对三大经济圈产业结构生态化演进路径进行了区际比较。分别从三次产业产值与就业结构、产业结构合理化、高级化和可持续化对不同区域产业结构生态化演进的趋势特征进行分析。结果表明，三个区域的产业结构基本都优于全国同期值，但演进趋势类似；三个区域的产业结构生态化水平在过去二十年中均有所提升，而以长三角为优。

（3）以京津冀、长三角及珠三角为例，对三大经济圈制造业结构变动趋向进行了实证研究。通过对三大经济圈制造业结构变化的资本集约度指标的测算，1988—1997年经济圈中绝大多数省市（除了广东省）的制造业劳动力要素是从劳动密集型产业向资本密集型产业转移的，而2000—2011年不少省市的制造业结构呈劳动密集型化变动；三大经济圈制造业结构向资本密集型调整的程度在区域上由北向南递减，而向劳动密集型调整的程度由南向北递减。并且，三大经济圈制造业结构存在向技术密集型产业调整的明显趋势。

参考文献

一、中文参考文献

1. [美] 艾瑞克·戴维森：《生态经济大未来》，齐立文译，汕头大学出版社 2003 年版。

2. [美] 保罗·霍肯：《商业生态学》，夏善晨译，上海译文出版社 2001 年版。

3. 毕岑岑、王铁宇、吕永龙：《基于资源环境承载力的渤海滨海城市产业结构综合评价》，《城市环境与城市生态》2011 年第二期。

4. 程广斌、陈景沛：《中国西部地区工业企业技术创新能力与工业竞争力的关联分析》，《改革与战略》2015 年第 7 期。

5. 陈晓红、陈石：《企业生态效率差异及技术进步贡献——基于要素密集度视角的分位数回归分析》，《清华大学学报》（哲学社会科学版）2013 第 28 期。

6. 陈傲：《中国区域生态效率评价及影响因素实证分析——以 2000—2006 年省际数据为例》，《中国管理科学》2008 年第 16 期。

7. 陈文玲：《“互联网＋”：开启中国第三种发展模式》，《人民日报》（海外版）2015 年 3 月 26 日第 5 版。

8. 陈浩：《生态企业与企业生态化机制的建立》，《管理世界》2003 年第 2 期。

9. 陈国铁：《中国企业生态化建设》，福建人民出版社，2013 年版。

10. 程晓娟、韩庆兰、全春光：《基于 PCA-DEA 组合模型的中国煤炭产业生态效率研究》，《资源科学》2013 年第 6 期。

11. 陈楷根、曾从盛、陈加兵：《基于资源环境考虑的产业结构选择基准的探讨》，《人文地理》2003 年第 6 期。

12. 陈立泰、刘艺：《中国产业结构变迁对城市化发展的影响——基于省级面板数据的实证研究》，《经济问题探索》2013 年第 8 期。

13. 陈曦、穆怀中：《中国产业结构合理化及其与经济增长关系研究》，《经济研究参考》2014 年第 46 期。

14. 陈劭锋：《2000—2005 年中国的资源环境综合绩效评估研究》，《科学管理研究》2007 年第 6 期。

15. 陈端吕、彭保发、熊建新：《环洞庭湖区生态经济系统的耦合特征研究》，《地理科学》2013 年第 11 期。

16. 陈浩：《生态企业与企业生态化机制的建立》，《管理世界》2003 年第 2 期。

17. 陈香堂：《生态文化建设与企业战略的辩证思考》，《金融与经济》2010 年第 12 期。

18. 戴锦：《生态化的产业结构》，《生产力研究》2004 年第 4 期。

19. 邓波、张学军、郭华军：《基于三阶段 DEA 模型的区域生态效率研究》，《中国软科学》2011 年第 1 期。

20. 丁建勋、罗润东：《技术进步和产业结构对能源利用效率的影响》，《山西财经大学学报》2009 年第 31 期。

21. 杜立民：《我国二氧化碳排放的影响因素：基于省级面板数据的研究》，《南方经济》2010 年第 11 期。

22. 戴铁军：《工业代谢分析方法在企业节能减排中的应用》，《资源科学》2009 年第 31 期。

23. 董正爱、陈德敏：《基于 EPR 制度的企业生态化管理研究》，《科技进步与对策》2011 年第 28 期。

24. 樊海林、程远：《产业生态：一个企业竞争的视角》，《中国工业经济》2004 年第 3 期。

25. 付凌晖：《我国产业结构高级化与经济增长关系的实证研究》，《统计研究》2010 年第 8 期。

26. 傅国华:《生态经济学》,经济科学出版社 2014 年版。

27. 高甡、刘建、吴大千:《基于条件价值法的行业生态补偿标准研究——以山东日照花岗石材行业为例》,《安徽农业科学》第 38 卷第 18 期。

28. 郭朝先:产业结构变动对中国碳排放的影响》,《中国人口·资源与环境》第 22 卷第 7 期。

29. 郭广涛、郭菊娥、席酉民:《西部产业结构调整的节能降耗效应测算及其实现策略研究》,《中国人口·资源与环境》第 18 卷第 4 期。

30. 高全成、宁园园:《企业结构生态化水平评价研究》,《西安财经学院学报》2011 年第 24 期。

31. 耿永志、闫银:《推动循环经济发展的动力研究》,《特区经济》2006 年第 3 期。

32. 耿香玲:《政府失灵视域下中小企业发展循环经济的动力缺失探讨——以常熟中小企业为例》,《学术交流》2008 年第 11 期。

33. 干春辉、郑若谷、余典范:《中国产业结构变迁对经济增长和波动的影响》,《经济研究》2011 年第 5 期。

34. 国家统计局统计科学研究所"信息化统计评价"研究组:《2013 年中国信息化发展指数》,《研究报告》2014 年第 4 期。

35. 高明、黄清煌:《环保投资与工业污染减排关系的进一步检验——基于治理投资结构的门槛效应分析》,《经济管理》2015 年第 2 期。

36. 郭亚军:《一种新的动态综合评价方法》,《管理科学学报》2002 年第 5 期。

37. 郭朝先:《产业结构变动对中国碳排放的影响》,《中国人口·资源与环境》2012 年第 7 期。

38. 郭朝先:《中国二氧化碳排放增长因素分析:基于 SDA 分解技术》,《中国工业经济》2010 年。

39. 干春晖、郑若谷、余典范:《中国产业结构变迁对经济增长和波动的影响》,《经济研究》2011 年第 5 期。

40. 干春晖、郑若谷:《改革开放以来产业结构演进与生产率增长研究》,《中国工业经济》2009 年第 2 期。

41. 郭克莎：《我国技术密集型产业发展的趋势、作用和战略》，《产业经济研究》2005年第5期。

42. 高峰、王金德、郭政：《我国区域工业生态效率评价及DEA分析》，《中国人口、资源与环境》2011年第S1期。

43. 高天跃：《新结构经济学下的贵州省产业结构调整与优化路径研究》，《西南民族大学学报》（人文社会科学版）2015年第10期。

44. 谷炜、杜秀亭、卫李蓉：《基于因子分析法的中国规模以上工业企业技术创新能力评价研究》，《科学管理研究》2015年第1期。

45. 高文：《我国工业企业生态效率及污染治理研究》，《企业经济》2017年第1期。

46. 胡达沙、李杨：《环境效率评价及其影响因素的区域差异》，《财经科学》2012年第4期。

47. 黄勤、邓玲：《促进生态文明建设的产业结构调整研究》，《天府新论》2008年第5期。

48. 胡伟：《企业生态系统与企业发展模式选择》，《企业活力—管理理论》2006年第12期。

49. 贺远涼、田志龙、陈钧：《企业社会绩效与经济绩效的互动关系研究》，《软科学》2007年第1期。

50. 胡达沙、李杨：《环境效率评价及其影响因素的区域差异》，《财经科学》2012年第4期。

51. 黄亮雄、王鹤、宋凌云：《我国的产业结构调整是绿色的吗?》，《南开经济研究》2012年第3期。

52. 何武、林桂军、程健：《中国经济结构调整与升级——基于新结构经济学方法》，《现代管理科学》2015年第6期。

53. 何晓群：《多元统计分析》，中国人民大学出版社2015年版。

54. 何德旭、姚战琪：《中国产业结构调整的效应、优化升级目标和政策措施》，《中国业经济》2008年第5期。

55. 黄和平、伍世安、智颖飙：《基于生态效率的资源环境绩效动态评估——以江西省为例》，《资源科学》2010年第32期。

56. 侯晓辉、王青、冯宗宪：《金融生态与中国工业企业的技术创新能力》，《产业经济研究》2012 年第 3 期。

57. 嘉蓉梅：《产业结构生态化的有效实现途径——基于一个博弈模型》，《生态经济》2012 年第 1 期。

58. 鞠鹏：《中央经济工作会议在北京举行》，《人民日报》2014 年 12 月 12 日第 1 版。

59. 简新华、叶林：《改革开放以来中国产业结构演进和优化的实证分析》，《当代财经》2011 年第 1 期。

60. 纪玉山、吴勇民：《我国产业结构与经济增长关系之协整模型的建立与实现》，《当代经济研究》2006 年第 6 期。

61. 蒋冠宏、蒋殿春：《基础设施、基础设施依赖与产业增长——基于中国省区行业数据检验》，《南方经济》2012 年第 11 期。

62. 靖学青：《产业结构高级化与经济增长——对长三角地区的实证分析》，《南通大学学报》（社会科学版）2005 年第 3 期。

63. 孔爱国：《可持续发展的产业结构研究》，《数量经济技术经济研究》1997 年第 2 期。

64. 孔晓宏：《发展循环经济是产业结构优化调整的有效路径——关于安徽产业结构优化调整问题的思考》，《学术界》2010 年第 2 期。

65. ［美］肯尼斯·D. 贝利：《现代社会研究方法》，许真译，上海人民出版社 1989 年版。

66. 康艺铷：《柴达木循环经济试验区企业生态化动力研究》，青海大学硕士论文 2016 年。

67. 李春发、李红薇、徐士琴：促进生态文明建设的产业结构体系架构研究》，《中国科技论坛》2010 年第 2 期。

68. 李健、周慧：《中国碳排放强度与产业结构的关联分析》，《中国人口·资源与环境》2012 年第 1 期。

69. 李兰冰：《中国全要素能源效率评价与解构——基于“管理—环境”双重视角》，《中国工业经济》2012 年第 6 期。

70. 李艳梅、杨涛：《中国产业结构演进的节能效应计量——基于 1987—

2007 年的投入产出分析》,《财经科学》2012 年第 3 期。

71. 李媛媛、金浩、张玉苗:《金融创新与产业结构调整:理论与实证》,《经济问题探索》2015 年第 3 期。

72. 林伯强、蒋竺筠:《中国二氧化碳的环境库兹涅茨曲线预测及影响因素分析》,《管理世界》2009 年第 4 期。

73. 吕明元、陈维宣:《产业结构生态化:演进机理与路径》,《人文杂志》2015 年第 4 期。

74. 吕明元、李彦超、宫璐一:《基于线性规划模型的天津市产业结构低碳化转型研究》,《科技管理研究》2014 年第 19 期。

75. 李京文、任海英、赵立祥:《企业生态化的动态评价指标及其分析》,《数量经济技术经济研究》2005 年第 12 期。

76. 吕政:《发展先进制造业是增强国力基础》,《2011 年度中国智造世界强音高峰论坛》2011 年 12 月 22 日,http://finance.sina.com.cn/hy/20111222/143511042487.shtml。

77. 刘建兴、王青、出道中:《中国三大产业生态足迹的投入产出分析》,《生态环境》2007 年第 2 期。

78. 李树、陈刚、陈屹立:《环境立法、执法对环保产业发展的影响——基于中国经验数据的实证分析》,《上海经济研究》2011 年第 8 期。

79. 李曼:《清洁生产对企业直接经济效益的贡献》,《商业现代化》2005 年第 446 期。

80. 李云燕:《我国循环经济发展中的政府行为分析》,《宏观经济管理》2008 年第 7 期。

81. 鲁雁:《产业生态化动因机制及其模型构建》,《统计与决策》2011 年第 4 期。

82. 李兰冰:《中国全要素能源效率评价与解构——基于"管理—环境"双重视角》,《中国工业经济》2012 年第 6 期。

83. 李发昇:《一个以劳动力素质为核心的教育与经济增长关系模型——基于巴罗指标和中国 31 年相关数据的经验检验》,《南开经济研究》2011 年第 2 期。

84. 刘利：《中国工业部门能源效率的区域差异——基于要素替代效应的分析视角》，《数学的实践与认识》2012 年第 12 期。

85. 刘鹤、刘洋、许旭：《基于环境效率评价的成渝经济区产业结构与布局优化》，《长江流域资源与环境》2012 年第 9 期。

86. 李勇、徐建刚、尹海伟、王宝强：《基于主成分分析的山东省产业生态环境协调发展研究》，《城市发展究》2010 年第 17 期。

87. 李继文：《信息化与产业结构优化》，《理论前沿》2001 年第 16 期。

88. 刘湖、张家平：《互联网＋时代背背景下 ICT 与经济增长关系的实证分析》，《统计与信息论坛》2015 年第 12 期。

89. 李景海、林仲豪：《“互联网＋”、创新驱动发展与广东民营经济转型升级路径研究》，《江淮论坛》2016 年第 2 期。

90. 李京文、任海英、赵立祥、李鹏：《企业生态化的动态评价指标及其分析》，《数量经济技术经济研究》2005 年第 12 期。

91. 李玲、陶锋：《中国制造业最优环境规制强度的选择——基于绿色全要素生产率的视角》，《中国工业经济》2012 年第 5 期。

92. 罗俊杰、刘霞玲：《浙江纺织企业生态化水平评价研究》，《浙江万里学院学报》2011 年第 1 期。

93. 罗俊杰、汤晓丹、刘霞玲：《浙江省提升纺织企业节能环保水平的政策创新》，《经营与管理》2011 年第 1 期。

94. 陆立军、于斌斌：《基于修正“钻石模型”的产业集群与专业市场互动的动力机制——以绍兴纺织产业集群与中国轻纺城市场为例》，《科学性与科学技术管理》2010 年第 8 期。

95. 李芃：《纺织第一大县调查：绍兴纺织集群阵痛中嬗变》，《国际金融报》2009 年第 4 期。

96. 林毅夫：《新结构经济学：反思经济发展与政策的理论框架》，苏剑译，北京大学出版社 2012 年版。

97. 卢新德、刘小明、刘长美：《我国环境规制对外商直接投资影响的实证分析》，《山东经济》2010 年第 1 期。

98. 李锴、齐绍洲：《贸易开放、经济增长与中国二氧化碳排放》，《经济研究》2011 年第 11 期。

99. 林伯强、姚昕、刘希颖：《节能和碳排放约束下的中国能源结构战略调整》，《中国社会科学》2010 年第 1 期。

100. 刘伟、张辉：《中国经济增长中的产业结构变迁和技术进步》，《经济研究》2008 年第 11 期。

101. 吕明元、王洪刚：《京津冀产业结构生态化演进对能源结构的影响》，《首都经济贸易大学学报》2016 年第 2 期。

102. 刘淑茹：《产业结构合理化评价指标体系构建研究》，《科技管理研究》2011 年第 5 期。

103. 鲁奇、张超阳：《河南省产业结构演进和经济增长关系的实证分析》，《中国人口·资源与环境》2008 年第 1 期。

104. 李小平、陈勇：《劳动力流动、资本转移和生产率增长》，《统计研究》2007 年第 7 期。

105. 吕铁：《论技术密集型产业的发展优势》，《中国工业经济》2003 年第 10 期。

106. 刘永红、郭忠行、谢刚：《钢铁企业生态效率的 DEA 模型构建及应用》，《太原理工大学学报》2012 年第 1 期。

107. 卢洪友、田丹、叶舟舟：《中美环境保护预算比较：管理模式与信息体系——以国家环保部门预算为例》，《管理现代化》2014 年第 1 期。

108. 骆建华：《美国的环境立法与执法》，《世界环境》2000 年第 3 期。

109. 林毅夫：《新结构经济学》，北京大学出版社 2012 年版。

110. 林毅夫：《解读中国经济》，《南京农业大学学报》（社会科学版）2013 年第 2 期。

111. 林毅夫、李永军：《比较优势、竞争优势与发展中国家经济发展》，《管理世界》2003 年第 7 期。

112. 李跃、蒙永胜：《要素禀赋、基础设施、发展战略与地区经济增长》，《州财经大学学报》2014 年第 2 期。

113. 李跃、蒙永胜：《比较优势与地区制造业升级研究——以新疆为例》，《企业经济》2014 年第 4 期。

114. 李富强、董直庆、王林辉：《制度主导、要素贡献和我国经济增长动力的分类检验》，《经济研究》2008 年第 4 期。

115. 刘生龙、胡鞍钢：《基础设施的外部性在中国的检验：1988—2007》，《经济研究》2010 年第 3 期。

116. 罗丽英、尹娟娟：《产业结构合理化对我国环境技术效率的影响》，《工业技术经济》2015 年第 9 期。

117. 劳可夫：《复杂系统范式的企业生态化研究》，《学术论坛》2009 年第 11 期。

118. 李京文：《企业生态化的动态评价指标及其分析》，《数量经济技术经济研究》2005 年第 12 期。

119. 李强、聂锐：《环境规制对中国企业技术创新影响的实证分环境规制与区域技术创新——基于中国省际面板数据的实证分析》，《中南财经政法大学学报》2009 年第 4 期。

120. 李斌、赵新华：《科技进步与中国经济可持续发展的实证分析》，《软科学》2010 年第 9 期。

121. 廖丽平、姚丽霞、刘绘珍：《基于低碳战略的企业生态化技术创新效率研究——基于两阶段链 DEA 模型和 Tobit 回归分析》，《科技管理研究》2016 年第 6 期。

122. 吕明元、孙献贞：《企业生态化影响因素与路径创新》，《经济与管理》2017 年第 6 期。

123. 卢福财、王鑫：《农业龙头企业生态化成长能力的结构模型与实证检验——以鄱阳湖生态经济区为例》，《江西财经大学学报》2015 年第 3 期。

124. 廖丽平、姚丽霞：《企业生态化技术创新的因子分析及路径选择》，《科技管理研究》2015 年第 22 期。

125. 毛建素、曾润、杜艳春等：《中国工业行业的生态效率》，《环境科学》2010 年第 11 期。

126. 美国经济分析局官方网站：http：//www. bea. gov/industry/gdpbyind_ data. htm。

127. 美国环境署：https：//www. epa. gov/air-emissions-inventories/air-

pollutant-emissions-trends-data。

128. 美国能源信息：http：//www.eia.gov/totalenergy/data/annual/archive/038411.pdf。

129. 美国人口统计局U.S：《Census Bureau. National Air Pollutant Emissions：1900 to 2000》2003，http：//www.census.gov/statab/hist/HS-28.pdf。

130. 牛鸿蕾、江可申：《中国产业结构调整的碳排放效应——基于STIRPAT扩展模型及空间面板数据的实证研究》，《技术经济》2013年第8期。

131. 聂永有：《企业间生态化集聚的形成机理与收益分析》，《现代管理科学》2012年第2期。

132. 潘文卿：《一个基于可持续发展的产业结构优化模型》，《系统工程理论与实践》2002年第7期。

133. 彭建、王仰麟、叶敏婷等：《区域产业结构变化及其生态环境效应——以云南省丽江市为例》，《地理学报》2005年第5期。

134. 孙作人、周德群：《基于迪氏指数分解的我国碳排放驱动因素研究》，《经济学动态》2013年第5期。

135. 孙军、高彦彦：《产业结构演变的逻辑及其比较优势——基于传统产业升级与战略性新兴产业互动的视角》，《经济学动态》2012年第7期。

136. 孙早、杨光、李康：《基础设施投资促进了经济增长吗——来自东来自东、中、西部的经验证据》，《经济学家》2015年第8期。

137. 孙广生、冯宗宪、薛伟贤等：《环境经济投入产出污染梯度场的分析》，《数量经济技术经济研究》2003年第3期。

138. 孙林岩、顾元勋：《清洁生产的管理与组织》，《管理工程学报》1999年第12期。

139. 孙晓伟：《论企业生态化的制度安排与路径选择》，《企业经济》2010年第6期。

140. 宋枫、王丽丽：《中国能源强度变动趋势及省际差异分析》，《资源科学》2012年第1期。

141. 宋宝莉、曹丹、刘庚达：《突破拐点：资源型企业的生态化发展》，《科技管理研究》2013年第8期。

142. 宋海洋：《吉林省产业结构生态化调整的对策选择》，《长白学刊》2012 年第 3 期。

143. 宋旭光、席玮：《中国能源生产率增长中的结构变动——基于 Shift-Share 方法的分析》，《财经问题研究》2010 年第 10 期。

144. 宋涛、韩良、佟连军等：《生态学范式下的清洁生产、产业生态和循环经济分析》，《生态与农村环境学报》2007 年第 3 期。

145. 盛朝迅：《以产业生态理念推进东南沿海地区转型升级》，《宏观经济管理》2012 年第 2 期。

146. 施新民：《我市融入“一带一路”战略的调研与思考》，《中共绍兴市委办公室》2014。

147. 史丹：《我国经济增长过程中能源利用效率的改进》，《经济研究》2002 年第 9 期。

148. 石书德：《企业技术创新能力评价研究评述》，《科学管理研究》2013 年第 10 期。

149. 童有好：《“互联网＋制造业服务化”融合发展研究》，《经济纵横》2015 年第 10 期。

150. 谭飞燕、张雯：《中国产业结构变动的碳排放效应分析——基于省际数据的实证研究》，《经济问题》2011 年第 9 期。

151. 陶斌：《我国企业生态化的影响要素研究》，大连理工大学硕士论文，2013 年。

152. 唐树玉：《企业生态发展战略的本质》，《技术经济与管理研究》2015 年第 6 期。

153. 王虹、叶逊：《生态工业园中企业的动力机制分析》，《企业环保》2005 年第 7 期。

154. 王兵、吴延瑞、颜鹏飞：《中国区域环境效率与环境全要素生产率增长》，《经济研究》2010 年第 5 期。

155. 王倩雅：《生态文明建设与资源型企业产业生态化转型研究》，《学术论坛》2013 年第 4 期。

156. 王晓萌：《我国企业生态化发展水平评价研究》，哈尔滨工程大学硕士论文，2011 年。

157. 王富喜：《基于熵值法的山东省城镇化质量测度及空间差异分析》，《地理科学》2013 年第 11 期。

158. 王迪、聂锐：《江苏省节能减排影响因素及其效应比较》，《资源科学》2010 年第 7 期。

159. 王朝全：《论循环经济的动力机制与制度设计》，《生态经济》2006 年第 8 期。

160. 王军锋、侯超波、闫勇：《政府主导型流域生态补偿机制研究——对子牙河流域生态补偿机制的思考》，《中国人口·资源与环境》2011 年第 7 期。

161. 王金：《巢湖流域产业结构与水污染程度的关系研究——基于灰色关联分析法》，《资源开发与市场》2009 年 7 期。

162. 王兵、刘光天：《节能减排与中国绿色经济增长》，《中国工业经济》2015 年第 5 期。

163. 王锋、吴丽华、杨超：《中国经济发展中碳排放增长的驱动因素研究》，《经济研究》2010 年第 2。

164. 王倩：《20 世纪 60—70 年代美国治理空气污染政策探析》，东北师范大学硕士论文，2009 年。

165. 王俊能、许振成、胡习邦：《基于 DEA 理论的中国区域环境效率分析》，《中国环境科学》2010 年第 4 期。

166. 王丽平、李乃秋、李春发：《企业生态化建设中人力资本投资研究》，《中国人力资源开发》2010 年第 2 期。

167. 汪东、朱坦：《基于数据包络分析理论的中国区域工业生态效率研究》，《生态经济》2011 年第 4 期。

168. 汪克亮、杨宝臣、杨力：《中国能源利用的经济效率、环境绩效与节能减排潜力》，《经济管理》2010 年第 10 期。

169. 魏光兴：《企业生态化与企业管理生态化辨析》，《商业研究》2005 年第 19 期。

170. 魏楚、沈满洪：《结构调整能否改善能源效率：基于中国省级数据的研究》，《世界经济》2008 年第 11 期。

171. 魏庆海：《基于能源战略的黑龙江电网发展目标》，《中国电力》2010年3期。

172. 吴进红、王丽萍：《产业结构升级的动力机制分析》，《学习与探索》2005年第3期。

173. 吴垠：《中国经济的结构性调整方式与政策设计——基于新、旧结构经济学对比的视角》，《复旦学报》(社会科学版)，2016年第3期。

174. 伍佳妮：《企业技术创新生态化实现的关键影响因素》，《技术经济》2017年第4期。

175. 徐建中、马瑞先：《企业生态化发展的动力机制模型研究》，《生产力研究》2007年第17期。

176. 徐建中、王莉静：《企业创新下的企业生态化发展研究》，《华东经济管理》2011年第9期。

177. 徐建中、王莉静：《基于自我分类理论的企业生态化发展模式研究》，《科技进步与对策》2009年第23期。

178. 徐建中、王莉静：《企业生态化协同发展机制及其模式研究》，《华东经济管理》2011年第10期。

179. 徐建中、王莉静：《企业技术创新能力与企业生态化水平的关联分析》，《软科学》2010年第10期。

180. 徐险峰、李咏梅：《信息化促进产业结构调整升级》，《经济体制改革》2003年4期。

181. 徐国泉、刘则渊、姜照华：《中国碳排放的因素分解模型及实证分析：1995—2004》，《中国人口·资源与环境》2006年第6期。

182. 徐朝阳、林毅夫：《发展战略与经济增长》，《中国社会科学》2010年第3期。

183. 徐康宁、王剑：《自然资源丰裕程度与经济发展水平关系的研究》，《经济研究》2006年第1期。

184. 徐彦：《公共关系视角下的企业生态化管理初探》，《浙江工商大学学报》2008年第6期。

185. 许广月、宋德勇：《中国碳排放环境库兹涅茨曲线的实证研究》，《中国工业经济》2010 年第 5 期。

186. 熊艳：《基于省际数据的环境规制与经济增长关系》，《中国人口·资源与环境》2011 年第 5 期。

187. 熊鹰、韩晓梦：《“两型社会”建设实验区产业结构的节能潜力分析——以株洲市为例》，《中国人口·资源与环境》2012 年第 11 期。

188. 肖华茂、彭剑：《区域循环经济发展的动力机制研究》，《统计与决策》2008 年第 13 期。

189. 肖华茂：《区域循环经济发展模式的外部影响因素分析》，《社会科学战线》2008 年第 8 期。

190. 肖维歌：《后金融危机时代绍兴纺织产业转型升级的路径探析》，《纺织导报》2010 年第 7 期。

191. 谢淑娟、匡耀求、黄宁生：《中国发展碳汇农业主要路径与政策建议》，《中国人口·资源与环境》2010 年第 2 期。

192. 辛永容、陈圻：《我国制造业劳动生产率增长源泉研究——基于规模递增效应与劳动力结构转变的分析》，《商业经济与管理》2009 年第 7 期。

193. 席艳玲、吉生保、王小艳：《要素相对价格对产业结构调整的倒逼效应分析——基于省际动态面板数据的系统 GMM 估计》，《财贸研究》2013 年第 5 期。

194. 辛杰：《企业文化对企业社会责任的影响：领导风格与高管团队行为整合的作用》，《上海财经大学学报》2014 年第 6 期。

195. 杨文选、李杰：《企业生态化及其实现机制的探讨》，《北京理工大学学报（社会科学版）》2009 年第 3 期。

196. 杨文选、李杰：《论企业生态化及其实现机制》，《管理科学》2009 年第 5 期。

197. 杨培芳：《“互联网＋”：开启中国第三种发展模式》，《人民日报海外版》2015 年第 5 期。

198. 杨学义、徐经贵：《基于模拟生态系统的区域产业结构生态化研究》，《西安财经学院学报》2011 年第 6 期。

199. 杨力、王舒鸿、吴杰：《基于集成超效率 DEA 模型的煤炭企业生态效率分析》,《中国软科学》2011 年第 3 期。

200. 杨蕙馨:《产业组织理论》,经济科学出版社 2007 年版。

201. 袁飚、陈雪梅:《论产业生态的动力机制》,《长白学刊》2009 年第 5 期。

202. 袁晓玲、张宝山、杨万平:《基于环境污染的中国全要素能源效率研究》,《中国工业经济》2009 年第 2 期。

203. 袁杭松、陈来:《巢湖流域产业结构演化及其生态环境效应》,《中国人口·资源与环境》2010 年第 3 期。

204. 余泳泽、杜晓芬:《技术进步、产业结构与能源效率——基于省域数据的空间面板计量分析》,《产业经济评论》2011 年第 4 期。

205. 余泳泽、刘冉:《我国产业结构升级中的问题、机制与路径——一个综述》,《产业经济评论》2011 年第 1 期。

206. 原毅军、刘柳:《环境规制与经济增长:基于经济型规制分类的研究》,《经济评论》2013 年第 1 期。

207. 原毅军、董琨:《产业结构的变动与优化:理论解释与定量分析》,大连理工大学出版社 2008 年版。

208. 姚明明、陈丹:《产业结构调整优化与就业结构转变分析——基于新结构经济学的视角》,《经济研究参考》2013 年第 65 期。

209. 姚旻:《构建促进民族地区生态文明建设的产业结构体系——以务川县为例》,《贵州社会科学》2009 年第 12 期。

210. 于同申、张成:《环境规制与经济增长的关系——基于中国工业部门面板数据的协整检验》,《学习与探索》2010 年第 2 期。

211. 闫海洲:《长三角地区产业结构高级化及影响因素》,《财经科学》2010 年第 12 期。

211. 虞义华、郑新业、张莉:《经济发展水平、产业结构与碳排放强度——中国省级面板数据分析》,《经济理论与经济管理》2011 年第 3 期。

212. 张昌蓉、薛惠锋:《基于循环经济的产业结构调整研究》,《生产力研究》2006 年第 4 期。

213. 张海峰、白永平、王保宏等:《青海省产业结构变化及其生态环境效应》,《经济地理》2008 年第 5 期。

214. 张文龙、邓伟根:《产业生态化:经济发展模式转型的必然选择》,《社会科学家》2010 年第 7 期。

215. 张云、上官秀玲:《论清洁生产驱动体系的构建》,《生态经济》2000 年第 8 期。

216. 张云、尚英姿:《清洁生产的微观动力机制探析》,《经济管理》2006 年第 12 期。

217. 张其春、郗永勤:《我国企业发展循环经济的动力机制研究》,《西北农林科技大学学报》2011 年第 3 期。

218. 张昌蓉、薛惠锋:《循环经济动力机制的系统分析》,《西北工业大学学报》2008 年第 3 期。

219. 张友国:《经济发展方式变化对中国碳排放强度的影响》,《经济研究》2010 年第 4 期。

220. 张劲:《论信息化与工业化融合中的区域产业结构升级》,《现代管理科学》2010 年第 4 期。

221. 张兆安:《实施“互联网+”战略 推动传统产业升级》,《宏观经济管理》2015 年第 4 期。

222. 张成考:《基于 AHP 法企业生态化水平的模糊综合评价》,《科技管理研究》2006 年第 7 期。

223. 张成、于同申、郭路:《环境规制影响了中国工业的生产率吗——基于 DEA 与协整分析的实证检验》,《经济理论与经济管理》2010 年第 3 期。

224. 张辉、王晓霞:《北京市产业结构变迁对经济增长贡献的实证研究》,《经济科学》2009 年第 4 期。

225. 张晓平、孙磊:《京津都市区制造业劳动生产率变化的分解分析》,《经济地理》2010 年第 8 期。

226. 张淑英、李德山、刘媛媛:《区域工业生态效率评价及其影响因素研究》,《统计与决策》2013 年第 3 期。

227. 张炳、黄和平、毕军:《基于物质流分析和数据包络分析的区域生态效率评价——以江苏省为例》,《生态学报》2009 年第 5 期。

228. 张慧君：《赣南苏区产业扶贫的“新结构经济学”思考》，《经济研究参考》2013 年第 33 期。

229. 张军、吴桂英、张吉鹏：《中国省际物质资本存量估算：1952—2000》，《经济研究》2004 年第 10 期。

230. 张浩然、衣保中：《基础设施、空间溢出与区域全要素生产率——基于中国 266 个城市空间面板杜宾模型的经验研究》，《经济学家》2012 年第 2 期。

231. 张保华：《山西产业结构合理化的制约因素研究》，《理论探索》2006 年第 2 期。

232. 张巍钰：《产业结构合理化对区域碳生产率的影响——基于 DEA-Malmquist 指数法的分析》，《湘潭大学学报》（哲学社会科学版）2014 年第 5 期。

233. 张铁山、肖皓文：《中国制造业技术创新能力和效率评价研究—基于因子分析法和数据包络法》，《工业技术经济》2015 年第 10 期。

234. 张娜、杨秀云：《我国高技术产业技术创新影响因素分析》，《经济问题探索》2015 年第 1 期。

235. 张德辰：《企业生态化管理及其路径选择》，《企业改革与誉理》2014 年第 8 期。

236. 张晓明：《论企业发展的整体效益观及企业生态化的动力机制》，《宁夏社会科学》2018 年第 1 期。

237. 张凯凡、牛冲、槐牛彤：《区域工业企业技术创新生态化转型效率研究》，《企业经济》2015 年第 11 期。

238. 张瑞、黄伶佼、丁日佳：《煤炭企业生态技术创新动力运行模式及评价研究》，《科技管理研究》2016 年第 8 期。

239. 赵彤、丁萍：《区域产业结构转变对生态环境影响的实证分析——以江苏省为例》，《工业技术经济》2008 年第 12 期。

240. 郑图康：《生产者责任延续制度在企业生态化管理中的应用》，《企业管理》2016 年第 7 期。

241. 赵伟、田银华、彭文斌：《基于 CGE 模型的产业结构调整路径选择与节能减排效应关系研究》,《社会科学》2014年第4期。

242. 赵西三:《生态文明视角下我国的产业结构调整》,《生态经济》2010年第10期。

243. 赵雪雁:《甘肃省产业转型及其生态环境效应研究》,《地域研究与开发》2007年第2期。

244. 智颖飙、王再岚、马中等:《宁夏资源环境绩效及其变动态势》,《生态学报》2009年第12期。

245. 郑世林、周黎安、何维达:《电信基础设施与中国经济增长》,《经济研究》2014年第5期。

246. 郑少智、陈志辉:《产业结构高级化与经济增长关系实证研究——基于全国、广东省及广州市数据的对比分析》,《产经评论》2011年第3期。

247. 郑长德:《基于新结构经济学视角的民族地区产业结构调整与升级研究》,《西南民族大学学报》(人文社会科学版)2013年第12期。

248. 中共绍兴市委党校课题组:《浙江省传统产业转型升级的实证分析——以绍兴市纺织工业为例》,《浙江社会科学》2010年第9期。

249. 中华人民共和国环境保护部:《环境保护部发布2014年重点区域和74个城市空气质量状况》2015年12月8日,http://www.mep.gov.cn/gkml/hbb/qt/201502/t20150202_295333.htm。

250. [美]詹姆斯·弗·穆尔:《竞争的衰亡:商业生态系统时代的领导与战略》,梁骏等译,北京出版社1999版。

251. 邹磊、徐策:《实施"互联网+"行动计划 推动提质增效升级》,《宏观经济管理》2016年第6期。

252. 朱守先、张雷:《北京市产业结构的节能潜力分析》,《资源科学》2007年第6期。

二、英文参考文献

1. A. Charnes, W. W. Cooper, E. R. hodes, "Measuring the Efficiency of Decision Making Units", *European Journal of Operational Research*, 1978, 2 (6).

2. A. C. Pigou, The Economics of Welfare, Macmillan Co, Lightning

Source Inc, 1952.

3. Adrian G. Barnett, Luke D. Knibbs, "Higher Fuel Prices Are Associated with Lower Air Pollution Levels", *Environment International*, 2014, (66).

4. Akamatsu K, "Historical Pattern of Economic Growth in Developing Countries", *Developing Economies*, 1962.

5. Alejandro Caparrós, Simon McDonnell, "Long Run Transitions to Sustainable Economic Structures in the European Union and Beyond", *Energy Policy*, 2013.

6. Allenby, Braden R, "Industrial Ecology Gets Down to Earth", *IEEE Circuits and Devices Magazine*, 1994, 10 (1).

7. Andrea Trianni, Enrico Cagno, Ernst Worrell, Giacomo Pugliese, "Empirical Investigation of Energy Efficiency Barriers in Italian Manufacturing SMEs", *Energy*, 2013, (49).

8. Ang, B. W., "The LMDI approach to decomposition analysis: A practical guide", *Energy Policy*, 2005, 33 (7).

9. Anthony S. F. Chiu, Geng Yong, "On the industrial ecology potential inAsian Developing Countries", *Journal of Cleaner Production*, 2004, (12).

10. Aoe T, "Eco-efficiency and Eco-design in Electronic Products", *Clean Prod*, 2007, (15).

11. Australain Government: Department of the Environment Glossary and Useful Terms [EB/OL], http://www.environment.gov.au/sustainability/education/aussi/glossary.

12. Barton, Core Capability, Core Rigidities, "A Paradox in Managing New Product Development", *Journal of Strategic Management*, 1992, (1).

13. Bezdek, R. H., R. M. Wendling, P. DiPerna, "Environmental Protection, the Economy, and Jobs: National and Regional Analysis", *Journal of Environmental Management*, 2008, 86 (1).

14. Burgelman, "A Process Model of Internal Corporate Venturing in the

Diversified Major Firm", *Administrative Science Quarterly*, 1990, (3).

15. Chaoqing Yuan, Sifeng Liu, and Zhigeng Fang, et al, "Research on the Energy-Saving Effect of Energy Policies in China: 1982-2006", *Energy Policy*, 2009, 37 (7).

16. Chen Mingsheng, Gu Yulu, "The Mechanism and Measures of Adjustment of Industrial Organization Structure: the Perspective of Energy Saving and Emission Reduction", *Energy Procedia*, 2011, 5.

17. Chen S. Q., Li N. P., Guan J., et al. "Contrastive Study between the Biomass Energy Utilization Structure and the Ecotype Energy Utilization Structure in Rural Residences——A Case in Hunan Province, China", *Renewable Energy: An International Journal*, 2009, 34 (7).

18. Clara Inés Pardo Martínez, "An Analysis of Eco-efficiency in Energy Use and CO_2 Emissions in the Swedish Service Industries", *Socio-Economic Planning Science*, 2013 (47).

19. Christensen, Jorgen, "The industrial symbiosis at Kalundborg Presentation to the Eco-industrial development roundtable", *Mississippi State University*, 2000.

20. Christine Jasch, "The role of standardization in promoting cleane production and environmental management", *Journal of Cleaner Production*, Vol. 2, 1994.

21. Christoph Böhringer, Andreas L? schel, and Heinz Welsch, "Environmental Taxation and Induced Structural Change in an Open Economy: The Role of Market Structure", *German Economic Review*, 2008, 9 (1).

22. Chunbo Ma, David I, Stern, "China′s Changing Energy Intensity Trend: A Decomposition Analysis", *Energy Economics*, 2008, 30 (3).

23. C. R. Carter, D. S. Rogers, "A framework of sustainable supply chain management: moving toward new theory", *Physical Distribution & Logistics Management*, 2008, 38 (5).

24. D. Richard, McKelvey, WilliamZavoina, "A statistical model for the

analysis of ordinal level dependent variables", *Journal of Mathematical Sociology*, 1975, 4 (1).

25. Duan Hong-Xia, Lü Yan-Li, and Li Yan, "Chinese Public ' s Willingness to Pay for CO2 Emissions Reductions: A Case Study from Four Provinces/Cities", *Advances in Climate Change Research*, 2014, 5 (2).

26. Ederington, J., A. Levinson, J. Minier, "Trade Liberalization and Pollution Havens", *In The Economics of Pollution Havens, ed. D. Fullerton, Cheltenham, UK: Edward Elger Publishing*, 2006.

27. Elena Alexandra Mamouni Limnios, Anas Ghadouani, Steven G. M. Schilizzi, et al, "Giving the Consumer the Choice: A Methodology for Product Ecological Footprint Calculation", *Ecological Economics*, 2009, 68 (10).

28. Ernest A. Lowe, Laurence K. Evan, "Industrial ecology and industrial ecosystems", *Cleaner Prod*, 1995 (2).

29. Emmet, "Development of a Technical Innovation Audit", *Journal of Products Innovation Management*, 1983 (13).

30. Erkman S., Xu K. X, "Industrial econogy", *Beijing: EconomyDaily Press*, 1999.

31. Erkman Suren, "Industrial Ecology: a historieal view", *Journal of Cleaner Production*, 1997, (4).

32. Ervin Laszlo, "The New Thinking of Management", *Perspective of Ecology*, 1997, 3 (2).

33. European Environment Agency, Making Sustainability Accountable: Eco-efficiency, Resources Productivity and Innovation [M], Copenhagen: EEA, 1999.

34. F. Duchin, S. H. Levine, "Encyclopedia of Ecology", *Reference Module in Earth and Environmental Science*, 2014.

35. Feng Song, Xinye Zheng, "What Drives the Change in China ' s Energy Intensity: Combining Decomposition Analysis and Econometric Analysis at the Provincial level", *Energy Policy*, 2012, 51.

36. Feng Taiwen, Sun Linyan, Zhang Ying,"The Relationship between Energy Consumption Structure, Economic Structure and Energy Intensity in China", *Energy Policy*, 2009, 37 (12).

37. Fernando Lera-López, Javier Faulin, and Mercedes Sánchez, et al, "Rural Environment Stakeholders and Policy Making: Willingness to Pay to Reduce Road Transportation Pollution Impact in the Western Pyrenees", *Transportation Research Part D: Transport and Environment*, 2014.

38. Fernado Mu? oz, Maria Vargas, and Isable Marco, "Environmental Mutual Funds: Financial Performance and Managerial Abilities", *Journal of Business Ethics*, 2014, 124 (4).

39. Franciso Climent, Pilar Soriano,"Green and Good? The Investment Performance of US Environmental Mutual Funds", *Journal of Business Ethics*, 2011, 103 (2).

40. F. Wiengarten, M. Pagell, B. Fynes, "ISO 14000 certification and investments in environmental supply chain management practices: identifying differences in motivation and adoption levels between Western European and North American companies", *Clean Production*, 2013 (56).

41. G, M. Grossman, A. B. Krueger,"Environmental Impacts of a North American Free Trade Agreement", *NBER Working Paper*, 1991, No. 3914.

42. G, M. Grossman, A. B. Krueger, "Economic Growth and the Environment", *Quarterly Journal of Economics*, 1995, 110 (2).

43. G. Orrioni, R. Riccardi, R. Toninelli, "Eco-efficiency of the World Cement Industry: A Data Envelopment Analysis", *Energy Policy*, 2011 (39).

44. Gray, W. B, "The Cost of Regulation: OSHA, EPA and the Productivity Slowdown", *American Economic Review*, 1987, 77 (5).

45. Guang-Ming Shi,, Jun Bi, and Jin-Nan Wang, "Chinese Regional Industrial Energy Ef? ciency Evaluation Based on A DEA Model of Fixing Non-Energy Inputs", *Energy Policy*, 2010, 38 (10).

46. Guan Yang, Li Mingguang, "Analysis on the Degree of the Industrial Structure' s Impact on the Energy Consumption——Based on Empirical Study of Guangdong Province", *Energy Procedia*, 2011, 5.

47. Guiltinan J. P, "Payment for Ecosystem Services: a review of existing programmes and payment systems", *Anchor Environmental*, 2004, (10).

48. Helen H. Lou, M. A. Kulkarni, and A. Singeh, et al,"A Game Theory Based Approach for Emergy Analysis of Industrial Ecosystem under Uncertainty", *Clean Technologies Environmental Policy*, 2004, 6 (3).

49. He Tianli, Li Zhongdong, and He Lin, "On the Relationship between Energy Intensity and Industrial Structure in China", *Energy Procedia*, 2011, 5.

50. Hirono, R,"Environmental Industry Development in China: Major Policy, Issues and Prospects in Environmental Industry Development in Selected Asian Developing Countries: China, India, Indonesia, and Republic of Korea", *R. Hirono*, *Seikei University*, Tokyo, Japan, 2004.

51. Hong Li, Kuangnan Fang, and Wei Yang, et al, "Regional Environmental Efficiency Evaluation in China: Analysis Based on the Super-SBM Model with Undesirable Outputs", *Mathematical and Computer Modelling*, 2013, 58 (5-6).

52. Industry Canada, "Eco-efficiency: Good Business Sense [EB/OL] ", http: //strategis. ic. gc. ca/.

53. Jacob Braude, Yigal Menashe, "The Asian Miracle: Was it a Capital-intensive Structural Change?", *The Journal of International Trade & Economic Development*, 2011 (2).

54. J. Aitchison, S. D. Silvey, "The generalization of probit analysis to the case of multiple responses", *Biometrica*, 1957, 44 (1-2).

55. Jaume Ventura, "Growth and Interdependence", *The Quarterly Journal of Economics*, 1997, (112).

56. Jian Peng, Yanglin Wang, and Minting Ye, et al."Environmental Im-

pact Assessment of Industrial Structure Change in A Rural Region of China", *Environ Monit Assess*, 2007, 132 (1-3).

57. Jin-Li Hu, Chih-Hung Kao, "Efficient Energy-Saving Targets for APEC Economies", *Energy Policy*, 2007, 35 (1).

58. Jo Dewulf, Herman Van Langenhove, "Integrating industrial ecology principles into a set of environmental sustainability indicators for technology assessment", *Resources, Conservation and Recycling*, 2005, (43).

59. Johan T, "Environmental Performance Evaluation-A Tool for Industrial Improvement", *Journal of Cleaner Production*, 1999, 7 (5).

60. John R, Ehrenfeld, "Industrial Ecology: A Framework for Product and Process Design", *Journal of Cleaner Production*, 1997, 5 (1-2).

61. Joln E. Tilon, "The future of recycling resource policy", 1999, 25 (3).

62. Jose Salazar, "Environmental Finance: Linking Two World", *Presented at a Workshop on Financial Innovations for Biodiversity Bratislava*, Slovakia, 1, 2018.

63. Jouni Korhonen, "Four Ecosystem Principles for an Industrial Ecosystem", *Journal of Cleaner Production*, 2001, 9 (3).

64. Jouni Korhonen, Juha-Pekka Sn? kin, "Analysing the Evolution of Industrial Ecosystems: Concepts and Application", *Ecological Economics*, 2005, 52 (1).

65. Ju Jiandong, Lin Justin Yifu, and Wang Yong, "Endowment structures, industrial dynamics, and economic growth", *Journal of Monetary Economics*, 2015.

66. Jun Shao, Junqing Zhou, "Study on the Influences of Industry Transformation on the Sustainable Development of Resource-Exhausted City Space", *Procedia Engineering*, 2011, 21.

67. Jürgen Sauer, Bettina S Wiese, Bruno Rüttinger, "Improving Ecological Performance of Electrical Consumer Products: the Role of Design-

Based Measure and User Variables", *Applied Ergonomics*, 2002, 33 (4).

68. Kambara, T,"The Energy Situation in China", *The China Quarterly*, 1992, (131).

69. Ke Li, Boqiang Lin, "The Nonlinear Impacts of Industrial Structure on China' s Energy Intensity", *Energy*, 2014, 69.

70. Kemfert C, "Induced Technological Change in a Multi-regional, Multi-sectoral, Integrated Assessment Model: Impact Assessment of Climate Policy Strategies", *Ecological Economies*, 2005, 54 (3).

71. Kojima, Kiyoshi, "The 'Flying Geese' Model of Asian Economic Development: Origin, Theoretical Extensions, and Regional Policy Implications", *Journal of Asian Economics*, 2000 (11), pp.

72. Korhonen J Etal,"Industrial ecology of a regional energy supply system", *Greener management*, 1999, (26).

73. Lall, "Technological capabilities and industrialization", *World Development*, 1992 (2).

74. Lan-Bing Li, Jin-Li Hu, "Ecological Total-Factor Energy Efficiency of Regions in China", *Energy Policy*, 2012, 46.

75. Lehni M.,"WBCSD Project on Eco-efficiency Metrics& Reporting", *Geneva*: *WBCSD*, 1998.

76. Li Qiang, Qi Xingkang,"World Energy Structure and Choices of Chinese Energy Strategy", *Procedia Earth and Planetary Science*, 2009 (1).

77. Liu Chunmei, Duan Maosheng, and Zhang Xiliang, et al, "Research on Causality Relationship of Low-Carbon Development and Industrial Structure", *Procedia Environmental Sciences*, 2011, 11.

78. Liu Jiajun, Dong Suocheng, and Li Yu, et al, "Spatial Analysis on the Contribution of Industrial Structural Adjustment to Regional Energy Efficiency: A Case Study of 31 Provinces across China", *Journal of Recourses and Ecology*, 2012, 3 (2).

79. Liu Wei, Li Hong,"Improving Energy Consumption Structure: A

Comprehensive Assessment of Fossil Energy Subsidies Reform in China", *Energy Policy*, 2011, 39 (7).

80. Liu Yijun, "Analysis of China' s Current Energy Structure and Trend of Development: Supply and Demand", *Energy Procedia*, 2011 (5).

81. Li Yang, Han Ouyang, and Kuangnan Fang, "Evaluation of Regional Environmental Ef? ciencies in China Based on Super-Ef? ciency-DEA", *Ecological Indicators*, 2015, 51.

82. Lora E., Salomon K. R., "Estimate of Ecological Efficiency for Thermal Power Plants in Brazil", *Energy Convers Manage*, 2005, 46 (7-8).

83. L. Reijnders, "Regulatory and self-regulatory: measures as routes to promote cleaner production", *Journal of Cleaner Production*, 2003 (11).

84. L. Singh, "Technological Progress, Structural Change and Productivity Growth in Manufacturing Sector of South Korea", *The Institute of World Economy*, *Seoul National University*, 2004.

85. Luciano Munck, Flavio Augusto Cella-de-Oliveira, Ana Claudia Bansi, "Eco-efficiency: A Construct in the Eyes of Organizational Competences", *Business Management Dynamics*, 2013, 2 (8).

86. Mark A. J, Huijbregts, Stefanie Hellweg, Rolf Frischknecht, "Ecological Footprint Accounting in the Life Cycle Assessment of Products", *Ecological Economics*, 2008, 64 (4).

87. Mary OMahony, MichelaVecchi, "Quantifying the Impact of ICT Capital on Output Growth: A Heterogeneous Dynamic Panel Approach", *The London School of Economics and Political Science*, 2005 (72).

88. Ma Yunze, "Problems and Solutions Facing Environmental Protection Industry in China", *Energy Procedia*, 2011 (5).

89. Md. Shahiduzzaman, KhorshedAlam, "The long-run impact of Information and Communication Technology on economic output: The case of Australia", *Telecommunications Policy*, 2014 (38).

90. Meine Pieter, "Enterprise clusters in developing countries:

mechanisms of transition and stagnation", *Entrepreneurship and Regional Development*, 2003, (15).

91. Melnyk S. A. and Smith R. T, "Green Manufacturing", *Dearborn: Sock ty of Manufacturing Engineers*, 1996.

92. Michael E. Porter, "Clusters and the new economics of competition", *Harvard Business Review*, 1998.

93. Michael Leigh, Xiaohong Li, "Industrial ecology, industrial symbiosis and supply chain environmental sustainability: a case study of a large UK distributor", *Cleaner Production*, 2015, (106).

94. Mingquan Li, Qi Wang, "International Environmental Efficiency Differences and Their Determinants", *Energy*, 2014 (78).

95. M. Miles, J. Covin, "Environmental marketing: A source of reputational, competitive and financial advantage", *Journal of Business Ethics*, 2000, 23 (3).

96. Mohamed Amine Boutabba, "The Impact of Financial Development, Income, Energy And Trade On Carbon Emissions: Evidence From The Indian Economy", *Economic Modelling*, 2014. 3 (5).

97. Mohammad Salahuddin, JeffGow, "The effects of Internet usage, financial development and trade openness on economic growth in South Africa: A time series analysis", *Telematics and Informatics*, 2016 (33).

98. Morakinyo O. Adetutu, "Energy Efficiency and Capital-energy Substitutability: Evidence from Four OPEC Countries", *Applied Energy*, 2014 (119).

99. M. Timmer, A. Szirmai, "Productivity Growth in Asian Manufacturing: The Structural Bonus Hypothesis Examined", *Structural Change and Economic Dynamics*, 2000 (1).

100. Nicholas Gertler, "Industrial Ecosystems: Developing Sustainable Industrial Structure", *Massachusetts Institute of Technology*, 1995 (16).

101. Nielsen C. P. and Ho M. S, "Air Pollution and Health Damages In

China: An Introduction and Review", *MIT Press*, *Cambrige*, 2007.

102. Norman M. and Stoker B, "Data Envelopment Analysis: The Assessment of Performance", *N. Y.*: *John Wiley&Sons*, 1991, 12 (1).

103. Okita, Sabro, Special Presentation: Prospect of Pacific Economies [A]. *in Korea Development Institute* (*ed.*), *Pacific Cooperation*: *Issues and Opportunities*, 1985. Report of the Fourth Pacific Economic Cooperation Conference [C], Seoul, Korea, April 29-May 1.

104. Organization for Economic Co-operation and Development, Eco-efficiency, *OECD*, 1998.

105. Paul Schreyer, "OECD Productivity Manual: A Guide to The Measurement of Industry-Level and Aggregate Productivity Growth", *International Productivity Monitor*, *Centre for the Study of Living Standards*, 2001 (2).

106. Pearce D. W, Tunrner R. K, "Market based approacher to solid waste management", *Resources Conservation and Recycling*, 1993 (8).

107. Peattie, "View of Manufacturing Enterprises", *Ecological Industry*, 1992 (6).

108. Philip Ko? Adom, William Bekoe, Franklin Amuakwa-Mensah,, "Carbon Dioxide Emissions, Economic Growth, Industrial Structure, and Technical Efficiency: Empirical Evidence from Ghana, Senegal, and Morocco on the Causal Dynamics", *Energy*, 2012, 47 (1).

109. Philip Mccann, "Industrial clusters, transactions costs and the institutional determinants ", *International Business Review*, 2002 (11).

110. Piero Morosini, "Industry clusters. Knowledge integration and Performance", *Word Development*, 2004 (2).

111. Porter, M. And C. van der Linde, "Toward a New Conception of the Environment—Competitiveness Relationship", *Journal of Economic Perspectives*, 1995, 9 (5).

112. Quiroga, M. T . Sterner, M. Persson, "Have Countries with Lax Environmental Regulations a Comparative Advantage in Polluting Industries?",

Working Papers in Economics, 2009.

113. Rachel Carson, "Silent Spring", *Cambridge University Press Journal*, 1963.

114. R. Dellink, M. Bennis, H. Verbruggen, "Sustainable Economic Structures", *Ecological Economics*, 1999, 29 (1).

115. Ridzwana Mohd Said, Maliah Sulaiman, a Nik Nazli Nik Ahmad, "Do Fund Managers Perceive Environmental Information Useful? An Empirical Study from Malaysia", *Journal of Cleaner Production*, 2013 (52).

116. R. Inglesi-Lotz, A. Pouris, 2012."Energy Efficiency in South Africa: A Decomposition Exercise", *Energy*, 42 (1).

117. R. J. Barro, L. Jong Wha, "A new data set of educational attainment in the world, 1950-2010", *Journal of Development Economics*, 2013 (104).

118. R. Lucas,"Lectures on economic growth", *Cambridge. MA: Harvard University Press*, 2002.

119. Roubini, Nouriel, Xavier Sala-i-Martin, "Financial Repression and Economic Growth", *Journal of Development Economics*, 1992, 39 (1).

120. R. Strohmaier, A. Rainer, "Studying general purpose technologies in a multi-sector framework: The case of ICT in Denmark", *Structural Change and Economic Dynamics*, 2016 (36).

121. Rui Baptista , etal, "Do firms in clusters innovate more?", *Research Policy*, 1998 (27).

122. S. Ambec, P. Lanoie, "Does it pay to be green? A systematic overview", *The Academy of Management Executive*, 2008, 22 (4).

123. San Vibol, Sriv Tharith, Spoann Vin, "Economic and Environmental Costs of Rural Household Energy Consumption Structures in Sameakki Meanchey District, Kampong Chhnang Province, Cambodia", *Energy*, 2012, 48 (1).

124. Satoshi Honma, Jin-Li Hu, "Industry-level Total-factor Energy Effi-

ciency In Developed Countries: A Japan-centered Analysis", *Applied Energy*, 2014 (119).

125. Satterthwaite. D, "The implications of population growth and urbanization for climate change", *Environment and Urbanization*, 2009, 21 (2).

126. Schaltegger S, Sturm A,"Kologische Rationalitat", *Die Unternehmung Nr*4, 1990.

127. Schoell W. F, "The New Business Ecosystem", *Strategy and Leadership*, 1993, 25 (5).

128. S. Erkman, "Industrial Ecology: An Historical View", *Journal of Cleaner Production*, 1997, 5 (1-2).

129. Seven Mulle,"Manage customer-centric innovation-systematically", *Harvard Business Review*, 2006 (4).

130. Shafik,"Toward a new conception of the environment-competitiveness relationship", *Journal of Economic Perspectives*, 1992 (4).

131. Shujie Yao, Dan Luo, Tyler Rooker, "Energy Efficiency and Economic Development in Chin", *Asian Economic Papers*, 2012.

132. Simon Kuznets, "Modern Economic Growth: Rate, Structure, and Spread", *New Haven*, *Yale University Press*, 1966.

133. Sinclair-Desgagné, " The Environmental Goods and Services Industry", *International Review of Environmental and Resource Economics*, 2008, 2 (1).

134. Stigson B, "Eco-efficiency: Creating More Value with Less Impact", *WBCSD*, 2000.

135. Suan, Tan Sen, "Enterprise Ecology", *Singapore Management Review*, 1996 (2).

136. Su B, Heshmati A, Geng Y, "A Review of the Circular Economy in China: Moving from Rhetoric to Implementation", *Journal of Cleaner Production*, 2013 (42).

137. The World Bank. "Cost of Pollution in China: Economic Estimates of

Physical Damage", www. world bank. org/eapenvironment.

138. Tibbs Hardin, "Industrial ecology: an environmental agenda for Industry", *Whole Earth Review*, 1992.

139. Timo KL, Mika K, "Measuring Eco-efficiency of Production with Data Envelopment Analysis", *Journal of Industria*.

140. T. Picton, P. L. Daniels, "Ecological Restructuring for Sustainable Development: Evidence from the Australian Economy", *Ecological Economics*, 1999, 29 (3).

141. Urmila Diwekar, Green Process Design, "Industrial Ecology and Sustainability: A Systems Analysis Perspective", *Resources*, 2005 (44).

142. Van Dijk, "Green marketing: A Responsible approach to Business", 1992, 3 (4).

143. Vernon. R, "International Investment and International Trade in the Product Cycle", *Quarterly Journal of Economics*, 1966.

144. Wackerbauer. J, "The Contribution of EU Eco-industries to Sustainable Development: Accounting MSinclair-Desgagné. The Environmental Goods and Services Industry", *International Review of Environmental and Resource Economics*, 2008, 2 (1).

145. W. Arthur Lewis, "Economic Development with Unlimited Supplies of Labor", *Manchester School of Economics and Social Studies*, 1954 (22).

146. WBCSD, "Eco-efficiency: Leadership for Improved Economic and Environmental Performance", *Geneva*: *WBCSD*, 1996.

147. W. E. G. Salter, " Productive and Technical Change", *Cambridge*, *Cambridge University Press*, 1960.

148. Weslynne S. Ashton, "The Structure, Function, and Evolution of a Regional Industrial Ecosystem", *Journal of Industrial Ecology*, 2009, 13 (2).

149. World Business Council for Sustainable Development, "Measuring Eco-efficiency: A Guide to Reporting Company Performance", *WBCSD*, 2000.

150. Xian-Guo Li, Jing Yang, Xue-Jing Liu, "Analysis of Beijing' s Environmental Efficiency and Related Factors Using a DEA Model that Considers Undesirable Outputs", *Mathematical and Computer Modelling*, 2013, 58 (5-6).

151. Xin Tian, Miao Chang, Feng Shi, "How Does Industrial Structure Change Impact Carbon Dioxide Emissions? A Comparative Analysis Focusing on Nine Provincial Regions in China", *Environmental Science & Policy*, 2014 (37).

152. Ying Fan, Yan Xia, "Exploring Energy Consumption and Demand in China", *Energy*, 2012, 40 (1).

153. Yongping Bai, Jianping Niu, Yongpei Hao, "Research of Regional Energy Efficiency Based on Undesirable Outputs and Its Influential Factors: A Case of Western China", *Energy Procedia*, 2012 (16).

154. Zeng Lin, Xu Ming, Liang Sai, " Revisiting Drivers of Energy Intensity in China during 1997-2007: A Structural Decomposition Analysis", *Energy Policy*, 2014 (67).

155. Zhang JF, Deng W, "Industrial Structure Change and Its Eco-environmental Influence since the Establishment of Municipality in Chongqing, China", *Procedia Environmental Sciences*, 2010 (2).

156. Zhang Zhixin, Xue Qiao, " Low-Carbon Economy, Industrial Structure and Changes in China's Development Mode Based on the Data of 1996-2009 in Empirical Analysis", *Energy Procedia*, 2011 (5).

157. Zhaohua Wang, Chao Feng, Bin Zhang, "An Empirical Analysis of China' s Energy Efficiency from Both Static and Dynamic Perspectives", *Energy*, 2014 (74).

158. Zhao Xiaoli, Yang Rui, Ma Qian, "China' s Total Factor Energy Efficiency of Provincial Industrial Sectors", *Energy*, 65.

后　记

本书是吕明元主持的国家社会科学基金一般项目结项成果，项目名称：生态型产业结构评价体系构建与测度：对我国典型区域的实证分析（批准号13BJY007）。

吕明元负责了本书的总体构思、组织协调、统稿和修改定稿等全面的工作。本书初稿作者为吕明元、陈维宣、孙献贞、陈磊、王洪刚、陈龙、尤萌萌、安媛媛、寇建龙、杨萍萍、张文静和吕清舟，有的章节已经以学术论文的形式在期刊发表，这已在相关章的首页注明。吕清舟参与了书稿后期的校对和资料整理工作，天津商业大学经济学院部分产业经济学硕士研究生参与了部分章节的资料整理工作。

著名经济学家、中国社会科学院工业经济研究所吕政教授为本书欣然作序；在本书的研究与写作过程中，得到了著名经济学家、江西财经大学史忠良教授的悉心指导和帮助。对上述两位尊敬的前辈学者表示衷心的感谢。

本书的出版还得到了天津商业大学经济学院的热情支持，人民出版社的领导和老师给予了热情的帮助，编辑王艾鑫老师为该书的出版付出了辛勤的劳动和热忱的服务。值此出版之际，谨向他们表示衷心的感谢。

本书作为国家社会科学基金一般项目的结项成果，从构思、写作到完稿，前后历时逾三年，科研不易，创新尤难；修合用心，甘苦自知。深深的感谢支持我们完成书稿的家人和合作者们。

研究过程中，我们参考和吸收了诸多专家学者的研究成果，并尽可能的在注释或参考文献中列出，在此，对相关专家学者们表示由衷的敬意和谢意。

本书的观点和论述可能还不成熟，期待读者的批评指正。

天津商业大学经济学院　吕明元

2018 年 11 月